国家科学技术学术著作出版基金资助出版

STUDY ON INDIGENOUS INNOVATION PATH WITH CHINESE CHARACTERISTICS

From Secondary Innovation to Total Innovation

中国特色自主创新道路研究

从二次创新到全面创新

许庆瑞 等/著

图书在版编目（CIP）数据

中国特色自主创新道路研究：从二次创新到全面创新/许庆瑞等著. —杭州：浙江大学出版社，2019. 3
ISBN 978-7-308-18153-2

Ⅰ. ①中… Ⅱ. ①许… Ⅲ. ①中国经济—经济发展—研究 Ⅳ. ①F124

中国版本图书馆 CIP 数据核字（2018）第 075635 号

中国特色自主创新道路研究——从二次创新到全面创新
许庆瑞 等 著

策划编辑 朱 玲
责任编辑 朱 玲 董凌芳
责任校对 刘序雯 张培洁
封面设计 程 晨
出版发行 浙江大学出版社
（杭州市天目山路 148 号 邮政编码 310007）
（网址：http://www.zjupress.com）
排 版 杭州中大图文设计有限公司
印 刷 浙江印刷集团有限公司
开 本 787mm×1092mm 1/16
印 张 17.75
字 数 443 千
版 印 次 2019 年 3 月第 1 版 2019 年 3 月第 1 次印刷
书 号 ISBN 978-7-308-18153-2
定 价 128.00 元

序　言

本书的主要内容是浙江大学创新团队几年前承担我国社科重大课题所做研究的成果，但不限于此，还包含了浙江大学创新团队30多年来的其他研究成果。

2016年5月30日，习近平主席在全国科技创新大会、中国科学院第十八次院士大会和中国工程院第十三次院士大会、中国科学技术协会第九次全国代表大会上的讲话，吹响了我国第六次向科技进军的号角，号召我们努力推进创新发展战略，实现2020年使我国进入创新型国家行列，2030年使我国进入创新型国家前列，到新中国成立100年时使我国成为世界科技强国的目标。这一号召唤起了科技界、学术界、企业界及各条战线上的科技工作者及学者、业界人士无限高涨的创新热情，激发了他们为完成这项史无前例的伟大、光荣而艰巨的任务奋力前进的创新激情和动力。

在创新战线上奋斗了30多个春秋的浙江大学创新团队也满怀激情地自觉投入创新研究中，为推进我国的自主创新做贡献。习主席提出必须坚持走中国特色自主创新道路，唤起了我们在这一领域进一步研究和努力的热情。因而，团队的同志们不遗余力地编写本书，希望以此作为中国特色自主创新道路研究上的一块敲门砖。

中国是一个大国，创新热潮在各方面、多层次上涌现。因而，我们团队提出以企业为主的研究思路，从企业、区域、国家等多层次着手，研究、探索、总结创新发展的规律和政策。

首先在企业层面上本书总结了我国企业从技术创新开始，经历组合创新到达全面创新的基本道路和经验。这条主线，也贯穿于产业、区域、国家以至国际化的多个层面，相关的研究提出了若干新的见解，超越了我们十几年前提出的全面创新理论。

全面创新的浪潮已从企业推向区域，如2003年7月，时任浙江省委书记习近平同志提出了区域发展的“八八战略”，强调区域创新要关注制度创新、产业创新、生态创新和文化创新等全面创新。

全面创新也逐步上升到国家层面。党中央、国务院提出了理论创新、制度创新、科技创新、文化创新的战略思路，并将创新的浪潮推向各行各业、各社区乃至社会的各个角落。作为创新的理论研究者，我们深受鼓舞，并将进一步努力，让全面创新的思路进一步深化和落实。

我国的技术创新体系是一个多结构、多层次的体系，自下而上包括作为基层的企业体系、作为中层的区域体系以及作为上层的国家体系。本书在这几个层面上进行研究，在其他层面尚未能做深入的研究，因而研究成果尚不完备，仅以初步研究成果抛砖引玉，望读者不吝指正。

本书主要作者有：许庆瑞教授（院士）、吴晓波教授（长江学者）、陈劲教授（长江学者）、魏江教授（青年长江学者）、郭斌教授、蔡宁教授、陈菲琼教授、赵晓庆副教授、郑刚副教授。许庆瑞、陈劲负责总纂全书，郑刚协助统纂。本书编写具体分工如下：第一篇，许庆瑞、赵晓庆、郑刚、张军、陈力田、任宗强、张素平等；第二篇，郑刚；第三篇，郭斌、吴志岩、寿涌毅、张军、任宗强、陈力田等；第四篇，魏江、蔡宁、吴结兵、项心言等；第五篇，吴晓波、吴东、杜健、陈菲琼等；第六篇，陈劲、朱凌等。

限于作者水平，书中定有疏漏、不足之处，敬请读者批评指正。

许庆瑞　陈　劲

2018 年 10 月

目　录

第一篇　自主创新若干理论问题研究

第二篇　以企业为创新主体的自主创新道路研究

第三篇 我国产业自主创新能力构建与技术追赶

第六篇　中国特色自主创新道路与政策研究

第一篇　自主创新若干理论问题研究

本篇概要

本篇通过分析我国自主创新的发展历程，探讨自主创新的内涵、战略目标及自主创新能力提升的路径与机制，并研究技术标准与创新能力的关系。

第一，我国自主创新的发展历程和自主创新的内涵。

本部分分五个阶段来探讨我国自主创新的发展历程，分析不同时期的创新背景、政策以及创新特征，由此总结出提升自主创新能力的因素：思想解放是有效开展自主创新的前提；人才培养是自主创新的关键；市场需求是开展自主创新活动的重要动力；自主创新是一个系统工程，需发挥各要素的协同作用，完善"产学研"合作制度；等等。

本篇针对以往的研究中对自主创新的概念或对其认识的缺陷，提出了自主创新的内涵：自主创新，是以我为主，以企业为主体，以掌握核心技术和关键技术知识产权以及掌握高附加值价值链活动与市场为目标，通过原始创新、集成创新、引进消化吸收再创新与管理创新、制度创新的有机结合，有效整合资源，全面提高创新能力。

第二，自主创新的模式与自主创新能力的发展。

通过对国内外创新模式的比较，本篇归纳出三种自主创新模式：技术跨越、价值链提升、颠覆式创新。而我国多层次的市场、多样化的地域、全面的产业布局等复杂性与多样性的特征，决定了我国不同产业、不同阶段、不同区域的自主创新模式是不同的。

在我国创新能力发展过程中，自主创新模式也是动态变化的。在创造性模仿阶段，主导的自主创新模式是价值链提升；在自主创新的第一阶段，主导的自主创新模式是技术跨越和颠覆式创新；在自主创新的第二阶段，主导的自主创新模式是技术跨越。

第三，技术标准与技术创新的关系：技术标准的制定推动了技术创新的发展，技术创新的发展提供了基于核心技术能力的标准基础。

本篇从技术标准对企业竞争优势的影响，技术标准的形成和产业化、市场化所需的能力基础以及技术创新推动产业标准构建机制三个方面探讨了技术标准和技术创新的关系，分析了技术标准战略实施的不同阶段所需的能力基础，强调了掌握核心技术和把握产业方向，促进标准制定与科研、产业化和技术更新同步以及如何将具有我国自主知识产权的技术融入技术标准，以增强竞争优势。

第一章　自主创新的发展历程、内涵与目标

第一节　我国自主创新的发展历程

一、我国自主创新发展的五次浪潮

我国自主创新的发展，可以分为五个阶段，其中改革开放前经历了两个阶段，改革开放后经历了三个阶段。

（一）改革开放前自主创新的发展及特点

1. 阶段 1（1949—1956 年）：从仿造到自行设计

1950 年朝鲜战争爆发以后，我国被迫卷入战争，这导致我国面对与美国的直接对抗和来自西方其他国家的威胁。面对动荡的国际环境，国防建设成了当时的重点。国防建设必然要求重工业的发展，但是中华人民共和国成立初期整体产业发展非常滞后，主要工业品的产量只有 20 世纪 30 年代最高水平的 15%～80%（仪德刚等，2007），与发达国家之间的差距很大。

为了尽快培育新中国的技术力量，建立技术基础，从 1949 年到 1956 年我国积极学习苏联经验，采取工农业“剪刀差”战略，优先发展重工业，以增强国防力量，维护国家安全。苏联援建的 156 个项目主要是帮助我国建立比较完整的基础工业体系和国防工业体系的骨架，初步起到奠定我国工业化基础的作用。

但是依靠单纯模仿苏联的方式所研制出的新产品并不符合我国国情。例如 20 世纪 50 年代初期沈阳矿山机械厂根据用户需要，希望能设计出运输粮食的皮带运输机，但是单纯仿造苏联的模式设计出来的皮带运输机只适用于运输矿石而不适用于运输粮食。这种情况屡见不鲜，因此必须根据我国国情和使用条件自行设计。所以，我国在 1956 年提出了“自行设计”的思想。中国共产党第八次全国代表大会的决议要求从仿造过渡到自行设计产品，提出“一方面需要广泛地吸收苏联、各人民民主国家和世界其他国家最新的科学技术成就，另一方面又需要密切地结合我国的自然条件和经济条件，设计和生产适合我国具体需要的新产品”（中共中央文献研究室，1994）。“自行设计”思想是我国结合自身情况进行创新的体现。以机械工业部为例，“一五”时期，机械工业部意识到结合中国国情进行设计的重要性，在引进苏联技术和测绘仿制的基础上发展了 4000 多项新产品（张柏春等，2004）。在“自行设计”思想的指导下，1956 年，我国设计出了一台 2500 吨自由锻造水压机，并培养了 20 多名水压设计人员（张柏春等，2004）。

综上所述，该阶段主要是以学习苏联模式为主，后期发现单纯仿造没有出路，“少”“慢”“差”“费”的技术路线不符合国情，所以提出了“自行设计”的思想。自行设计要求在吸收他国经验的基础上，结合我国国情，发挥主观能动性，对引进的技术进行改造，这是我国自主创新的雏形。但是该阶段的自行设计仅限于个别领域（如机械工业），未从整个国家层面上解放思想。

2. 阶段 2(1957—1977 年)：独立自主，自力更生

20 世纪 50 年代中期，国外在原子弹、计算机、通信设备和航天这四个领域实现了突破性发展。当时我国正面临着复杂的国际形势，出于战备考虑，提出了建立海、陆、空的战备体系，这就涉及计算机、电子学等一系列新科学。虽然经过上一阶段的发展，我国奠定了工业化基础，初步培育了技术能力，但是在新科学方面的能力相当薄弱，亟须建设和加强。

该阶段的后期，由于中苏关系紧张，前期向苏联学习的模式不再适用，于是我国提出了“独立自主，自力更生”的思想和模式。《1956—1967 年科学技术发展远景规划纲要(草案)》提出，“在学习、掌握和利用国外成就时，应该特别注意结合我国资源情况和技术要求，防止简单的一味抄袭和盲目的模仿”。1958 年，我国开始大胆地实践自己的发展模式，指出“争取苏联援助很重要，但主要还是自力更生”，而且第一次提出“破除迷信，解放思想”(张柏春等，2004)。

秉着“独立自主，自力更生”的方针，一方面，我国加大科研投入，加强人才培养。1960 年我国科研经费支出已经比 1952 年增加了近 60 倍；全国全民所有制单位的科技人员达到了 196.9 万人，比 1952 年增长了 3.6 倍(薄一波，1993)。另一方面，我国借鉴苏联的经验和教训对企业的管理工作进行了革新。1960 年 3 月，鞍钢提出了要实行民主管理，干部参加劳动，工人参加管理，改革不合理的规章制度，工人群众、领导干部和技术人员三结合，即“两参一改三结合”，其本质是通过全员参与创新来改善企业的经营状况。“鞍钢宪法”是我国企业管理制度创新的一个典范，其弘扬的“经济民主”是增进企业效率的关键。

该阶段开始重视原子能的和平利用、无线电电子学中的科学技术、喷气技术、生产过程自动化和精密仪器等(寇宗来，2008)。在这些新科技领域取得的成就可见表 1-1。

表 1-1　1957—1977 年我国主要创新成果

年　份	主要创新成果
1958	首次制造万吨远洋货轮“东风”号，排水量为 17182 吨
1959	第一台大型快速电子管数学电子计算机(104 机)试制成功
1961	上海江南造船厂成功研制出了我国第一台万吨水压机
1964	自行研制的原子弹成功爆炸
1965	中科院生物化学研究所首次合成了人工蛋白质结晶牛胰岛素
1967	氢弹试爆成功
1970	成功发射第一颗人造卫星
1973	袁隆平选育了第一个在生产上大面积应用的强优高产杂交水稻
1973	成功提取青蒿素

资料来源：刘国光. 中国十个五年计划研究报告[M]. 北京：人民出版社，2006

该阶段政府作为创新的主体，以集中人力、物力、财力办大事的模式开展创新活动，高效地发展了国防科技等尖端工业，而忽视了其他行业的发展。

3. 改革开放前创新的特点

改革开放前，创新活动是政府主导的，研究机构和生产企业仅仅是执行国家计划的研发单位和生产单位，两者之间没有交互作用。具体见图 1-1。

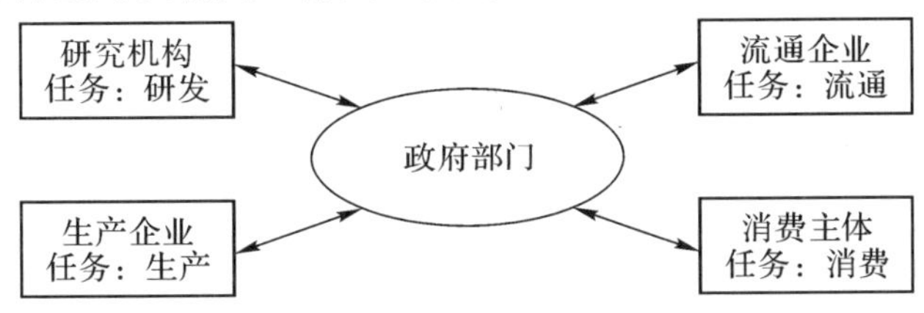

图 1-1　计划经济体制下的中国创新体系

计划经济体制下的创新动机源于政府所认为的国家经济和社会发展及国防安全需要，然后由各级政府制订计划。在创新的过程中政府是资源投入的主体，资源严格按计划配置。研究机构和生产企业作为创新执行者进行创新是为了完成政府任务，其利益不直接取决于它们所实现的创新成果，同时它们也不承担创新失败的风险和损失。

计划经济体制下，由政府主导创新活动的优点是可以在短时间内有计划地集中人力、物力、财力等资源，进行重大创新活动，“两弹一星”、合成牛胰岛素等都是该模式下成功的例子。但是该模式也存在很大的局限性：第一，人为割断了创新各个环节的有机联系，使得技术发展与企业生产之间脱节。第二，企业、研究机构缺乏创新的动力与能力。企业只是按照政府的指令进行生产，其行为实际上是政府行为的延伸。研究机构也是如此，它的任务是完成上级分配的科研项目，至于成本的多少以及应用效果如何与其无关。第三，延长了创新过程所需的时间。任何一项创新活动必须经历一个计划审批过程。当创新涉及的面宽，又跨越不同行业、不同地域时，复杂的审批手续延长了创新所需的时间。

（二）改革开放后自主创新的发展及特点

1. 阶段 3（1978—1995 年）：改革开放，解放思想

20 世纪 70 年代起，计算机在全世界范围内得到了广泛的应用。数控、计算机控制、计算机辅助设计、计算机集成制造系统等先进生产手段先后出现，极大地提高了生产效率，深刻地影响着世界经济的发展。而当时，刚刚经受“文革”冲击的中国，科技界一片萧条。1977 年，美国科技人才有 120 万人，苏联有 90 万人，而我国只有 20 万人（刘国光，2006）。在这样的背景下，要实现现代化建设的目标，关键要培育科技力量，提高创新能力。

为了让全国注重科学技术，加快科学技术的发展，首先，我国继 1958 年后再次提出“解放思想”。1978 年召开的全国科学大会明确提出了科学技术是生产力，强调了科学技术的重要性，提出了“尊重知识，尊重人才”。其次，为解决科技与经济脱节的问题，强调“以经济建设为中心”，将科技迅速转化成现实生产力，并通过拨款体制改革和建立技术市场等具体举措促进科技和经济的融合（邓小平，1993b）。最后，注重人才培育。中央于 1977 年决定恢复已经停止了 10 年的全国高等院校招生考试，这对我国经济和科学技术的发展具有极其重要的意义。1991 年高校毕业生人数达 61.4 万人，比 1977 年增长了 2.2 倍（刘国光，2006）。

该阶段我国改变了先前封闭式“自力更生”的做法，明确基于技术引进的消化吸收再创新是该阶段主要的创新模式（胡钰，2010）。国家重点抓的“12条龙计划”——国家在1986年制订计划，组织科研单位、企业、大学共同合作，重点对12个重大项目进行消化、吸收，对缩短与发达国家的技术差距起了重要作用（沈能等，2008）。

该阶段创新的主要领域是农业、能源、材料、电子计算机、激光、空间、高能物理和遗传工程等8个领域，取得的主要创新成果见表1-2。

表1-2 1978—1995年我国主要创新成果

年 份	主要创新成果
1979	研制成功汉字激光照排系统的主体工程
1983	自行设计的巨型计算机系统——银河Ⅰ型开始运行
1984	培育出世界第一胎“试管山羊”
1989	第一座5兆瓦低温核供热反应堆达到临界，启动运行成功
1991	第一座采用压力堆技术的秦山核电站建成并首次并网发电

资料来源：刘国光. 中国十个五年计划研究报告[M]. 北京：人民出版社，2006

该阶段创新是建立在进一步解放思想基础上的。与前两阶段不同，该阶段创新紧紧围绕经济建设展开，强调研发成果的商业化应用而非国防建设。这意味着我国开始真正了解创新的科学含义，并意识到“技术推动力”和“市场拉动力”是实现创新成功的必要动力。由于国内技术与世界先进水平存在较大差距，为了追赶发达国家，我国主要的创新模式是二次创新。

2. 阶段4（1996—2005年）：明确企业是创新主体，强调基础研究，发展高科技

冷战结束后，国际竞争转变为以各国经济实力竞争为主的综合国力的竞争。掌握和运用科学技术尤其是高科技的能力，已经成为衡量一个国家综合国力的重要标志。为了有效地提高国际竞争力，我国一方面积极地进行制度改革，为创新营造良好的氛围，另一方面通过对外开放了解世界领先科技的发展趋势，结合我国实际情况选择重点领域发展高科技。

在科教兴国战略指导下，首先，我国从经济体制入手，确立了社会主义市场经济制度，使企业面向市场（企业不再是国家计划体制下的生产车间），为调动企业创新积极性提供了条件。其次，对科技体制进行了实质性调整：①推进研究机构改革，鼓励企业建立自己的研究机构，使企业真正成为创新的主体。1998年，国务院决定对国家经贸委管理的10个国家局所属科研机构进行管理体制改革，通过转制成为科技型企业或者科技中介服务机构、进入企业等方式，实现企业化的转制（彭纪生，2000）。②大力推进科技成果转化。如1996年通过了《中华人民共和国促进科技成果转化法》，1999年出台了《关于促进科技成果转化的若干规定》。③发展高科技，实现产业化。1999年8月颁布实施的《加强技术创新、发展高科技、实现产业化的决定》，以及“863计划”和“火炬计划”，对中国高技术产业的发展和科技成果的产业化起到了重要的推进作用（彭纪生，2000）。最后，明确该阶段创新的主要任务和重点领域。面向经济建设主战场，运用电子信息、自动化技术改造传统产业；有重点地发展高技术，包括电子信息技术、生物技术及新医药、新材料、新能源、航空航天、海洋等领域的高技术，实现产业化；在基础性研究上取得显著进展（刘国光，2006）。

该阶段，对创新的投入得到了大幅度的提高，具体见图 1-2。

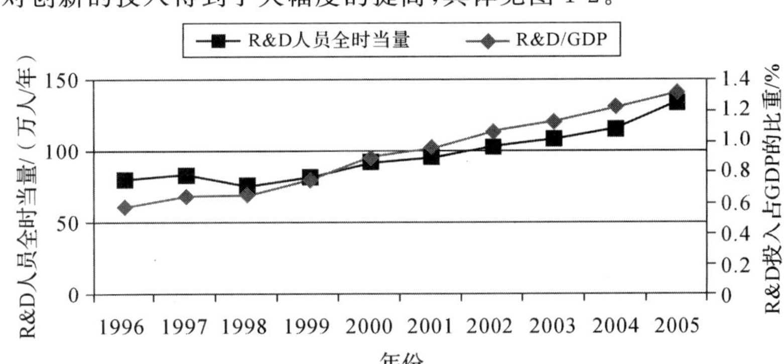

图 1-2 1996—2005 年我国 R&D 强度与人员情况

数据来源：1997—2006 年《中国科技统计年鉴》

图 1-2 显示，到 2005 年，研发(R&D)投入占国内生产总值(GDP)的比重达到了 1.32%，而且研发人员全时当量也从 1996 年的 80.40 万人增加到了 136.48 万人，增幅达到 70%。

随着创新环境的改善以及创新投入的加强，该阶段创新取得了不错的成果，具体见图 1-3。

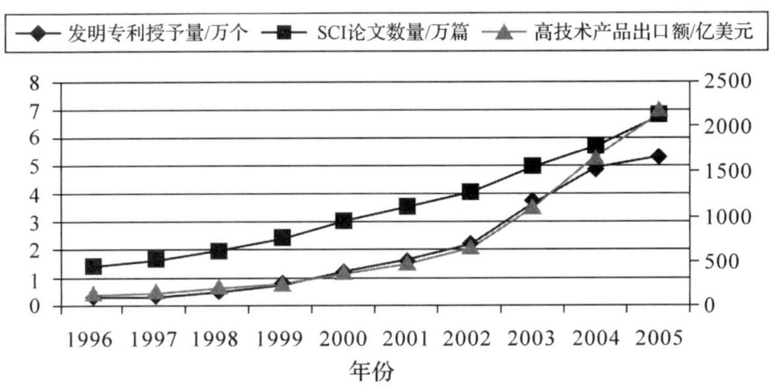

图 1-3 1996—2005 年我国创新产出

数据来源：1997—2006 年《中国科技统计年鉴》

从图 1-3 中可以看出，1996—2005 年，发明专利授予量、高技术产品出口额以及表征基础研究情况的 SCI(science citation index，科学引文索引)论文数量也出现了迅猛增长。SCI 论文数量在国际上的排名从 1996 年的第 14 位上升到了 2005 年的第 5 位。

该阶段创新的一个显著特征是企业逐渐成为创新的主体力量。从研发投入来看，从 2001 年开始，企业投入的研发费用占总研发费用的 60.40%，到 2005 年该比例达到了 68.30%，企业逐步成为研发费用投入的主体。此外，对授予的国内职务发明专利按部门分布情况看，企业所占的比重也得到了迅速提升。2005 年工矿企业的授予发明专利数已经达到 7712 项，占授予的国内职务发明专利总量的 52.24%。

3. 阶段 5(2006 年至今)：建设自主创新体系和创新型国家

经过前一阶段的发展，我国创新能力得到了一定程度的提升，进而对提高国际竞争力起到了积极作用。2006年《洛桑报告》显示，我国的国际竞争力从2005年的第31名跃升到第19名。但不容忽视的是，我国许多战略性产业在“以市场换技术”政策的引导下并没有培育出真正核心的技术，反而是陷入了对外技术依赖的陷阱中(吴敬链，2005)。以汽车产业发展为例，我国政府试图通过“以市场换技术”的方式提高汽车产业的技术水平和创新能力，但事与愿违：我国汽车企业在合资过程中丧失了自主开发的平台和动机，自主创新能力没有得到实质性的提升。

在这样的背景下，我国把自主创新提到了战略的高度。2006年国务院发布了《国家中长期科学和技术发展规划纲要(2006—2020年)》，确定了“自主创新、重点跨越、支撑发展、引领未来”的发展战略，特别强调了知识产权战略和标准战略的重要性。2010年，胡锦涛同志在两院院士大会报告中指出：要把增强自主创新能力作为战略基点，着力提升原始创新能力，大力增强集成创新和引进消化吸收再创新能力。2016年5月30日，习近平总书记在全国科技创新大会、中国科学院第十八次院士大会和中国工程院第十三次院士大会、中国科学技术协会第九次全国代表大会上讲话中指出，“不创新不行，创新慢了也不行。如果我们不识变、不应变、不求变，就可能陷入战略被动，错失发展机遇，甚至错过整整一个时代。实施创新驱动发展战略，是应对发展环境变化、把握发展自主权、提高核心竞争力的必然选择，是加快转变经济发展方式、破解经济发展深层次矛盾和问题的必然选择，是更好引领我国经济发展新常态、保持我国经济持续健康发展的必然选择”。

在这一阶段，2006—2009年我国继续加大创新投入。下文以2006—2009年为例来说明这一阶段我国创新能力的发展。2006—2009年我国各项研发经费的投入情况如图1-4所示。

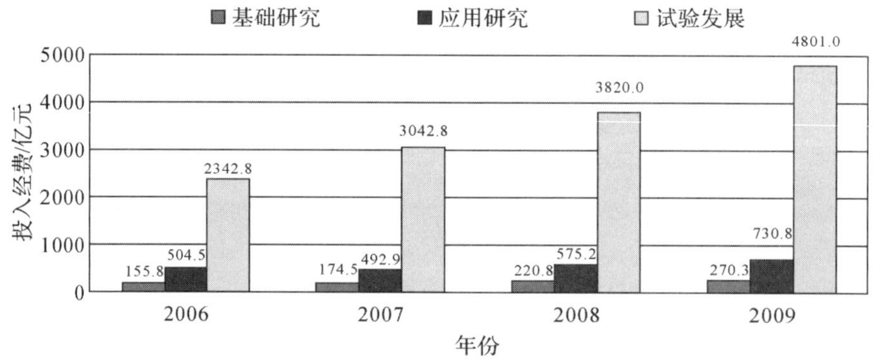

图1-4 2006—2009年我国各项研发经费的投入情况

数据来源：2007—2010年《中国科技统计年鉴》

从图1-4中可以看出，2006—2009年，用于基础研究的经费从绝对值上看有逐年增长的趋势，但从相对值来看，基础研究占总研发经费的比例维持在5.0%左右，与科研水平先进的国家仍存在较大差距。国家统计局2010年统计数据显示，2009年我国基础研究经费投入占总研发经费的比重为4.7%，而美国基础研究经费投入占总研发经费的比重为17.5%，日本基础研究经费投入占总研发经费的比重为12.3%。

另外，国家统计局统计数据显示，2016年全国研发经费为15676亿元，投入强度接近发达国家水平，其中高新区企业研发经费投入在全国占比超过30%；2017年研发费用总额达到1.76万亿元。

该阶段我国取得了不错的创新成果，具体见表 1-3。

表 1-3　2006—2009 年我国创新产出

年　份	发明专利授予量/万个	发明专利授予量占总专利授予量的比例/%	SCI 论文数量/万篇	SCI 论文数量国际排名	高技术产品出口额/百万美元
2006	5.78	21.56	7.15	5	2814.50
2007	6.79	19.32	8.91	5	3478.19
2008	9.37	22.75	9.55	4	4156.11
2009	12.80	21.99	11.95	2	3769.31

数据来源：2007—2010 年《中国科技统计年鉴》

从表 1-3 中可以看出，相比于前一阶段，我国 SCI 论文数量以及在国际上的排名有了较大幅度的提高。2009 年，我国 SCI 论文数量已经居于世界第 2 位。我国高技术产品出口额和发明专利授予量仍在不断增加，但是发明专利授予量占总专利授予量的比例相比于前一阶段并没有明显提高。此外，2010 年《中国科技统计年鉴》显示，ESI(essential science indicators，基本科学指标数据库)(1999 年 1 月到 2009 年 8 月 31 日)论文引用数排名中，中国位于第 9 位，论文总篇数为 649689 篇，被引用次数为 3404466 次，论文引用率(论文被引用次数/论文总篇数)为 5.24，与排名前 8 位的国家存在较大差距。其中美国排名第 1，论文总篇数为 2974344 篇，被引用次数为 44669056，引用率达到 15.02(国家统计局等，2010)。可见现阶段我国还需要不断加强自身能力建设，不仅仅强调创新成果的数量，更重要的是注重发展的质量。

4. 改革开放后创新的特点

改革开放后，市场经济环境中企业逐渐成为自主创新主体，而政府的作用也未被削弱。政府通过宏观调控和监督影响整个经济活动，在自主创新中扮演着创新推动者和创新环境营造者的角色。改革开放后，企业不再是附属物和执行者，而要承担创新的风险，同时享受创新所带来的收益。同时，经历科技管理体制改革后，科研机构获得了较大自主性，缓解了科技和经济“两张皮”的矛盾。

以企业为主体的自主创新体系的优势是：激发了企业参与创新的动力；市场机制下的创新强调了市场需求这一拉动要素，使得创新的成果能较好地满足市场需求；政府作为创新引导者，改善了创新的软环境；市场对人才、资金等要素资源实现了有效配置。

二、改革开放前后我国创新系统的演进

在改革开放前，政府在创新系统中起着主导的作用，研究机构和生产企业仅仅是执行国家计划的研发单位和生产单位，两者之间没有交互作用。而改革开放后，企业逐渐成为自主创新主体。改革开放前后我国创新系统的演进如图 1-5 所示。

从图 1-5 中可以看出，现阶段我国创新系统处在一个开放的环境中，以企业为主体的各个要素发挥其优势力量来共同推进自主创新(这也是协同创新的体现)。

三、经验总结及对现阶段自主创新启示

本节通过回顾、整理、分析中华人民共和国成立后技术进步历程，总结出开展自主创新

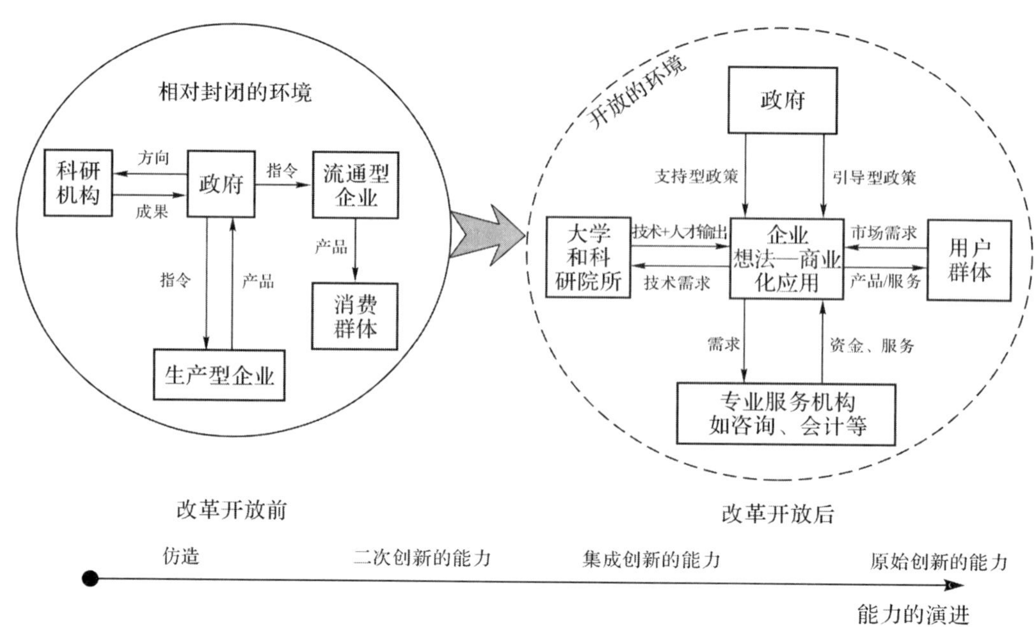

图 1-5 改革开放前后我国创新系统的演进

活动的基础要素，这对现阶段更好地开展自主创新活动有着借鉴意义。

第一，思想解放是有效开展自主创新的前提。从 1958 年，国家就开始提倡“破除迷信，解放思想”，1978 年再次提出要解放思想，现在思想解放仍是非常重要的问题。有学者认为，千百年政治化的儒家统治，磨灭了人们主观自主创新的精神(杨帆等，2007)。但这并不意味着中国不具备自主创新精神。从 1961 年上海江南造船厂成功研制出我国第一台万吨水压机这一例子中就可以看出思想解放的可能性和必要性。当时普遍存在的思想是仿造，即买国外的产品进行仿造。工程师沈鸿向毛主席建议造万吨水压机时，受到了很多的质疑。质疑者持的观点是“要造万吨水压机，首先得有万吨水压机”，即要造万吨水压机，先要进口一台万吨水压机，并建设万吨级重型机器厂来生产万吨水压机所需的大型锻件。而当时全世界万吨水压机数量很少，进口一台根本不可能。但是沈鸿带着他的设计队伍通过几年艰苦研究，终于造出了万吨水压机。正是敢于突破传统思维方式，解放思想，大胆尝试，沈鸿取得了这一重大创新成果。

企业作为创新的主体，需要培养有利于创新的文化氛围，解放思想，鼓励全员参与创新。良好的创新文化氛围是创新主体的创新能力得到充分发挥并取得有国际竞争力的创新成果的土壤和温床。而创新的文化氛围并不是一朝一夕就能建立的，需要长久、持续的培育过程。所以现阶段企业还需注重培育创新型文化。

第二，人才培养是自主创新的关键。自主创新活动需要有丰富的知识基础和创新型人才。而知识基础的建立依赖于企业员工先前的实践活动，所以创新型人才是企业开展自主创新活动的关键。在开放、宽容的氛围下，创新型人才能自主地创造知识、传播知识和应用知识，从而促进企业整体创新能力的发展。

对于企业来说，创新型人才来源主要有两种：一种是内部培养；另一种是外部引进，主要是大学和科研院所输出的人才。从整个国家创新系统来看，除了通过企业内部培养创新型人才外，更重要的是在大学和科研院所培养创新型人才。在自主创新的五次浪潮中，政府都有相应的人才培养举措。中华人民共和国成立初期提倡向苏联学习，通过“干中学”的方式培养人才；改革开放后提倡尊重知识，尊重人才，并恢复了高考制度。现阶段为了更好地培养人才，2010 年 6 月出台了《国家中长期人才发展规划纲要（2010—2020 年）》，明确我国人才发展的总体目标是培养和造就规模宏大、结构优化、布局合理、素质优良的人才队伍，确立国家人才竞争比较优势，进入世界人才强国行列，为在 21 世纪中叶基本实现社会主义现代化奠定人才基础。

习近平总书记在 2016 年全国科技创新大会、两院院士大会、中国科协第九次全国代表大会上的讲话中都指出：要改革人才培养、引进、使用等机制，努力造就一大批能够把握世界科技大势、研判科技发展方向的战略科技人才，培养一大批善于凝聚力量、统筹协调的科技领军人才，培养一大批勇于创新、善于创新的企业家和高技能人才。要完善创新人才培养模式，强化科学精神和创造性思维培养，加强科教融合、校企联合等模式，培养造就一大批熟悉市场运作、具备科技背景的创新创业人才，培养造就一大批青年科技人才。要营造良好学术环境，弘扬学术道德和科研伦理，在全社会营造鼓励创新、宽容失败的氛围。要加强知识产权保护，积极实行以增加知识价值为导向的分配政策，包括提高科研人员成果转化收益分享比例，探索对创新人才实行股权、期权、分红等激励措施，让他们各得其所。

第三，市场需求是开展自主创新活动的重要动力。在改革开放前的两个阶段，创新活动的动力源于政府所认为的国家经济和社会发展及国防安全需要，而非市场需求。即便是在改革开放的前期（1992 年前），刚刚萌芽不久的非国有企业，也被认为是在与国有企业争夺原材料，造成通货膨胀、市场失控，成为计划经济体制下整顿的对象（吴晓波等，2007）。可见在计划经济体制下，市场需求并不能很好地推动自主创新。

1992 年后，随着社会主义市场经济体制的确立、民营企业的蓬勃发展、国有企业的改制，市场需求对创新的拉动作用开始显现。以 20 世纪 90 年代后 VCD（影音光碟）这一自主创新成果为例。根据发达国家的经验，电视机的普及会激发对家庭录像和重放设备的巨大需求。1993 年，我国电视的普及率已近 80％，但因录像机太贵，无法满足人们对录像和重放设备的需求。这一未被满足的需求为 VCD 技术商业化提供了市场机会。当时 VCD 播放系统的原理已经很清楚了，但处于技术前沿的国外企业未能捕捉到这一需求。而理解中国市场的中国企业家发现了 VCD 技术的商业价值（最早开始尝试生产 VCD 的是万燕公司，1993 年），最终价格昂贵的录像机被 VCD 所取代（路风等，2003）。从中可见，在市场经济体制下，市场需求是企业创新的重要推动力。

现阶段，市场需求的日益多样化及对响应速度提出的更高要求，给企业带来了更大的挑战。以海尔为例，海尔集团为了适应市场环境的变化，提出了“人单合一”双赢模式，把传统的组织结构从“正三角”变为“倒三角”，一线员工组建自主经营体，第一时间了解和满足用户的需求。此外，企业除了满足现有市场需求外，还要考虑如何挖掘潜在用户需求，而领先用户参与创新、用户体验中心、用户创新社区等都是挖掘潜在用户需求的有效途径。

第四，自主创新是一个系统工程，需明确各要素的角色和作用，完善“产学研”合作制度。在计划经济体制下，政府部门是创新活动的决策者，而企业缺乏创新动力。该创新形式在相对封闭、资源短缺的环境下，通过计划形式可以有效地将有限资源配置到重点领域中。但随着经济全球化的到来，复杂的环境、庞大的数据信息，使得国家很难在相对独立的情况下做出决策来安排企业生产。现阶段，自主创新是一个系统工程，需要企业、政府、高校、科研院所等多方面的配合和协作。

首先,要明确各要素的角色。企业是自主创新的主体;政府是创新政策的制定者和创新环境的营造者;高校、科研院所是自主创新系统的创新源和知识库;中介机构提供创新所需的资金、共性技术等。各要素之间相互作用,相互渗透,政府通过有效地引导"产学研"合作,优化配置资源,实现有效自主创新。

然后,在此基础上完善"产学研"合作制度。坚持以企业为主体、以市场为导向,大力推进"产学研"合作,政府要努力营造有利于"产学研"合作的政策环境。综合运用财税、政府采购、金融、知识产权和人才等方面的政策,推动"产学研"合作制度的有效实施,成果共享、风险共担和利益分配是"产学研"结合的关键因素,而知识产权则是合作成果和利益的集中体现。所以"产学研"合作要把知识产权作为解决利益分配机制问题的中心环节。

上述自主创新活动的四种基础要素对我国创新系统的作用机制如图 1-6 所示。

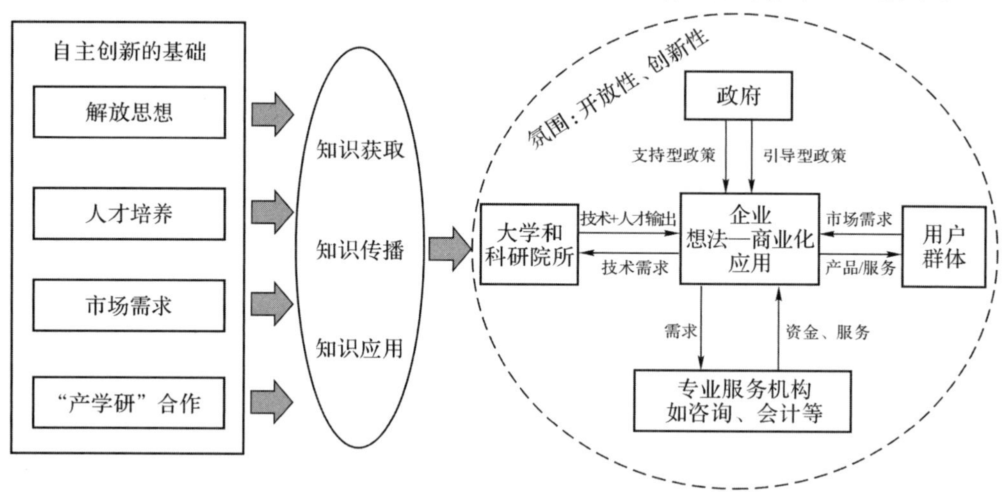

图 1-6　自主创新基础要素的作用机制

我国综合国力和国际竞争力的提升必须依赖自主创新。我国提出的自主创新是针对过去一段时间内过分依赖引进技术而言的。路风指出:"自主创新的概念不是我们中国人的发明,之前已经在日本和韩国出现……创新只能自主,这对技术先进者来说是理所当然、不言而喻的,但是对技术落后者来说,必须强调自主是因为赶超需要勇气。"①

自主创新的核心是企业的创新能力。中国企业能否创新、创新的程度如何,除了机制以外,根本取决于创新能力。而创新能力从何而来?从对我国创新发展历程的分析中可以看出,企业创新的能力基础是在较长的时期里,根据我国市场需求,通过人力、知识、资金的不断积累,循序渐进发展的结果(序进律)。

① 路风. 自主创新发展勇气——路风教授在自主创新报告上的演讲(节选). (2006-02-26)[2018-08-14]. http://theory.people.com.cn/GB/49154/49155/4142965.html.

第二节　自主创新的内涵及其发展趋势

当今，科学技术的发展突飞猛进，国际竞争日趋激烈，高新技术成果向现实生产力的转化越来越快。以自主创新为核心的科学技术已成为国家与企业发展的决定性力量，也是竞争能力的核心所在。半个多世纪以来，众多国家与企业把技术创新作为基本战略，大幅度提高自主创新的能力，形成日益强大的竞争优势。例如，美国把保持科学技术的领先地位作为国家的战略目标，其国会竞争能力委员会于2004年提出了进一步加强美国国际竞争能力的“国家创新促进计划”，明确指出创新是美国在21世纪取得成功的唯一关键要素；英国提出必须确保基础科学的优异和强大；日本确定了科技创新立国、知识产权立国的战略；韩国也提出技术立国战略；等等。从国际经验来看，日本、韩国以及东南亚一些国家和地区主要通过自主创新形成了一批具有自主知识产权的产品和技术，不仅主导了国内市场，还支撑起许多具有国际影响力的品牌产品，拉动GDP进入一个高速增长期。实践表明，通过自主创新，培育国家的关键、核心技术和共性技术，是保持持续发展和竞争能力的基础。

自主创新和创新型国家建设无疑是我国经济和社会发展的关键动力，是我国经济发展方式改变的关键。

一、自主创新的认识误区

近年来，“自主创新”一词成为我国各级政府部门、学术界、企业界关注的热点。究竟何谓“自主创新”，多年来也众说纷纭。对于什么是“自主创新”、如何进行“自主创新”，还存在着一些值得商榷的观点和观念，这里暂且称之为“认识误区”。这些误区对于当前提升企业自主创新能力、推进创新型国家建设都不同程度地产生了负面影响，甚至对政府有关部门的决策和企业的创新决策产生了较大误导。

（一）误区一：自主创新就是追求技术领先、追求高精尖

自主创新不一定仅仅是技术上的创新，在管理、制度、文化、商业模式等方面的自主创新，同样会创造巨大价值。例如，2002年，我国将“网厂分离、竞价上网”这一创新的管理体制引入电力产业，引发了我国电力企业战略、组织、控制管理模式以及运营机制的持续创新。制度创新往往比蒸汽机车头或电报这类技术创新更重要。例如，改革开放以来，深圳经济的飞速发展得益于20世纪80年代建立深圳特区这一制度创新。海尔集团在多年的管理实践基础上，先后总结提炼出“OEC管理”（日清日高管理法）、以市场链为纽带的业务流程再造及“SST（索酬、索赔、跳闸）机制”“人人都是创新SBU（战略事业单元）”“人单合一”等具有海尔特色并行之有效的自主管理创新成果，大大提高了效率，降低了成本，产生了不亚于技术突破的巨大效益，对于提升海尔的国际竞争力起到了关键的作用。

相当部分企业对自主创新的理解就是一定要掌握尖端核心技术、追求技术领先。这种观点是有失偏颇的。自主创新不一定是追求技术领先或者高精尖，只要是符合当前或未来市场需求的技术，包括先进适用技术，能够成功推向市场的技术，就是自主创新应追求的。

（二）误区二：自主创新就是完全依靠自己力量创新，就是搞原始性创新

自主创新不等于封闭式创新，与开放式创新并不矛盾。不可否认，在一些特定领域，仅依靠自己的力量进行自主创新完全可取得成功。但与发达国家相比，毕竟我们在许多领域的技术是落后的，必须正视这一现实。在全球化时代，只靠闭门造车式的自主创新显然跟不上全球科技进步的脚步。在奇瑞汽车公司的早期产品中，不难发现清晰的借鉴痕迹。可贵的是，奇瑞公司摸索出了"以我为主营造平台，面向世界整合资源"的自主开发模式。通过整合和利用世界资源，奇瑞公司仅用几年时间就跨越了模仿型创新阶段，于2002年进入了正向研发阶段，充分利用国际国内的技术和人才资源，既冲破了少数跨国公司对我国自主品牌的技术封锁，又大大加快了自主研发的步伐。

（三）误区三：自主创新主要是技术部门和研发人员的工作

自主创新是一个复杂的系统，不仅包括创意的产生、研发过程，还包括中试、生产制造、市场营销、售后服务与用户反馈、市场调研等一系列过程，也需要涉及研发、制造、市场、管理、服务等各职能部门的协同配合，需要全体员工乃至供应商、用户等利益相关者的配合。创新不再只是企业研发人员的专利，而应是全体员工共同的行为。从销售人员、生产制造人员、研发人员，到售后服务人员、管理人员、财务人员等，人人都可以成为出色的创新源。中科院计算所前所长李国杰院士指出，核心技术的突破不能只靠少数科研人员闭门攻关，只有通过用户不断的使用，按用户的反馈意见不断改进，才能生产出真正有竞争力的产品。核心技术是用出来的，有竞争力的本国产品是用户培育出来的。自主创新的成败往往不是取决于单项技术的突破能力，而是取决于创新链的整体能力。

（四）误区四：通过购买获得知识产权就是自主创新

这方面的主要表现是看不到西方发达国家在技术上对我国的封锁和遏制，天真地以为技术和知识产权可以通过自由的买卖行为获得，把我国科技发展的希望寄托在技术引进上。国内一些经济学家认为，在国内搞研发成本高于国外。由于技术和资金一样可以流动，关键技术也可以通过引进获得，所以在相当长的时期内，我国的技术来源主要依靠外国。当前，应该主要抓劳动力密集型的加工工业，先改善产业要素禀赋而不是攻克关键技术，等资金和人才积累多了，才有条件强调自主创新。

也有些人认为，现在提自主创新超前了。现在我国还不具备自主创新的条件，等再积累一段时间，具备足够的实力后再自主创新。自主创新本质上是一个路径的问题，就是到底要走什么路。以程控交换机为例，20多年前刚开始从法国、比利时引进时每线是480美元，当我们自主研发成功后，价格迅速下降，到最后已经是每线1美元。华为是1987年成立的代理通信设备的小企业，当时类似华为的企业国内有200多家，但是华为和其他做代理的企业的唯一不同，就是它在20世纪90年代初期就开始表现出对技术的投入和对技术的执着。1991年"华为基本法"就明确规定华为每年要拿出不少于10%的销售额投入研究开发。华为经过短短20年已经走到了世界前列。

（五）误区五：自主创新就是技术模仿

对近年来国内有关自主创新的研究和报道进行分析，可以看到混淆自主创新与模仿型创新的情况经常发生，一些企业将许多模仿型的新产品开发作为自主创新成果大肆宣扬。

实际上，只要稍微细心分析这类报道，内行人都清楚在这些所谓自主创新的成果中，大

部分都只是对国外产品的简单模仿，即在引进国外技术基础上生产的产品。显然，这是把自主创新理解为我国科技人员独立开展的创新工作，这只是从创新活动的表面状况出发的。而自主创新的本质应该是在创新结果基于独特的（区别于国外企业）产品技术平台这一核心内容之中。

二、自主创新的内涵

近年来，关于自主创新的内涵，许多专家、学者从不同视角有不同的描述，但目前国内已逐步形成共识。

自主创新，是以我为主，以企业为主体，以掌握核心技术和关键技术知识产权以及掌握高附加值价值链活动与市场为目标，通过原始创新、集成创新、引进消化吸收再创新与管理创新、制度创新的有机结合，有效整合资源，全面提高创新能力。

所谓自主创新，顾名思义，就是以自己力量为主开展的创新活动，这样的定义是与对发达国家的技术依赖相对而言的。但是，这样的理解实际上是有问题的，因为在当今全球化和技术快速变革的环境下，没有一个企业，甚至没有一个国家能够进行完全独立的自主创新。任何一个企业、任何一个国家都在一定程度上依赖其他企业或国家的技术而发展，而且这种依赖性越来越强烈。不用说我们这样的发展中国家，较大程度的技术依赖无法避免，就是如科技力量很强大的美国，都越来越多地应用日本、德国和其他国家的技术，以增强自身的竞争力。

因此，自主创新并不在于摆脱对其他国家或企业的技术借鉴，而应在于我们能够在产业价值链中占据一定地位，为客户提供独特的价值，并由此摆脱发达国家的控制和盘剥，获得较丰厚的回报。由此看来，自主创新不是一概地摆脱国外技术，而应尽可能地利用全世界的技术资源，使之融入我们的技术系统中。

那么，什么样的创新才能使我们在产业价值链上取得自主的地位，为客户提供独特的价值呢？只有先考察创新的阶段过程和产业创新的动态过程，理解企业在创新过程中的价值链定位，才能理解自主创新在整个创新过程中的位置和意义。企业创新过程如图 1-7 所示。

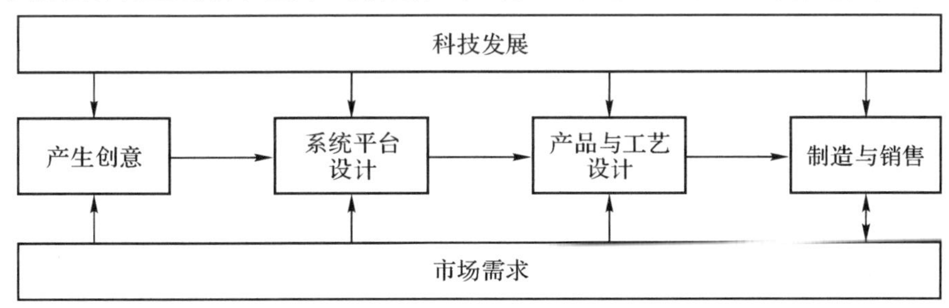

图 1-7　企业创新过程

从图 1-7 可以得知，创新的成功必须是科技发展与市场需求的结合，而这种结合是通过创意产生、系统平台设计、产品与工艺设计、制造与销售来实现的。在当今全球化的环境下，从科技发展与感知市场需求到制造与销售的整个创新过程不可能由一个企业甚至一个国家单独完成。因此，每个企业、每个国家只能在某个创新阶段建立自己的优势地位，由此在整个价值链中占据一席之地。于是，发展中国家的企业往往从创新过程的后端（也是最低价值端)开始,逐渐向产品与工艺设计等较高端创新活动扩展。

那么,企业究竟应该上升到创新活动的哪个阶段,才能在产业价值链中占据一席之地,为客户提供独特的价值,并由此摆脱发达国家的控制和价值盘剥,获得较丰厚的回报呢?显然,仅仅在产品与工艺设计阶段开展活动,还是得依赖发达国家企业已经建立起来的技术系统平台,基本没有自主可言。而投入巨额资源在众多领域的核心科学技术上与发达国家一争长短,却是与我们当前的科技实力和资源禀赋的要求相抵触的。因此,自主创新的内涵要求我们把努力的重点放在创意产生与产品系统平台的培育与建设上,这样使我们的企业能够控制或参与控制整个价值链的运行、价值的形成与分配。通过建立独特的系统平台,我们能够将先进的科学技术与我国客户的需求结合起来,利用并整合价值链资源,形成价值链地位优势。

三、自主创新的趋势:全面创新

新形势下的自主创新是在内外部资源整合基础上的全面创新。

企业创新管理理论几十年来也经历了不断的发展。由单一、单纯的技术创新,到组合创新,进而发展到基于核心能力的各种创新的有机组合。20 世纪 90 年代,创新还主要停留在注重技术、质量和成本控制方面,而今天的创新更关注企业的创造力和增长动力。

近年来我国企业技术创新取得了长足进步,但仍存在一些不容忽视的问题。长期以来,企业对技术创新重视不足,大多数企业技术创新投入长期偏低,导致企业技术创新能力薄弱、水平和层次较低等问题。大量实践表明,当前企业技术创新存在的一个突出问题是,相当部分技术创新项目没有实现预期效益,主要原因不在于技术因素(如研究与开发、产品与工艺创新及其技术平台建设和技术基础设施等),而在于企业的战略、文化、组织结构、制度(包括产权、激励制度等)、市场、人力资源管理等非技术因素没有与技术因素协同好。造成我国企业技术创新中存在上述问题的深层次原因就是缺乏先进、科学和系统的技术创新管理新理念的指导,对新形势下竞争环境和市场需求变化对技术创新的更高要求缺乏足够认识,缺乏系统观和全面创新思想。

总之,环境的动荡、竞争的日益激烈和顾客需求的变化都需要企业进行全方位的竞争,以比竞争对手更快的速度响应顾客全方位的需求。这就不仅要求企业努力进行技术创新,而且要求企业必须以此为中心进行全面、系统、持续的创新。从传统创新管理向全面创新管理(total innovation management,TIM)的转变是知识经济时代企业面对激烈的市场竞争和用户需求的日益多样化、个性化挑战的必然选择。当前,国际上部分先进企业已经开始了 TIM 的实践,如 3M、惠普、诺基亚、美国西南航空公司等。可喜的是,我国部分先进企业也已经开始了 TIM 的实践探索。如海尔集团近年来根据全面创新的思想,以其创新文化为保障,通过实施以市场链为纽带的流程再造创新,提倡并从组织管理制度上保证"人人都是创新 SBU",大大提高了全员创新的积极性和企业的技术创新能力,最终提高了核心竞争力;宝钢集团以观念创新为先导,近年来根据全面创新的思想大力推进系统创新工程(ESI),并取得了良好效果。对于创新能力普遍比较弱的国内企业来说,尽快把握 TIM 的内涵,并付诸实施是尽快缩小与国际先进企业差距、提升自主创新能力进而保持持续竞争优势的重要途径。

浙江大学许庆瑞院士带领创新研究团队提出了全面创新管理理论体系(许庆瑞等,

2003)。全面创新管理的内涵是:以价值增加为目标,以培育和增强核心能力、提高核心竞争力为中心,以战略为导向,以各创新要素的协同创新为手段,通过有效的创新管理机制、方法和工具,力求做到人人创新,事事创新,时时创新,处处创新。全面创新管理应该包括全员创新、全要素创新、全时空创新。全员就是指所有员工、所有部门全流程、所有供应商和利益相关者。全要素就是指思想观念、文化、技术、战略、市场、组织、制度与管理。全时空就是指全区域、全球资源、7×24 小时创新。

任何一个企业无法在所涉及的各个技术领域都跟上技术变革的步伐,任何技术力量雄厚的企业不可能都拥有创新所需的全部资源和技术。创新对外部资源的依赖性越来越强,独立地进行创新将更为困难。成功的创新取决于与外部各种组织之间的有效合作,共同取得核心技术上的突破。

为此,美国 Chesbrough 教授(2003b)提出了开放式创新模式:有价值的创新可以从公司的内部和外部同时获得,其商业化路径可从公司内部进行,也可从公司外部进行。公司在进行创新过程中,同时利用内部和外部相互补充的创新资源,企业内部技术的商业化路径可以从内部进行,也可以通过外部实现。

全面创新成为创新的时代要求。党的十八大以来,习近平同志多次强调要把创新摆在国家发展全局的核心位置,高度重视科技创新,实施创新驱动发展战略,加快推进以科技创新为核心的全面创新。

创新始终是推动人类社会进步的重要力量。我国历来高度重视科技进步和创新。从"向科学进军"、"科学的春天"、实施科教兴国战略,到提高自主创新能力、建设创新型国家,我国科技水平不断提升,进入跟踪、并行、领跑兼有的阶段,成为具有重要影响的科技大国。

我国科技要由大到强,必须把创新发展理念更好地树立起来,把创新驱动发展战略更好地落实下去,坚持科学研究、技术创新和体制机制创新"双轮驱动",破除制约创新的一切思想和制度障碍,在"全面"上下更大功夫。

全面推进创新,必须把创新落实到国家发展的各个领域,既要发挥好科技对经济的支撑引领作用,又要让更多技术创新成果进入百姓生活,充分发挥科学研究和技术创新在保障国家安全等各方面的重要作用。

全面推进创新,必须补齐"短板",着力解决原始创新能力不强、科技成果转移转化不畅等突出问题,系统提升我国在开放条件下的自主创新能力①。

第三节　中国特色自主创新道路的特殊性

一、国情的特殊性

中国是个正处于转型期的发展中大国,具体来说是人口众多、幅员广阔、资源丰富、历史悠久、人均收入水平低、人均资源拥有量少,正处于经济转型期的发展中国家。改革开放以

① 佚名.中国全面进入创新时代[EB/OL].(2016-06-17)[2018-12-01]. http://digitalpaper. stdaily. com/http_www. kjrb. com/kjrb/html/2016-06/17/content_341695. htm? div=-1.

来中国经济增长速度很快，但整体还处于发展之中，特别是东部与中西部地区、城市与农村等发展不平衡问题比较突出。

欧阳峣(2009)基于中国的特殊国情提出“大国综合优势”概念，主要表现为“大国”与“转型”的优势。其一，中国是一个经济技术发展不平衡的“大国”，有的地区或部门具有劳动力资源优势和适用技术优势，有的地区或部门又具有资本优势和高新技术优势；其二，中国是一个处在经济转型过程中的大国，不同地区和部门转型的进展也不平衡。对这些不同的优势进行科学合理的优化组合，就可以形成一个增强国家经济竞争力的积极因素的“集合体”，即“大国综合优势”。它包括高新技术、质高价廉的劳动力、广阔的国内市场，这种优势是小国所不具备的。这也为我国自主创新提供了特殊的环境条件。

二、资源条件的特殊性

虽然中国整体拥有的自然资源不少，但按照人口平均，在国际上低于平均水平。另外，我们要建设惠及十几亿人口的全面小康社会，要用占世界 7%的耕地面积，支持占世界 22%的人口规模。据统计，我国人均石油资源仅为世界平均水平的 1/10，人均水资源仅相当于世界平均水平的 1/4。改革开放以来，我国能源消费总额不断增长，国家统计局 2017 年统计数据显示，2016 年我国能源消费总量为 43.6 亿吨标准煤，比 2015 年增长 1.4%。《世界能源统计年鉴 2017》显示，我国消耗了全球 31%的原煤、27%的钢材以及 60%的水泥。

长期以来我国经济增长走的是高投入、高消耗、高污染的粗放型发展道路，这种建立在粗放型经济增长方式基础上的快速增长，使资源日益难以为继，环境不堪重负。

此外，我国资源开发利用的效率不高。根据国家发改委 2014 年公布的数据，2013 年我国每创造 1 万美元的 GDP 所消耗的能源数量，是世界平均水平的 3.4 倍，是美国的 2.3 倍、欧盟的 4.5 倍、韩国的 2.8 倍、日本的 8 倍。目前我国的原材料利用效率低、浪费严重，单位产值的资源消耗强度大大高于世界平均水平。

作为发展中的大国，面对严峻的资源与环境压力，未来我们不可能继续沿着传统的粗放型发展的老路走下去。调整结构、转变经济发展方式刻不容缓。自主创新是破解这些难题的必然选择。

三、中国市场的特殊性

中国是一个地域辽阔、多民族、多信仰、地区发展不平衡、正处于高速增长期的发展中国家。这一特点决定了差异化、多层次化、持续化和非常庞大的潜在内部市场需求。

仅以“春运”为例。独具中国特色的“春运”被称为“人类历史上规模最大的周期性人类大迁徙”。交通部统计数据显示，2018 年，在 40 天左右的时间里，有将近 30 亿人次的人口流动，约占世界人口的 1/2。工信部 2018 年 2 月 24 日发布的数据显示，在春节七天假期期间，全国移动短信发送量为 123.7 亿条。由此可见，中国市场是多么庞大和特殊。

我国发展自主创新不仅可以面向国际市场，国内市场也有很大的发展空间。在很大程度上，在很长一段时间内，国内市场将起到支撑性的基础作用。这与新加坡、日本等本土市场有限、主要面向出口和外贸导向型的创新道路应该是不同的。

四、中国政治体制、经济体制的特殊性

新中国成立以来取得的辉煌成就，归根到底是中国特色社会主义制度的产物。面对汶川特大地震灾害，中国展现出的紧急应变能力、动员能力和众志成城的集体意志，彰显了中国特色社会主义制度的强大优势和巨大威力，令众多海外媒体感叹“中国在短时间内动员巨大的力量投入，这是其他任何制度所不能比拟的”。再如，中国成功举办北京奥运会、上海世博会，神舟七号载人航天任务圆满完成，我国高铁技术短短五六年间从引进消化到再创新，走完发达国家 40 年高速铁路发展历程，从一个不起眼的追赶者变成了世人关注的领跑者……这些无不彰显着社会主义制度下团结协作、联合攻关的强大力量和中国特色自主创新道路的特殊性与优越性。

从另一方面说，正是政治体制和经济体制的特殊性，决定了自主创新是破解关键技术受制于人这一难题的战略安排。多年来的实践已经表明，真正的核心技术是买不来的。发展航空航天、电子信息等产业的历程和大量事实告诉我们，在发展技术特别是战略高技术及其产业方面，必须强调国家意志。通过自主创新掌握关键技术，提升关键产业水平，应当成为新时期我国技术进步的基本立足点。

另外还有些特殊问题，包括中国文化历史的背景，在自主创新的过程中也应该注意。

特定的国情和需求，决定了我国必须坚定走中国特色自主创新道路，建设创新型国家，推动经济发展方式从要素驱动型向创新驱动型的根本转变，依靠包括制度创新、管理创新和技术创新、商业模式创新等在内的全面创新实现经济社会持续协调发展。

第四节　我国自主创新的战略目标

一、我国自主创新面临的三大问题

第一，创新意识问题。受几千年来的封建思想束缚，我国和西方在创新意识方面存在差距。

第二，经济安全问题。我国科技进步对经济发展的贡献率低，尚不足 40%，而且对外科技依存度过高，2015 年我国核心技术对外依存度超过 50%。[①] 科技进步对经济发展的贡献率低，使得我国迫切需要转变经济发展方式(韩小明等，2009)，及早摆脱对其他国家的技术依赖，发展自主知识产权。

第三，资源和环境约束带来的可持续发展问题。我国本就是人均自然资源(矿产资源、水资源、土地资源、种质资源等)最紧缺的国家之一，同时我国缺乏核心技术的粗放型的经济发展方式，更使我国面临着越来越大的资源和环境压力。根据国家统计局公布的数据，2016 年我国单位 GDP 能耗为 3.7 吨标准煤/万美元，远远高于发达国家的能耗水平。

我国核心技术受制于上述三大问题，核心技术缺乏的原因可总结为以下五点。

---

① 何亚非. 核心技术对外依存度超 50%[EB/OL]. (2015-09-30)[2018-12-01]. http://finance. sina. com. cn/review/hgds/20150930/120823387140. shtml.

第一，与创新型国家相比，我国对创新的认知存在差距。我国全社会对创新及创新型国家建设还存在模糊认识，创新的制度基础和社会文化基础还比较薄弱，以市场为导向的创新理念还没有得到很好的体现。

第二，机制、体制存在问题。与创新型国家相比，我国创新体系的主要差距在运行机制和管理体制方面。首先，各方面科技力量自成体系，分散重复，整体运行效率不高。其次，科技资源宏观管理条块分割，资源配置方式、评价制度等不能适应创新发展新形势。再次，培养和激励创新人才、鼓励创新创业的机制不完善，缺乏创新文化环境。从次，部分科研机构和大学的运行机制和功能不协调，难以发挥应有的作用。最后，市场竞争机制尚不完善，配套制度不健全。

第三，与创新型国家相比，我国经济结构与产业结构存在差距，经济发展方式过于粗放（见表1-4）。根据国家统计局公布的数据，2016年，我国规模以上工业增加值增长6.0%，其中高技术制造业增加值增长10.8%，占规模以上工业增加值的12.4%。

表1-4 我国和创新型国家在经济结构和产业结构上的比较

结构指标		我　国	创新型国家
经济结构	农业人口占全国劳动力的比重	50%以上	小于5%
	服务业产值占国内生产总值的比重	30%	60%
产业结构	高技术产业增加值占工业增加值的比重	10%	40%
	高技术产业的投资额占总投资额的比重	10%	50%

第四，对创新投入的数量和质量都不足。首先，与创新型国家相比，我国在科技投入水平上存在较大差距。2016年，我国科技投入占GDP的比重为2.08%，与创新型国家差距较大。目前我国大中型企业中71%没有技术研发机构。国务院发展研究中心的一项统计资料显示，2016年，我国制造业经济总量占全球的2%。2014年，我国大中型企业消化吸收经费和技术引进经费的比值为0.45∶1，同发达国家相比差距悬殊，如日、韩等国用于消化吸收和技术引进的经费比值在1∶3左右，部分重点领域高达1∶7。

第五，缺乏科研和创新型人才。2014年，我国从事科技活动的人员为7512万人，科学家和工程师为3170万人，分别居世界第一位和第二位。但按全国人口平均的从事科技活动的人员、科学家和工程师数量仅为556.4人/万人和234.8人/万人。2017年，高校毕业生人数为795万人。近些年，海外留学生回流加快。但是，创新型人才不足影响了我国自主创新能力的提升（习近平，2016）。

二、我国自主创新的战略目标体系

第一，针对创新的认知差距的问题，确立文化维度上的中期战略目标。文化上，要积极营造诚信、宽松、和谐的学术环境，以提高全社会的创新意识。

第二，针对创新投入的数量和质量都不足的问题，国家决定加大研发投入。《国家中长期科学和技术发展规划纲要（2006—2020年）》中提到："到2020年，全社会研究开发投入占国内生产总值的比重提高到2.5%以上。"

第三，针对机制、体制问题，国家将深化机制体制改革。《国家中长期科学和技术发展规划纲要（2006—2020年）》设置的中期目标为："建成若干世界一流的科研院所和大学以及具有国际竞争力的企业研究开发机构，形成比较完善的中国特色国家创新体系。”

第四，针对经济结构与产业结构差距问题，国家将促进产业升级，节能减排，大力发展资源能耗低、带动系数大、就业机会多、综合效益好的战略新兴产业，保证可持续发展。《国家中长期科学和技术发展规划纲要(2006—2020 年)》设置的中期目标为：“能源开发、节能技术和清洁能源技术取得突破，促进能源结构优化，主要工业产品单位能耗指标达到或接近世界先进水平。”在经济上，要优化产业结构，推进产业转型升级。《国家中长期科学和技术发展规划纲要(2006—2020 年)》提出的中期目标为：“在重点行业和重点城市建立循环经济的技术发展模式，为建设资源节约型和环境友好型社会提供科技支持。”

第五，针对企业缺乏高层次人才问题，国家决定在人力资本上，培养造就具有世界科研前沿水平的高级专家、高层次科技领军人才。《国家中长期科学和技术发展规划纲要(2006—2020 年)》提出的中期目标为：“涌现出一批具有世界水平的科学家和研究团队，在科学发展的主流方向上取得一批具有重大影响的创新成果，信息、生物、材料和航天等领域的前沿技术达到世界先进水平。”

综上所述，我国自主创新战略目标体系如图 1-8 所示。

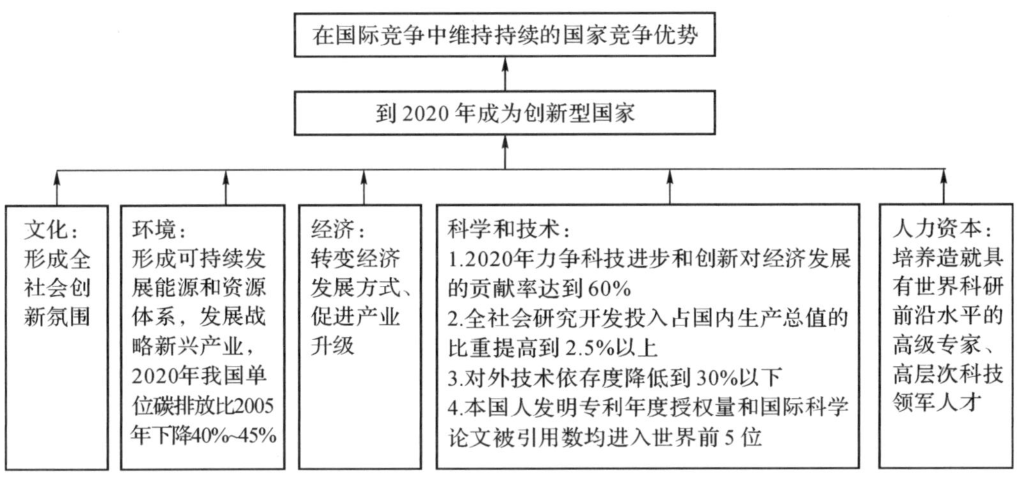

图 1-8　我国自主创新战略目标体系

2016 年 7 月颁布的《“十三五”国家科技创新规划》进一步提出了国家综合创新能力世界排名要在 2020 年进入前 15 名的目标(见表 1-5)。

表 1-5　“十三五”科技创新规划指标与目标值

序　号	指　标	2014 年指标值	2020 年目标值
1	国家综合创新能力世界排名/位	19*	前 15
2	科技进步贡献率/%	54.2	60.0
3	研发经费与国内生产总值的比值/%	2.05	>2.5
4	每万名就业人员的研发人力投入/(人年/万人)	48.0	90
5	高技术产品出口额/亿美元	6605	17500
6	知识密集型服务业增加值占国内生产总值的比重/%	11*	≥14

续表

序　号	指　标	2014 年指标值	2020 年目标值
7	规模以上工业企业研发投入占主营业务收入比例/%	0.8*	1.2
8	国际科技论文篇均被引次数/次	7.57	10.5
9	PCT(《专利合作条约》)国际申请量/件	25538	58000
10	每万人发明专利拥有量/件	4.9	9.8
11	全国技术市场合同交易总额/亿元	8577	22000
12	公民具备基本科学素质的比例/%	6.2	10

注：* 为 2013 年数据

第二章　自主创新模式和自主创新能力的提升路径与主体演化

中国自改革开放以来，在40年的经济快速发展中，形成了开放经济环境下的、具有中国特色的、政府主导与市场主导混合的自主创新模式。虽然中国产业创新取得了巨大成就，但不同产业的创新绩效却呈现出很大的差异：通信设备产业成就斐然，不仅使两个民营企业——华为与中兴成长为世界级企业，而且形成了第三代和第四代移动通信领域的世界技术标准；而中国轿车产业仍为外资与合资企业主导，沦为跨国公司商品的生产基地。不同产业出现如此之大的创新绩效差异可能有很多原因，如产业技术路径、产业组织模式的差异等，但在很大程度上也取决于产业创新治理机制的差异。

第一节　自主创新的模式

一、自主创新模式的国际比较

到目前为止，在亚洲通过自主创新成功地在高新技术产业形成竞争力的国家和地区基本上只有日本、韩国、新加坡和中国台湾地区。通过对国内外学者的研究成果和本研究结果的比较与归纳，我们发现这些国家和地区的企业在创新的模式上有很大差异，可以总结为三种自主创新模式：技术赶超、价值链提升、颠覆式创新。

（一）技术赶超：沿着基本上固定的产业技术轨道，赶上或超越发达国家

这是韩国和日本企业的主导模式。如日本企业从20世纪六七十年代开始在汽车、消费电子、数控机床、计算机、半导体等产业领域进行技术赶超，韩国企业从20世纪80年代开始在消费电子、半导体、汽车、通信设备产业领域进行技术赶超。技术赶超的基本特征是：选择特定产业，集中资源，与发达国家正面竞争。

虽然在20世纪80年代，创新焦点是对发达国家产品的模仿与改进，但韩国的部分领先企业已开始了对先进技术的研发活动。特别是20世纪90年代以来，三星、LG、现代等企业已经将其创新焦点指向新技术的研发。虽然遭到金融危机的重创，但十几年在研发上的密集投资与努力，使三星等企业开始在21世纪初结出累累硕果。如今，三星在存储芯片、平板电视（如LCD）、码分多址（CDMA）等产品技术领域，都显示出强大的技术能力，已经成为与美国、日本、欧洲跨国公司比肩的技术领先企业。显然，韩国发展模式的特点在于它没有拘泥于比较优势。虽然韩国确实充分地利用了其比较优势所带来的发展机会，但它超越了自

己的发展阶段，积极地开展自主的研发活动，缩短自然的发展过程，建立基于新技术的竞争优势。因此，韩国在总体上遵循由资源禀赋决定的比较优势发展战略，但在局部领域却极力缩短发展过程，通过政府产业技术政策与银行的金融支持，实现赶超发展。

（二）价值链提升：沿着产业价值链，逐步提升自己的位置，形成局部的技术优势

这是我国台湾企业的主导模式，即它们首先通过代工进入全球电子信息产品生产体系，然后沿着价值链，逐步提升自己的位置，在一些关键零部件的设计与制造上形成局部的技术优势。例如，台湾企业从低端的计算机配件制造到设计，再到笔记本电脑的制造和设计，从半导体芯片的封装、测试到精密制造和设计。这个自主创新模式的特征是：采取迂回与蚕食战略，融入全球价值链，逐步提升自身的地位（Amsden et al.，2003）。

在 20 世纪 70 年代，台湾企业进入快速增长的初期，它们面临很大的后发劣势。在当时的条件下，它们与外部科技发展长期隔离，没有能力辨认、吸收与掌握先进技术。同时，由于其自身市场不大，特别是对高技术产品需求小，无法满足企业快速产业升级的需要，于是进行代工生产就成为它们必然的选择（Hobday，2003）。许多研究者（Hobday，2003；Amsden，1989）发现，台湾的电子信息产业的发展经历了从 20 世纪 60 年代后期开始的代工生产商（OEM）到 80 年代的原始设计制造商（ODM），再到 90 年代的自有品牌生产商（OBM）这三个阶段。

虽然台湾企业在初期主要借助于跨国公司获取技术与市场知识，但在向原始设计制造商和自有品牌生产商升级过程中，它们都逐渐转向依靠自己或研究部门实现技术与产业升级的道路。台湾当局支持下的工业技术研究院（ITRI）在企业技术进步与产业升级中起到了关键的作用。在台湾产业技术发展的不同阶段，企业的技术战略与科研院所的研发重点都随之变化。同时，台湾继续坚持中小企业专业化的模式，不断参与全球分工深化产品价值链，强化自身在快速变化的个人计算机等产业中的灵活性与适应性。特别是在 1998 年亚洲金融危机之后，台湾企业表现出极强的竞争力。

（三）颠覆式创新（disruptive innovation）

以本土用户需求的变化为契机，在原有的产品—技术发展轨道上裂变出新的方向，这是日本企业的另一种主导创新模式。

以国内市场为依托的创新，是日本企业创新模式给我们的最大启示。当然，技术上的追赶与赶超也是日本企业创新的一种模式。但是，日本企业的高明之处在于它们并不满足于技术进步，而更关心如何将这些先进的技术用于满足日本市场独特的需求。日本本身有较大的人口基数，而且日本的市场经济体制自明治维新以来，到 20 世纪五六十年代已有了相当程度的发展，整个国家的城市化程度也已接近发达国家水平，因此，其内部市场的规模与纵深都是 20 世纪七八十年代的韩国与中国台湾地区无法相比的。从 20 世纪 50 年代索尼的晶体管收音机、60 年代丰田的 JIT（准时制）生产方式、70 年代本田小型高动力引擎和摩托车，到 80 年代佳能的小型复印机、索尼的随身听以及游戏机等，都是创造性地将当时的先进技术结合日本市场的独特需求的产物。正是有了这一系列基于国内需求的自主创新，颠覆了欧美企业的垄断地位（Christensen et al.，2003），日本企业才使自己脱颖而出，成为世界三大经济体之一。

那么，日本企业从跟随欧美企业发展，到成功找到自己独特的模式，这一切是如何发生

的呢？对日本创新模式最直接、最清晰的影响因素之一是日本人对小巧精致的喜爱，这是日本一系列独创性产品的文化根源。这样一种文化特性可能源自日本人居于一个狭小地域的岛国意识，由此产生的对空间和资源的节约意识逐渐演化为"小就是美"的审美观念和对产品小型化的无止境追求。当20世纪50年代美国贝尔实验室发明晶体管时，美国各大电子厂商都没有发现晶体管的潜在应用，而索尼的盛田昭夫却立刻看到了这个东西的潜力，这不能不说是两种文化在左右着美国与日本企业的创新决策。正是在小巧、精致、高质和节能等观念的影响下，日本企业在小巧精致的消费电子产品和小巧节能的汽车与摩托车等领域生产出具有国际竞争力的产品。日本产品小巧精致的特性恰巧符合20世纪70年代以来影响日渐扩大的一种国际潮流，即从追求豪华、宽大和宏伟的西方传统审美与消费观念到追求小巧、资源节约和环境保护的绿色生活观念的转化。70年代的石油危机和人类对自身生存危机的反省促成了这种观念的形式并加剧其深化。于是，当70年代日本的小巧、节能、高质的汽车进入美国市场时，人们发现这就是他们想要的产品。因此，日本企业的成功不仅是日本技术的成功，更是日本文化的成功。

进一步的研究发现，不同的创新模式在创新定位和资源整合这两个方面也表现出明显的差异，三种自主创新模式及其创新定位和资源要求的特征如表2-1所示。

表2-1　三种自主创新模式及其创新定位和资源要求的特征

要　素	技术赶超	价值链提升	颠覆式创新
技术能力	高	中等	较高
客户需求知识	一般	一般	高
补充资源（品牌与渠道）	高	低	较高
创新定位	技术轨道相对固定，全价值链	技术轨道不确定	
局部价值链	产业多样性，地域独特性		
资源整合	对资源的集中整合	对资源的分散整合	独特市场需求资源的分散整合

1. 创新定位，即选择哪些产业或产品进行创新，在产业的哪些价值链位置进行创新

如实行技术赶超模式的韩国企业主要选择技术变化迅速而技术轨道稳定、能够预见未来变化方向的产业或产品，控制产品品牌、研发、设计、制造到销售的全价值链。韩国企业在技术轨道稳定的汽车、移动通信和存储器产业的创新很成功，而在技术轨道不稳定的PC及其零部件、笔记本电脑等产业不太成功。而实行价值链提升模式的中国台湾地区企业选择技术变化迅速且技术轨道不稳定、难以预见未来变化方向的产业或产品，并在价值链的个别位置上参与竞争。另外，日本企业选择具有多样性和地域独特性的产业，实现裂变式创新。

2. 创新资源整合，即通过什么方式整合资金、人员、技术、市场等相应的创新资源，支持自主创新实现

不同的自主创新模式要求不同的资源整合方式。如日本与韩国以企业集团为核心整合创新资源，发挥规模与范围经济的优势；中国台湾地区通过中小企业和研究院所（主要是工

研院）的密切网络整合创新资源，发挥网络经济的优势；实施本土市场拉动的日本企业将引进吸收的先进技术与国内独特的市场需求结合起来，整合技术与市场资源；而新加坡形成以跨国公司为核心、本土企业广泛参与的集群网络，发挥跨国公司的引导作用。

上述三种模式为什么能够成为后进国家和地区实现自主创新的路径？进一步的分析表明，这是因为这三种模式能够使后进国家和地区的企业克服资源和能力的不足，并能够有效地激励企业去努力实现自主创新。

首先，技术赶超模式对企业的资金与技术能力都有很高的要求，这对于后进国家的企业是非常难以克服的障碍。因此，技术赶超必然要求特殊的资源整合方式，即在政府支持下，通过特大企业集团集中整合资源，将大量的资源集中在重点突破的产业与技术领域，形成局部的资源优势。如韩国政府支持形成的企业集团通过自身的一体化组织来控制充足的技术知识和补充资产，形成高度的产业与技术协同（Hobday，2003）。韩国这些特大型的一体化企业组织是由政府亲自缔造和领导的，政府通过这些企业“国家队”的垄断地位来实现其发展战略，它们不再是商业利润的追逐者，而是韩国国家意志和民族精神的体现。通过这些超级商业巨人，韩国的创新资源得以充分地集中与整合，以支持自主创新的实现。

当然，选择重点产业技术领域，集中资源突破的方式存在很大风险。如果重点领域的方向选择错误，将使企业陷入崩溃的境地。因此，其创新定位所选择产业的技术轨道必是相对固定的，于是预测产业技术的发展方向相对容易，在重点领域选择上发生错误的可能性就大大减小。

虽然技术赶超及其相应的创新定位和资源整合方式解决了资源短缺问题，但其自身却无法解决创新的激励不足问题。于是，实行技术赶超模式的日本和韩国都依靠政府为企业提供足够的创新激励。如韩国政府通过外向型的产业战略和创造性的危机制造向企业施加激励与压力，加大企业技术学习与创新的力度。

相对于技术赶超模式，价值链提升对企业资源和能力的要求比较低。例如，中国台湾地区成功进行产业升级的最主要领域是电子信息产业，使产业升级成功实施的最重要的机制是代工生产系统。在此过程中，跨国公司会向后进国家或地区的企业转移必要的技术，并以它们自己的品牌，通过其成熟的国际渠道销售产品。因此，后进国家或地区巧妙地借用跨国公司的技术和销售渠道，克服其技术与市场障碍，跻身国际生产网络，进入全球价值链，由此开始其经济发展与产业升级的历程。

价值链提升模式的另一个特征是以全球市场需求与价值链互动作为激励机制。因为中国台湾地区企业在全球电子信息产业中占据了重要的价值链位置，所以价值链前端的技术突破（基本上产生在发达国家）和价值链后端的需求变化都会通过市场引发台湾企业的创新动力。显然，台湾这样的创新机制与其独特的技术战略创新模式是相互支持的。

颠覆式创新模式对资源和能力的要求界于前两个模式之间，它既不与跨国公司正面竞争和对抗，也不甘心屈从于跨国公司控制的价值链。因此，后进国家或地区的企业经过努力和政府的帮助，能够满足相应的资源与能力的要求。同时，颠覆式创新模式的最显著特征是以国内或本地区独特市场需求作为创新的激励机制。因此，一个规模庞大、具有多层次的纵深的国内或本地区市场是产生创新的前提。

二、我国自主创新的模式

与所有的后进国家和地区一样，我国企业的资金和技术能力都非常缺乏，使企业的自主创新面临很大的障碍。我国大部分产业具有如下特征：①以中小企业为主、集中度很低的分散竞争性的产业与企业组织结构；②弱政府主导和弱市场主导的创新资源配置的混合机制。

这样的产业与企业组织结构和资源配置机制决定了我国必然是集中式和分散式相结合的混合型创新资源整合模式，即一方面是中央政府主导的创新资源整合，充分发挥我国传统的计划经济的优势，集中资源办大事，另一方面通过企业、政府、大学、科研院所及中介组织形成的网络来配置创新资源，充分利用网络经济和创新集群的优势。

因此，在个别产业，对少数企业来说，技术赶超可以作为其主要的自主创新模式。同时，我国多数企业面临的分散的创新资源整合方式决定了另一条主导创新的技术路径是价值链提升。因为政府的集中资源整合方式只针对少数重要行业，多数企业都面临分散的网络式资源整合方式，这使它们无法实施技术赶超，但非常适合实施价值链提升的自主创新。

另外，我国企业所面对的市场是巨大的国内市场。随着我国市场机制的逐渐完善、国内统一大市场的一体化，以及我国市场进一步深化和其独特性的显现，对我国企业实施的自主创新的引导和激励会逐步强化。因此，基于国内市场需求的本土市场拉动创新也应该是我国企业的一条主导的创新路径。

通过对我国企业自主创新案例的分析与归纳，可知我国企业自主创新模式具有以下几个特点。

第一，技术赶超的多样性。我国企业的技术赶超呈现出多样化的状况，既有国家主导，也有企业主导；既有完全成功，也有不完全成功的例子。国外的技术赶超案例基本上是企业主导，通过巨型企业集团整合创新资源。而我国由政府主导的技术赶超却是由科研院所主导，大唐与龙芯就是典型的例子。我国政府没有通过如韩国政府的危机制造等手段向企业施加压力，提供激励，而主要是通过开放的国内市场与全球化竞争激发了企业的创新积极性。

第二，陷入全球价值链的低端。许多企业进入全球生产体系，参与全球分工，但未有效地利用全球的技术与市场资源，无法快速提高自身的创新能力；同时，政府与公共研究机构的缺位可能是我国企业无法实现功能与价值链升级的主要原因。

第三，颠覆式创新限于低端市场，没有对主流市场形成颠覆性突破。虽然 UT 斯达康和神舟等企业成功实现了本土市场拉动创新，但基本上都限于低端市场，没有实现从低端市场向主流市场挺进，进而对主流市场形成突破的局面。这是因为我国企业的本土市场拉动创新基本上是基于成熟或者落后的技术，没有从功能上超越主流技术的潜力。总的来说，我国企业基于低端破坏的本土市场拉动创新比较成功，而基于新市场独特需求的本土市场拉动创新还不成功，还在进一步探索之中。一方面，我国企业没有很好地利用国际上最先进的技术，没有通过组织与流程的创新形成核心能力；另一方面，企业也没有对我国独特市场需求与组织行为进行深入挖掘，形成独特的产品和组织流程，由此通过创建新市场来破坏主流市场。

在表 2-2 中，按照前面的分类，本书将一些典型的中外企业本土市场拉动创新的例子进行了比较。表 2-2 充分体现了我国企业与国外企业之间的差距。

表 2-2 中外企业本土市场拉动创新的比较

	基于技术创新		基于商业模式创新	
	先进技术	落后技术	有核心能力	无核心能力
低端破坏		UT 斯达康的小灵通	沃尔玛的折扣零售	神舟电脑
新市场破坏	索尼的晶体管收音机，佳能的普通纸复印机，索尼的随身听		丰田汽车	

从上述分析可知，韩国、我国台湾地区都有一种主导的自主创新模式，日本有两种主导的自主创新模式，而我国大陆地区表现出混合的自主创新模式，即我国大陆地区不同的企业或产业采用了三种不同的创新模式。显然，这样的情形并不是偶然的，它是由我国多层次的市场、多样化的地域特征、全面的产业布局等特征所决定的。

虽然我国大陆地区企业采用了三种不同的创新模式，但至今成功实现自主创新的企业或产业却很少，并没有能够延续韩国、新加坡和日本等地区在相应模式上的成功。

因此，进一步的研究课题是：①这三种基本的自主创新模式中哪种比较适合今天我国企业的自主创新？不同产业、不同类型的企业应该选择怎样的自主创新模式？②当今全球化的知识经济时代，我国企业除了可以借鉴和沿用这三种自主创新模式外，还应该探索新的更适合我国环境的自主创新模式。全球化与我国特殊的经济环境为我国企业探索新的自主创新模式提供了怎样的机会？有哪些可能的方向？

第二节　自主创新能力提升的模型

一、提升企业自主创新能力的静态模型

本章以 Kim(1997)、Lee 和 Lim(2001)的理论为基础，构建了一个理论分析框架(见图2-1)。在此框架中，企业自主创新能力的形成取决于企业的技术能力和对创新的努力，而企业的技术能力由技术获取决定，企业的创新努力依赖其所在行业的创新机会和市场机会，以及企业自身的技术能力。

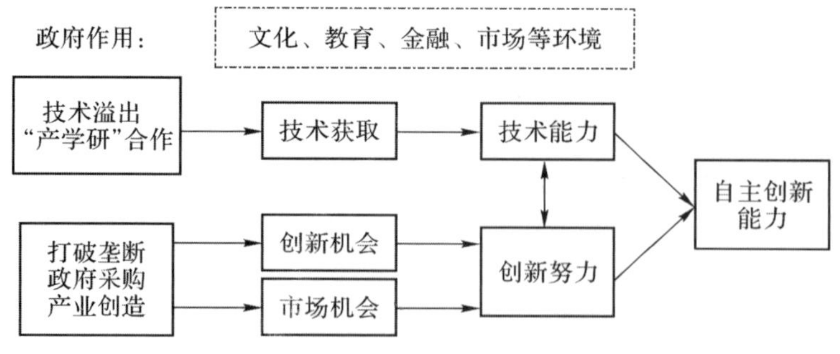

图 2-1 提升企业自主创新能力的静态模型(TC-IC)

在图 2-1 中，有效的外部技术获取使后进国家企业能够克服技术能力不足的障碍，而丰富的市场机会使后进国家企业能够克服创新激励不足的障碍。关键的是，企业能否有效地获取外部技术，不仅受到企业自身战略、组织和文化等因素的影响，还受到许多外部因素的影响。在一定程度上，一些外部因素起到决定性作用。其中，除了文化、教育、金融、市场等环境因素的影响外，政府督促跨国公司独资与合资企业的技术溢出，以及政府推动的"产学研"合作对于先进技术的获取与吸收是非常重要的。同样，企业的创新努力取决于它们所面临的创新机会和市场机会，创新机会的推动和市场机会的拉动是企业进行自主创新的动力要素。但作为发展中国家的企业，特别是在开放的市场环境中，面对跨国公司对市场和核心技术的垄断，面对自主创新的巨大风险，它们往往缺乏创新的动力，或者仅仅在传统产业或低附加值产品上进行模仿或一些渐进的改进，无法完成产业或价值链升级，更无法掌握核心技术。因此，政府可以通过塑造自由竞争的市场环境，打破垄断，对我国企业的产品优先采购，引导企业进入一些新兴技术产业，实现产业升级，为我国企业的自主创新提供大量的创新机会和市场机会，激励企业进入高技术产业和高附加值的价值链位置。

二、提升企业自主创新能力的动态模型

本章建立了一个提升企业自主创新能力的静态模型，该模型说明了外部因素（主要是政府）如何帮助企业提升自主创新能力。但这个模型是静态的，而实际上产业和企业的自主创新能力是逐步提升、动态演化的，在演化过程的不同阶段，企业自主创新能力提升的关键点是不同的。因此，在不同阶段，外部因素（特别是政府）的作用也就不同。

（一）从模仿能力到自主创新能力的演化路径

Utterback（1975）的技术创新模式认为发达国家的产业和企业是沿着三段式技术轨迹发展的，即流动、转化和专业化。

发展中国家企业的技术能力演化与发达国家不同，沿着相反的轨迹演进。发展中国家一般不可能在一代技术中就赶上发达国家，而需要经过多代技术的逐步追赶。通过技术引进，首先进入技术成熟的产品领域（第一代技术的专业化阶段）；这时候，发达国家已经进入新一代技术与产品的阶段，发展中国家经过对引进技术消化吸收后，通过获取新的技术知识，跃迁到处在转换阶段的产品领域（第二代技术）；最后通过基础研究的加强和广泛的知识网络的形成，在新兴技术领域（第三代技术的流动阶段）形成核心技术能力，建立独特的产品平台。

发展中国家企业技术创新能力的增长是一个技术能力各要素的连续性积累和总体技术能力的间断性跃迁的过程。在此过程中，企业技术创新能力一般经历了从模仿能力到创造性模仿能力再到自主创新能力三个阶段。创新能力演化的三个阶段及其技术特征见表 2-3。

表 2-3 创新能力演化的三个阶段及其技术特征

<table>
<tr><th colspan="2">能力演化阶段</th><th>技术特征</th></tr>
<tr><td colspan="2">模　仿</td><td>对成熟技术的使用和简单模仿</td></tr>
<tr><td colspan="2">创造性模仿：培育能力</td><td>在引进的技术平台上，使用并跟随国外先进企业开发成长中的技术与产品，或对成熟技术进行集成与创造性改进</td></tr>
<tr><td rowspan="2">自主创新</td><td>形成自主创新能力</td><td>将外部获取的技术进行技术融合，由此掌握核心技术，建立产品技术平台，进入高技术产业和高附加值的价值链位置</td></tr>
<tr><td>形成核心技术能力</td><td>通过自主创新和技术赶超，自主研究发展最新技术，掌握和控制核心技术知识产权或技术标准，形成独特的产业技术发展轨道</td></tr>
</table>

1. 模仿阶段

模仿阶段主要是使用已经成熟的生产设备，通过"干中学"掌握生产过程中的技术、专门知识和生产管理技能(如质量管理)。在此阶段，技术能力中最重要的是技术设备，特别是引进或改进先进的技术设备具有决定性作用。同时，拥有相应的技术技能也是很重要的，这是充分利用技术设备的必要条件。而企业此时的技术组织与管理还处于初期，没有形成规范的技术管理与战略体系。企业的外部技术连接仅限于设备引进的简单联系，对外部技术资源的利用水平非常低。

2. 创造性模仿阶段

在此阶段，企业开始根据本土的特性，对产品和工艺进行调整和改进，或进一步对产品进行重新设计。这时，企业在关键技术上仍然依赖于外部技术源。企业在此阶段技术的迅速提高往往得益于与先进企业的合作研究与开发，企业能够在合作过程中迅速提高自己的创新能力。

在此阶段，创新能力要素中最重要的是人员技能和技术组织，产品工艺设计诀窍、外部技术吸收能力和企业创新组织的建立及各部门间的协调是关键能力所在。同时，企业开始与外部技术源建立多种多样的技术连接，对外部技术的利用能力大为增强。

此阶段中本土企业只是引进了设备和流水线，掌握了基本外围及辅助技术，核心技术和核心零部件还依赖国外企业。创造性模仿能力本质上是企业对企业内外的创新资源进行整合，并实现创新的能力，但这时还没有做到自主开发，即其开发活动仍是在国外企业所建立的技术平台上进行的。企业或者是模仿最新一代的国际先进产品，或者是立足现有平台，根据本国市场需求状况，进行产品性能的延伸或改进。

3. 自主创新阶段

在此阶段，本土企业开始摆脱对国外技术的依赖，超越国外技术，逐步掌握核心技术，形成自己完整的技术平台，并开始主导主流市场。同时，企业致力于建立广泛的联盟与网络关系，充分吸收与利用外部的技术知识与市场知识，将外部知识与内部知识融合成强有力的技术能力。这一过程开始于研究获得新技术，或者获取国外新技术进行技术融合，然后通过知识学习培育自主开发能力。自主创新阶段又分为两个子阶段。

第一子阶段，形成自主创新能力。本土企业通过自主地对内外部技术的创造性模仿，逐步掌握目前一代产品中的核心技术，并进入国内主流市场。在此阶段，企业的研究与开发能力已经达到相当高的水平，开始形成自己完整的技术平台，由此进入高技术产业和高附加值的价值链位置。

第二子阶段，形成核心技术能力。本土企业通过对技术与市场发展趋势的把握，以在新一代产品技术上形成技术领先地位和市场主导的战略为指导，形成完善的创新组织与广泛的创新网络，通过自主创新和技术赶超，掌握和创造新一代核心技术，并主导国际市场或者控制技术标准。这时，本土企业形成核心技术能力，建立起自己独特的产品技术平台。

（二）创新能力发展过程中主导的自主创新模式的动态变化

创新能力的发展是一个动态变化的过程，不同阶段主导的自主创新模式也在不断变化，如表 2-4 所示。

表 2-4 创新能力发展过程中主导的自主创新模式的动态变化

能力发展阶段		主导的自主创新模式
创造性模仿：培育能力		价值链提升和本土市场引导
自主创新	形成自主创新能力	技术跨越和本土市场引导
	形成核心技术能力	技术跨越

在创造性模仿阶段，发展中国家已经基本上掌握了成熟技术，并开始追踪新兴前沿技术，进入高新技术产业；同时根据本土市场需要，对产品与工艺技术进行改进。因此，主导的自主创新模式是价值链提升和本土市场引导。

在自主创新的第一阶段，发展中国家一方面致力于突破与掌握产业核心技术，实现技术跨越，另一方面根据本土市场需求特点，进行技术融合，建立产品技术平台。因此，主导的自主创新模式是技术跨越和本土市场引导的自主创新。

在自主创新的第二阶段，新兴发展中国家致力于通过原始性创新开发和控制新兴产业的核心技术，掌握和控制核心技术知识产权和技术标准，形成独特的产业技术发展轨道。因此，主导的自主创新模式是技术跨越。

（三）创新能力演化过程中的激励与资源整合

在创新能力发展的不同阶段，技术能力不足和创新激励不足这两方面障碍的表现形式和强度是不同的，所以在不同阶段，所需要的创新激励和资源整合的方法和措施也应该不同。因此，不同阶段的创新激励和资源整合的方法和措施应该与相应阶段的自主创新障碍形成有效的匹配（见图 2-2）。

在企业技术发展的模仿与创造性模仿阶段，企业所面临的创新障碍并不是很大，完全可以依靠企业自身的力量或者通过企业主导的“产学研”合作来提升创新能力，实现创新。因为在此阶段，企业基本上是处在劳动密集型产业或者低端的价值链位置，所需要掌握的是成熟的技术，并在对本国市场需求理解的基础上对成熟技术进行应用和改进。一方面，因为成熟技术是国外先进企业快要淘汰的技术，所以成熟技术可以很容易从国外购买或者通过合资来获取，一些企业也可以通过“产学研”合作实现对国外成熟技术的模仿和改进。另一方面，我国快速增长的市场需求为企业的模仿和改进创新提供了广阔的空间和激励，模仿和改进对资金的需求小，短时间内能够见效的期望也促使企业有能力、有意愿投身其中。公共科研机构的作用是帮助企业完成对引进技术的消化吸收和再创新，这个阶段的“产学研”合作

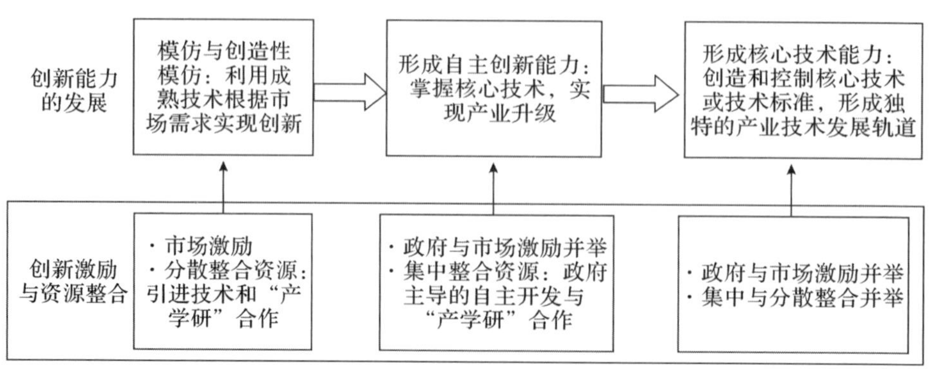

图 2-2 创新能力发展的创新激励与资源整合

一定是企业主导的，因为此时的模仿、改进和创新必须基于企业对市场需求的理解，创新项目必须反映企业对短期内所实现效果的期望。在此阶段，企业的创新努力是分散的，企业总是根据市场的需求选择创新的方向和创新的项目。因此，分散的创新资源就是此时合理的配置方式，从大学、科研院所、各种技术创新平台中，企业会根据自己的需要，理性地选择适合的创新资源，形成各种不同的"产学研"合作方式与联盟，通过不断地聚合创新资源，为企业开展短、平、快的创新项目提供适当的资源保证。

从创造性模仿到自主创新是企业创新能力的一次飞跃，需要克服巨大的技术障碍和激励障碍。虽然在自主创新的第一阶段，并不要求发展中国家通过原始性创新和技术赶超，创造、控制核心技术和技术标准，但需要企业掌握产业的核心技术。掌握核心技术与掌握成熟技术是两个完全不同层次的事情。产业的核心技术往往为少数跨国公司所控制，这也是它们垄断市场、获取高额回报的保证。因此，一方面，跨国公司不会轻易出售核心技术，就算发展中国家通过合资等方式引进了核心技术，跨国公司也会千方百计地控制合资企业的技术开发，防止核心技术的扩散。同时，核心技术本身的门槛和难度也远远高于成熟技术，自主开发所需要的资金往往会非常多，开发所需要的时间会比较长。另一方面，当发展中国家企业准备进入高科技产业和高附加值价值链时，这些产业和产品市场都已经被跨国公司所垄断，新进入的企业会遇到跨国公司强烈的抵抗和打击。因此，发展中国家企业的自主创新会遇到极大的困难，在获得市场成功和回报之前可能需要多年的努力以及承受一段时间的亏损。如果仅仅依靠企业和市场机制，很难克服资源的障碍，形成自主创新的激励。通过政府主导的自主开发和"产学研"合作来实现集中的资源整合就成为必然的选择。

(四)政府与公共研究机构在提升企业自主创新能力中的作用

根据上文自主创新能力提升的动态模型，创新能力的发展经历了从模仿能力到创造性模仿能力，再到自主创新能力的过程。而自主创新又可分为两个阶段，一是形成自主创新能力，通过创造性模仿实现能力深化和产业升级，体现为掌握和使用核心技术；二是形成核心技术能力的产业技术发展轨道，通过自主创新和技术跨越，创造和控制核心技术或技术标准，形成独特的产业技术发展轨道。

对于发展中国家来说，企业创新能力的动态提升过程是无法靠企业独自完成的，而且在某些阶段，也无法由企业主导的"产学研"合作来实现。因此，在某些阶段，必须依靠政府引导，通过公共科研院所主导的"产学研"联盟来实现自主创新能力的提升(见图 2-3)。

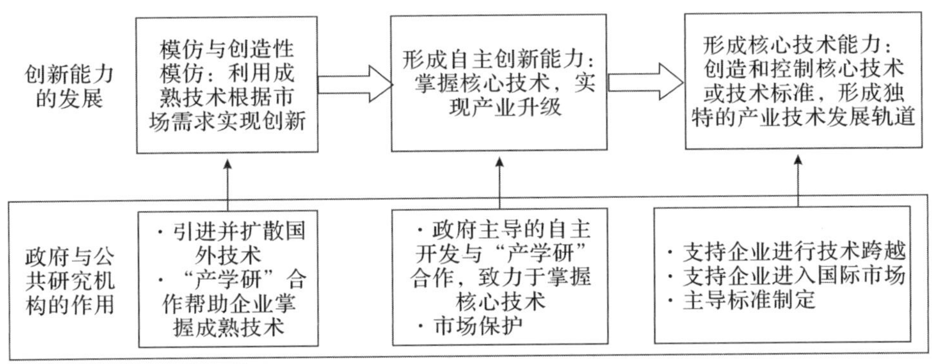

图 2-3 创新能力发展中的政府与公共研究机构的作用

在模仿与创造性模仿阶段，市场竞争提供了对企业创新充分的激励，分散的资源整合要求企业能够成为创新的主体。在此阶段，政府与公共研究机构的作用是辅助性的，主要在引进国外技术和进行“产学研”合作方面为企业提供帮助。因此，在此阶段，政府对创新能力提升的直接作用不是很大，而主要是通过开放政策引进技术和外资，通过资金支持帮助企业尽快获取国外成熟技术。同时，促进市场机制的完善，形成对创新的激励。

当本土企业逐步占领了劳动密集型产业和低附加值的价值链位置后，随着我国劳动力、土地等成本的上升以及传统产业和低端市场的逐渐饱和，产业和企业的发展空间逐渐缩小，经济发展很可能就此止步，陷入徘徊和低增长的陷阱。拉丁美洲的阿根廷、墨西哥，以及东南亚的马来西亚、泰国和印度尼西亚就是这种状况的典型代表。为了摆脱这一陷阱，发展中国家的企业就必须的进一步提升创新能力，及时进入自主创新阶段。如韩国和我国台湾地区在 20 世纪 70 年代末期开始出现劳动密集型市场饱和的苗头时，就及时调整战略，逐步进入高科技产业，到 20 世纪 90 年代中期，成为世界领先的高科技产业强者。

在自主创新的第一阶段，政府与公共研究机构必须起到主导和直接的作用。政府应该提前在创造性模仿阶段，就开始着手规划和制定产业与技术政策，确定长期重点发展的产业和技术领域，并通过公共科研机构和大学提前进行研究和开发。如韩国和我国台湾地区早在 20 世纪 70 年代就确定了半导体产业、半导体制造和设计技术为未来发展的重点产业和技术领域，并开始实施技术引进、研究与开发。然后，韩国政府在 20 世纪 80 年代开始督促三星、现代等企业进入半导体产业，并给予资金和政策上的大力支持。而我国台湾地区在发现没有企业愿意进入资金密集型的半导体制造行业时，就将工业技术研究院的半导体技术研究部门分离出来，成立了公私合资的联华电子。显然，韩国和我国台湾地区都是在政府的主导和直接参与下，开始了它们的半导体产业发展之旅。

资源的集中整合成为自主创新第一阶段的特点。韩国是在政府支持下，通过三星和现代等大型企业整合国内外资源，突破国外公司对核心技术的控制，实现产业升级。而我国台湾地区是通过工业技术研究院整合资源、掌握核心技术后，再将技术研究部门分离出来，成立企业，并逐步引导其他私有企业进入高科技产业。同时，在此阶段，政府还可以通过政府采购和限制国外产品进口等方式进行一定程度的市场保护，让弱小的本土企业有成长的空间。不过应该注意，这样的市场保护持续时间不能太长，一旦本土企业有了一定的市场地位和竞争能力，就应当及时取消保护政策，让激烈的市场竞争促使它们进一步发展。我国交换机产业的发展就很好地说明了这一点。没有开始的市场保护，很难有本土企业的成长，但如果没有后来及时对保护政策的取消,就没有华为和中兴的进一步发展壮大与最终进入国际市场。

在自主创新的第一阶段,虽然后进国家的企业逐渐掌握了核心技术,并有了一定的市场地位和较强的竞争能力,但核心技术的知识产权和技术标准仍然掌握在国外企业手上,整个产业链仍然被国外企业控制,后进国家企业仍处于跟随的地位。在这种情况下,后进国家企业进一步发展的机会就必然是在产业技术演进的下一代技术或者不连续的变化之中。如在移动通信产业中,第三代移动通信技术就为我国企业提供了极好的实现技术跨越的机会。

因此,在自主创新的第二阶段,研究掌握产业核心技术的后进国家企业就应该利用产业技术演进和不连续变化的机会,在新一代产品技术领域进行自主开发,争取控制或部分控制其核心技术的知识产权,或者提出和控制新的技术标准,由此取得世界领先的技术和市场地位。例如,到 1993 年,韩国三星取得了动态随机存储器(DRAM)的世界领先地位;到 2008 年,华为取得了第三代移动通信技术中部分核心技术的知识产权,成为世界领先的通信公司。因此,到这一阶段,后进国家部分强大的企业(如我国华为、中兴、海尔、联想等)已经具备掌握和控制核心技术并领先世界的能力,政府只需要对它们积极支持,不需要进行过多的干预。

而如果后进国家希望在新一代产品技术上提出和控制新的技术标准,如我国提出的第三代移动通信技术(3G)标准之一(TD-SCDMA),就不能仅仅依靠某个或某几个企业来实现。这时,需要形成由政府主导和协调的产业技术联盟,整合国内外的优势资源,才能实现新技术标准的突破和产业化。

第三节 中国产业自主创新的创新主体演化

近年来,关于中国产业自主创新为何失败,许多学者认为一个重要的原因是企业没有成为自主创新的主体。而企业没有成为自主创新主体的原因是中国经济体制、科技体制、教育体制形成的国家创新体系存在严重的缺陷,这些缺陷主要体现为各级政府对经济的过度干预、科技体制和教育体制的行政化导向、国家投资体制偏向于国有大企业(甚至中外合资企业)而歧视民营企业和小型创业型企业。因此,从 2006 年制定的《国家中长期科学和技术发展规划纲要(2006—2020 年)》一直到党的十八届三中全会《中共中央关于全面深化改革若干重大问题的决定》,都反复强调建设以企业为主体、市场为导向、“产学研”相结合的技术创新体系,形成自主创新能力,建设国家创新体系。其实,早在 20 世纪八九十年代初,许庆瑞和傅家骥等学者就提出了企业家和企业应该成为创新的主体的观点。1996 年,国家经贸委印发的《“九五”全国技术创新纲要》(国经贸技〔1996〕795 号)提出了“以企业为主体创新”的方针政策。从那时至今已经过去 20 多年了,虽然其间政府和许多学者反复强调,各级政府部门也不断进行经济、科技体制改革,为企业技术创新创造有利的环境和条件,但是在许多产业中,企业至今仍然没有成为创新的主体。其中的原因值得我们深思,不是简单地归结为体制缺陷就能得到合理的解释。因为制度变革不是一个凭空设计的理性趋近过程,而是一个文化与历史路径依赖的、反复探索与纠错的试验过程。这一过程的复杂性和艰巨性不仅体现在中国从计划经济向市场经济的体制改革过程中,而且也体现在发展中国家克服后发劣势的过程中。虽然目前日本、韩国、新加坡、中国台湾等东亚、东南亚国家和地区的企业都已经成为创新的主体，但它们主体地位的形成过程与创新模式却有很大差异，这些差异源于不同国家和地区的历史、环境、文化与制度等因素。那么，针对中国这样一个更具历史、文化和制度特异性的国家，我们亟待解决的问题是：对于中国成功实现技术赶超的产业，哪些组织做出了重要的贡献？这些创新参与者以怎样的模式完成了产业自主创新？这样的模式是如何克服资源约束和激励缺乏这两大障碍的？在此过程中，企业的主体地位是如何形成的？什么样的制度因素导致了这样的结果？

一、自主创新与创新主体的理论模型

我们根据创新系统理论、发展经济学与技术追赶理论和中国制度转型理论，建立一个中国自主创新与创新主体的理论模型，以此分析中国通信设备产业与汽车产业的自主创新和创新主体的演化过程。

首先，创新系统由系统功能、创新参与者及其相互联系构成。发展中国家创新系统的核心功能不同于发达国家，这是因为发展中国家在发展之初，自主创新对技术能力、资金、科研人员和市场知识的需要都远远超过企业所能提供的限度，这成为发展高技术产业和自主创新的一大障碍。同时，发展中国家的企业也缺乏自主创新的动力。这是因为发展中国家开始进行自主创新时，它们的比较优势仍在劳动密集型产业，在高技术产业和价值链中附加值高的位置上没有比较优势，无法成为产业自主创新的主体（林毅夫，2012）。

自主创新的资源与能力约束和动力不足导致的后发劣势是发展中国家实现技术赶超的巨大障碍，因此，自主创新的实现必须克服创新能力和创新动力的缺乏这两个障碍。而根据大量学者的研究结论，创新能力可以通过对国外先进技术的获取和对创新资源的整合利用形成。只有当发展中国家获得了国外先进技术，并将其与国内的人才、资金等创新资源整合起来，才能形成强大的创新能力，而参与者的创新动力需要通过市场竞争和政府的创新激励来形成。于是，我们从创新能力和创新动力两个方面出发，提出自主创新的三个核心功能为：①国外技术获取，即获取和利用国外先进技术；②创新资源整合，即整合与集中国家和地区的资金、人员、技术、市场等创新资源，投入产业转型升级方向的战略性产业，形成高度的产业与技术协同，实现自主创新；③创新激励，即市场需求、市场竞争与政府产业政策使企业克服与分担创新风险，形成创新愿望与动力，追求长远发展的目标。发展中国家自主创新主体的理论模型如图 2-4 所示。

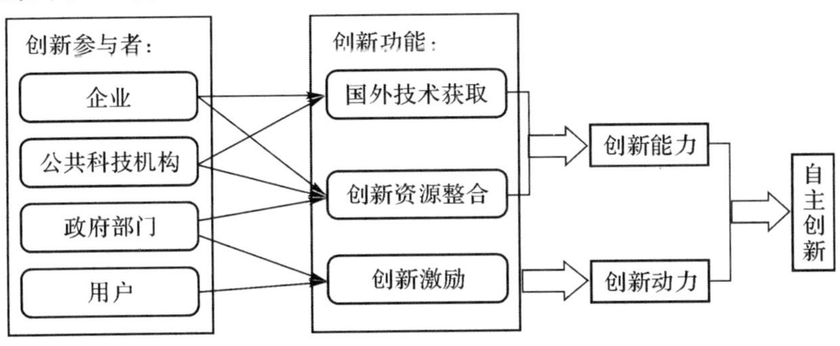

图 2-4　发展中国家自主创新主体的理论模型

发展中国家自主创新的主要参与者包括四类：企业、公共科技机构、政府部门和用户。其中，企业包括国有企业、民营企业、大型企业集团、中小型创业型企业、跨国公司以及合资企业。这些企业的主要作用是获取国外先进技术和进行创新资源的整合，以形成自主创新能力。公共科技机构包括科研院所和大学，其功能既可以是获取国外先进技术，以帮助本土企业培育自主创新能力，也可以是通过改制成为企业、自办企业等形式整合创新资源，开展自主创新活动。政府部门的主要功能是通过资金支持、市场保护、税收减免等形式进行创新激励。但当发展中国家或制度转型经济缺乏创新主体时，也可以进行创新资源整合，直接参与自主创新活动。用户的主要功能是通过其需求的不断升级进行创新激励。而对于发展中国家，国内用户还可利用本国独特的经济、社会和文化条件形成的特殊需求，激励本土企业的创新，为本土企业提供独特的市场空间。

既然创新过程是由多个参与者形成的创新系统来完成的，那么，管理这些创新参与者之间关系的制度和规则是否有效就是创新系统能否有效运行的关键。发达国家，或者通过市场机制，或者通过大企业和区域创新体系（如硅谷的高科技创业企业与风险投资公司的网络）等方式来协调创新系统的运行。但对于发展中国家，可能没有完善的市场机制和区域创新体系，且大企业没有形成自主创新能力，因此往往需要政府部门扶持大型企业集团和公共科技机构来协调创新系统，或者通过政府部门亲自协调来治理创新系统，即可能在特定时期，不是企业而是公共科技机构和政府部门成为创新主体。因此，所谓创新主体的概念实际上是一个创新治理机制的概念，即创新主体就是在创新系统的治理中起到核心作用的创新决策者和协调者，其承担创新的经济结果。从这个意义上看，创新主体应该是创新产品的所有者，拥有创新产品的知识产权或者品牌，其当然是企业。但对于发展中国家，在市场机制不完善或者企业缺乏自主创新能力的情况下，创新主体也可能是公共科技机构或者政府部门。这样，不同国家在不同的发展阶段，基于不同的文化与制度传统，就可能形成不同的创新主体和不同的创新治理模式。图 2-4 的理论模型为我们思考创新主体及其形成机制提供了一个基点。自主创新的主体就是具备创新能力、具有创新动力并承担创新的经济后果的组织。而对于发展中国家来说，创新主体就是受到高度的创新激励，能够获取国外先进技术，然后通过创新资源的整合来实现自主创新的组织。

随着技术的进步或范式转变、经济的发展与制度转型，一些新的创新参与者会出现并进入产业创新系统，其中有些会开始转型并实施新的策略。新旧创新参与者之间的竞争使更有效的组织策略被其他组织复制与模仿。这种复制与模仿也是一个试验与选择的过程，通过市场竞争和用户需求的选择机制，保留并形成新的更加有效的创新主体与治理模式。中国改革开放之初，在计划经济体制下，在长期封闭的经济体系中，创新的重要参与者包括国有企业、民营企业、大学和科研院所，基本上都不具备创新的能力，也大多没有创新的动力。创新能力的缺乏体现在两个方面：一是我国技术水平与国际先进技术水平之间存在巨大的差距；二是重要的创新资源如科研人员、资金、生产与销售等分散在科研机构、政府部门和企业中，无法进行有效的整合。而创新动力的不足源于缺乏国内、国际两方面的市场竞争的激励，同时政府也没有形成向企业施加创新激励的有效机制。虽然在 20 世纪 80 年代开始的经济体制和科技体制的改革通过建立市场竞争机制和科研机构面向经济主战场的导向，形成了一定的创新激励机制，但仅有市场竞争，显然无法形成高技术产业的创新激励机制，也无法形成有效的创新资源整合机制。因此，中国创新系统转型的起点是，依赖传统计划经济体制,形成以政府部门为主体进行创新协调与创新资源整合的治理机制。而创新系统转型的目标是:将国内企业培育成为自主创新的主体,即在政府支持下,国内企业能够协调与整合公共科技机构、国内外技术、金融机构和用户的创新资源,实现自主创新(见图 2-5)。创新系统的转型是一个渐变的过程,不可能一蹴而就。在传统的计划体制开始解体,而新建立的市场体制还无法完全发挥作用的情况下,创新主体的作用谁来承担?在什么样的制度下,国内企业才能最快地成长为自主创新的主体?但创新系统转型无法通过事先设计来实现,而是一个路径依赖的试验过程。在此过程中,有些产业(如通信设备产业)的试验成功了,而有些产业(如汽车产业)的试验失败了,其成败取决于在此过程中,计划体制与市场体制是否能够达成一种平衡以形成创新激励和创新资源整合的有效治理机制。

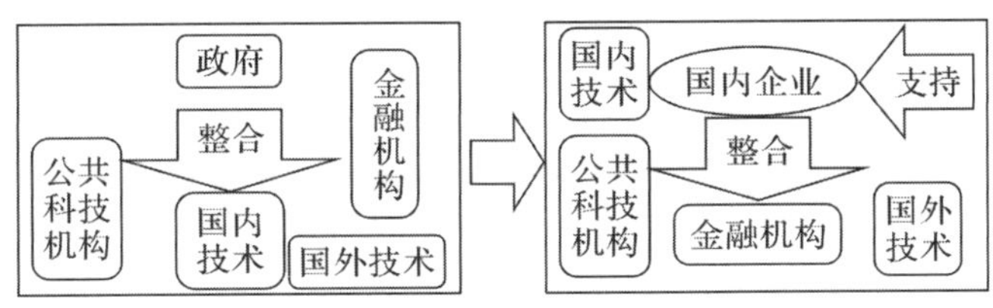

图 2-5　中国创新系统转型的起点与目标

二、中国通信设备产业与汽车产业创新过程的比较分析

中国与东南亚几个国家、地区在外部技术获取上都很成功(虽然方式不同),但在创新资源整合与创新激励方面的做法却大相径庭(赵晓庆等,2009)。发展中国家经济发展的失败源于两种协调失败,一是协调新旧产业之间的资源配置,消除技术与市场的不确定性导致的新兴产业投资不足;二是协调国内企业的投资行为,消除新兴产业的过度进入(Huang,2002)。发展中国家为了发展新兴产业,必须由政府通过较高的关税、进口限制和资金支持,消除或减弱技术与市场的不确定性导致的投资不足,保护国内幼稚的新兴产业的发展,避免第一种协调失败。但由于政府进行市场保护和资金支持,会产生相关产业的高额利润,因此会激励大量企业进入,这样就无法形成规模经济效应,导致企业没有能力与意愿投资于创新行为,这就是第二种协调失败。日本和韩国都是在政府的强力协调下,通过大型企业集团实现了创新资源整合,并通过市场保护与政府压力形成创新激励。中国台湾地区也通过公共技术研究院实现了资源整合,并通过融入全球价值链,形成创新激励。与韩国和日本相比,中国政府的汽车产业政策在进口限制和政策支持方面做得很好,避免了第一种协调失败。但第一种协调政策形成的市场保护致使中国的汽车产业成为一个暴利行业,诱发了各级地方政府和企业企图通过合资这条捷径挤进汽车产业,趁市场高速增长的机会发展地方经济和赚取利润。第二种协调的缺失使中国汽车企业无法成为事实上的市场垄断者,资源没有集中,合资的约束加剧了中国企业创新动力的丧失。而这种协调的缺失是中国体制改革形成的行政分权体制的必然结果。协调缺失无法形成对创新的集中协调机制,无法实行创新资源的集中整合,这个理论视角可以解释中国政府的协调缺失形成的中国汽车产业的合资泛滥导致自主开放型发展战略的失败,使将国有企业培育成为自主创新主体的目标无法实现。协调缺失导致第二阶段中国有企业和公共科技机构都未能成为创新主体,创新资源的整合无法实现。而在第三阶段,由于政府的市场管制,民营企业无法进入市场,国有企业在

合资生产的限制下也无法成为创新主体，导致中国汽车产业基本上丧失了自主创新能力，沦为国外品牌的代工厂。

与汽车产业一样，中国通信设备产业也面临第二种协调缺失的情形，所以国有企业也没能够在20世纪90年代成为创新主体。而通信设备产业成功实现自主创新的关键是，形成了多主体动态协同作用的创新体制，这个体制使中国通信设备产业在不同时期，通过以不同的创新参与组织作为创新主体，实现了国外技术引进、创新资源整合和有效的创新激励，由此成功地克服了自主创新的障碍。不像韩国、日本、新加坡的自主创新主要依赖政府协调下的某一类创新主体，中国通信设备产业的自主创新过程中，跨国公司（及其与中国企业的合资公司）、国有企业、大学与科研院所、民营企业四类组织都起到了核心作用，并且在不同阶段成为创新的主体，如图2-6所示。

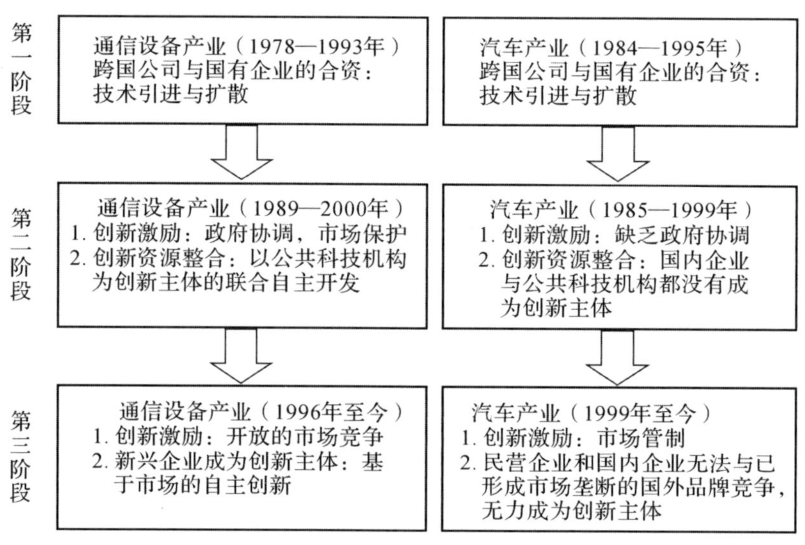

图2-6 创新主体的动态变化：两个产业的比较

通信设备产业多主体动态协同作用的创新体制表现为两代技术相继在两个阶段创新主体的变化与接力：两代技术是成熟技术（包括固定电话程控交换机技术和第二代移动通信技术）和新兴技术（第三代移动通信技术），两个阶段分别是技术追赶阶段和基于市场的自主创新阶段。成熟技术的创新过程在1983—2001年完成，新兴技术的创新过程在1998—2009年完成。在成熟技术的追赶阶段（1983—1996年），主要任务是瞄准国际先进技术，通过获取国外技术与自主开发，形成自主创新能力。在此阶段，由于国内市场体制还未形成，创新激励主要来自政府的战略协调、支持和压力。一方面，通过利用中国巨大市场对跨国公司的吸引力，建立国有企业与跨国公司的合资企业，以其作为拟创新主体，获取国外先进技术，进口产品与合资企业生产的产品垄断了中国市场；另一方面，政府大力支持高校与科研院所这些公共科技机构坚持进行自主开发，并在邮电部的战略协调下，以公共科技机构作为创新主体，进行“官产学研”合作创新，通过整合国内外技术与创新资源，自主开发出具有国际先进水平的大型数字程控交换机，并成立合作企业以取代中外合资企业，占领了国内程控交换机市场。在成熟技术的基于市场的自主创新阶段（1996—2001年），政府政策及时从支持公共科技机构的自主开发转换到以开放的市场竞争激励创新，新兴企业进行了基于市场需求的自主创新。虽然中国移动通信设备市场被合资企业垄断，但华为和中兴等新兴企业却在接入网、智能网、光通信、无线市话（小灵通）等领域把握了市场先机，取得了领先地位，通过基于市场的自主创新成为创新的主体。

三、若干建议

我们对中国汽车产业和通信设备产业的分析设定了一个战略性产业发展与自主创新的基本框架，为我们厘清政府政策与市场机制的关系确定了一个基本的思路。如今，中国的企业、科研院所、大学、政府与市场体制都发生了巨大的变化。民营企业已经非常强大，而国有企业也基本上完成了管理体制的改造，能够适应市场竞争与市场创新的需要，许多科研院所也完成了向企业的改制，大学却更加偏向基础研究。在这种状况下，创新能否完全由企业（国有企业或者民营企业）承担呢？我们认为企业还是无法独自担负起自主创新的重任。发展中国家的新兴产业发展可分为追赶创新（包括再创新与集成创新）与原始创新两个阶段，对应于这样一个产业发展的演变过程，成功实现自主创新的关键是形成创新主体动态协同的创新体制，即不同阶段的创新主体不同，但它们形成动态协同的关系，政府战略协调的关键是促使创新主体动态协同的形成和创新主体的及时转换。因此，针对中国战略性新兴产业的自主创新与发展，我们提出如下建议。

第一，在战略性产业发展的追赶阶段，形成政府协调、以公共研究机构为核心的集中整合资源的创新体制。这个阶段，因为市场机制的短期导向无法激励企业投入新兴产业创造，市场机制分散配置资源的特性无法集中整合创新资源以符合新兴产业资金密集的特性，所以企业创新能力的动态提升过程是无法仅靠企业独自完成的，也无法由企业主导的“产学研”合作来实现。政府必须以政策弥补市场失灵，起到集中资源配置和激励企业创新的作用，实现企业自主创新能力的提升。因此，中国应针对战略性新兴产业，建立独立的公共研究机构，整合国内外创新资源，形成政府协调下，以公共科研机构为核心，集中整合大学和企业（包括跨国公司）创新资源的协同创新体制。

第二，在原始创新阶段，政府公共科研机构主导的创新机制应及时转换为企业主导的创新机制，以开放的市场竞争刺激本土企业的创新与发展。正确处理好政府与市场机制的关系是战略性新兴产业发展的关键。我们强调政府战略协调的作用，并不是否认市场机制配置资源的基础性作用。虽然在产业发展的追赶阶段，政府在一段时间内的市场保护和进口限制是必要的，但应该尽快取消市场的进入限制，鼓励民营企业和新兴国有企业进入市场；政府的市场保护期限不能太长，一旦本土企业有了一定的技术能力、市场地位和竞争能力，就应当及时取消保护政策，让激烈的市场竞争刺激本土企业的创新与发展，形成企业主导的“产学研”协同创新体制，实现原始创新。因此，针对每个战略性新兴产业，应该明确区分追赶阶段和原始创新阶段的战略重点和创新体制特点，及时从政府公共科研机构主导转换到市场机制主导，形成以企业为核心的创新协同与资源整合机制。

第三章　技术标准与自主创新

标准是一种产业和经济的秩序，也是产业发展的主导技术方案与规范经济秩序的重要技术制度（王俊秀等，2004）。其所具有的先进性、主导性、规模性、外部性、经济性等属性构成了产业竞争能力与企业核心竞争优势的基本要素。随着经济全球化的发展，标准更是成为增强国家综合竞争能力的重要源泉。“技术专利化—专利标准化—标准产业化”已经成为全球化时代的竞争范式（王珊珊等，2013）。我国要从中国制造走向中国创造，就需要利用全球化提供的机遇，追求有利于国家经济和安全利益的技术标准发展，在国际竞争中抢占制高点，将具有我国自主知识产权的技术融入标准，增强产品竞争能力，加快新产品开发和产品升级换代，推动经济结构调整、产业升级和对外贸易发展。

第一节　技术标准在产业创新中的作用

一、提升企业核心能力和竞争优势

技术标准是指对重复性的技术事项在一定范围内的统一规定。标准能成为自主创新的技术基础，源于标准制定者拥有标准中的技术要素、指标及其衍生的知识产权。技术标准对于创新有正、负两个方面的作用。

推进标准的产业化、国际化和市场化有利于提升产业的国际竞争能力。第一，技术标准能够引导创新活动的方向，降低成本，提高效率，通过给定一个全面系统的框架，协调各特定企业独立完成各种技术创新，并为最终用户提供有用的服务（Fanning，2007；Kano，1999）。第二，技术标准是企业的盈利来源。由标准产生的系统性的竞争优势，可以促进创新的可持续发展以及产业链的提升。第三，作为国际惯例形式的技术标准能够避免出口的技术壁垒，降低企业出口的成本和风险（Gandal，1995；吕铁，2005）。

标准的产生对创新也有消极作用，需要政府调控以及企业战略的协同加以抑制。技术标准的垄断性、知识产权的排他性和创新所需的知识共享性存在矛盾，标准带来的惰性和垄断可能会抑制创新。很多学者提出，技术标准的副作用是减少了产品的多样性，从而降低消费者的效用。特别是对我国这样的发展中国家，从战略角度出发，技术标准既可能导致积极的“技术追赶”，也可能导致“追赶者徒劳的技术努力和资金耗费”（杨武等，2006）。例如思科诉华为案中，思科占据了全球绝大部分市场份额，利用其优势地位设置了相当数量的“私有协议”，拒绝第三方使用，利用事实标准垄断市场。

综上所述，通过产业政策和企业战略的协同，参与制定并推进技术标准的产业化和市场化对提升企业核心能力和竞争优势有着显著的重要性。然而，我国在技术标准的制定、产业化和市场化中暴露了种种问题，阻碍了企业乃至国家的核心能力和竞争优势的提升。

二、我国技术标准制定、产业化和市场化的现状与问题

我国主导制定的国际标准数量虽然近年有所增长，但从数量和质量上来看，都与发达国家有很大差距。从我国主动制定国际标准的领域来看，在公共安全、环境保护、食品安全、医疗卫生等领域基本空白；而对我国相关优势特色技术形成国际标准的潜力挖掘不够，技术开发与国际标准之间没有有效协调，难以形成具有战略意义的国际标准。另外，标准的产业化和市场化十分困难，例如增强型多媒体盘片（EVD）国际标准自发布之日起就开始迅速凋零，主要原因是技术开发、标准研制、政府协调和市场开拓没有一体化推进。

总体上我国产业标准系统建设还非常滞后，发展也很不平衡，与我国整体经济科技实力的快速发展不相匹配。因此，“中国标准”与“中国品牌”“中国创造”一起被一些学者称为我国企业未来发展的三大“中国问题”。这里面既有科技发展、国际竞争等外因，也有企业自身研发、国家标准战略、体制机制等内因。为此，国家标准化管理委员会根据《国民经济和社会发展第十一个五年规划纲要》《国家中长期科学和技术发展规划纲要（2006—2020 年）》，提出了标准化发展纲要和规划，计划到 2020 年（争取提前 5 年）实现标准化总体水平达到国际先进水平，像家用电器这些重点领域技术标准的水平达到国际领先水平。因此，本书的研究重点是结合我国制造产业（通信制造、家电）的创新发展与标准化历程，探讨产业创新与技术标准的协同发展机制。

第二节 技术标准战略及其能力基础

一、技术标准战略

根据各个行业的不同情况，企业可以采取的技术标准战略措施包括创造标准、引进标准、改进标准和释放标准（邓洲，2010）。结合我国产业标准发展的路径和模式，本书只关注两种标准获取的方式——独立创造和加入标准联盟。同时，若自主知识产权的技术标准没有实现产业化和市场化，则无法真正体现科技创新的价值，故本书只关注标准获得后积极推进其产业化和市场化的方式。

首先，从主导者的内生性看，技术标准战略可分为政府引导型和企业自发型两种。政府引导型战略是指政府直接指导资源的配置以制定或参与修改国际技术标准，并推进标准的产业化和市场化。如大唐提交的提案 TD-SCDMA 在 2000 年 5 月被国际电信联盟（ITU）所接受，在申请过程中，我国政府直接参与和通信标准组织 ITU 的谈判。企业自发型战略是指企业通过自发配置资源来制定或参与修改国际技术标准，并推进标准的产业化和市场化。

其次，从标准制定过程的参与程度出发，技术标准战略分为领先型技术标准战略和防守型技术标准战略。领先型技术标准战略也被称为进攻型技术标准战略。其内涵是企业及时

申请专利，并将其转化成行业技术标准，成为行业标准的制定者，积极构建产业联盟以推进标准的产业化和市场化。防守型技术标准战略是指企业积极地参与行业技术标准的制定或修改工作，尽量使自己的技术在此过程中起作用，并积极配合产业链中其他企业，推进技术标准的产业化和市场化。如韩国的三星虽然不是码多分址(CDMA)标准的制定者，但是其最早进行 CDMA 标准的产业化，通过参与标准的细化和修改成为 CDMA 的主导公司。

二、技术标准制定及其产业化和市场化的能力基础

技术标准的技术和市场基础来源于技术创新。首先，标准是建立在技术基础上的专利集合。其次，技术标准的推出更多出于商业动机，技术标准化垄断的趋势日益明显。得到市场广泛认可、用户认同的技术标准，即使不是最优标准，仍可以成为“事实上的技术标准”而进行技术领域垄断，实现规模报酬递增(王黎萤等，2005)。

因此，要形成国际技术标准，并实现它的产业化、市场化，需要有企业创新能力的支撑。企业的技术和管理能力是标准产生和更新换代的基础(Gallagher et al.，2002)。从资源基础观的角度出发，技术标准的形成与产业化、市场化应基于三类战略要素：技术创新和主导设计、先发优势和转换成本、互补产品和安装规模基础(installed base)。从职能上可将企业所需的能力基础划分为形成创新型文化的能力、战略预测及规划的能力、技术研发能力、组织管理的能力、平台领导能力、产业链联盟的能力、生产制造的能力、市场营销的能力、影响政府的能力(Blind，2004；Gallagher et al.，2002；舒辉等，2009；邓洲，2010)。对于不同的技术标准战略，三类战略要素的创新能力基础的类别和等级都有所不同。下面分别从主导者的内生性和标准制定过程的参与程度两个维度讨论各种技术标准战略所需的能力基础。

首先，从主导者的内生性出发，政府引导型战略要求企业要能够借助于政府的力量，实现其产品或技术的推广，以争夺国际标准话语权(舒辉等，2009)。以 TD-SCDMA 国际标准的形成为例，我国虽然技术能力不强，但是作为市场大国，议价能力强，有可能由国家来推进标准，从而被国外标准组织接受。

其次，从标准制定过程的参与程度出发，领先型技术标准战略和防守型技术标准战略两者的共性之一是必须具备很强的战略预测和规划的能力。无论是制定国际标准还是参与修改国际标准，都要求企业具备跟踪和预测最新标准动态的能力，分析技术发展趋势和市场情况，将两者结合起来选择标准，从而确定技术研发的方向。大唐和华为积极参与相关标准化会议[如长期演进(LTE)标准会议]，同时配备大量研究人员进行技术研究和验证工作，保证 TD-SCDMA LTE 和频分双工(FDD)LTE 的同步进行。

两者的共性之二是都必须具备产业链联盟能力。特别是标准制定和产业化的过程，必定涉及多成员的合作。构建互补产品的网络是技术标准战略所需的最关键的能力(Gallagher et al.，2002)。以我国移动通信产业的 TD-SCDMA 国际标准为例，其上下游产业环节之间互动影响作用非常明显，故较为完整的产业链是保证 TD-SCDMA 标准产业化的必要条件。大唐电信有力地促成了 TD-SCDMA 产业联盟的组建和发展，并先后与戴尔、微软、爱立信、安捷伦等国际知名企业签署了战略合作协议，共同承诺发挥各自优势，推动 TD-SCDMA 产业化。

两者的共性之三是标准的市场化所要求的市场营销能力。技术标准的第三项战略要素是互补产品和安装规模基础(Gallagher et al.，2002)。这要求企业具有优秀的推广团

队、运营策略和市场运作技巧，具备有效地左右市场预期和快速地实现用户安装规模的基础能力。

而区分领先型技术标准战略和防守型技术标准战略的能力要素包括创新型文化、技术研发以及平台领导能力三个方面。

第一，文化上，实行领先型技术标准战略的企业要比实行防守型技术标准战略的企业更具风险承受性。通信行业是标准化程度非常高的行业，主流标准战略占 90%以上市场份额。为了争夺更多机会，大唐以“带动产业整体进步”为目标，以“报效国家”为归依。这一价值观使企业具有长远眼光，愿意承受较大风险。这和大唐的企业性质，以及政府对于大唐研发的持续不断的支持是密不可分的。华为认为，企业的创新应当是站在巨人肩膀上的基于客户需求的开放式创新。不同的价值观使得这两家企业具有不同的标准战略。

第二，以市场为导向的技术研发能力。制定标准需要研发能力和专利强度作为基础。技术标准的产业化和市场化要求研发必须以市场需求为导向。有了以市场为导向的技术研发能力，企业能够推出标准所需的第一类要素，即主导设计(Gallagher et al.,2002)。企业的专利强度越强，越可能加入标准的制定过程，因为标准的制定有利于增加专利组合的价值(Blind,2004)。以 TD-SCDMA 标准为例，大唐和华为都保持着高研发投入和专利申请数。但是，大唐在研发投入和核心专利控制程度上都比华为强。大唐在 TD-SCDMA 上的研发投入已经累计超过了 10 亿元，且在无线接入上控制着 90%以上的核心专利。而采用防守型技术标准战略的华为虽然长期坚持每年不少于销售收入 10%的研发投入，但它的市场导向更为明显，将资源分散至多种技术标准[宽带码分多址(WCDMA)、CDMA2000、TD-SCDMA]，故在 TD-SCDMA 上投放的研发经费总量没有大唐多。相对于大唐，华为更倾向于参与多种国际标准的制定，推动自有技术方案纳入标准。

第三，在产业链合作过程中，标准的制定者或参与者和跟随者的不同在于前者的平台领导能力，他们能够在联盟中起到领导作用。而平台领导能力的关键在于占据产业链高端和关键环节。以大唐为例，它通过分析所属产业链，将企业资源集中于具有高附加值的高端产业环节，确定在无线子系统、手机终端解决方案、芯片设计、特殊通信等重点产业的关键环节进行资源配置，以形成产业竞争优势，获得对其他环节的资源协同与整合的杠杆效益，最终大唐集团发展成为产业链的主导者。

技术标准战略能力基础及分类如表 3-1 所示。

表 3-1 技术标准战略能力基础及分类

技术标准战略能力基础	政府引导，领先型技术标准战略	企业自发，领先型技术标准战略	政府引导，防守型技术标准战略	企业自发，防守型技术标准战略
形成创新型文化的能力	强风险承受性		中等风险承受性	
战略预测及规划的能力	跟踪和预测最新标准动态的能力，分析技术发展趋势和市场情况，将两者结合起来制定标准，从而确定技术研发的方向		跟踪和预测最新标准动态的能力，分析技术发展趋势和市场情况，选择要参与的标准，确定技术研发的方向	

续表

<table>
<tr><td>技术研发能力</td><td colspan="2">强大的技术研发实力，其所开发的产品或技术在性能上具有独创性、新颖性</td><td colspan="2">技术能力在其所从事的领域具有一定的优势，且不可替代</td></tr>
<tr><td>组织管理的能力</td><td colspan="2">在标准、研发和知识产权工作上把相关工作进行结合，以保证专利的新颖性和制定新标准</td><td colspan="2">规范的预研体系、产品体系和标准体系的运行流程，以根据已有标准的要求，将技术和专利与之匹配</td></tr>
<tr><td>平台领导能力</td><td colspan="2">占据产业链高端和关键环节</td><td colspan="2">占据不可替代的重要环节，并保持竞争优势</td></tr>
<tr><td>产业链联盟的能力</td><td colspan="4">构建互补产品的网络，促进技术溢出，加快产业化</td></tr>
<tr><td>生产制造的能力</td><td colspan="4">能够先于竞争对手获得产品成本和质量控制方面的竞争优势</td></tr>
<tr><td>市场营销的能力</td><td colspan="4">优秀的推广团队、运营策略和市场运作技巧，具备有效地左右市场预期、快速地实现用户安装规模的基础能力</td></tr>
<tr><td>影响政府的能力</td><td>能够借助于政府的力量，实现其产品或技术的推广，以争夺国际标准话语权</td><td>了解和利用政府政策，以争夺国际标准话语权</td><td>能够借助于政府的力量，实现其产品或技术的推广，以适应和修改现有标准</td><td>了解和利用政府政策，以适应和修改现有标准</td></tr>
</table>

第三节　技术创新提升技术标准的机制

一、技术创新推动产业标准化的机制

技术标准是包含一系列技术的组合解决方案，实际上也是一系列知识产权的组合，因此技术创新是产业标准化的基础，而产业标准又是推动技术产业化的媒介（袁俊，2007）。但我国大多数企业从技术到标准的整个环节都做得不够，原因总结为以下几个方面。

一是研发投入不足，技术基础薄弱，缺乏核心技术。没有基础技术作为支撑，就更谈不上制定更具复杂性、系统性和高层次性的产业标准了。

二是企业专利申请和保护意识淡薄，对制定标准缺乏积极性和主动性。企业往往只看到了标准本身，而忽略了标准背后的技术研发体系建设、专利技术保护制度、规模化量产等配套环节。

三是标准化体系建设不完善。我国的标准化制定机构是政府部门，多数标准的制定也是以政府为主导，本来应该是市场主体的企业无法承担相应的责任。这种主体错位使得我国企业参与国际标准化活动的动力不足。

四是标准的形成方式落后于市场需求，标准制定过程中企业参与度较低，“先有产品后有标准”的模式不能反映市场的未来需求，更不能对产业起到引导作用。而在当今技术经济一体化大背景下，应该是“标准先行”。

为此，结合家电产业创新与标准化历程，结合实际中存在的问题，本书提出建立自主创新、市场导向与标准制定相结合的参与国际标准竞争的新机制。该机制主要是以企业为主体，以市场为导向，在自主创新基础上，通过广泛的合作构建我国参与国际标准化活动的战略体系。

图 3-1 中，技术是产业标准的实质性内容，标准的核心是以核心技术和自主知识产权为基础的(韩汉君等，2005)。因此，提高我国企业的自主创新能力是实施标准化战略的基础。标准的价值是通过市场实现的，标准也是联系科研与产品的纽带，是科技成果产业化的有效途径。用户的选择与市场接受是标准形成的一个重要力量。因此，标准形成是以市场需求为导向的，标准主导技术的发展轨迹，并带动产业整体发展。

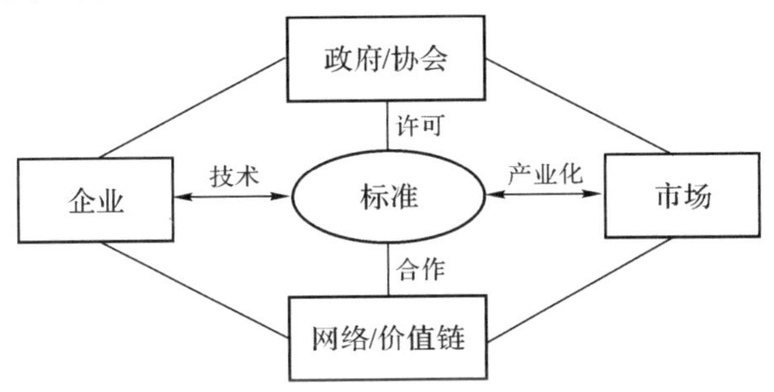

图 3-1　产业标准化的原理

建立开放式标准体系。标准体系涉及技术所有者、使用者、管理者和顾客等多方关系，因此，产业标准的制定要协调有关各方的利益。例如在产业技术的引进过程中，政府可以采取一定的引导和干预手段，使技术引进具有一定的系统性，并符合产业标准演进的方向。更重要的是通过竞争性合作整合资源，推动技术创新和标准产业化。在 TD-SCDMA 方面西门子与我国的合作，在 Linux(一种操作系统)方面中日韩三方的合作，都表明国际性的技术联盟对我国技术标准体系建设产生明显的助推作用。结合我国国情，以竞争前合作为主(标准形成前的合作)，推动企业在全球化价值网络中的"产学研"联盟，通过广泛的合作构建我国参与国际标准化活动的战略体系。

二、海尔集团的技术标准发展模式

海尔集团在走向全球的过程中，始终坚持"三自"(自主创新、自主知识产权和自主品牌)原则，能够将自主创新的技术转化成自主知识产权，并且在市场竞争中通过自主知识产权发力，使自主知识产权为其品牌的全球化发展发挥出较大威力。海尔具有中国特色的自主知识产权战略，对于全球化阶段的中国企业参与国际市场竞争具有重要意义。①

(一)海尔集团技术标准的发展

海尔是我国参与制定国际标准、国家标准、行业标准最多的家电企业。到目前为止，海尔在国际电工委员会(IEC)诸多标准领域取得了话语权，家用电器的可靠性、音频、视频和多媒体系统等标准领域均有海尔的专家，海尔成为拥有 IEC 专家数量最多的中国家电企业。其主要经验如下。

① 根据海尔集团内部资料与调研报告整理。

1. 夯实标准化的基础

早在引进技术初期，海尔就确立了标准化工作的战略地位，建立了以产品技术标准为核心的企业标准化体系。集团领导亲自参加集团标准化会议，主持标准化工作并设立标准化办公室。该办公室负责标准化工作的日常管理和对各事业部标准化工作的监督检查，建立了完善的企业标准化体系。

整合企业标准信息资源。为了保证标准的正确实施，海尔在整合标准信息资源方面由原来事业部分头搜集和管理标准情报资料，改为由集团标准化办公室统一管理。

建立一流的检测体系，切实保证标准的实施。海尔在采标工作中，先后投资3亿多元为集团检测中心购置了检测设备，形成了一流的与集团生产相适应的检测能力。其中集团IEC/CUL安全测试中心，能满足国际电工委员会标准体系的要求，可与国际权威认证机构进行数据互认。同时，集团检测中心还建立了高标准的电磁兼容实验室、环境模拟试验室、噪声试验室、焓差试验室等，有效地保证了产品标准的实施。

2. 掌握核心技术，奠定创新国际标准的基础

标准的背后，关键是对核心技术和产业方向的把握，急功近利的心态曾让众多国内企业陷入了“引进、落后、再引进、再落后”的怪圈。海尔确立的战略目标是创世界名牌，因此海尔所跟踪和关注的是领先同行业10年或15年的技术。为了把握创新的方向，海尔按产品门类、技术领域建立了有针对性的中外专利数据库系统，在国际范围内挖掘技术创新点并寻找技术合作开发方，在开发中主动避开并超越已有专利，通过有效创新形成新的知识产权，提高了自己的开发效率和水平。

作为全球最大的冰箱品牌，海尔一直致力于在家电国际标准领域谋取更大的话语权。据统计，2007年，海尔累计主持或参与了152项国家标准制定、425项行业及其他标准制定，其中国际标准及提案9项。2009年5月12日，在挪威举行的国际电工委员会相关会议上，海尔冰箱提报的涉及安全、节能、环保等领域的4项技术提案通过审核，被列入国际标准。此后，海尔冰箱又有10项提案被列入国际标准，标志着海尔彻底打破了欧美老牌企业长期垄断国际标准领域的局面。特别是2010年国际电工委员会第74届大会上，海尔冰箱提案数量超越了欧美企业，实现了领先。而在技术方面的创新是海尔冰箱强大创新能力的绝佳体现。全球冰箱企业所使用的标准中已经有了“海尔标准”，反映了中国家电企业在国际标准领域的创新实力与领先能力。

3. 实现全球化战略与技术战略、知识产权战略协同

国内企业要成为全球产业的领导者，必须在产业标准的制定方面有所作为，成为标准的参与者和主导力量。正是基于这样一种前瞻性的思考，海尔在实施全球化战略的同时，也明确了技术战略与知识产权战略的方向，实现全球化战略与技术战略、知识产权战略协同。

（二）海尔实施标准化战略的机制

1. 树立为用户创造价值的标准化战略目标

海尔标准化战略的核心是为顾客创造价值，把市场作为技术战略的导向，避免盲目追赶和投资。企业只有树立为用户创造价值的标准化战略目标，将科技成果转化为现实生产力，实现产业化，才能从根本上持续发展。海尔集团始终坚持以用户需求为出发点的“市场、技术、知识产权”三位一体的模式，根据用户的需求来开发产品、开发市场，为用户找产品。“创新驱动”型的海尔致力于向全球消费者提供满足其需求的解决方案，在实现企业与用户的双

赢中培育了新的富有活力的市场，并通过专利的规划和申请，通过产业化与标准化实现技术创新的价值。其标准化战略架构如图 3-2 所示。

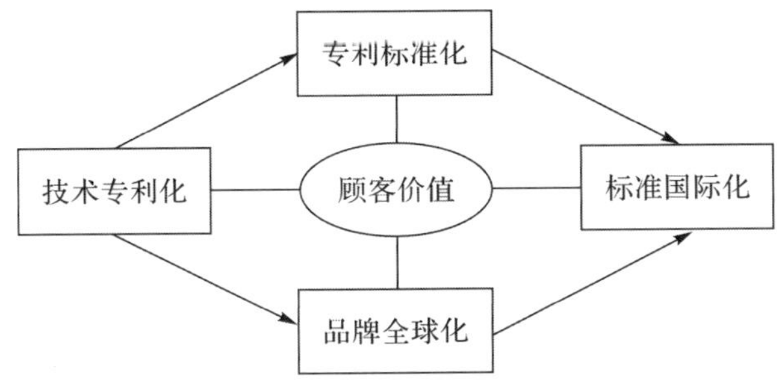

图 3-2　海尔标准化战略架构

2. 建立标准化的战略平台

海尔在企业内部建立了标准化的战略平台，提供了参与国际标准化活动的战略资源保障体系。海尔标准化转化的过程如图 3-3 所示。海尔始终保持技术上、质量上的发展创新，确保了市场上的技术领先地位，将核心技术、专利、知识产权与标准制定有机结合在一起，确保标准化战略的落地。海尔管理层提出要搭建无边界的团队，给每一个研发人员搭建了一个战略创新平台。

图 3-3　海尔标准化转化的过程

3. 构建开放式创新体系

在全球范围内寻找和配置研发资源是海尔保持技术领先的重要原因。国际化技术网络由国外战略联盟系统与工业设计系统和国内广泛的“产学研”联合体组成，实现海尔产品在技术、产品上的个性化，满足全世界每一个角落、每一个细分市场的需求。为了在全球寻找有竞争力的资源、专家、技术、研究机构，海尔还建立全球化实验室，建立达到世界先进水平的技术研发机构以及先进的资源整合中心，整合利用全球优势资源，为海尔集团在全球的发展服务。例如海尔中央研究院的目标是支持集团的全球化品牌战略，动态跟踪、采集、分析全球经济、市场、技术的动态，为海尔集团创全球知名品牌提供核心技术支持。比如不用洗衣粉的洗衣机就是整合全球资源进行研发的典型，经过研发团队长达 7 年的工作终于研制成功。

4. 技术标准战略和市场战略的协同

标准不仅仅可以改变一个品牌的发展路线，更关键的是能够在改变技术版图的同时改变市场版图。依靠标准话语权，海尔洗衣机抢占了世界洗衣机行业的制高点，让洗衣机行业脱离了国际洗衣机巨头画好的轨迹，开始进入由我国规划的标准路线。2006 年，海尔洗衣机以 35％的市场份额统领我国洗衣机市场，其中高端产品的销量占整个市场的 50％左右，自主知识产权拉动海尔洗衣机销售价格增长 20％以上。[①] 在国内市场，海尔产品的单位价

① 法培丽. 海尔洗衣机抢占国际标准竞争制高点[N]. 中国高新技术产业导报，2007-05-28.

格要比同行高出20%，而且在电热水器、洗衣机等领域，海尔开始尝试向国外同行征收专利费。

三、我国通信设备制造业技术标准化的发展模式

我国通信设备制造业从第一代移动通信技术(1G)、第二代移动通信技术(2G)时代的跟随国外技术标准到第三代移动通信技术(3G)、第四代移动通信技术(4G)时代的引领国际技术标准，国际竞争能力逐渐增强。“互联互通”是该行业的特点，意味着：①该产业网络外部性强，积极参加国际标准制定对于企业竞争优势的形成具有重要意义；②在同一标准下，各国技术差别不大，故本土通信设备制造企业国际化壁垒相对较小，有利于促进拥有自主知识产权的标准的市场化。

根据面临问题和技术标准战略的不同，我国通信设备制造业经历了三个发展阶段。

第一阶段(1982—1995年)：在1G时代后期和2G时代前期，由于本土企业技术落后，无法提供通信网络建设所需的装备，故采取跟随型技术标准战略。

第二阶段(1996—2001年)：在2G时代后期和3G时代前期，1G、2G时代的落后进一步凸显了参与制定国际标准的重要性。然而国内企业虽积累了一定技术知识，但仍缺乏标准制定所需的市场基础。故在本阶段，本土企业在防守型和领先型并存的技术标准战略的引导下，进一步积累技术和市场基础，自主开发3G的TD-SCDMA国际标准。2000年5月，大唐集团提出的TD-SCDMA标准被纳为国际3G标准。至此，中国拥有了第一个电信国际标准。

第三阶段(2002年至今)：3G时代中后期至4G时代，产业链的不完整制约了领先型技术标准的落地。国内企业通过产业联盟合作进一步推动自主国际标准TD-SCDMA的产业化。本阶段，3G标准TD-SCDMA的产业链初具规模。2009年10月，我国提交的具有自主知识产权的4G标准TD-LTE-Advanced也已获得欧洲标准化组织第三代伙伴项目(3GPP)认可。

在1G、2G时代，我国企业采用跟随型技术标准战略；在3G、4G时代采用领先型和防守型技术标准战略。完成这一转变的主要经验和机制如下所述。

(一)发挥政府在国际标准制定中的主导作用

由于通信设备制造业涉及国家的通信安全，故国家对于该产业国际竞争能力的提升非常重视，大力引导自主知识产权的通信标准的制定。第一，针对本土企业参与制定技术标准所必需的技术知识基础的问题，国家推出了供给方面的政策(合资引进先进技术、拨款、引导技术攻关)来加快本土企业核心技术的积累。第二，针对本土民营企业缺乏领先型和防守型技术标准战略所要求的市场规模基础的问题，国家推出了需求方面的政策(直接干预运营商的采购)来为本土企业开拓市场。

(二)国内企业实现国际化战略、技术标准战略和知识产权战略的协调，促进国际标准的制定

首先，协调国际化战略和技术标准战略。我国企业有着强烈的国际竞争意识，在创立初期就意识到参与制定国际标准对在通信行业取得国际竞争优势的重要性。在政府的引导下，在第三阶段，我国企业充分利用前两个阶段积累的技术能力和市场规模基础争夺国际话

语权，积极参与了 3G 和 4G 国际标准的制定。

其次，通过组织流程协调技术标准战略和知识产权战略。2002 年后，国内大多数通信设备制造企业将知识产权和技术标准明确纳入公司战略目标中，并通过组织流程协调两者之间的关系。大唐、华为、中兴通讯都有规范、协调的专利申请流程和参与标准制定的流程。

（三）通过产业联盟内企业间合作来整合资源，形成完整的产业链，促进国际标准的产业化

在国家先进技术[2G 的全球移动通信系统（GSM）和 3G 的 TD-SCDMA]攻关任务的压力下，大唐带头组建了 TD-SCDMA 产业联盟。TD-SCDMA 产业联盟通过制定知识产权高度共享的原则，鼓励企业间开展互信合作，进行专利许可和授权。TD-SCDMA 产业联盟推动产业链上下游由传统的串行发展转变为并行开发模式，以工作组的方式实现各环节的共同开发，解决各环节的互联互通问题，减少产业发展初期各企业之间的内耗和企业间的内部交易成本。产业联盟通过内部的企业间合作促进完整产业链的形成，从而促进国际标准的产业化。

（四）民营企业协调市场导向战略和技术标准战略，以市场需求为导向进行自主研发，促进国际标准的市场化

首先，华为、中兴通讯等民营企业在技术标准方案制定时就经常和国内外运营商沟通，充分考虑客户需求，把握了正确的方向，在源头上保证了标准形成后的成功市场化。

其次，民营企业结合国外市场需求在国外市场实现技术本土化，促进自主知识产权的国际标准的市场化。技术和市场知识组合贯穿这一过程。例如，华为、中兴通讯等主导厂商采用了多层次市场策略，并通过组织结构（如华为的战略与市场部、三级营销体系等）、研发流程（如华为的集成产品开发流程）和市场策略的协同实现客户需求的反馈，保证研发团队根据不同的需求，来定制客户需要的产品。

第二篇　以企业为创新主体的自主创新道路研究

本篇概要

本篇主要从企业层面探索中国特色自主创新道路。核心观点是:“二次创新—组合创新—全面创新”道路是我国以企业为主体的自主创新的主导道路。

本篇首先总结了国际上创新模式动态演进的三种典型路径,即:路径一,从技术研发主导型到组合创新、全面创新型;路径二,从集成创新到组合创新、全面创新型;路径三,从二次创新到组合创新、全面创新型。

本研究提出了自主创新动态演进的道路,根据国内外创新理论发展沿革与趋势以及我国国情,并结合近几年调研的国内数十家大型企业和数百家中小企业,总结出我国几种典型的自主创新道路:

(1)原始创新—组合创新—全面创新;

(2)集成创新—组合创新—全面创新;

(3)二次创新—组合创新—全面创新。

以上三种道路中,又以“二次创新—组合创新—全面创新”道路最为典型和常见,是我国企业自主创新的主导道路。

二次创新模式是发展中国家技术追赶背景下的基于引进消化吸收再创新的技术创新模式,相当长时间内仍为广大企业自主创新的主要模式。但二次创新主要还是强调了企业技术层面的创新能力提升。

组合创新模式是企业二次创新模式的进一步发展。我国企业组合创新实践逐步从技术内部的组合发展到技术与制度、战略、管理、文化等非技术创新要素的组合,并进而演化到基于核心能力的组合创新。

全面创新模式是二次创新、组合创新进一步发展的必然结果。在全球化背景下,以全员创新、全要素创新、全时空创新及全面协同为基本特征的全面创新模式是我国企业提升自主创新能力的重要模式。

“二次创新—组合创新—全面创新”发展道路符合马克思主义辩证法。

第四章　以企业为创新主体

第一节　企业为创新主体的内涵与必然性

一、企业为创新主体的内涵

《国家中长期科学和技术发展规划纲要(2006—2020 年)》提出，把建立以企业为主体、“产学研”结合的技术创新体系作为国家创新体系建设的突破口。这既符合技术创新的一般规律，也符合我国国情和建设国家创新体系的现实需求。

建立以企业为主体、“产学研”相结合的技术创新体系，是推进自主创新的一个重大举措，意义非同一般。这个技术创新体系能否建设成功，在很大程度上决定了自主创新战略的成败。

在国家、区域创新体系中，企业、高校、科研院所、政府、中介服务机构等都是不可或缺的环节或者关键要素，但在市场经济条件下，企业成为技术创新的主体，有其必然性。科研院所具备强大的理论知识创造能力以及对前沿技术的追踪、研发能力，可以是知识创造的主体，但无法成为技术创新的主体。政府显然不能成为技术创新的主体，因为政府的主要职责是追求社会公益，为社会组织的发展服务。为了社会发展，政府应当是技术创新的积极推动者或组织者。企业作为市场的主体，最有条件成为技术创新的主体。企业贴近市场，有直接面向市场并了解市场需求的灵敏机制，具备把科技成果转化为产品的先天优势，具有降低和承担风险的有效机制。技术创新本质上是一个经济过程，只有以企业为主体，才可能真正坚持市场导向，反映市场需求。

企业是自主创新的主体意味着企业是技术创新选题的主体，是技术创新决策的主体，是创新融资的主体，是创新集成和整合的主体，是创新风险承担的主体以及创新收益的主体(冯之骏，2006)。

二、企业成为创新主体的必然性

企业作为技术创新的主体是市场经济和科技发展的内在规律使然。在以科技创新为主要驱动力的世界工业化进程中，在美国等创新型国家发展的历程中，无数创新型企业发挥了主导和骨干作用。

（一）从国际工业化历史进程看企业成为技术创新主体的必然性

19 世纪后半叶第二次产业革命以来，企业特别是大型工业企业在主要国家的技术创新和经济结构转型方面，一直扮演着重要角色。工业化历史进程表明，正是由于一大批企业在市场竞争的驱动下，不断进行技术创新活动，使科技进步成为经济发展的内生要素，才提高了所在国家经济发展的效率，改善了资源、环境利用方式，改变了这些国家的经济增长方式。

（二）从当今国际竞争态势看推动企业成为创新主体的迫切性

近年来，国际科技与经济竞争日益激烈，科技进步已成为影响和推动世界经济发展的主导性力量。美、日、德等世界经济强国的产业竞争力主要就是体现在掌握核心技术的跨国公司和企业身上。

（三）企业成为创新的主体是建设创新型国家的迫切要求

当前，我国正处于落实科学发展观、建设和谐社会和创新型国家的关键时期。企业是国家经济实力的基石和支柱，企业创新能力的提升既是企业自身发展壮大的根本动力，又是增强国家竞争力的重要因素。而确立企业是创新的主体地位有利于提高企业的创新能力，也有利于创新型国家的建设。

应对全球化新形势下的国际竞争，关键是要使企业成为技术创新的主体，并造就一批具有核心竞争力和持续创新能力的创新型企业。只有企业成为技术创新的主体，才能提高我国在国际产业分工中的地位，才能打破知识产权、专利和技术标准等新的贸易壁垒，才能形成内生的经济增长动力，从根本上转变我国的经济增长方式，实现国民经济又好又快地发展，维护国家经济安全。

第二节　我国推动企业成为创新主体的努力

2006 年全国科技大会召开以后，各地方、各部门认真贯彻党中央、国务院的战略决策和部署，采取切实措施，加强对企业技术创新的支持。国家发改委安排预算内投资，加大对引进技术和设备的消化吸收与再创新的支持力度。财政部建立和完善激励企业自主创新的财税制度。国务院国资委将自主创新纳入大型国有企业领导人业绩考核指标体系。各地方结合本地实际，细化相关配套政策，在加大科技投入、营造创新环境、支持企业技术创新等方面出台了许多有突破性的政策措施。

为了引导建立以企业为主体、“产学研”结合的技术创新体系，2005 年年底，科技部、国务院国资委、全国总工会决定共同实施“技术创新引导工程”，开展了创新型企业试点工作。开展这项工作的主要目的是要推动企业增强自主创新能力，建立和完善有利于自主创新的内在机制；通过示范作用，引导不同类型企业制定正确的技术创新战略，探索创新发展的有效模式；形成一批创新型企业，引导和带动广大企业走自主创新之路，使其成为技术创新的主体。试点工作开展以来，企业普遍提高了对自主创新的认识，把创新作为企业发展的根本战略，更加重视研发能力建设，重视加大研发投入和创新人才的培养，不断健全创新管理和创新机制，营造创新文化。一批具有示范意义的创新型企业正在迅速成长。

企业要成为技术创新的主体，一般要具备以下三个条件：一是企业要成为技术创新投资的主体，二是企业要成为研究开发的主体，三是企业要成为创新利益分配的主体。

从 R&D 投入来看，我国 R&D 经费支出增长速度在提高。企业每年在我国 R&D 经费支出中所占比例与科研机构、高等院校相比，都是最高的，而且企业的 R&D 经费支出逐年增加。据 2016 年全国科技经贸投入统计公报，到 2016 年，企业、政府属研究机构、高等学校的 R&D 经费支出在全国 R&D 经费支出中的比重分别为 77.5%、14.4%和 6.8%，已经接近发达国家水平。在科技活动的人力投资方面，从量的角度看，大中型企业的科技活动人员数量呈稳步增加趋势。2014 年，大中型企业的科技活动人员数为 220.15 万人，反映出企业已成为技术创新人力资源投入的主体。专利是衡量技术创新产出的重要指标，发明专利是具有自主知识产权的最重要特征。我国发明专利申请受理量和授权量呈快速增长态势。2017 年国家知识产权局公布的数据显示，2017 年，国家知识产权局共受理发明专利申请 138.2 万件，同比增长 14.2%，连续 7 年位居世界首位；共授权发明专利 40.2 万件，其中，国内发明专利授权 32.7 万件。

数据表明，近年来，企业在技术创新活动各项指标中相对于高等院校、科研机构等已处于优势地位，主体地位初步确立，但离真正的主体还有较大距离。从总体上看，我国企业尚未成为技术创新的真正主体，技术创新能力还比较薄弱，与发达国家的差距还比较大。据统计，我国规模以上工业企业研究开发经费占主营业务收入的比重只有 0.91%，远低于发达国家 2.5%～4%的水平；有科技研发活动的企业的比例为 23.0%，设立研发机构的仅为 19.3%。《国家中长期科学和技术发展规划纲要(2006—2020 年)》指出，长期以来，企业未能真正成为技术创新的主体。虽然数据表明企业总体上、形式上已经成为创新主体，但还不够强大。企业要成为真正的、强大的技术创新主体还要做很大的努力。因此，未来若干年内，我国将着力建成以企业为主体、“产学研”结合的技术创新体系。

正是企业在技术创新活动中不能真正发挥主体作用，直接制约了我国自主创新能力的提升。目前，我国自主创新能力不强，对外技术依存度比较高，大量的科研成果无法直接转化为现实的生产力。大多数企业发展仍处于依靠资源消耗进行外延式扩张的状态。企业技术创新的活力不足，使我国在国际产业分工体系中处于不利地位，无法在经济全球化进程中获得主动权。

第五章　企业技术创新模式的动态演进

第一节　企业技术创新的基本模式

技术创新的模式可以从多种角度去理解。从创新的来源、基础和动态过程来考虑，几十年来国际上主要有以下三种模式。

一、研究与开发主导型模式(U/A 模式)

这种模式是 20 世纪 70 年代末、80 年代初美国学者 J. M. Utterback 和 Abernathy 提出的。这种技术创新模式以较为雄厚的研发实力为基础，往往从基础研究和原创性的突破开始，经过研发、开发过程实现商业化并取得竞争优势，其特征表现为先集中于产品创新，进而过渡到以工艺创新为基础的阶段，继而进入产品创新与工艺创新均趋平稳发展(衰减)的后继阶段。尽管 U/A 模式已被较广泛接受，但正如许多学者所指出的，它并不具有普适性。例如，U/A 模式更适用于大批量规模化生产的市场，对于那些不具规模经济和学习效应的细分市场，则解释力较弱(Teece，1986)；此外，U/A 模式更容易产生原始创新的成果，但前提是具有较强的研究与开发能力，因此主要适用于发达国家，而非发展中国家；等等。

二、二次创新(引进消化吸收基础上的再创新)模式

二次创新可以定义为那些建立在技术引进基础上，受囿于已有技术范式，沿一次(原始)创新所定义的技术轨迹所进行的创新(吴晓波，1995)。这是引进技术而后加以消化吸收进而再创新的技术创新模式。一般来说，重点是渐进型创新，许多发展中国家都采用了这一模式。典型代表是二战后的日本以这种模式后来居上，在 20 世纪 80 年代取得了全面竞争优势。其特征与研究与开发主导型相反，在创新过程中先集中于所引进产品和技术的工艺创新，然后在此基础上致力于产品创新。

二次创新根据技术来源可以分为成熟技术引进、新兴技术引进和实验室技术引进三种。可以认为，以成熟技术引进(例如引进国外企业已经商业化的技术)为代表的创新是最为典型的二次创新，其创新很大程度上受到国外技术范式的制约。二次创新模式之所以可以被看作自主创新模式之一，主要是其采用了“主动模仿引进—吸收—改进”的过程模式，而非停留在模仿生产阶段。这一过程可以提高企业对价值活动的控制能力，实现企业对新产品及其生产工艺以及销售的控制，同时也可以在产品改进过程中获得自主知识产权。但由于核

心技术不足，市场范围受限，其对价值活动和知识产权的控制显然还应该属于一种初级阶段的自主创新。

应该指出的是，我国当前对二次创新的争论的关键点不在于要不要引进先进技术，而在于是否应花大力气消化吸收和再创新。

三、集成创新模式

除了以上两种基本模式外，本研究把介于研发主导型创新模式和二次创新模式之间的大量企业的技术创新模式，称为集成创新模式。其主要特征是，具备一定的研发能力，但主要通过将各种技术要素创造性地融合，使各项创新要素之间互相匹配，从而使创新系统的整体功能发生质的跃变，形成具有市场竞争力的创新性产品和产业。简单地说，就是对现有各种技术要素进行有机整合及对现有知识进行新应用，从而创造市场价值。

严格地说，集成创新是以二次创新(引进消化吸收再创新)为基础的，是二次创新发展到一定阶段的产物。因为集成创新需要具备一定的研发能力，而我国大多数行业和企业往往是先引进国外先进技术，经过消化吸收后具备了一定的技术研发能力，从而为开展集成创新提供基础。

1998 年，美国哈佛大学的 Marco Iansiti 在《技术集成》(*Technology Integration*)一书中提出了技术集成的概念。他认为，通过组织过程把好的资源、工具和解决问题的方法进行应用称为技术集成，它为提高研发的性能提供了巨大的推动力。

我国在对技术创新的案例研究中也逐渐发现，在技术创新中各种技术要素的集成是保证技术创新效果的重要条件。李宝山教授等人(1998)认为，集成从管理角度来说是指一种创造性的融合过程，即在各要素的结合过程中，注入创造性的思维。集成创新的关键是以把握技术知识的需求环节为起点，通过开放的产品平台集成各种各样的技术资源，以获得更好的创新绩效。

当今科学技术发展的基本趋势表明，集成创新是科学技术发展的重要形式。我们应当注重选择具有较强技术关联性和产业带动性的重大战略产品，大力促进各种相关技术的有机融合，在此基础上实现关键技术的突破和集成创新。

第二次世界大战后日本的经济发展就走过了从引进、消化吸收和模仿到集成创新的自主创新道路。与美国相比，日本的基础研究相对薄弱，在原始创新上与美国有一定差距。无论是“技术立国”还是“专利立国”的日本都强调技术集成，以产品开发为导向，综合集成现有技术能获取商业价值的产品。

第二次世界大战之后，日本颁布过《企业合理化促进法》，规定凡是企业进口机械和引进技术均予以免税。20 世纪 40 年代中期到 50 年代末，日本平均每年引进项目 230 项左右，最多时达到 580 项。20 世纪 50 年代，日本涌现出一批现代化企业，十分注重消化引进技术(如录音机、半导体晶体管、维尼纶、氧气顶吹转炉等)和消化吸收技术。20 世纪 60 年代，日本开始了产业结构调整和升级，逐步从引进模仿向创新转变，提出了著名的“国民收入倍增计划”，从整个项目引进转为关键技术引进。与此同时，日本开始注重消化和模仿，避免重复引进，提出了“1 号机引进、2 号机国产”的口号。20 世纪 70 年代，日本大企业已经积累了相当能力，开始注重实验室技术引进，成熟技术引进比例大大降低。20 世纪 90 年代，日本已经基本完成了追赶欧美发达国家的使命，确立了“技术立国”的方针。这一时期，日本企业积极走向海外，国内企业总部主要开展研究开发和设计等高利润活动，顺利实现了从引进、模仿到集成创新的转变。

当今时代，产业关联度日益提高，技术的相互依存度增强。单项技术的突破需要相关配套技术的创新才能有效地发挥作用；大多数技术创新发明都是在已有技术上的局部创新，或者是已有技术的组合式创新，在技术创新的组织和方法上也普遍采用将已有技术组合成为系统的技术方案等手段。世界上许多创新都是在现有成熟技术基础上通过技术集成而产生的，大到运载火箭、飞机，小到家用电器、剃须刀，都存在着大量的集成创新行为。我国的高速铁路近年来通过引进基础上的消化吸收再创新快速达到世界先进水平，进而在集成日本、德国、法国等当今世界先进国家高铁技术的基础上结合国情进一步通过自主创新赢得世界领先地位，也是典型例子。美国阿波罗登月计划首席科学家曾明确指出，阿波罗登月计划没有一项技术是新的突破，都是对原有技术的集成。

总体来说，集成创新模式主要还是强调了从技术集成和技术层面的角度来分析技术创新。

第二节　二次创新模式与后二次创新模式

二次创新是发展中国家企业在相当长的时期内谋求发展的主要模式，其出发点应以市场为动力源。二次创新过程应是一个渐进积累与有限范围突变相结合的过程。

一、二次创新模式的三种子模式

二次创新模式主要有以下三种子模式(见图 5-1)：一是模仿型创新，指引进技术之后进行设备、工艺重组，然后生产销售；二是创造性模仿，指生产采用国产化的流程，在生产流程上进行创新，然后进行生产销售；三是改进型创新，指在引进技术之后，不但进行国产化流程创新，而且还对技术进行研发改进，推出改进型产品。可以认为，模仿型创新更多是在全球制造网络中“接入”，而创造性模仿与改进型创新显然已经实现了对网络的“拓展”(吴晓波等，2007)。

在后发企业对接全球制造网络的初期，技术落后的后发企业尤其会引进系统的先进技术，包括产品设计、制造工艺、测试方法、材料配方、技术标准等，常包括一些关键设备和样机。该阶段的主要工作为：可行性研究、洽谈、成交，将有关图纸资料和设备乃至专业技术人员引入接受技术的企业，其后根据技术要求将引进设备与原有设备按工艺进行重组。这一阶段以简单模仿国外产品和工艺为主，被称为模仿型创新。在模仿型创新阶段，集群内企业引入的技术打破了其原有的技术范式，企业的工作重点在于进行工艺创新，按照引进的技术标准生产。企业组织学习的主导模式为适应性学习，即进行秩序调整，从而形成相对宽松的、能适应一定变化的新系统秩序，以尽快适应新的技术范式。企业首先通过技术许可引进技术，然后通过“干中学”方式提高技术能力，即在生产过程中，工人的熟练程度逐渐提高，并向设计、研发部门以及生产技术管理部门反馈相关信息，加深各部门对技术知识的理解和掌握。

对接跨国公司的制造网络之后，企业开始拓展自己制造网络的范围。在制造网络拓展期的创新过程可分为两个阶段。第一阶段为创造性模仿。企业以国产化为主要目标，促进

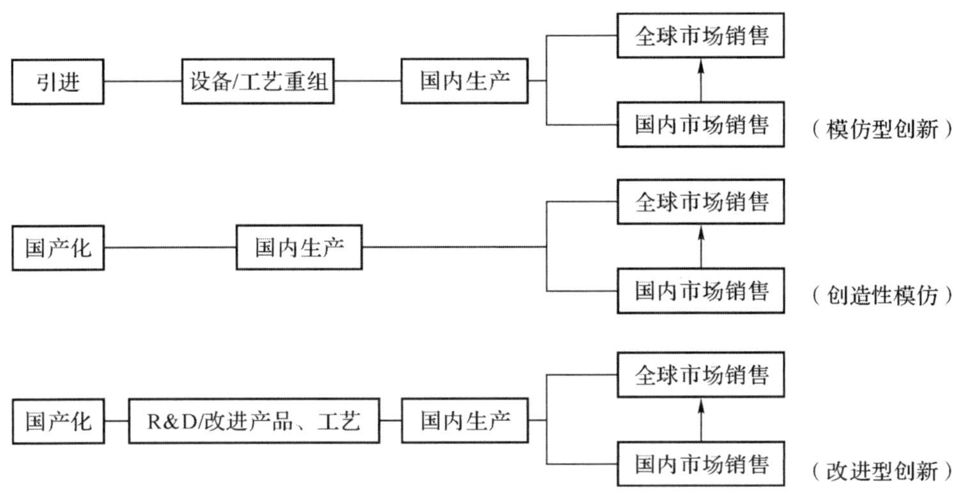

图 5-1　二次创新模式的三种子模式

资料来源：吴晓波，刘雪峰.全球制造网络中知识转移过程及影响因素研究[J].技术经济，2007(2)

已有技术结构与引进技术结构的适应和融合，在保证产品性能的情况下尽量采用国内已有的原材料和部件，减少对技术母国的依赖。第二阶段为改进型创新。在技术知识积累的基础上，企业逐步掌握了设计原理，形成了自我的研发能力，从而可以根据市场的需求，改进引进产品并开发其新功能。

在创造性模仿阶段，引进的技术得以充分应用，企业的工艺开始规范化，产品性能也日益稳定，维护和健全新建立起的技术体系成为企业的工作重点。相应地，企业组织学习的主导模式为维护性学习，即在保持稳定的前提下，通过能力积累使已有系统更有效。用户的反馈则是这一阶段主要的学习资源。用户反馈的信息是企业改进产品和工艺的重要依据，用户是重要的创新和技术来源。

在改进型创新阶段，企业已具备一定的设计和工艺能力，发展性学习是企业组织学习的主导模式，即加强企业自身的研究与开发，结合国情进行产品功能改进，使企业的技术体系沿既定的技术轨迹发展。特别地，通过反求工程，企业反向推演出引进技术的原理和诀窍，从而掌握其设计原理。

除用户的反馈和反求工程外，制造网络的拓展期还存在其他重要的学习方式。首先，企业可从技术性会议与出版物上接触到先进的技术知识，更好地理解和运用引进技术。其次，企业可从原材料、设备的供应商以及竞争者处获知行业动态，从而加快对产品的改进和新功能的开发。最后，网络中人员的流动加速了技术知识在不同企业间的溢出，提高了企业的技术能力，丰富了网络的知识基础。

二、后二次创新模式

后二次创新模式是指直接到国外吸收实验室技术和先进流程技术，实现跨国价值活动控制和自主知识产权的模式。这种以实验室和新兴技术引进为代表的创新受囿于技术范式的程度较低，技术引进往往在主导设计确立之前，因此可以被认为是与一般二次创新不同的“后二次创新”（吴晓波等，2007）。

在全球化背景下，后二次创新的实验室技术和新兴技术都是通过海外研发活动获得的。虽然这样的海外研发活动已经有一定的一次创新特征，但由于其技术还是从发达国家获得的，海外研发是为了在技术先进国家寻求技术资源，所以这样的创新仍可被认为是二次创新的一种高级类型。这种模式主要依靠在国外投资建厂，进行国外研发和生产活动，从而推动全球市场销售（见图 5-2）。

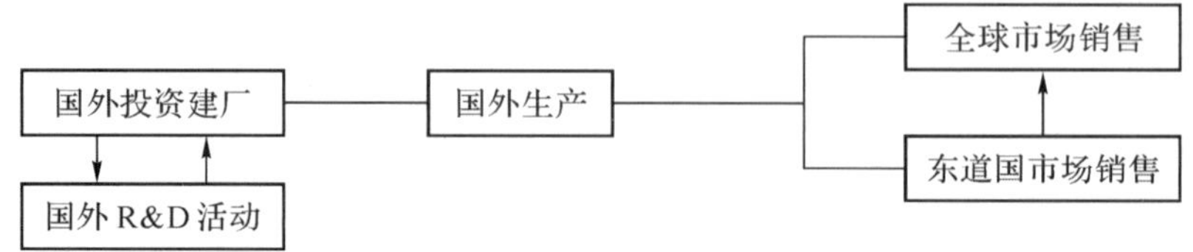

图 5-2　后二次创新模式

资料来源：吴晓波，刘雪峰. 全球制造网络中知识转移过程及影响因素研究[J]. 技术经济，2007(2)

第三节　组合创新模式

组合创新（portfolio innovation）模式是 20 世纪 90 年代以美国斯坦福大学咨询公司（SDG）的研究人员和浙江大学的许庆瑞教授等为代表的一批学者提出的。

随着竞争的日趋激烈和技术创新活动的深入，人们逐渐认识到，技术创新不是孤立的，而是系统性的企业行为。技术创新行为及其有效性在很大程度上受到国家战略、社会经济环境以及企业自身条件与战略目标的影响和制约。因此，必须以系统的观点、从战略高度和组合的角度来研究企业的技术创新行为。

在我国，"以产品为龙头"是我国企业长期以来推进技术创新的传统观念。而用于保证产品生产的工艺，特别是关于提高劳动生产率和性能的工艺，则被认为是从属于产品需要的，是次要的。缺乏对产品创新和工艺创新的协调考虑，严重影响了企业生产率的提高，并且企业工艺落后的状况已成为企业技术发展和技术能力提高的瓶颈，从而导致企业技术水平与国外先进水平差距不断拉大。

这种重产品创新而忽视工艺创新的倾向和行为，在发达国家中也同样存在。美国麻省理工学院生产力促进委员会认为，美国大部分产业和企业在 20 世纪 80 年代的世界竞争中之所以被击败，一个重要原因就是工艺创新投入上的失衡。工艺创新严重落后于产品创新，使其产品在质量、价格、效能上落后于日本与德国企业（见表 5-1）。

表 5-1　美、日、德、中企业产品创新投入与工艺创新投入之比

不同国家的企业	产品创新投入与工艺创新投入之比
美国企业	2∶1
日本企业	1∶2
德国企业	1∶4
中国企业	2.6∶1

资料来源：许庆瑞. 企业经营管理基本规律与模式[M]. 杭州：浙江大学出版社，2001

人们在实践中发现，合理的组合创新的整体效益要大于单个创新的效益之和。必须把产品创新与工艺创新、重大创新与渐进创新、使用已有的技术与获取新技术的能力、技术创新与组织文化创新结合起来，在创新中整合、协调技术、生产和市场的各职能部门的工作，才能成功地进行技术创新。组合创新实质上是企业为保持持续竞争优势，在企业战略目标的导引下而进行的与企业环境、资源和自身组织因素、技术因素相适应的系统性协同创新行为。它是辩证统一规律在创新中的具体体现。

技术创新的组合协同发展是发挥其全面效益的基础，是保证企业持续竞争优势和长期持续发展的重要条件。

组合创新的研究和实践，大体经过了四个逐渐深入的阶段(见图 5-3)。

(1) 产品组合创新(20 世纪 70 年代)。这一阶段对组合创新的研究主要停留在产品创新方面，即研究不同类别产品的优化组合，以使有限资源最优化利用，保持企业持续发展。如何合理搭配和组合产品的创新是当时研究的主要方面。

(2) 技术创新组合(20 世纪 80 年代)。这一阶段重点研究的是技术组合创新中的产品创新与工艺创新的关系。

(3) 创新组合(20 世纪 90 年代)。此时的研究已突破了技术创新的组合范畴，超越技术领域而进入了涵盖组织、文化等非技术因素，以及从企业自主创新扩大到整合外部力量合作创新的全面组合，是协同创新阶段。

(4) 基于核心能力的组合创新(20 世纪 90 年代中期以后)。这一阶段组合创新的研究与实践进一步深入，以 Prahalad 和 Hamel 为代表的核心能力理论被人们广泛接受，并引入组合创新研究领域。人们发现，核心能力与组合创新之间存在紧密的联系：企业核心能力是提高组合创新水平与效率的基石，而组合创新既是将核心能力转化为竞争优势的重要手段，同时也可促进核心能力不断提高。

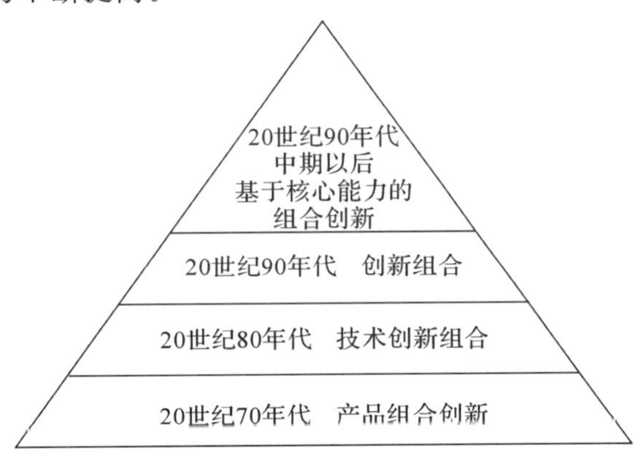

图 5-3　组合创新演进的四个阶段

组合创新至少包含了六方面的组合关系，即渐进创新与重大创新的协同、产品创新与工艺创新的协同、创新的隐性效益与显性效益的协同、技术创新与组织文化创新的协同、企业内部独立创新与外部组织合作创新的协同、持续创新与裂变式创新的协同等，如图 5-4 所示(许庆瑞，2007)。

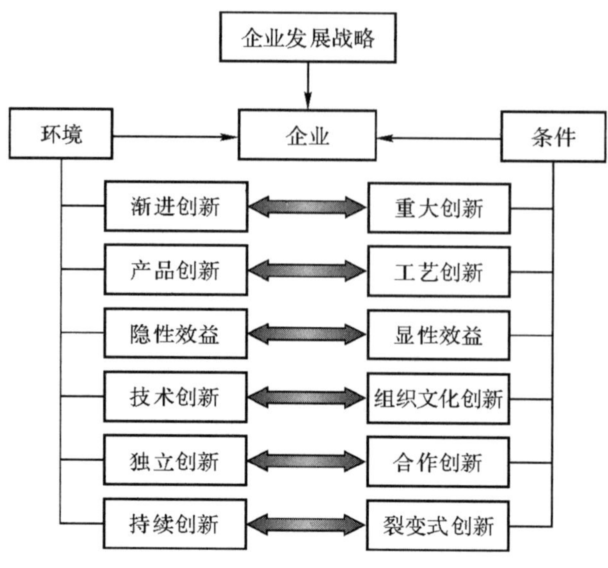

图 5-4　企业组合创新的结构

第六章　国外部分典型创新型企业创新演进道路及其启示

第一节　国外部分典型创新型企业创新演进道路

一、惠普(HP):从研发主导型到组合创新型、全面创新型,提升竞争力

惠普公司以其“车库法则”和技术创新著称于全球,同时也成了硅谷高科技公司创业精神的象征,不竭的创新动力使惠普公司成为硅谷的“常青树”。

惠普公司在每一时代的主要创新协同因素也是动态变化的。以技术起家的惠普公司,在创业初期依靠一系列先进技术取得了领先地位。

在 20 世纪 80 年代,随着信息时代的到来,惠普公司的计算机外围产品的技术创新取得了极大的成功,如个人激光打印机和喷墨打印机等在全球市场家喻户晓。但是惠普公司却为个人计算机产品的创新速度跟不上市场的节奏而苦恼不已,20 世纪 90 年代初通过组织结构的调整才得以充分发挥此类产品的潜力。

进入 20 世纪 90 年代后,由于惠普公司的计算机产品进入成熟期,必须开发其他产品来满足企业成长的需要。计算机产业成了惠普公司所选目标,投资力度加大。但同时惠普公司发现企业的组织结构出现了官僚化倾向,由此对企业组织结构的扁平化变革逐步展开,伴随着企业制度的创新,取得了显著的成果。

由于之前的变革仍不足以使惠普公司成为主流的信息技术(IT)企业,所以战略创新成了惠普公司在 21 世纪初期的创新核心,其提出了企业的适应性战略、企业的多样性,同时开展企业组织创新、文化创新和制度创新。

总之,惠普公司在 70 余年的成长过程中,从单纯的技术研发主导型,逐渐发展为组合创新型、全面创新型。战略创新、文化创新、市场创新、技术创新、制度创新、组织创新等创新要素之间的良性互动促进了公司整体创新绩效的提高。

二、通用电气(GE):研发主导型向全面创新型

通用电气公司是至今仍在道琼斯工业指数榜上的公司,也是有代表性的国际化、多元化经营成功的典范企业。

在杰克·韦尔奇(Jack Welch)上任之前的 1981 年,GE 表面上虽然仍处于繁荣期,但其

实潜伏着巨大的危机，具体表现在：投资报酬率呈下降趋势；GE 传统业务庞大分散，由于大部分相关技术已步入成熟期或衰退期，所以真正成为市场领导者的业务并不多；最严重的危机是，与庞大的业务体系相对应，公司已经形成了过于臃肿的官僚机构体系，层级多达 9 级，不仅耗费企业资源，而且已经使企业决策有了官僚作风、等级观念、形式主义等不利于创新的因素。

在这样的背景下，杰克 · 韦尔奇领导下的 GE 在 20 世纪 80 年代初期首先进行了公司重组，大规模裁员，精简管理层次，并提出了"数一数二"战略；20 世纪后期创建无界限组织，实施"群策群力""ABC 分类法"等战略创新、组织创新、管理创新、制度创新等措施。所有这些为企业管理活动注入了新的活力，也成就了 GE 的成功奇迹。1998—2002 年，GE 连续 5 年位居《财富》"全美最受推崇公司"排行榜的首位。

GE 创新的三个阶段如下所述。

(一)技术创新主导阶段(1878—1949 年)

在此阶段，GE 战略上主要定位于电气技术的开发与相关业务发展，以企业家创业精神和科学探索精神主导企业的技术创新，通过基于实验室形式的高度集权制管理和开发式讨论，实验室研发人员围绕爱迪生的创新进行电气产品在美国国内的自行研发与市场化。这些技术人员为中心的研发活动提出了一系列的原始创新(主要是在电气技术方面)，它们仍然是当今 GE 业务的一部分，包括照明、运输、工业产品、电力输送和医疗设备等。1883 年，爱迪生使用塑料灯丝进行的白炽灯实验推动了 1930 年 GE 的第一个塑料部门的创建。1917 年，当 GE 公司为美国航空业开发第一台航空发动机"booster"时，则诞生了 GE 飞机发动机部门。

(二)战略与组织创新为主的组合创新阶段(约 20 世纪 50 年代到 80 年代)

这个阶段 GE 的业务多元化，并开始国际化经营，到 1978 年 GE 的海外员工超过 10 万人，在 23 个国家拥有 129 家分公司，还有 350 多个营销点，服务于 150 多个国家的市场。GE 形成了稳定型文化，围绕财务指标开展工作，进行产品及相关技术的持续创新[如电子计算机断层扫描(CT)、核技术、卫星、电力设备等]。公司总共进行了三次组织创新，第一次是 1952 年实施的企业结构重组；第二次是 1968 年实施的事业部制(SBU)；第三次是 70 年代前期形成了超事业部组织结构。GE 的领导者已经建立了各种主导业务的投资组合；进行了一连串公司范围内推动增长和降低成本的行动；允许其在经过诸多周期后利用各种机会，在财务制度上实行财务控制和投资审查。此阶段的一个显著特点是企业家主导公司战略创新与组织创新。

(三)以全员创新为特色的全面创新管理阶段(约 20 世纪 80 年代至今)

在前述创新背景下，GE 公司展开了一场全面性的企业管理变革——基于全员创新的全面创新管理。该阶段主要有以下七个特点。

1. GE 全员创新——群策群力(work-out)

韦尔奇认为每个员工都需要有创新的价值观，而且组织也必须尊重每个员工并珍视任何一个创意。为此自 20 世纪 80 年代初，韦尔奇亲自发起并开展了一直持续到现在的"群策群力"全员创新活动。公司鼓励员工提出创造性想法，并通过名为"群策群力"的会议组织与问题密切相关的跨部门的员工和经理参与，对员工进行充分授权。

至今,GE公司已经举行过成百上千次“群策群力”会议,涉及全球数十万名员工及全部业务范围。“群策群力”帮助GE精简机构,向员工授权,并彻底改变许多旧的交易方式,也使得全员创新成为GE公司“基因”的一部分。

2. 战略创新——“数一数二”战略定位

对于GE而言,任何事业部门存在的条件是在全球市场上占第一或第二份额,否则就要被砍掉(整顿、关闭或出售),这就是GE的“数一数二”战略定位。

20世纪90年代初期,韦尔奇决定将GE的重点从卖产品转变为向用户提供解决方案(solution)。

3. 文化创新——创新价值观的确立

GE公司每位员工都有一张“GE价值观”卡。卡中对员工的警戒有九点:痛恨官僚主义、开明、讲究速度、自信、高瞻远瞩、精力充沛、果敢地设定目标、视变化为机遇以及适应全球化。这些价值观都是GE公司培养员工的主题。

在GE的价值观中,有三个传统的、固定不变的准则,分别是坚持诚信、注重业绩、渴望变革,这也是GE价值观的核心部分。除此之外,随着GE战略的调整以及市场竞争环境的不断变化,GE的价值观也会做出一些适当的调整。

4. 技术创新——企业增长的引擎

GE创立以来,发明了67588项专利,其中2项获得了诺贝尔奖。这些发明创造包括:现代的X射线管、钨灯丝、照明效率的突破、无线电广播和第一次电视广播所使用的设备、人造钻石、工程塑料、磁控管、微波基础、CT扫描装置的改进和磁共振成像(MRI)等。进入20世纪90年代,GE又发明了数码X射线成像、3D(三维)显像、抗寒耐热的塑料、新的燃烧过程、音频视频通信行业的人工智能以及工业和消耗产品维修方面的改进技术等。技术和革新是GE各项举措的核心,先进的技术可帮助公司开发高利润产品,赢得竞争,建立新的市场。

GE的全球研发中心大约有2000名研究人员,他们必须与市场和客户要求紧密联系,并与GE的业务集团保持对话。2003年,GE完成了投资1亿美元的纽约全球研发中心升级工程项目,在上海新建了一家研发中心,并在德国动工建造另一座全球研发中心。全球研发活动不断强化GE的技术领先优势。GE公司在提升能源效率上获得了巨大的进步。2003年,GE推出了四个领先产品:H系统燃气轮机、3.6兆瓦功率的风力发电机、GE System系列机车和GE 90-115B飞机发动机。这四项产品的能源效率比GE当时市场上的领先产品提高了5%～15%,相当于每年节约5亿桶石油。上述产品以及氢能、光电和燃料电池项目研究,逐步确定了GE在解决能源消耗和供应问题方面的领先者地位。

5. 组织创新——无边界组织的构建

GE是个规模庞大的企业,而市场要求组织必须简洁,于是GE自韦尔奇以来开始进行新的变革,构建无边界组织,目的是铲除所有阻碍沟通的障壁。韦尔奇有一个形象的比喻:“一栋建筑物有墙壁和地板;墙壁分开了职务,地板则区分了层级,而我要将所有的人全都聚在一个打通的大房间里。”GE一直通过群策群力的方法大规模清除企业的界限,让各个企业、各个层次的员工提出各种建议,清除不具有生产能力的工作。此方法开放了GE的企业文化,使之能够接受来自每一个人和每一个地方的创意。

在无边界组织的构建过程中,GE逐渐形成以团队工作为基础,强调跨部门流程的组织结构，组织结构从原有的9级减少为4级，使得不同部门员工创新协同效率大大提高，创新成本大幅度降低。

6. 制度创新——有利于创新的人力资源管理制度

在GE，物质上的奖励、职位的晋升、精神上的嘉奖等各种激励手段被很有效地使用，以激励员工取得更大的创新成绩。具体措施包括：①工资增长计划。根据员工的创新业绩确定A、B、C三级，员工的工资增长都是由员工的创新业绩决定的。②股票与期权。对表现特别突出的员工，奖励GE的股票与期权。③灵活的物质激励。在每个部门内部，经理可以随时为表现优秀的员工颁发这种奖励。④职位晋升。表现突出的员工，让他们承担更大的责任。⑤海外工作机会。GE会安排有潜力的员工到美国总部或海外GE分公司工作一段时间。⑥众多的员工荣誉。如“杰出领导奖”“全球化举措”“爱迪生奖”等。

7. 全时空创新——全球化的推进

全时空创新是GE的一项核心能力，其在美国以外的地方生产和销售产品的历史已有100多年，GE的领导团队中有1/3的人具有全球工作经验。GE认为，如果想在某个市场取得成功，必须在那里进行相应的投入，发展当地的经营能力和客户关系。

三、IBM：从技术创新到战略、组织、商业模式等全面创新

IBM，即国际商业机器公司，1911年创立于美国，是全球最大的信息技术和业务解决方案公司。IBM从诞生之日起就和技术创新密切联系在一起。1896年，被誉为“数据处理之父”的自动制表机的发明者、统计学家H. Hollerith创办了IBM的前身——制表机公司。IBM创造了历史上的多项第一：发明了第一台存储程序计算机、第一种高级计算语言Fortran、第一台计算机外围磁盘存储器、第一台笔记本电脑、第一台具备无线通信功能的电脑……IBM的成功取决于关键时刻敢于锐意创新、变革。

IBM公司创新发展的历史可以分为初创阶段、技术创新驱动的发展阶段、技术创新与市场创新紧密结合的快速成长阶段、全面创新阶段。

（一）初创阶段

打卡机时代是IBM的初创阶段。在这个阶段，IBM尚未完全建立起自身的核心竞争力。IBM紧紧抓住了外界环境中的机遇，通过和哈佛大学合作，借助外部技术资源，迅速掌握了电子计算机的研发能力，其技术创新的重点从传统产品转向电子计算机领域。

（二）大中小型机时代：技术创新驱动的发展阶段

在积累了雄厚的技术实力之后，IBM凭借在计算机领域的领先地位在30年左右的时间内迅速发展。在这个阶段，IBM研发能力发展迅速，核心竞争力来自它领先的技术实力，技术创新推动着IBM的迅速发展，而其他各创新要素都围绕着技术要素这一核心共同为技术要素服务。但是在此阶段，IBM过分专注于技术要素，对市场不够敏感，同时技术创新和市场创新结合不够密切，导致很多具有极大市场潜力的技术创新成果埋没在专利堆中。

（三）个人电脑(PC)时代：技术创新导向的技术创新与市场创新紧密结合的快速成长阶段

在PC时代，IBM开始意识到市场的不断变化是一种机遇。此时技术发展极为迅速，IBM将技术发展和市场创新密切结合起来，更加强调技术创新的速度和效率。同时，IBM

对企业内部的组织创新、文化创新等进一步提出了更高的要求。要求在组织内部建立技术创新和市场创新相结合的管理模式，而不是单一地强调技术创新。在非技术因素上，强调管理效率，强调对于顾客需求的挖掘，强调以技术创新为核心，组织创新和文化创新为支撑，建立和健全适合大型技术型企业的技术与市场相结合的持续创新机制和稳健发展的管理体制。

(四)网络时代:战略与商业模式创新导向的全面创新阶段

20 世纪 90 年代中期以后，IBM 开始放弃传统的 PC 制造业，转而以高附加值的网络技术服务业为主营方向。由于主营业务的变化，IBM 内部各要素之间的关系也发生了相应变化。网络服务业是典型的市场创新与技术创新并重的产业，市场创新与技术创新紧密结合成为 IBM 这一阶段的重要特征。IBM 通过培育高绩效文化、顾客导向文化向员工传递战略转型的思路；通过追求效率与效益的流程整合和建立全球新行业架构，推动转型实施；通过鼓励员工创新和重视核心技术与市场结合，实现转型服务业。

四、三星:从引进模仿型到基于技术领先的全面创新型

创建于 1938 年的三星集团现已经成为韩国最大的企业集团。在 80 年的发展历程中，三星从最初只能依靠技术引进模仿的生产企业到可以进行自主研发的技术领先企业，已经取得了令人瞩目的成就。企业创新发展可以分为创立、二次创业、全面创新的三个阶段。

(一)创立阶段(1938 年至 20 世纪 80 年代中前期)

三星发展过程中最重要的决策之一，是其在 20 世纪 70 年代决定进军电子领域。1969 年 1 月，韩国实施“电子工业振兴法”。三星抓住时机，于同年成立了三星电子。1974 年，三星电子收购了韩国半导体公司 50%的股份，从此进入快速发展时期。

在 1983 年三星电子进军 DRAM 市场时，由于当时自身技术资源限制，三星电子开发 DRAM 时决定采用技术引进的策略，从美国的 Micron 和 Zytrex 公司引进 DRAM 设计，从日本夏普(Sharp)引进晶片生产。为此，公司通过招聘在美的韩裔科学家和工程师以及派遣员工到美国、日本公司学习等方式，在美国硅谷和国内组建 DRAM 的设计和生产攻关小组。在美国的研究人员主要收集和学习美国最新的半导体设计技术，在韩国的团队则主要通过信息的收集和模仿美、日企业的技术进行生产研发，同时与国内企业的生产部门合作解决生产中的问题。设在硅谷和韩国的两个工作小组通过培训、联合研究和咨询等相互影响作用，为三星集团的工程师更好地消化从美国公司引进的超大规模集成电路技术做了更充分的准备(金麟洙，1998)。

随着 4K、16K、64K、256K DRAM 的大批量生产系统的开发成功并投入运行，1985 年 9 月，三星集团研究与开发团队决定自行研制 1M DRAM，虽然当时可以从美国企业购买到设计技术。这一次技术的开发任务仍然是分配给美国和韩国国内的两个技术开发小组的。1986 年 3 月，韩国国内的研制小组完成了电路设计，并于 1986 年 6 月制造出可行的模具，把与日本领先公司的差距从研制 256K DRAM 的 2 年时间缩短到研制 1M DRAM 的 1 年时间。在硅谷的工作小组约在 3 个月后成功地开发出 1M DRAM，这表明三星集团的研究与开发中心已经从加利福尼亚转移到韩国国内，也标志着三星从模仿创新到后来自主创新

的成功转型。

(二)二次创业阶段(1988—1993 年)

1987 年 11 月 19 日,三星创始人李秉喆先生去世,李健熙先生接任他的父亲成为新任会长。在 1988 年三星成立 50 周年庆典上,李健熙宣布了集团的二次创业,并将三星的发展方向定为"做 21 世纪世界超一流企业"。在二次创业的过程中,三星进行积极的业务结构调整,并开始向新的领域拓展业务。为进入世界五大电子企业行列,三星在 1988 年将电子、半导体及通信公司合并为三星电子。80 年代后期,三星开始致力于电子和重工业的发展,建立了它在世界高科技领域的声誉。

三星在二次创业阶段的主要任务是进行业务重组和结构调整,对前景乐观的业务进行集中的投资,并加强研发的力度。

(三)全面创新阶段(1993 年至今)

1. 面向世界一流企业的新战略

三星根据对世界市场现状和未来的了解和预测,提出了将三星发展成 21 世纪一流企业的目标,并重点实施新的业务发展策略、质量战略和国际化战略。

2. 以人为本的创新思想和创新型文化的形成

李健熙提出"不改变就无法生存""除了妻儿一切都要变""自我完善"等强调员工创新的口号。经过十多年的推动,在继承传统的以人为本的经营理念的同时,三星逐步形成一种以人为本、鼓励员工不断自我创新的创新价值理念。

3. 实现自主技术创新

三星集团实现自主技术创新中最为典型并被广泛研究和推广的是三星半导体产业从模仿到创新的技术发展的历程。韩国著名学者金麟洙于 1997 年所著的《从模仿到创新——韩国技术学习的动力》中对三星半导体产业技术发展进行了深入的分析,指出三星集团已经从过去的以模仿创新为主发展到现在以自主创新为主的技术创新。

4. 体现对员工创新价值认同的制度体系创新

为了配合公司推行的"新经营"管理,以及鼓励员工不断进行自我创新,三星集团推行了一些新的措施,包括对员工创新的激励机制、人力资源的管理制度以及最被人乐道的"7・4"工作制的导入。这些制度上的创新充分体现了三星集团对员工创新价值的认同,具体反映了对员工尊重的公司文化理念。

根据以上对三星集团各阶段创新发展的全面创新内容与特征的深入分析,以及各阶段三星具体的经营业绩,许庆瑞对三星集团全面创新管理(TIM)各维度进行了评分(具体评分方法:5 分为满分,1~5 分表示创新程度从低到高。第一阶段 TIM 各维度为基准,按 1 分计算,其他两个阶段 TIM 各维度与第一阶段相比,得出相应分值,分值越高说明该项创新程度越高),具体结论如表 6-1、图 6-1 所示。

表 6-1　三星集团不同阶段 TIM 各维度创新分值

TIM 各维度创新	创立阶段	二次创业阶段	全面创新阶段
	分　值	分　值	分　值
战略创新	1	3	5
文化创新	1	2	4
技术创新	1	2	5
组织创新	1	1	4
制度创新	1	1	5
全要素创新	5	9	23
全员创新	1	1	5
全时空创新	1	2	4
TIM	7	12	32

资料来源：浙江大学创新与发展研究中心(RCID)对三星案例的调查报告，2005

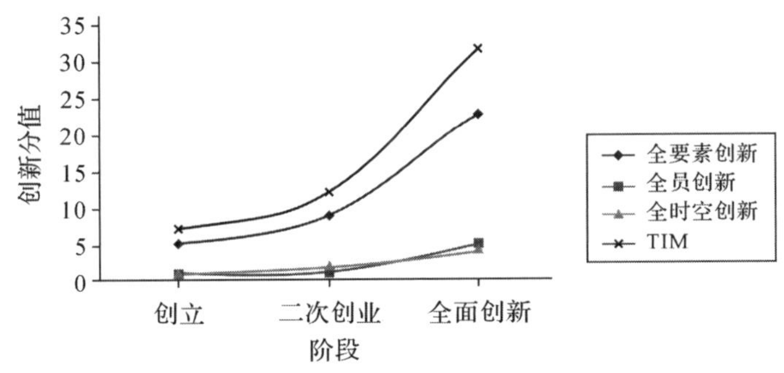

图 6-1　不同阶段 TIM 各维度创新分值

资料来源：许庆瑞. 全面创新管理：理论与实践[M]. 北京：科学出版社，2007

根据表 6-1、图 6-1 对三星集团不同阶段 TIM 各维度创新情况的总结，可以看出三星集团在后期强调创新经营的全面发展阶段，特别是“新经营”管理提出以后，TIM 各维度创新均表现出良好的发展势头，特别是三星在战略、文化、技术、组织、制度等全要素创新上的综合情况得到很大改善。三星 TIM 的不断完善也为企业带来了直接的经济效益。

三星的全面创新的成功正是依靠着包括战略、文化、技术、组织、制度等要素的全面创新所营造的良好组织创新氛围，其包括自主技术创新的实现、做世界第一的战略目标的制定、创新型文化的建立、以团队为基础的组织架构的形成、对员工创新价值的认同。

五、索尼(Sony)：从模仿到以技术领先为特色的全面创新

从创立之初的模仿创新到之后的多个世界第一，索尼逐渐走向独立创新的道路，赢得了“技术的索尼”的称号。自创建以来，索尼一直以“自由豁达、开拓创新”作为经营理念，在世界上率先开发了众多创新型电子产品，为人们提供了丰富多彩的视听享受，积极地为改变人们的生活、娱乐方式而努力。

70多年来，索尼公司始终如一地坚守着“创新制胜”的原则，从小企业起步，进而勇敢地走出日本，在历经艰辛之后，最终成为世界瞩目的国际企业。索尼不断创新，一次又一次地给世界的电子娱乐业带来了巨大的革命性冲击，成为最具时尚色彩的创新型企业。

成立之初，索尼通过模仿生产出亚洲第一台磁带录音机“G型机”，开始了它的模仿创新之路。基于创新精神，索尼逐渐由模仿创新转向了自主创新，而自主创新的精神和能力正是索尼成为世界上民用电子、工业电子、信息技术产业及娱乐业等领域的先导的推动力。

可以说技术创新是索尼的根本，不断的技术创新是索尼立足世界的根本。

索尼生产第一种产品的过程充分体现了它的技术创新精神。索尼仅凭当时《音响工学》一书中的两行极其简单的记述就决定研制磁带录音机，而当时在日本还没有任何其他公司想到去生产它。井深大(索尼创始人之一)时刻琢磨要生产出一种有别于政府机关和广播电台，且又面向大众消费的商品，于是就想到了录音机。想到就做，这是东京通信工业株式会社(索尼集团前身，简称“东通工”)的企业精神。后来经过无数次的实验和千百次的失败，东通工大致掌握了要领，终于在1949年9月试验成功第一号实验品，紧随其后就有了G型、A型试验品。就这样，索尼向着首批国产磁带录音机迈出了坚实的第一步。经过坚持不懈的努力，到20世纪60年代索尼终于开发出世界上第一代晶体管小型磁带录音机“PV-101”，替代了19世纪发明的留声机。经过几十年的创新求异，现在，由索尼首先开发成功的8毫米摄录放一体机出现并普及普通家庭。他们用新的技术、新的产品，改变人们的生活。同时，此项业务也一直是索尼的支柱产业之一。

之后，索尼创造了一个又一个世界第一，成就了“技术的索尼”。比如，索尼相继推出了世界上第一台晶体管电视机TV-8-301、世界上第一台晶体管录像机、世界上第一部立体声磁带随身听 Walkman TPS-L2、3.5英寸软盘驱动器，与飞利浦合作推出了世界上第一张唱片(CD)，发布了高分辨率8毫米摄录放一体机CCD-TR55，推出了32位家用游戏机PlayStation(PS)，开发出了世界第一台高亮度、绿色发光二极管等离子平面显示器(Plasmatron)等。

就笔记本电脑产品而言，VAIO一直都是这个领域中最富有创新精神的代表性品牌之一。近年来，通过市场创新，索尼让VAIO笔记本电脑成为笔记本电脑的经典品牌，代表着消费类笔记本电脑中工业设计和多媒体配套整合的最高成就。

第二节 国外部分典型创新型企业创新演进道路的启示

综上，纵观国外一些典型企业的创新演进之路，尽管其具体的创新方式、时机不同，但总体上都从最初单一地注重技术创新发展到注重技术、战略、文化、制度等各方面的组合创新，进而在当前竞争日益激烈的全球化、网络化时代背景下迈向全面创新。总体上，可以将其创新发展总结归纳为几种典型道路，我们总结为创新道路图(见图6-2)。

道路一：从研发主导型到组合创新、全面创新型，如通用电气、IBM、惠普等。

道路二：从集成创新到组合创新、全面创新型，如日本的索尼等。

道路三：从二次创新到组合创新、全面创新型，如韩国的三星、日本的丰田等。

高
通用电气
惠普
研发主导型创新
（U/A模式）
IBM
英特尔
道路一
全面创新
道路二
技术创新程度
索尼
组合创新
道路三
集成创新
丰田
三星
引进消化吸收再创新
（二次创新模式）
低
高
创新范围与广度

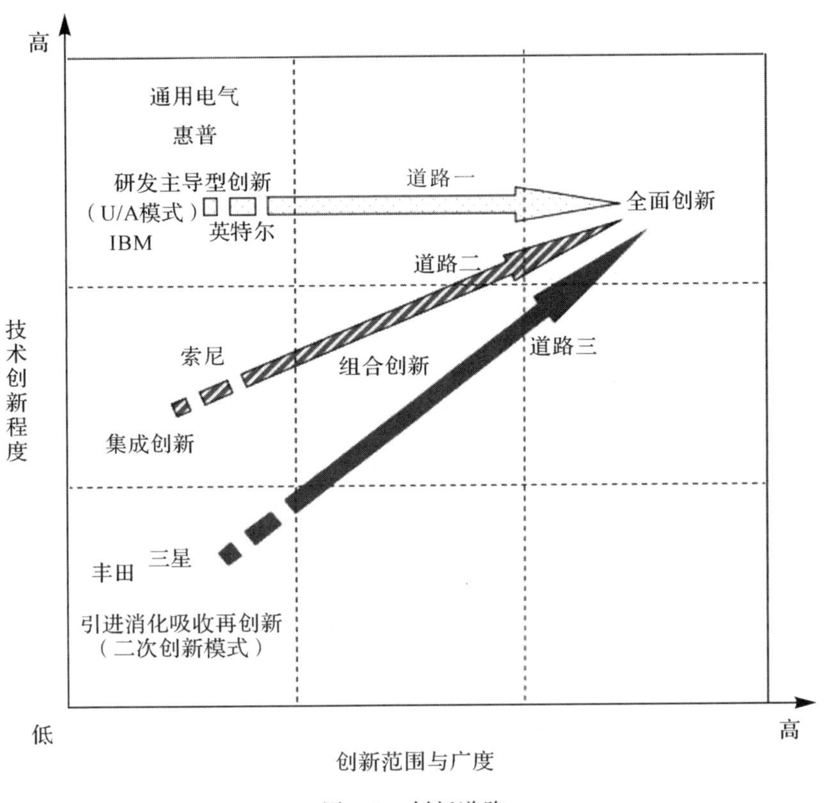

图 6-2　创新道路

第七章　我国企业自主创新道路实证研究

陈至立指出，自主创新主要包括三个方面的含义：一是加强原始性创新，努力获得更多的科学发现和技术发明；二是加强集成创新，使各种相关技术有机融合，形成具有市场竞争力的产品和产业；三是在引进国外先进技术的基础上，积极促进消化吸收和再创新。① 该定义并未涉及创新的动态演进。事实上，发达国家和新兴国家数十年的创新发展实践表明，原始创新、集成创新和引进消化吸收再创新三类创新方式在国家发展进步的各阶段是同时存在的，但其组合与重点往往随着发展阶段和社会经济发展水平的提升而改变。

总体来讲，我国现阶段应当坚持走原始创新、集成创新和引进消化吸收再创新相结合的道路，但不同地区、不同企业由于发展起点、发展阶段、发展战略定位、创新文化等的不同，自主创新道路的具体形式也会有所区别。本研究在此基础上结合自主创新三个层面的动态演进，并结合近几年先后调研的国内数十家大型企业和数百家中小企业，初步总结出几种典型自主创新道路：

(1)原始创新—组合创新—全面创新，如朗科、北大方正等；

(2)集成创新—组合创新—全面创新，如联想、网新集团等；

(3)二次创新—组合创新—全面创新，如海尔、宝钢、振华港机、中集、华为等。

需要指出的是，如前所述，集成创新是以二次创新(引进消化吸收再创新)为基础的，是二次创新发展到一定阶段的产物。因此，也可以把集成创新看作二次创新的较高级阶段和二次创新的一种重要途径。

第一节　从二次创新到全面创新

一、海尔集团：从引进消化吸收到组合创新、全面创新

海尔集团是在 1984 年引进德国利勃海尔电冰箱生产技术后成立的青岛电冰箱总厂的基础上发展起来的特大型企业。经过 30 多年的艰苦创业和创新发展，一个亏损 147 万元的集体小厂逐渐成长为中国家电第一品牌。

从海尔的创新发展道路看，其走过了二次创新(引进消化吸收再创新)、组合创新主导阶段，进而逐渐进入全面创新实施阶段。当然，即使在全面创新主导阶段，也不排斥在某些方

① 陈至立.陈至立在中国科协 2005 年学术年会上的讲话摘要[EB/OL].(2005-08-23)[2018-12-01].http://www.cctv.com/science/special/C14598/20050823/101257.shtml.

面和技术领域进行二次创新、组合创新。

（一）海尔的二次创新阶段

在创名牌阶段，企业从技术设备引进起步，在引进消化吸收基础上进行二次创新。这个时期要克服的主要技术问题是产品和工艺创新之间的不平衡，这在很大程度上阻碍了产品质量与性能的提高，因此需要进行以产品与工艺组合为主的技术创新范式转变。

（二）海尔的组合创新主导阶段

进入 20 世纪 90 年代后，随着市场的发展，需求逐渐多样化，为了寻求差异化竞争优势，海尔开始进行技术与市场组合的创新。一方面，继续保持企业技术创新优势，如 1995 年第一台洗衣、脱水、烘干三合一的全塑外壳全自动滚筒洗衣机在海尔诞生。另一方面，企业也通过提供良好的售后服务和建立全方位销售网络，进行资本市场运作，扩大企业规模，以技术、市场和资本共同推动企业走向多元化之路。

20 世纪 90 年代后期，许多国际著名的家电跨国公司进入中国，中国的家电行业技术竞争愈来愈激烈，同时国内市场也无法支撑企业的持续发展。为此，海尔主动出击，开拓国际市场，但这也对企业内部管理提出了更高的要求。组织变革、流程再造本质上就是管理制度的组合创新。海尔进行 SBU 与市场链业务流程再造，在企业内部模拟市场交易原则。企业内的每个流程、每个工序、每个人之间都是市场关系，其目标是以订单信息流为中心，带动物流、资金流流动，通过不断的信息化升级来提高市场链与内部资源的整合效率，从而大大提高了创新的效率。

事实上，自 20 世纪 90 年代后期实行国际化战略之后，海尔就开始逐步进入全面创新主导阶段。

在全球化品牌战略阶段，海尔推出了人单合一模式，依托全球的全产业链、全流程、全员创新，整合了技术管理、组织创新、管理创新以及商业模式创新等，这是一种全面创新导向的自主创新新模式。通过建立“倒三角形”的组织结构，在内部推进“自主经营体”，打破原来的职能分割，各个部门在自主经营体里形成新的创新整体，独立核算，对市场指标承担完全的责任，在创造市场价值的同时实现自身的价值。自主经营体包含的“三张表”（损益表、日清表、人单酬表）也是一种新型的全员创新模式，是内部风险投资机制与市场、技术的结合，体现战略、PBC（个人目标承诺）和日清三位一体的管理模式。

在网络化战略阶段，海尔从传统制造家电产品的企业转型为面向全社会孵化创客的平台，致力于成为互联网企业，颠覆传统企业自成体系的封闭系统，变成网络互联中的节点，互联互通各种资源，打造共创共赢新平台，实现攸关各方的共赢增值。

为此，海尔在战略、组织、员工、用户、薪酬和管理六个方面进行了颠覆性探索，打造出一个动态循环体系，加速推进互联网转型。在战略上，建立以用户为中心的共创共赢生态圈，实现生态圈中各攸关方的共赢增值。在组织上，变传统的自我封闭为开放的互联网节点，变科层制组织为网状组织。在这一过程中，员工从被雇用者、执行者转变为创业者、动态合伙人，目的是要构建社群最佳体验生态圈，满足用户的个性化需求。在薪酬机制上，将“企业付薪”变为“用户付薪”，驱动员工转型为真正的创业者，在为用户创造价值的同时实现自身价值。在管理创新上，通过对非线性管理的探索，最终实现引领目标的自演进。

2016 年海尔的战略方向是以诚信为核心竞争力，以社群为基本单元，建立后电商时代的共创共赢新平台。海尔将重点放在把“一薪一表一架构”融入转型的六个要素中。“一薪”即用户付薪，是互联网转型的驱动力；“一表”为共赢增值表，目的是促进边际效应递增；“一架构”是小微对赌契约，它可以引领目标的自演进。三者相互关联，形成闭合链条，共同推进互联网转型。

（三）海尔的全面创新实施阶段

事实上，在海尔 30 多年的发展过程中，正是各创新要素的相互有效协同，才使海尔的创新绩效大大提高，积累和提高了海尔的核心竞争力，从而推动了海尔的快速持续发展。海尔是我国全面创新管理的典型企业。

海尔的五个战略发展阶段如图 7-1 所示。

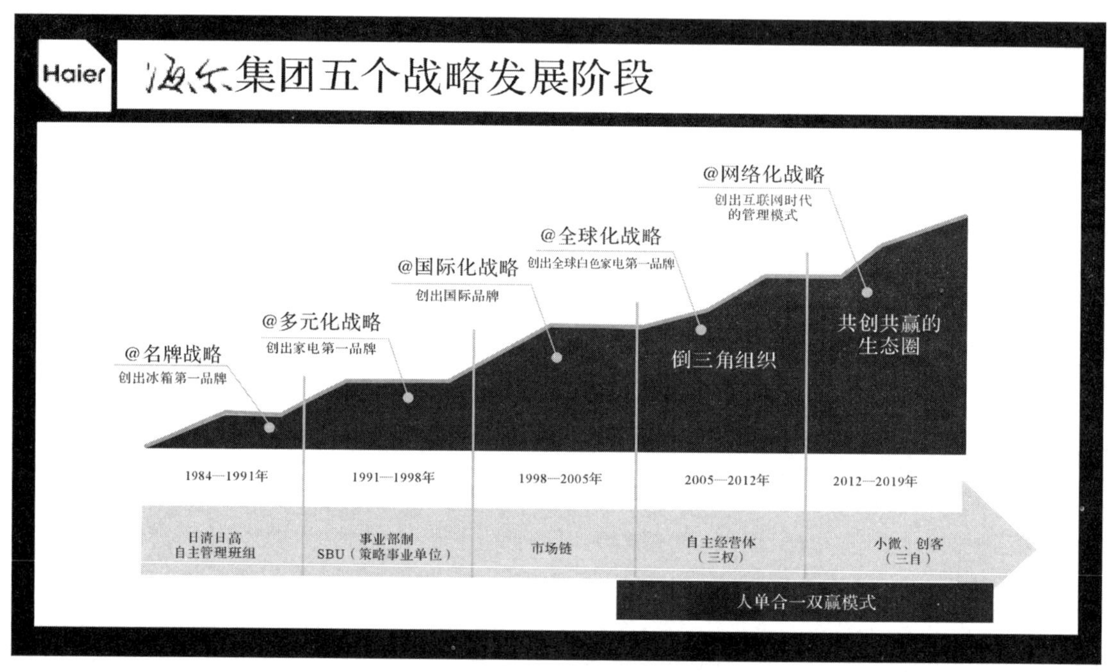

图 7-1 海尔集团战略发展阶段的演进

资料来源：海尔集团网站

（1）砸烂有缺陷冰箱——以卓越质量创名牌的名牌战略（1984—1991 年）；

（2）吃休克鱼——低成本扩张的多元化战略（1991—1998 年）；

（3）美国有了“海尔路”——国际化战略，为树世界名牌奠定了基础（1998—2005 年）；

（4）创世界名牌——全球化战略（2005—2012 年）；

（5）网络化战略（2012 年至今）。

海尔全面创新管理的形成过程如表 7-1、图 7-2 所示。

表 7-1 海尔全面创新管理的形成过程

维度	名牌战略阶段	多元化战略阶段	国际化、全球化品牌战略阶段	网络化战略阶段
创新要素的发展	文化的构建	技术创新	全面创新	全面创新
	管理、制度与组织	市场、战略与组织	各创新要素、全时空、全员	用户与供应商参与创新
核心的演进	非技术因素	技术因素	全时空环境下的非技术与技术因素相结合	
创新的时空环境			全时空环境	复杂网络环境
员工参与度	低	全员范围	全员以及全价值链	高

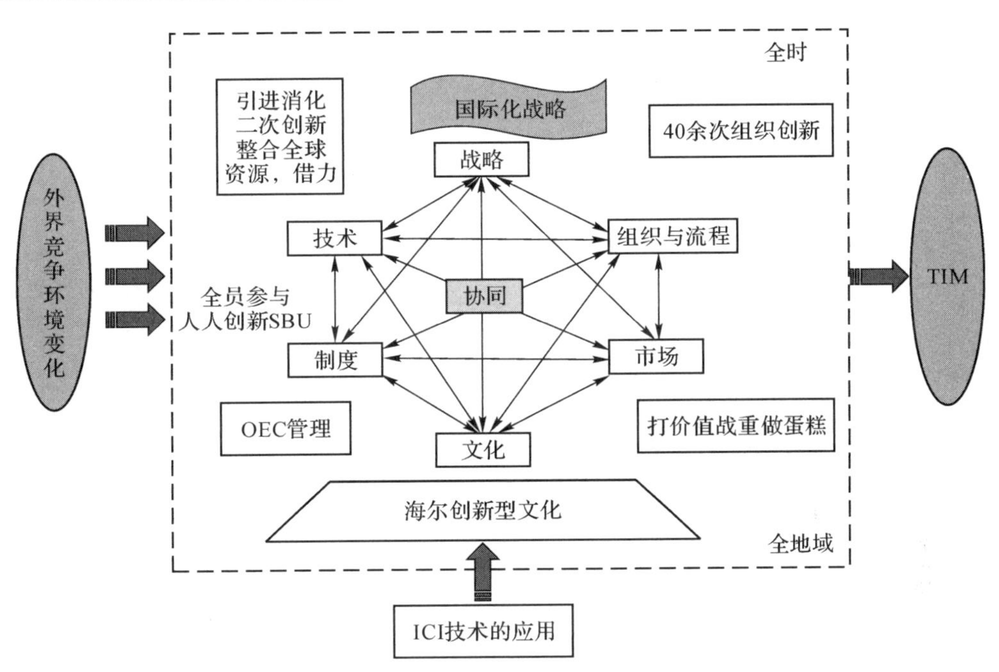

图 7-2 海尔全面创新管理的形成过程

资料来源：许庆瑞. 全面创新管理：理论与实践[M]. 北京：科学出版社，2007

二、宝钢：从引进消化吸收“跟跑”到领跑

（一）宝钢全面创新管理发展阶段总览

宝钢全面创新管理发展阶段如表 7-2 所示。

表 7-2　宝钢全面创新管理发展阶段

发展阶段		第一阶段（1978—1991 年）	第二阶段（1992—2006 年）	第三阶段（2007—2009 年）	现阶段（2010 年至今）
主要矛盾		以生产技术能力提升为主要目标	如何实现进口替代（以技术创新能力提升为目标）	国内的兼并重组频遭阻力；国内大型钢厂在产品和技术上都开始有与宝钢齐头并进之势	面对国内老企业跨越式发展挑战；持续发展，必须面对能源、环保压力挑战
主要事件		一期、二期工程建设和投产	成为技术创新工程试点		
全要素创新	战略创新	高质量、高效率、高效益，创世界一流	精品战略	精品＋规模战略	精品＋规模＋环境经营战略
	技术创新	二期工程冷轧、热轧、连铸三大项目设备国产化率达到 88%	建成的 4350 立方米高炉国产化率达到 95%；“中国自主创新能力行业第一”	制定《技术创新体系规划纲要》；“中国自主创新能力行业第一”；形成核心技术链	
	市场创新	以用户满意为最高标准，努力把被动的、无计划的市场与主动的、有计划的生产结合起来	系统推行以用户为中心的营销理念，坚持“三个就是”：用户的标准（质量和技术）就是宝钢的标准，用户的计划（供货和物流）就是宝钢的计划，用户的利益（经济和效益）就是宝钢的利益。实行按用途（标准＋α，即国际产品标准＋用户的特殊要求）组织生产，抓住质量、交货期、服务三大环节，视合同为法律，要求 100%完成合同	“产销研”一体化机制，坚持以产品开发为龙头，围绕市场需求热点，集中技术力量，加大新产品研发，成为宝钢赢得市场竞争主动权的有效手段	从关注现有市场需求向挖掘客户潜在需求转变；与用户共建实验室，建立“产学研用”战略联盟
	文化创新	创业期文化，“85·9”精神是宝钢文化的源头	逐步形成了具有宝钢特色的用户满意文化	整合期文化：逐步实现宝钢管理模式向整合企业的移植以及宝钢与整合企业的文化融合	以“严格苛求的精神，学习创新的道路，争创一流的目标”为主线，以“诚信、协同”为基本价值观的企业文化
全要素创新	管理创新	伴随技术引进的管理思想的引进，明晰的职责规范及相关制度；创新与变革的重要性，“生产车间三年不变样，车间主任要换人”的思想影响	生产管理的作业长制；知识产权管理岗位设立并逐渐发展成为知识资产管理处；五项人力资源管理政策出台，旨在更好地激励科技人员创新发展	面对经济危机的管理整合	
	制度创新	伴随技术引进的制度制定，如生产设备的点检定修制	岗位能级工资制，首席专家制，铁马制，科技人员内部柔性流动制	技术创新发展纲要，知识产权战略蓝本	

续表

发展阶段	第一阶段（1978—1991年）	第二阶段（1992—2006年）	第三阶段（2007—2009年）	现阶段（2010年至今）
全时空创新	内部营销系统建设：设立生产销售处，成立销售公司，设立生产部销售科等	营销供应链体系建设：成立南方公司、北方公司、西部公司、商贸公司；筹建天津、广州、杭州和宝森四家钢材剪切中心，完善营销供应链体系 “产学研”合作初建：先后与澳大利亚哈默斯利公司、印度Visa公司、澳大利亚FMG公司建立海外合资公司，联合开发铁矿、铬矿、磁铁矿	全面构建营销网络：并购新疆八一钢铁公司，邯钢与宝钢合资成立邯宝公司，重组广东钢铁公司，并购宁波钢铁公司 “产学研”合作全面推进：与国内外74所高校及科研院所开展科研合作，与国家自然科学基金委员会分三期共投入7400万元设立“钢铁联合研究基金”等	形成覆盖五大洲的营销网络；加强国际交流与合作，积极参与国际钢铁协会（IISI）等国际“产学研”项目的工作
全员创新	合理化建议，1985年开展自主管理活动	1993年1月，公司成立了合理化建议委员会		

时下不少企业在引进国外先进设备和技术时，常常陷入“引进一代、消化一代、落后一代、再引进”的怪圈。30多年前宝钢初创时主要是引进、消化、吸收掌握国外的先进技术，而现在，宝钢的自主创新能力已经大大提高。宝钢已经跨进了世界500强企业的行列，实现了从引进消化吸收“跟跑”到全面领先的领跑。核心竞争力靠引进是得不到的，自主知识产权必须靠自己去创造。创新，凝结着宝钢几代人的梦想和心血。

（二）宝钢全员创新的主要内容、运行机制和经验

1. 宝钢全员创新的主要内容

（1）自主管理

自主管理活动是现代化企业实现全员管理的一项群众性的基础工作，其目的是充分发动全厂职工参加企业的生产、经营、管理、技术革新等活动，激发广大职工的主人翁责任感，发挥其聪明才智，促进企业的发展。宝钢自1985年开展自主管理活动以来，取得的成果和经济效益十分可观。

宝钢实行的是集中一贯的管理体制。它以自主管理为基础，由基层职工群众根据工作中所存在的问题，自己提出课题，组织小组，运用专业知识研究解决问题，推进基层工作的改善。由于其着眼点在于发挥职工的积极性和创造性，广泛吸引群众参与管理，所以很受职工群众的欢迎，构成了基层管理的有力基础。

宝钢自主管理的活动，遵循“三P理论”——“由人组成”（of the people），“依靠人”（by the people），“为了人”（for the people）。该理论突出自主性和信息反馈两个要素，使职工把重复、局部、平淡的工作升华为多样性、完整性的工作，职工的劳动积极性得以发挥，管理的有效性得到提高，同时又使青年职工改变了价值观念，职工队伍树立了集体观念。一些后进青年工人，变成了热爱工作、钻研技术、热心技术革新的积极分子。

宝钢自1985年在焦化厂备煤车间试点以来，自主管理活动的小组登记注册数、参加活动人次、小组选定课题数和发表成果数逐年增加，其取得的经济效益也是逐年增加的。宝钢股份公布的年报显示，2017年宝钢经营业绩为国内行业最优，2017年实现营业收入2890.93亿元，比2016年同期增长17.44%。

(2)合理化建议

宝钢大力提倡“全员创新大有可为”的新观念，将创新的基点建立在每个岗位、每道工序、每个部门的员工在日常工作中的改进提高上，鼓励员工人人参与发明创造；还提倡“容忍失败，营造创新氛围”的新观念，使员工在新领域中大胆地实验探索。同时，宝钢积极采取各项全员创新激励措施，鼓励企业内的众多员工积极地提出各项合理化建议和创新思想，积极参与科研项目，申请专利。因此，在宝钢中产生了很多拥有多项发明和专利的优秀创新员工，而且在模范创新人物的带动下，优秀的创新型员工也越来越多。

1984年，工人发明家孔利明为宝钢提出合理化建议263条，258条被采用；完成科研项目14项，技术秘密5项和先进操作法1项。从1995年起，他共申请专利47项，被授权40项。他连续以不俗的发明创造获得4次中国专利新技术博览会金奖，一时成为美谈。喷煤工冯贵德开发了“M-M分离器”。技师杜国华拥有7项国家专利，29项合理化建议，申报技术秘密、先进操作法各1项，为企业创效益2284.2万元，先后获得上海市十大“工人发明家”、上海市杰出技术能手、上海市“三学”状元、上海市工业创优先进个人等荣誉称号。工人王军拥有6项技术秘密，总结了3项先进操作法，向国家专利局申报了14项专利。员工韩明明取得新型实用专利3项，发明专利2项。

2.宝钢全员创新的运行机制

(1)营造鼓励冒险、容忍失败的创新型文化氛围，促进全员创新

宝钢鼓励冒险，容忍失败，鼓励全员创新。公司以文化创新塑造企业的灵魂，注重营造创新氛围，使每一个员工都能放下包袱，大胆实践。宝钢的企业文化营造了一个吸引人才、留住人才，使人才发挥最大积极性和创新力，使企业产品创新源源不断产生的软环境，由此汇聚、培养了一批学有专长的技术管理人才。正是拥有了这种鼓励创新的文化与吸引全员参与创新的做法，“普通岗位也能创新”“普通岗位也鼓励创新”的意识才得到普遍认同，推进全面创新实践的理念才得以确立。

(2)创新性学习和培训

为了保证全员创新，需要对公司全体员工进行基本创新知识的培训。公司精神中有一条是“精进”——精明进取，学习创新，即员工要不断地学习创新知识。宝钢为员工学习提供了各种条件：科技中心、阅览室、科技图书室等；与复旦大学、上海交通大学等国内外著名院校建立了长期合作关系，建立了自己的培训中心。职工学文化、学技术蔚然成风，每年有近1/3人员利用业余时间开展各类学习活动，每年人均接受培训(不含学历教育)时长达到60小时左右。宝钢加大教育经费投入的力度，实施“体外培训、体内循环”的新的培训模式。现在，公司每半年抽调约100名员工到教育培训中心集中脱产培训，提高职工掌握新工艺、新技术、新知识的能力，改善知识结构，培训结束后员工回到岗位工作。通过这样不间断的创新性学习和培训活动，全员的综合素质得以不断提高。

(3)告诫员工不断创新

宝钢的实践表明，观念创新必须依赖全员创新。很多人都认为思想领先、观念创新是高

层管理人员、专家的事，但宝钢却把创新的根基深植到全体员工之中。从书记、部长，到作业长、操作工，人人身上都有创新的硬指标。把创新作为员工业绩考评的标准，规定仅仅完成任务但没有创新成果的员工，其业绩考核不能得“A”，并将这一考核标准与薪资分配挂钩，与岗位竞争相结合，有效提高了干部、职工的创新意识。

3. 宝钢全员创新的经验

(1)有力的激励政策

1995 年开始，实施奖励金额按项目效益的百分比提成，在奖励金额上不做封顶。

(2)组织保证

1993 年 1 月，公司成立了合理化建议委员会。公司各级领导均非常重视合理化建议活动，每年举行一次合理化建议表彰会，奖励积极分子，公司领导与先进个人代表聚餐。并且，每次表彰会的一等奖都由公司领导总评决定。

(3)创新形式多样

为解决生产中的问题，针对某一专题进行集中探讨；通过节能月、节能周等活动，推进合理化建议活动。

(4)科学合理的效益评价体系

经过多年的实践，宝钢形成了一套科学合理的评价指标体系，使效益计算更科学合理。

宝钢的发展历程，是我国大型国企发展的一个缩影。科技进步和技术创新是企业的灵魂，以知识产权为主线开展科技工作，是企业达到国际化水平、增强国际核心竞争力的必由之路。宝钢的经验值得借鉴和参考。

三、杭氧：大型装备制造企业依托二次创新赢得后发优势

杭氧作为国内空分设备制造业的龙头企业，从引进技术走向自主创新，不断提高空分设备制造的等级和质量，获得了丰硕的经济收益。杭氧的发展历程是以技术引进为起点、以技术学习和发展为重点、以技术升级为目标的动态演进过程。

总体来看，杭氧集团的二次创新可分为以下四个阶段(见表 7-3)。

表 7-3 杭氧二次创新的进程

<table>
<tr><th>二次创新
第Ⅰ阶段</th><th>二次创新
第Ⅱ阶段</th><th>二次创新
第Ⅲ阶段</th><th colspan="2">二次创新
第Ⅳ阶段</th></tr>
<tr><td>1956—1957 年：
模仿苏联 30m³/h 空分设备
技术水平：20 世纪 40 年代中期的国际水平</td><td>1958—1960 年：
完全本地化
技术水平：20 世纪 40 年代末 50 年代初的国际水平</td><td>1961—1967 年：
开发、利用 600～3350m³/h 空分设备
技术水平：20 世纪 50 年代中期的国际水平</td><td colspan="2">1968—1977 年：利用 6000m³/h 空分设备新技术范式带来的失败、混沌期
技术水平：20 世纪 50 年代中期、末期的国际水平</td></tr>
<tr><td>1978—1981 年：
模仿 FRG 6000m³/h 空分设备
技术水平：20 世纪 70 年代初的国际水平</td><td>1982—1983 年：
80%本地化
技术水平：20 世纪 70 年代中期的国际水平</td><td>1983—1985 年：
开发、利用 6000～10000m³/h 空分设备
技术水平：20 世纪 70 年代中期的国际水平</td><td>1986 年：
新技术范式引进
技术水平：20 世纪 70 年代末的国际水平</td><td>1987 年：
实验室研发 10000～30000m³/h 空分设备
技术水平：20 世纪 80 年代末期的国际水平</td></tr>
</table>

续表

二次创新 第Ⅰ阶段	二次创新 第Ⅱ阶段	二次创新 第Ⅲ阶段	二次创新 第Ⅳ阶段	
1988 年： 模仿大型空分设备 技术水平：20 世纪 80 年代的国际水平	1989—1990 年： 合作生产的基础上本地化 技术水平：20 世纪 90 年代的国际水平	1991—1995 年： 开发、利用 60000m³/h 空分设备 技术水平：20 世纪 90 年代中期的国际水平	1996—2000 年： 合作研发 技术水平：20 世纪 90 年代末的国际水平	2001—2007 年： 自主创新 技术水平：与国际一流技术接轨

资料来源：吴晓波，刘雪峰.全球制造网络中知识转移过程及影响因素研究[J].技术经济，2007(2)

杭氧集团的二次创新进程揭示了我国企业在二次创新过程中知识的动态发展过程。无论在哪一个发展循环中，企业组织形态和研发方式的扩展及转变都体现了组织从发展性学习向创造性学习过渡的明显特征，以及从单纯模仿到自主创新的技术跨越。

四、华为：民营高科技企业从跟踪模仿到技术领先

作为民族高新技术企业的代表，华为一直坚持自主创新，践行国际化战略，成为全球通信产业中一股举足轻重的"中国力量"，目前已上升为全球排名第一的通信设备制造商。华为已经成为致力于自主创新的中国高技术企业的样板。

华为正在进行从挑战者到领先者的跨越。成本及价格确实是华为等中国通信企业的一大优势，这也是中国创造的优势。如果说华为在初期还是以"价格屠夫"的形象在进行国际化，那么，近几年来华为的形象正在转变——不仅"物美价廉"，而且成为技术领先者。

国内企业中，华为是第一家坚持把每年收入的 10%投入研发的企业。到 2015 年，华为已多年蝉联中国企业专利申请数量第一名。2008 年，华为的国际专利申请数首次超过日本松下、荷兰飞利浦等国际知名企业，成为全球第一大国际专利申请公司，这标志着华为的技术竞争力已经居于国际行业领先地位。截至 2015 年年底，华为累计申请 52550 件国内专利和 30613 件国外专利，专利申请总量位居全球第一，远远领先于国内其他企业。

华为的自主创新之路是：先跟踪模仿国际先进信息通信技术，进而结合我国国情进行快速消化吸收和再创新，并依托低成本和市场渠道等优势逐步积累起与国际行业巨头相抗衡的技术与市场竞争力。如今华为不仅是市场份额领先，以专利和标准、核心技术为代表的技术竞争力也已经居于行业领先地位。

五、中集：装备制造企业从成本领先到全面领先

中集集团是总部位于深圳蛇口的全球领先的集装箱和专用车等物流装备制造企业。其近年来的成功并不仅仅是依靠市场机遇和低劳动力成本优势，也不仅仅是靠出色的资本运营、市场开拓能力等，更重要的是因为开展了以全面成本领先和"三高"(高起点引进、高速度吸收、高水平超越)为特色的开放式自主创新，逐步积累掌握了行业领先的核心关键技术，提升了企业的核心竞争力。

中集开放式自主创新的概念模型，即：以打造以中国优势为依托的全球化运营体系、成为世界级"全能冠军"为战略目标，以创新型文化为基础，以全面成本领先和"三高"为特色，

以制度创新和管理创新为支撑，实施开放式自主创新，整合全球创新资源，提升系统竞争力（见图 7-3）。

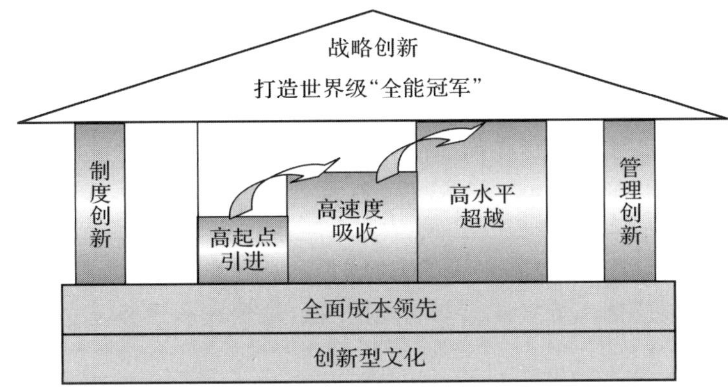

图 7-3　中集集团开放式自主创新的概念模型

中集集团各发展阶段自主创新的特点如表 7-4 所示。

表 7-4　中集集团各发展阶段自主创新的特点

阶　段	蓄势待发阶段	强势扩张阶段	全球化运营阶段
时　间	1980—1992 年	1993—2004 年	2005—2008 年
关注焦点	把标准集装箱做大做强，解决生存问题	依托并购快速实现规模扩张、产品多元化和技术跨越	在全球范围内依靠开放式创新和全面成本领先提升系统竞争力
战略创新	依托劳动力低成本站稳脚跟	低成本并购；基于核心业务的相关多元化	研发、制造、管理、市场营销等全面成本领先；“低成本＋技术领先＋差异化”
制度创新	合理化建议，基于成本的精细化管理	双通道职业发展规划；年度创新大会，重奖卓越中心	“311”人才培养计划，“3＋1”技术创新工程
观念与文化创新	效率、成本型文化先做强，再做大(1990 年)；团结、进取、高效、创新(1991 年)；争做世界第一，以客户为中心(1991 年)	质量型文化：尽心尽力、尽善尽美（1997 年）；技术兴企（1997 年）；自强不息、挑战极限、创新无限(2002 年)	创新型文化：创新推动价值增长；做一个负责任的行业领导者
管理创新	成本管理：基于成本的目标考核(1992 年)	全面成本管理：绩效看板；全面信息管理平台	全面创新管理：设计、制造、维护等“一站式”服务
组织创新	直线职能制	集中管理、分布式研发	开放式网络化创新体系
市场创新	以生产规模和低成本占领市场	出色的资本运作技术型并购	拓展依托中国优势的国际市场；开拓“蓝海”
技术创新	高起点引进、模仿国外先进技术；生产工艺的渐进创新	消化吸收基础上二次创新；从产品的竞争到自主知识产权与核心技术的竞争	开放式自主创新；更加重视标准和知识产权，掌握核心技术

资料来源：郑刚，何郁冰，陈劲，等.“中国制造”如何通过自主创新提升国际竞争力——中集集团自主创新模式的案例研究[J]. 科研管理，2008(4)

从一般意义上说，中集也走了一条模仿引进、消化吸收再创新的创新道路，但中集的自主创新模式又有其特殊性。

中集以全面成本领先和“三高”为特色的开放式自主创新模式使其近年来迅速发展，正成为世界级的行业领袖。

中集自主创新模式的重要启示是：

(1)成本领先并不意味着仅仅降低劳动力成本，还可以通过有效的创新实现研发、生产、市场、后勤、采购、管理等全价值链环节的全面成本领先，同时实现“低成本＋技术领先＋差异化”，从而大大提高核心竞争力。

(2)自主创新并不意味着单纯靠封闭式的独立研发和自我积累，有效整合外部资源(如通过技术并购、“产学研”合作等)、实施开放式创新也是快速提升自主创新能力的一个重要途径。

(3)在竞争日益激烈、产品生命周期日益缩短的今天，光有高起点的引进是远远不够的。是否具有快速的消化吸收能力，进而高水平超越，是能否保持持续竞争力的关键。

(4)自主创新并不局限于技术层面，战略、文化、制度、管理、市场等非技术因素及其有机协同是影响自主创新效果的关键，应树立全面创新管理的理念。

当然，中集在自主创新方面仍然存在一些问题，如尚缺乏对行业有根本性影响的重大突破性创新成果、前瞻性的基础研究偏弱等。中集高层已经意识到这些问题，并正在积极采取措施加以解决。

对于众多中国传统制造企业来说，中集的自主创新模式具有较为重要的借鉴意义。

六、吉利汽车：民族汽车企业通过模仿、二次创新到全面创新，快速提升自主创新能力

浙江吉利控股集团有限公司(GEELY)是中国国内汽车行业十强中唯一的民营轿车生产经营企业，始建于1986年，经过30多年的建设与发展，在汽车、摩托车、汽车发动机、变速器、汽车电子电气及汽车零部件方面取得了辉煌业绩。特别是1997年进入轿车领域以来，吉利凭借灵活的经营机制和持续的自主创新，取得了快速的发展，现资产总值超过千亿元，连续四年进入全国企业500强，被评为“中国汽车工业50年发展速度最快、成长最好”的企业，跻身国内汽车行业十强。2017年度《财富》杂志世界500强排行榜中，浙江吉利控股集团以314.298亿美元的营收位列第343位，强势攀升67位，这也是其自2012年首次进入榜单以来连续6年上榜。2018年2月24日，吉利以约90亿美元收购戴姆勒9.7%的股份，成为戴姆勒最大的股东。2018年吉利在《财富》世界500强排行榜中位列第267名。

吉利坚持自主创新，坚持开发以自主创新为基础的自主品牌，为我国汽车工业由大到强的转变提供了切实可行的发展经验和道路的探索经验。

吉利的发展经历了以低价取胜战略、以质量取胜战略和以品牌取胜战略的三个阶段。纵观吉利自主创新之路，其也经历了模仿、消化吸收进而自主创新的发展道路。

1999—2002年，在吉利刚刚进入汽车行业的时候，吉利的基于模仿创新的低价格战略，不仅使吉利汽车有机会得到市场份额，而且使吉利成为让轿车进入中国老百姓家庭的促进者。

2003—2005年，在中国轿车市场价格大战持续进行的时候，吉利实施了以质量取胜的

战略，投巨资对生产工艺进行大规模改造，使吉利轿车的质量产生了质的飞跃。

2006 年开始，在中国轿车市场同质化趋势越来越明显的时候，吉利开始了基于自主创新的以品牌取胜战略。通过在中国香港上市，在马来西亚建厂，参加德国法兰克福车展和美国底特律车展，吉利自由舰大批量出口，收购英国锰铜公司、澳大利亚 DSI 自动变速箱公司和沃尔沃轿车业务等，吉利汽车的品牌形象得到快速提升，成为中国汽车自主品牌的杰出代表。

第二节　从集成创新到全面创新

一、联想集团：从“贸工技”到“技工贸”，整合全球资源

联想集团自从成立以来，一直以创新作为发展的原动力。通过不断创新增强企业的竞争力，促进我国信息产业的整体发展，一直是联想集团不懈的追求。创立 30 多年来，联想集团一直秉承自主创新、不断超越的理念，从“贸工技”的发展战略逐步转变为“技工贸”的模式，从一家十几个人、20 万元投入的小公司，从技术贸易起步，逐步成长为全球第一大 PC 厂商。

创业初期，联想一没核心技术，二没资本，三没企业经营管理经验。因此，联想首先制定了“贸工技”发展战略，先向国际先进企业学习，以代理 IBM、AST、惠普等品牌的 IT 产品起家，不仅获得了支撑未来发展的原始资本，更重要的是积累了产品研制、企业运营、市场营销和渠道管理的丰富经验，打造了一支高素质的专业人才队伍。

联想的技术创新模式总体上是以渐进创新和集成创新为特色的。联想集团有渐进、持续创新和借力创新的文化。杨元庆最爱强调的是“每一年、每一天，我们都在进步”，强调“90％的继承，10％的创新”。联想的各种创新，从技术到经营管理制度，很少有根本性、独创性的创新，大多数创新都是在引进学习和模仿（包括代理）的基础上结合实际，适当改造后的集成创新。例如，20 世纪 80 年代中后期，联想的主要产品是汉卡。但汉卡在整个计算机技术领域只是一项针对中国市场的局部渐进创新。90 年代以后联想的 PC 机、板卡业迅速成长，但并没掌握核心技术，有的只是针对中国市场的产品设计技术。联想的分销体系、事业部制组织结构也是从惠普等国外公司学来的。

联想很早就意识到组合创新的重要性。正如杨元庆所言：“联想的创新不仅表现在技术、产品的创新上，还体现在管理的创新和市场的创新上。”技术和市场方面，早期开发汉卡，接着进行各种技术创新、产品创新，到中国香港发展，进入境外市场；管理方面，建立以分销为中心的销售体系，建立订单—安全库存生产组织，在国内率先实行事业部制等；制度方面，20 世纪 90 年代联想基于分红权逐步建起了现代企业治理结构，顺利实现了人员新老交替。这构筑起联想创业阶段的核心竞争力和未来可持续发展的基础。此外，双通道的职业发展路线，即专业创新发展路线和行政管理路线，为研发人员培育了肥沃的创新土壤。同时，联想着力营建一流的研发环境，包括舒适的工作环境、弹性工作制。相应的配套激励机制以及对研发项目的评价体制和严格的项目管理体系，帮助研发人员有针对性地自我发展。

在文化建设上，联想本着“以人为本，求实进取”的精神，充分尊重每一位员工，尊重他们

的创造性，鼓励创新，容忍失败，营建出一种严谨和自由创新并重的研发氛围。[①]

随着联想从“贸工技”向“技工贸”转变，其自主创新的战略地位越来越重要。自主创新方式也逐渐由原来的引进模仿、渐进创新向整合全球资源的集成创新、全面创新转变。2004年联想并购IBM的PC部门，就是开放式集成创新整合全球资源的重要标志性事件。联想已经在全球范围内构建起以中国北京、上海、成都、深圳和美国罗利及日本大和为支点的全球研发架构，联想称之为“创新三角”。联想同时拥有遍布全球的46个世界一流的实验室和2000余名专业技术研发人员，这些实验室包括与英特尔联合的未来技术中心，与微软联合的实验室，与微软、英特尔、蓝戴斯克、IBM、赛门铁克5家厂商联合创立的联想技术创新中心等。创新和研发使联想不断推出了ThinkPad X300、ThinkPad T410S、IdeaPad U110、乐Phone等明星产品。

二、网新集团：以“Computer + X”为特色的集成创新——组合创新道路

浙大网新集团成立于2001年，以“产学研”协同创新系统为依托，为“大众创业、万众创新”提供整体解决方案，致力于成为中国绿色智慧城市产业的培育者。

浙大网新集团通过“科技＋金融＋运营”的全方位管理和服务，为产业发展提供空间、资金、技术、人才等要素支撑，先后培育了浙大网新和众合科技等多家上市公司及百余家中小企业，在科技服务、金融服务、创新研究、智慧园区、轨道交通、能源环保、智慧政务、智慧商务及智慧生活等多个领域，促进产城融合，提高公共服务效率，激发科技成果转化，提升企业竞争力，推动中国新型城镇化建设的发展。

IT行业出身，网新集团在其多元化发展的过程中一直遵循“Computer＋X”的经营理念，即利用IT行业的优势介入其他领域，通过信息化系统这个核心，整合不同的技术、设备和系统。在“Computer＋X”的经营理念的指引下，网新集团通过多年的实践摸索，形成了具有网新特色的集成创新、组合创新模式，即以商业模式创新带动技术创新。也就是，利用网新的既有优势和资源，对传统产业进行系统整合，形成新的商业运营模式，使之具有强大的市场突破能力，在市场竞争中获胜。同时通过国际合作、“产学研”合作，以消化引进吸收再创新、系统集成等方式获取核心技术，提升该产业的技术能力和技术水平，推动整个产业的快速发展。

网新独具特色的技术创新模式的优势，在网新集团多元化经营的过程中得到了充分的验证。

(1)网新集团的机电业务在烟气脱硫领域率先采用工程总承包的业务模式，即设计、采购及施工服务(engineering，procurement and contract，简称EPC)总承包，并以此在新行业取得了市场突破。其核心竞争力就在于公司优秀的设计能力。目前，网新集团已进入国内烟气脱硫最主要的承包商之列，成为位居我国烟气脱硫行业前两位的企业之一，并得到了国际战略合作伙伴的认可与关注。

(2)中国轨道交通事业的蓬勃发展给网新集团带来了新的市场机会。网新集团在轨道交通的信号系统市场同样采用了EPC的工程总承包业务模式，在该行业成功取得了市场突破。

目前，网新正在集成创新、组合创新基础上向开放式全面创新迈进。

---

① 蔡敏. 联想集团：创新就是竞争力[EB/OL]. (2006-06-13)[2018-12-01]. http://www.china-woman.com/rp/fs/cp/140/222/20060613/2/2.html.

第三节 从原始创新到全面创新

一、朗科:原始创新和自主知识产权增强核心竞争力

深圳市朗科科技股份有限公司成立于1999年5月,是全球闪存盘及闪存应用领域产品与解决方案的领导者,总部设在深圳市。公司历经逾10年的发展,于2010年1月在A股创业板成功上市,被称为"中国移动存储第一股"。作为闪存盘的发明者,朗科推出的以U盘为商标的闪存盘是世界上首创的基于USB(通用串行总线)接口、采用闪存(flash memory)介质的新一代存储产品。

目前朗科公司每年在技术开发方面的投资几乎占了公司总收入的10%,这样大的投入即使是在国外企业中也是十分罕见的。但由此朗科公司也收获了丰硕的技术成果。继发明了世界上第一款闪存盘之后,朗科公司又先后发明了世界上第一款启动型闪存盘、第一款双启动闪存盘、第一款加密闪存盘、第一款超稳定闪存盘、第一款智能对话闪存盘、第一款模拟光盘的闪存盘以及国内唯一的闪存盘控制芯片等。凭借自主技术创新,朗科公司成为闪存盘领域的全球技术风向标,显著增强了核心竞争力。

作为移动存储领域的技术领跑者,朗科坚持三大发展战略——知识产权战略、人才战略和国际化战略,并一直秉持"品牌先导、持续创新"的经营理念,成功建立了研发、专利和品牌三位一体的企业发展模式,并通过不断的技术创新、发展自主知识产权、维护自主知识产权和有效的专利运营,成功地将知识产权转变成了可持续的专利收益,从而成功开创了专利赢利这一全新的商业模式。朗科拥有闪存盘、闪存应用及移动存储领域多项基础性及核心发明专利。目前,朗科拥有逾百名具有博士、硕士学位的各类优秀人才,拥有的专利及专利申请总量逾500项,覆盖全球几十个国家和地区。迄今已获授权的发明专利达263项,覆盖多个国家及地区。专利让朗科公司在面临强大竞争对手的时候,成功捍卫了自己的利益,扩大了市场份额。

事实证明,没有自主技术,国内企业就始终难以逃脱充当国外企业"搬运工"的宿命,如DVD(数字化视频光盘)、数码相机企业等。可喜的是,这种情况并没有在国内闪存盘产业重现。由于新技术不断更新换代,国内闪存盘产业经历了多年的发展,不仅没有迅速萎缩,反而表现出了巨大的发展潜力。"朗科的发明专利在一定程度上吓阻了国际巨头进军中国市场的步伐。"有业内人士认为,2004年索尼公司曾大张旗鼓地准备进军中国闪存盘市场,但自从遭到朗科公司的专利诉讼之后,步伐已经明显放缓。《2011—2012年中国U盘市场研究年度报告》显示,2011年索尼在中国U盘市场的份额仅有2.17%。目前国内闪存盘市场95%的份额是掌握在国内企业手中。这在计算机产品领域可以说是绝无仅有的现象。这从一个侧面说明了自主技术创新、掌握自主知识产权对维护民族产业利益究竟有多重要。

二、方正集团:原始创新赢得竞争优势的典型代表

方正集团是一个真正拥有原创性核心技术的高科技企业,所拥有的激光照排系统是一

项自主知识产权的原创技术，一直处于世界领先地位。在中国发明了活字印刷900多年后，这项技术实现了中国印刷技术的第二次革命，让中国印刷业告别铅与火，迎来光与电。这是中国科技进步史上的一次颠覆性创新。正因为如此，这项技术的原创者王选教授被誉为“当代毕昇”。正如魏新所总结的，没有这项技术创新就没有方正集团，也正是这项原创性创新技术在产业化方面的成功，促使方正集团走上与众不同的“产学研”一体化道路。①

创新是企业的第一生命力，是企业持续健康发展的动力。自主创新已经成为方正集团的一种战略导向，已经融入方正人的血液。正是因为持续不断的创新，方正集团才获得持续不断的发展和壮大。在方正集团30多年的创新历程中，以两次技术创新的革命最具代表性：一次是方正的激光照排系统的诞生，它让中国的出版业告别了铅与火，迎来了光与电，另一次是方正全面进军网络出版。

从20世纪80年代后期开始，方正的激光照排技术迅速产业化并被市场广泛接受。这项技术的大面积推广为方正集团带来了十几亿元利润，奠定了方正的软件产业基础。至今，方正汉字激光照排系统，占据了国内80%以上的市场、海外华文90%以上的市场，中文照排市场份额全球第一。

激光照排系统因其技术原创性、产业化成功、巨大的经济与社会效益，当之无愧地被中国工程院评为“二十世纪我国重大工程技术成就”。王选教授也因此获得了国家科学技术最高奖项，并由时任中共中央总书记、国家主席的江泽民同志亲自颁奖。

一项原创性核心技术托起了一个企业，开创了一个市场，改变了一个行业。方正在激光照排技术上持续不断地自主创新，不断进行产业化推广运用，同时向国际市场横向拓展，向软件领域纵深发展。这条自主开发的技术发展道路证明，在国际产业分工和竞争格局中，中国企业通过一定的技术能力积累，也有机会进入部分高技术领域的特殊环节。在自主知识产权技术研发的驱动下，中国企业处于全球技术发展前沿，通过技术创新推出新产品和服务，在全球范围内整合资源并服务于全球市场。但是，也应该承认，走自主研发的道路是漫长而艰难的。激光照排技术从国家立项、技术攻关到今天在全球范围内广泛应用，用了30多年。

回顾数十年的创新道路，从激光照排到网络出版，方正逐渐完善了对自主创新的理解和认识，并以其技术和指导思想走在“产学研”发展模式的前列，在市场需求的洞察、技术曲线的把握、客户关系的营造、经营模式的创新以及海外市场的开拓等方面不断地总结经验。

随着创新管理的深入和国内外竞争环境的变化，目前方正已经不满足于单纯的原始创新，而是迈向全面创新。目前方正有四个创新方式：第一个是自主研发和原创，第二个是技术的创新，第三个是购并式和产业链的创新，第四个是平台整合和创新型产业。

① 胡立善.方正董事长魏新：中国企业要成自主创新的主体[EB/OL].(2004-12-11)[2018-12-01]. http://business.sohu.com/20041211/n223442338.shtml.

第八章　我国企业自主创新的主导道路

第一节　我国企业自主创新的主导道路选择：从二次创新到全面创新

从过去几十年的发展历程及目前阶段的情况看，“二次创新—组合创新—全面创新”应该是当前及今后相当长一段时间内我国企业自主创新的主导道路。主要原因如下。

一、我国自主创新总体水平仍处于从模仿引进向自主创新转型阶段，企业原始创新能力尚非常薄弱

在原始创新、引进消化吸收再创新和集成创新三个层面的自主创新模式中，原始创新处于重要的核心地位。原始创新是指前所未有的重大科学发现、技术发明、原理性主导技术等创新成果。原始创新活动主要集中在基础科学和前沿技术领域，这是为未来发展奠定坚实基础的创新。从长远看，原始创新能力的强与弱，直接影响到我国科技发展的持续创新能力，强大的原始创新能力对提高国家自主创新能力具有根本意义。原始创新往往意味着在研究开发方面，特别是在基础研究和高技术研究领域取得独有的发现或发明。从自主创新程度看，我国当前大多数企业自主创新能力仍然较低，普遍缺乏原始创新能力。

尽管中华人民共和国成立以来，我国在原始性创新研究方面取得了一些重要的成果，如人工合成牛胰岛素、汉字激光照排系统、杂交水稻等，这些创新成果在培育我国科技原始创新能力和提升国家综合实力等方面做出了重大贡献，但是，我国科学技术的整体水平与发达国家相比还有较大差距。特别是原始创新的缺失严重制约着我国经济社会的进一步跨越式发展和建设创新型国家战略的实施，尤其在充分展示国家综合实力与核心竞争力的高科技领域表现得尤为突出，具有自主知识产权的高新技术成果非常少。因此，提升我国原始创新能力是建设创新型国家的一个重要战略任务。

柯进生(2006)指出，导致我国科研原始性创新缺失的深层次原因是多方面的，既有政府、社会及人文等社会环境方面的原因，也有科研发展战略、科研体制、科研机构以及科研人员等方面的原因，如在科研发展战略上，对基础研究的先导性与重要性认识不足。由于体制和机制的问题，特别是经济体制、教育体制和科研体制的问题，长期以来我国基础研究能力较为薄弱，尤其是企业基础研究投入严重不足，从而导致我国企业原始创新能力长期处于较低水平。因此，应该清醒地看到，尽管我国近年来企业自主创新能力和水平有了显著提升，但是因为长期以来的基础研究力量较为薄弱，在现阶段，包括今后相当长一段时间内，大多

数企业还不具备较强的原始创新能力。

目前,越来越多的有实力、有远见的企业已经意识到原始创新能力的重要性,正在逐步强化原始创新能力,掌握原创性的核心技术,占领行业技术制高点,引领行业发展潮流,如方正集团、朗科科技等。

总体而言,提升原始创新能力是我国自主创新的战略目标,但是在当前很长一段时间还不能成为我国企业自主创新的主导模式。

二、集成创新的前提是自身具备一定的研发与技术创新能力

如前所述,集成创新是介于研发主导型创新模式和二次创新模式之间的创新模式。集成创新主要通过对现有各种技术和要素的有机整合及现有知识的新应用创造市场价值。集成创新要把分散的技术优化组合,发挥出“1+1>2”的效用。

严格地说,二次创新是集成创新的基础与前提,集成创新是二次创新的较高级阶段和重要手段。集成创新的前提是企业需具备一定的研发与技术创新能力,并具有较强的市场分析能力。改革开放之前的计划经济时代,企业的创新主体地位还未确立,企业技术创新能力十分薄弱,并且由于长期处于封闭式创新状态,企业集成创新也缺乏必要的基础条件。因此,需要先通过长期自身积累或者引进消化吸收才能具备集成创新能力。直到改革开放后,特别是经济体制改革与企业创新主体地位逐步确立之后,集成创新才开始逐步成为企业重要的技术创新模式。

三、二次创新是改革开放以来我国企业发展壮大的主导模式

二次创新(引进消化吸收再创新)是把引进的先进技术加以改造升级,重在“消化吸收”而非“引进”,贵在“再创新”,是后发国家实现追赶的重要道路。毛泽东在《论十大关系》中,专门列出一节讲如何处理中国和外国的关系,指出:“自然科学方面,我们比较落后,特别要努力向外国学习。但是,也要批判地学,不可盲目地学。在技术方面,我看大部分先要照办,因为那些我们现在还没有,还不懂,学了比较有利。但是,已经清楚的那一部分,就不要事事照办了。”

纵观我国各主导产业改革开放以来的发展壮大历程,包括家电、钢铁、信息通信、装备制造、汽车、机械、化工、纺织、航空航天等,大多是依靠二次创新,从无到有、从小到大,逐渐发展壮大起来,甚至部分产业通过二次创新已经实现了从“跟跑”到“领跑”,从引进全套技术与设备到掌握关键核心技术、输出全套技术与设备的转变,如宝钢、海尔、华为等企业(见表8-1)。

表8-1 改革开放后部分产业主导创新模式

产业	创新模式	引进主要来源	引进方式	消化吸收再创新力度	代表性案例	当前自主创新水平
家电	二次创新	日本、德国	先进技术、设备与生产线	较强	海尔引进德国利勃海尔冰箱技术与生产线	较强
汽车	二次创新	德国、美国、日本	通过合资,“以市场换技术”	较弱	上海汽车与大众、通用汽车等合资	较弱

续表

产　业	创新模式	引进主要来源	引进方式	消化吸收再创新力度	代表性案例	当前自主创新水平
信息通信	二次创新	美国、法国等	模仿、引进、“农村包围城市”	较强	华为、中兴通讯	较强
装备制造	二次创新	美国、德国、日本	引进先进技术与设备、生产线	中等	中集集团、中国重汽、振华港机等	中等
钢　铁	二次创新	日本等	全套引进生产线和设备	较强	宝钢全套引进新日铁生产线与设备，经过消化吸收再创新，“变跟跑为领跑”	较强
化　工	二次创新	德国、波兰等	全套引进生产线和设备	较强	仪征化纤引进聚酯技术并国产化，中国化工集团大部分技术创新属于引进消化吸收再创新等	较强
机　械	二次创新	美国、日本、德国等	引进先进技术	较强	徐工集团、中联重科、三一重工、柳工集团等引进国外技术设备并消化吸收再创新	较强

综上所述，我国几十年来的创新实践表明，二次创新是我国企业快速起步、发展壮大的主导模式。

四、从二次创新向全面创新管理转变是当前企业自主创新的必然选择

应该清醒地看到，我国企业仅有二次创新是不够的。时代的发展、竞争环境和顾客需求的变化、创新理论的发展、企业面临的实际困难、创新过程本身的复杂性等都要求企业除了提升技术创新能力(包括二次创新、集成创新、原始创新等)和传统的创新管理之外，还必须具备系统观、动态观，进一步进行组合创新与全面创新管理。组合创新、全面创新管理的最终目的还是适应市场环境的变化，更快、更有效地响应与满足顾客的个性化需求。

分析近年来国内外一些创新较成功的企业，如海尔、海信、宝钢、TCL、联想、3M、惠普、施乐等发现，它们一般都具有以下特征：

(1)开展了全方位的创新，而不是仅仅抓技术创新；

(2)创新的技术因素与非技术因素(如战略、组织、文化、制度、市场等)间的组合创新、协同匹配较好；

(3)拓展了创新的时空维度，实现了持续创新、整合外部资源创新，甚至实现了研发的全球化。

海尔等企业二次创新—组合创新—全面创新的实践证明，组合创新，特别是全面创新管理将会使企业的创新管理步入一个崭新阶段，使得创新成为企业在新经济条件下增强核心能力、提高国际竞争能力的关键。但是，值得注意的是，目前我国大多数企业技术创新能力薄弱，仍处在传统的创新管理模式下，没有从根本上意识到组合创新、全面创新管理的重要性和紧迫性。我们认为从传统创新管理向组合创新、全面创新管理转变是知识经济时代企

业面对激烈的市场竞争和用户需求的日益多样化、个性化挑战的必然选择。国内少数领先企业已经从实践角度认识到全面创新管理对于提高企业核心能力的关键作用,并已经开始了这方面的探索。如海尔集团近年来根据系统全面创新的思想,以其创新文化为保障,通过实施以市场链为纽带的流程再造创新,提倡并从组织管理制度上保证"人人都是创新SBU",而且建立"人单合一"的业务模式大大提高了全员创新的积极性和企业的技术创新能力,最终提高了核心竞争力;宝钢集团以观念创新为先导,近年来根据全面创新的思想大力推进系统创新工程(ESI),并取得了良好效果。但全面创新管理的理论与实践当前在国内外都还处于起步阶段,我们提出的框架也是初步的,需要不断完善。

对于创新能力普遍比较弱的中国企业来说,尽快把握组合创新、全面创新管理的内涵并付诸实施是尽快缩小与国际先进企业差距、提升自主创新能力进而保持持续竞争优势的重要途径。

第二节 企业全面创新管理的必然性

一、企业进一步技术创新实践的需要

进入 20 世纪 90 年代以来,经济全球化趋势更加明显,以信息通信技术、互联网的广泛应用为标志的新科技革命浪潮使得企业的生存与发展环境、经营目标与方式等发生了根本性的变革。企业面临的环境更加动荡,竞争日益激烈,顾客需求的个性化及对速度和灵敏度的要求对企业提出了新的挑战。仅有较高的生产效率、足够好的质量甚至较高的灵活性已不足以保持市场竞争优势。随着知识经济时代的来临,越来越多的企业发现,全面创新日益成为企业生存与发展的不竭源泉和动力。

传统的创新管理理论由于受当时条件的限制,缺乏对当今环境剧烈变化和创新过程日益复杂化的认识,无法在新形势下为企业提供一个科学有效的创新管理范式来指导实践。企业的技术创新实践迫切需要新的理论指导,为企业在动荡而又激烈的市场竞争中实现科学高效的创新管理,提高创新绩效,从而赢得持续竞争优势提供崭新的理念、范式和框架(郑刚,2006)。

二、创新管理理论进一步发展完善的需要

近年来,有许多学者已经意识到全面创新的重要性,相继提出了一些新创新管理思想,丰富发展了创新管理理论。这些创新管理思想可以归纳为九大流派(郑刚,2006)。

(一)创新管理的生命观与生态观

传统的机械观把员工视为没有创造性,只是机械地、被动地去做自己必须做的事情的机器,而创新的生命观把员工看作生命的有机体和创造力的主体。如 Dundon(2002)认为,尽管创造力存在差异,但每个人都具有其独特的创造力。企业应是一个多样化的生态系统,一个过于同质化的组织不能适应快速变化的环境,正是组织的多样性为创新提供了条件。

(二)集成创新观

1997 年 Iansiti 提出了技术集成(technology integration)的概念。我国在对技术创新的案例研究中也逐渐发现,在技术创新中各种要素的集成是保证技术创新效果的重要条件(官

建成等,2002)。集成创新观认为,集成创新是自主创新的一个重要内容,是一种创造性的融合过程,它把各个已有的技术或要素单项有机地组合起来、融会贯通,构成一种新产品或新的经营管理方式,创造出新的经济增长点。集成创新更关注实用性,同企业生产和管理的关联度更高,企业更容易找到切入点。

(三)创新的系统观

英国经济学家克里斯托弗·弗里曼(Christopher Freeman)在1987年首先提出国家创新系统的概念。Nelson(1993)、Lundvall(1992)从宏观角度探讨了创新系统各要素间的联系与互动关系。傅家骥、许庆瑞等人对于影响创新结果的因素、机理进行了深入研究和探索,从中得出了不少蕴含系统创新思想的研究成果,从而进一步丰富了创新管理的内涵。陈劲(1999)基于系统观运用系统动力学等方法进行了"企业创新系统"的研究。

Dooley等人(2000)融合了系统观,提出了"系统创新管理"(system innovation management)的思想和其五角星模型框架(见图8-1)。他认为,系统创新有五个杠杆,即组织与领导、战略与绩效、授权与分组、再造与改进、学习与沟通。

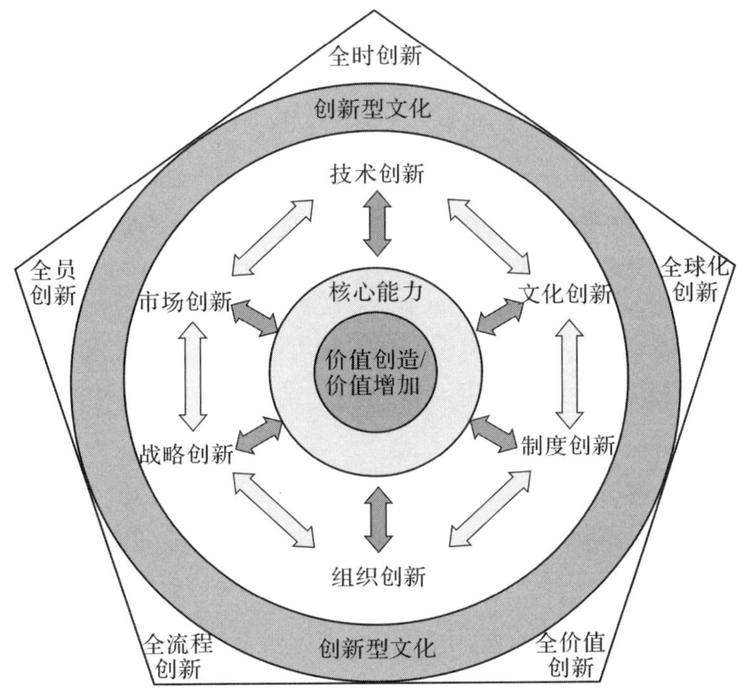

图8-1　企业全面创新管理的五角星模型框架

来源:许庆瑞.全面创新管理:理论与实践[M].北京:科学出版社,2007

Dundon和Pattakos(2001)提出了创新系统架构(innovation system architecture)模型,该模型包括共享的创新愿景和战略、创新环境支持、创新流程网络等持续创新的八大支柱。此外,席酉民和尚玉钒(2002)提出的"和谐管理理论"也从系统观角度强调了管理中协同的重要性。

(四)用户、供应商创新观

顾客在产生新产品创意中的作用,许多学者已经探讨过。von Hippel在《创新的民主化》(*Democratizing Innovation*)一书中强调了以用户为中心的创新系统的重要性。Shapiro(2001)发展了 von Hippel 的“领先用户”法,进一步提出从“背离用户”和“潜在用户”中寻找创新源泉。总之,新技术的采用使得企业与用户的互动从“企业开发顾客知识”观向“企业与顾客共同创造知识”观转变。

用户、供应商创新观认为,用户、供应商都可以参与到企业的创新过程中,成为创新源泉。

(五)全时创新观

市场竞争的日益激烈和用户对响应速度的要求使得创新必须时时刻刻进行,永不停歇。必须力求做到“24/7 创新”(即每周 7 天、每天 24 小时都在创新)。创新不是一种一次性的事件,而应是涉及各个部门的一年到头永不停止的日常活动。许多学者认为,全时创新主要源于近年来日益增强的基于时间的竞争的压力。

(六)全流程创新观

20 世纪 80 年代末 90 年代初,美国学者 Michael Hammer 和 James Champy 以及 T. H. Davenport 等提出了流程再造的理论,掀起了全球范围内企业流程再造的热潮。其目的就是对企业的原有职能制的业务流程实施革命性的变革,提高组织效率、灵活性和响应市场速度,以适应环境的变化和顾客需求的日益个性化。

(七)全员创新观

近年来,激发每个员工的创新积极性,实现全员创新,受到了国内外理论界、企业界的广泛关注。众多学者指出,创新不再只是企业研发人员的专利,而应是全体员工共同的行为。Dundon(2002)认为,随着组织复杂性的增长,领导者需要所有员工都参与到寻找加强组织的新途径的过程中。尽管创造力存在差异,但每个人都具有其独特的创造力。广义的全员还包括用户、供应商、股东等利益相关者。

(八)全球化(全地域)创新观

随着经济全球化和网络经济的迅猛发展,许多企业的组织边界已超越了地理区域范围,甚至趋于模糊,实现了全球化发展。外包、竞合、战略联盟、虚拟团队等组织形式的出现使得企业的边界跨越了地区、行业甚至国家的限制,促进了研发、制造、营销等的全球化。国内外许多学者对此进行了研究。例如,Chiesa(1996)研究了跨国企业如何有效管理国际化的研发活动,他经过分析指出国际化研发的绩效取决于外部知识源和内部研发资源的分散程度。许多企业实施研发的“本地化”战略,在全球各地设立研发部门,以充分利用当地智力资源进行创新。全球化(全地域)创新还包括处于企业内部价值链上的各部门、各工位,处处进行创新。

(九)全面创新观

多年来,有许多学者已经意识到全面创新的重要性,并进行了初步研究。早在 20 世纪七八十年代,一些学者提出并发展了创新的“双核心理论”,该理论就已经体现了全面创新的思想。该理论认为,企业里的创新主要分两大类,即技术创新和管理创新,相应地,企业也有两个核心,即技术核心和管理核心。这里“管理创新”是个广义的概念,包括组织结构、流程、文化、管理制度、控制系统以及协同机制等社会的、非技术的方面(Daft,1978)。“双核心理论”认为,只有两种创新互相协同,才能使创新绩效最佳。

Tidd(2000)指出："创新管理的内在特性表现为跨学科性和多功能性，但长期以来，许多学者仅强调创新的某一维度，如研究与发展管理、新产品开发管理等。我们认为，创新管理需要一种整合观念，即将各学科、各职能进行有效整合……仅仅强调创新的某一维度是远远不够的，因为技术、市场及组织变革之间存在着互动关系。"一些学者指出，要想实现企业范围内的全面创新，必须使创新成为一种存在于企业各个部门、各个角落、每一员工身上的能力，而不是偶然发生的活动或被动的流程。

许庆瑞等总结了国内外最新创新理论及我国大量企业经营管理成败的经验教训后指出，当今企业为适应环境的变化，必须以企业战略为导向，持续地开展以技术创新为中心的全面创新，培育和提高企业的技术创新能力。并且其首次从理论上系统地提出了企业经营管理的全面创新规律，在此基础上进一步提出"全面创新管理"的创新管理新范式(许庆瑞，2007)。

第三节　全面创新管理的内涵、特征及与传统创新管理、组合创新管理的区别

一、全面创新管理的内涵

全面创新管理是以培养核心能力、提高持续竞争力为导向，以价值创造/增加为最终目标，以各种创新要素(如技术、组织、市场、战略、管理、文化、制度等)的有机组合与协同创新为手段，通过有效的创新管理机制、方法和工具，力求做到人人创新，事事创新，时时创新，处处创新(许庆瑞，2007)。

全面创新管理的内涵可概括为"三全一协同"，即全要素创新、全员创新、全时空创新，全面协同(见图8-2)。

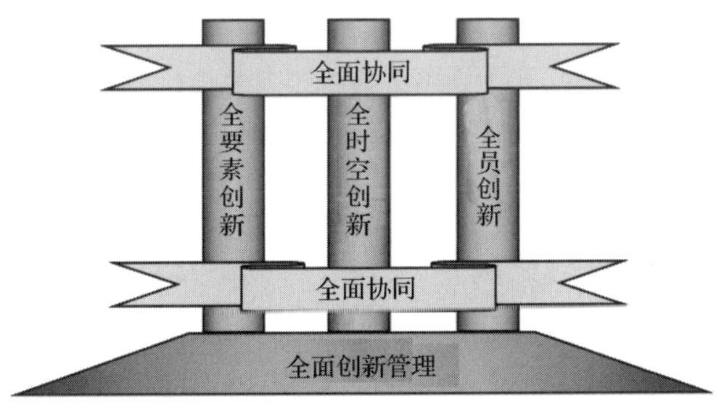

图8-2　全面创新管理的内涵："三全一协同"

1.全要素创新

全要素创新是指创新需要系统观和全面观，需要使技术、市场、文化、制度、组织、战略等与创新绩效有密切关系的要素达到全面协同才能实现最佳的创新绩效。

2. 全员创新

全员创新是指创新不再只是企业研发和技术人员的专利，而应是全体员工共同的行为。从研发人员、销售人员、生产制造人员到售后服务人员、管理人员、财务人员等，人人都可以在自己的岗位上成为出色的创新者。广义的全员还包括用户、供应商、股东等利益相关者。

3. 全时空创新

全时空创新分为全时创新和全空间创新（或称全球化创新、全地域创新）。

全球化创新是指企业通过外部的联结机制以及在全球范围内获取和配置资源来突破企业内部现有资源和能力的限制，充分借助企业外部网络和资源来扩展、提升和创造企业能力。

4. 全面协同

全面协同是指各创新要素（如战略、组织、文化、制度、技术、市场等）在全员参与和全时空的框架下进行全方位的协同匹配，以实现各自单独所无法实现的“2＋2＞5”的协同效应，从而促进创新绩效的提高。

二、全面创新管理的特征

1. 战略性

全面创新管理以企业经营战略为依据和出发点，以培养和提高企业核心能力为中心；既要满足提高当前经营绩效的需要，又要考虑通过培养和积累动态核心能力保持持续竞争优势。

2. 全面性

全面创新管理是一项系统工程，需要各部门、各要素的协调配合才能完成。

3. 广泛性

创新活动渗透到组织的每一个流程、每一件事、每位员工、每一处角落。

4. 主导性

全面创新管理强调创新活动在企业经营活动中的主导地位，并制定公司必须遵循的业务准则。

5. 开放性

全面创新管理强调创新不仅要依靠企业内部的员工，还要依靠所有利益相关者（包括企业价值链的上下游以及企业的战略合作伙伴），整合企业内外各方面的力量进行全方位创新。

三、全面创新管理与传统创新管理、组合创新管理的区别

全面创新管理改变了原有的基于机械观的、线性的创新管理思维方式，而以生态观、复杂系统理论为其理论依据和出发点。无论是其理论基础、目标、战略、结构、要素、时空范围还是管理风格方面，都与传统的创新管理有本质的区别，特别是其根据环境的变化突破了原有的时空域和局限于研发部门、研发人员创新的框架，突出强调了新形势下全时创新、全球化创新和全员创新的重要性，使创新的主体、要素与时空范围大大扩展。全面创新观与传统创新观的显著区别是，突破了以往仅由研发部门孤立创新的格局，突出了以人为本的创新生态观，并使创新的要素与时空范围大大扩展。

全面创新管理是传统创新管理的进一步发展，是日益激烈的市场竞争与创新管理理论

发展共同作用的结果。组合创新可以看作是传统创新到全面创新的过渡阶段。三者的区别如表 8-2 所示。

表 8-2　企业传统创新管理、组合创新管理、全面创新管理的区别

不同点	传统创新管理	组合创新管理	全面创新管理
创新内容与创新要素	着眼于单个创新；强调技术创新，忽视其他创新	着眼于组合创新；重视组合创新（技术、组织、文化等创新）	着眼于各创新要素组合与协同；强调全面创新
产品/工艺创新的协调	单纯强调产品创新或工艺创新的重要性	强调产品创新与工艺创新的协调	强调产品创新与工艺创新的协调
创新效益评价	局限于显性创新效益	均衡地考虑显性和隐性创新效益	均衡地考虑显性和隐性创新效益
创新的战略性	不明显	服从于经营战略	既以战略为导向，又注意创新与战略的互动
创新空间范围	企业内部，强调自力更生，对合作创新认识不足	企业内部为主，独立与合作创新相互补充	强调整合全球资源进行创新
创新与核心能力的关系	不注意创新与核心能力间的互动作用	重视创新与培育核心能力一体化	以培育核心能力、价值创造为中心
创新主体	单纯强调研发部门、研发人员创新	强调以研发部门、研发人员为主，其他部门协调配合	强调全员创新、全时创新、全方位创新
创新速度	响应市场速度较低	对响应市场速度要求较高	对响应市场速度要求非常高
创新组织形式	常用直线职能制结构	常用矩阵制组织结构	扁平化、网络化、流程型组织结构
创新源	创新源较单一（内部研发）	创新源多样化，如通过合作创新从外部获得创新源	创新源多样化，包括利益相关者和整个价值链
与其他部门的沟通、联系	很少	较密切	十分密切
项目管理方式	研发内部项目小组	跨职能团队	跨职能、跨组织团队，虚拟团队，重磅团队，等等
创新的目标	完成上级任务，被动式创新	围绕完成经营目标的要求进行创新，反应式创新	以价值增加（提高经营绩效）为目标，主动创新

资料来源：许庆瑞. 全面创新管理：理论与实践[M]. 北京：科学出版社，2007

第三篇 我国产业自主创新能力构建与技术追赶

本篇概要

我国产业发展和自主创新能力的构建具有多样性和多层次性的特点。本篇从技术追赶视角对我国制造业发展过程中的自主创新能力构建问题进行探讨。

首先,我们在已有文献分析的基础上,对产业创新与追赶的影响因素进行了归纳,指出了技术差距、时间窗口、国家创新系统和技术体制对产业技术追赶的重要影响。在此基础上,我们对中国制造业自己创新能力的动态变化趋势进行了定量分析,给出了产业创新能力的测度方法,解决了现有相关研究中难以针对产业层面进行自主创新能力定量测度的问题,并由此按照不同的产业类型对产业创新能力的动态变化进行了分析。

其次,为了与产业层次定量分析相互印证,我们选取了我国钢铁产业、白色家电和通信制造业的典型企业,对制造业企业自主创新能力的提升进行了典型案例分析,以阐释我国产业自主创新能力演进过程中能力、环境所发生的动态变化,以及全面创新在产业自主创新能力发展中所具有的重要推动作用。

由于外商直接投资(FDI)对于我国制造业创新能力提升与发展具有较为重要的意义,因此,我们基于 FDI 的技术外溢效应视角对此进行了实证分析。研究结果显示,产业间 FDI 的外溢效应对于中国制造业自主创新能力的发展具有重要的促进作用,自主研发的阈值效应对于国外技术转移和自主研发中的互补性关系与替代效应之间的转换起着关键作用。因此在产业政策的制定过程中,为了推动特定产业内本土制造业企业创新能力的提升,我们不能仅仅将注意力集中于在该产业内引入 FDI 并利用来自外资企业的技术外溢来推动本土企业的能力发展。与此同时,我们需要在相邻的产业内(尤其是那些在生产和技术上存在着密切联系的支持性产业部门)合理地利用外资,并采取相应的产业创新政策来推动本土企业创新能力的提升。

最后,在上述研究工作的基础上,我们对产业自主创新能力构建的模式选择与提升机制进行了归纳和总结。在产业层次上,自主创新模式形成机制可以归纳为三种:一是一个国家和地区的制度约束决定了企业自主创新的资源整合方式;

二是资源整合方式决定了创新的技术路径(自主创新模式);三是技术路径决定了创新定位(包括产业选择)。从我国制造业自主创新与技术追赶的历史经验来看,注重自主创新能力培养、对FDI的合理利用、重视本国市场环境所形成的特殊性追赶机会、基于产业创新系统的技术解构、充分学习和利用二次创新,是我国制造业构建与提升自主创新能力、形成可持续发展的产业自主创新道路的重要经验。

第九章　产业自主创新与技术追赶的影响因素

第一节　技术差距和时间窗口对产业自主创新与技术追赶的影响

技术差距理论（technology gap theory）诞生于20世纪60年代，并以"技术差距是否会在长期内收敛"作为分水岭形成三大主要观点，即赶超论、累积论与新累积论（周密，2009）。

赶超论的支持者认为，从各国发展历程来看，尽管不同国家的技术追赶路径差别较大，但通过技术模仿和技术创新等利用技术后发优势的战略部署仍是发展中国家实现技术追赶的有效途径（傅晓霞等，2013）。

相反地，累积论的学者认为，并不存在所谓的后发优势，发展中国家和发达国家将始终存在一种持续性的技术和经济差距。譬如，现实经验表明，绝大多数发展中国家并未能通过技术模仿而缩小与发达国家的技术和经济差距，有些甚至出现差距扩大化的趋势（吉亚辉等，2011）。换言之，盲目的技术引进和模仿很有可能使得发展中国家陷入"引进—落后—再引进—再落后"的怪圈。这主要是由于发展中国家受限于自身的要素禀赋结构，导致发达国家先进的技术未必是适合发展中国家的技术（林毅夫等，2005）。

新累积论在一定程度上调和了上述争论，指出技术差距最终是否收敛并不确定，主要取决于发展中国家进行技术引进的时间窗口及其技术潜能。具体而言，发展中国家技术进步的空间往往和该国相较于发达国家的技术差距大小有关：当技术差距较大时，技术模仿相较于技术创新的追赶路径更具效率；而当技术差距较小时，技术创新相较于技术模仿更具效率（陆剑等，2014）。

第二节　国家创新系统在产业技术追赶中扮演的重要角色

随着全球化竞争的加剧，各国对高技术领域的战略投资也迅猛增加，单一企业难以独立承担研发失败的高风险和持续投入的高成本。为此，政府在促进合作创新方面发挥着重要的作用。在这样的背景下，有学者提出了国家创新系统（national innovation system）理论，将研究视角从以企业为主体的技术创新转到更加宏观的国家创新系统。

国家创新系统是指由私有企业和公共机构组成的创新网络，这些参与者间的相互作用决定了一国的知识和创新的生产能力，进而影响整个国家创新活动的速度和方向（刘朝马，

2006)。根据经济合作与发展组织(OECD)的观点,国家创新系统主要有三类参与者:以知识传播和应用为目标的创新型企业、以知识创造为使命的大学及科研机构、以支撑知识创新为己任的公共部门如教育和金融部门等。国家创新系统理论强调企业、大学和政府等参与者间的协同互动对整个国家的创新表现至关重要(Lundvall,1992; Nelson,1993)。这一观点在后续的实证研究中得到了进一步的证实。

要更好地发挥国家创新系统的作用,制度设计是关键。首先,国家创新系统的参与者要各司其职:企业主要从事技术转移和知识应用,大学及科研机构主要从事知识的生产和创造,政府主要协调"产学研"合作创新的活动,教育机构主要从事创新人才的培养,金融机构主要为创新活动提供资金支持。其次,国家创新系统内部要素的相互联系是通过具有经济效益的知识生产、扩散、使用所形成的。因此,政府应当设计合理的制度和政策鼓励"产学研"合作。

第三节　技术体制对产业技术追赶的关键影响

技术体制(technological regime)最早是由 Nelson 和 Winter(1977)提出的,作为分析和解释不同行业的新模式差异性的框架。Malerba 和 Orsenigo (1996)为 Nelson 和 Winter (1977)的理论假说提供了实证支持,他们发现在不同行业中主要存在两种创新模式:熊彼特Ⅰ型(创造性破坏模式)和熊彼特Ⅱ型(创造性累积模式)。在熊彼特Ⅰ型创新模式中,创新集中度低,创新者的等级顺序不稳定,新创新者多;而熊彼特Ⅱ型则相反。

对于技术体制的理解存在两种视角(刘怡,2013):一种是以 Malerba 和 Orsenigo (1996)为代表提出的环境观,他们将技术体制定义为企业经营的技术环境,包括技术机会(technology opportunities)、创新独占性(appropriability of innovations)、技术进步累积性(cumulativeness of technological advances)和知识基特性(properties of the knowledge base);Lee 和 Lim (2001)在此基础上补充了更加符合发展中国家追赶情境的其他要素,如技术轨道的流动性(fluidity of technological trajectory)。另一种是以 van den Ende 和 Kemp (1999)为代表提出的规则观,他们将技术体制定义为一组规律或法则。相比于环境观,规则观能更好地解释为何在同一环境体制下,不同产业能发展出不同创新路径的问题(刘怡,2013)。而且规则观更有助于政府通过技术体制的设计,预测和把握产业发展的趋势。

第十章　我国产业自主创新能力的测度及动态变化趋势

第一节　我国制造业自主创新能力的测度

产业自主创新能力对于本土产业实现技术追赶具有重要的意义。尽管目前学者们对于自主创新能力的具体内涵存在着一些不同的观点，但总体上，我们可以从这三个方面来理解产业自主创新能力：①产业中本土企业对核心技术的控制；②本土企业在产业链中的控制能力；③本土企业对市场的控制能力（尤其是在产业中的高端市场领域是否具有足够的竞争优势与市场份额）。

因此，我们选取如下指标来对中国制造业自主创新能力进行测度：①研发强度。指科技活动内部支出总额占产品销售收入的比重，选取该指标的一个重要原因是企业在研发上的投入构成了自主创新能力得以建立和发展的基础。②专利强度。指专利申请数除以产品销售收入，该指标反映了企业在核心技术控制上所进行的努力。③新产品产值率。指新产品产值占工业总产值的比重，选取该指标的原因是一方面企业需要不断地推出新产品来更好地满足市场不断变化的需求，另一方面较高的新产品产值率也体现出企业在市场上的地位。④劳动生产率。指工业增加值除以年末从业人数，通常具有较高劳动生产率的制造业企业更易于在整个产业链中处于有利的地位。[①] 在选择这四个定量指标的基础上，我们对这四个指标进行主成分方法分析（principal component analysis，PCA）。对于生成的主成分，我们按照(x－min)/(max－min)将其转化为非负数据。由此，我们可以对中国制造业自主创新能力进行综合测度，基础指标选取如表 10-1 所示。

表 10-1　中国制造业自主创新能力测度的基础指标选取

指　标	测　度	数据来源
研发强度	科技活动内部支出总额/产品销售收入	《中国科技统计年鉴》
专利强度	专利申请数/产品销售收入	《中国科技统计年鉴》
新产品产值率	新产品产值/工业总产值	《中国科技统计年鉴》
劳动生产率	工业增加值/年末从业人数	《中国统计年鉴》

我们选取了 1999—2007 年的制造业行业的大中型工业企业的数据。选择 1999—2007

① 指标①②中的产品销售收入和指标④中的工业增加值，采用定基的工业品出厂价格指数进行平减。

年时间段的重要原因是，在此期间，中国制造业在许多行业领域开始了从模仿创新向自主创新的转变，且数据统计口径在此期间具有连续性。由于受政府管制及数据范围变动等因素的影响，将烟草加工业、石油加工及炼焦业和其他制造业这三个行业予以剔除，具体行业名称在此不显示，以数字作为代表。其中，工业增加值的数据来自《中国统计年鉴》，其他数据均来自《中国科技统计年鉴》。所计算出的制造业分行业自主创新能力指数如表 10-2 所示。

表 10-2 1999—2007 年中国制造业分行业自主创新能力指数

行 业	2007 年	2006 年	2005 年	2004 年	2003 年	2002 年	2001 年	2000 年	1999 年
1	21.91	18.58	13.67	9.66	7.82	8.47	6.25	4.01	0.00
2	32.35	28.57	22.47	25.05	20.00	20.14	20.01	27.63	16.33
3	48.26	47.99	56.22	42.78	32.08	27.29	25.49	25.41	19.64
5	26.33	21.30	21.13	22.51	18.39	24.08	18.67	16.69	14.69
6	16.33	13.53	18.31	18.59	11.89	21.97	12.67	8.96	4.10
7	9.09	7.02	6.50	7.58	4.88	12.30	18.87	3.42	4.04
8	26.14	27.58	29.05	26.02	11.21	12.89	23.42	12.69	6.97
9	22.84	14.15	13.67	13.70	7.05	24.51	33.05	18.86	20.98
10	43.19	42.62	27.58	33.97	29.51	32.06	27.25	27.93	19.29
11	32.36	24.94	26.42	20.55	17.60	19.15	21.28	19.23	19.53
12	21.82	21.75	25.33	20.02	21.18	30.92	35.09	42.10	36.34
14	56.48	47.42	47.90	47.10	40.84	37.53	31.31	35.28	25.95
15	83.54	78.17	74.96	76.98	65.23	48.88	56.34	55.41	39.50
16	52.77	46.24	45.63	40.34	44.46	48.32	59.30	33.02	28.75
17	67.47	57.47	55.83	48.36	33.38	41.86	33.14	32.15	25.54
18	31.93	28.01	27.25	30.17	23.90	33.17	36.17	38.68	31.05
19	28.68	28.53	28.19	22.87	21.34	22.98	25.85	27.64	17.75
20	64.00	56.31	51.87	46.92	40.30	41.73	30.65	28.96	20.93
21	54.90	53.81	42.54	33.15	28.43	30.17	28.52	24.91	11.58
22	35.87	29.17	34.03	28.58	24.19	26.36	24.10	20.94	19.81
23	76.03	74.21	72.01	67.19	64.07	66.38	64.95	68.11	56.78
24	90.74	77.62	69.37	67.60	66.94	65.01	65.59	63.95	58.32
25	98.72	100.00	94.13	84.65	81.10	84.54	74.99	72.18	57.53
26	78.43	73.95	80.12	80.92	86.05	98.09	93.18	83.51	77.80
27	65.49	63.41	64.62	65.75	75.63	93.82	90.05	99.12	79.56
28	57.08	43.95	44.19	46.41	35.22	60.97	45.66	57.95	57.16

我们还对产业自主创新能力与FDI参与度进行了相关分析，结果如表10-3所示。从中可以看出，产业创新能力与产业内FDI参与度和产业间FDI参与度均存在显著相关性。产业自主创新能力与产业内FDI参与度呈现出显著的负相关性，而与产业间FDI参与度呈现出正相关性。产业自主创新能力与产业内FDI参与度之间的负相关性可能是由两个方面的因素造成的：一方面，由于FDI可以成为本土企业的技术与知识来源，因而削弱了本土企业在研发上投资的动机。另一方面，这也在一定程度上表明FDI更倾向于在本土企业创新能力较弱的产业内产生，以更好地利用其在资金和技术上的优势。此外，这个结果也初步表明产业间FDI对于本土企业创新能力的提升具有积极的影响。

表10-3　产业自主创新能力与FDI参与度的相关分析结果

FDI参与度	产业自主创新能力	产业间FDI参与度
产业内FDI参与度	－0.1244(0.0575)	－0.1966(0.0025)
产业间FDI参与度	0.1102(0.0925)	

第二节　不同类型制造业行业自主创新能力的动态变化

为了分析不同类型制造业行业自主创新能力动态变化上存在着的差异性，我们对26个制造业行业按照资本密集程度和研发强度两个维度进行划分，得到四种不同类型的行业，如图10-1所示。资本密集程度和研发强度的高、低划分标准为：大于等于所有行业平均值的为高，小于行业平均值的为低。其中，资本密集程度用固定资产原价除以年末从业人数得到。[①]

按照以上原则划分后，得到：①劳动密集型行业有10个，包括食品加工业，食品制造业，纺织业，服装及其他纤维制品制造业，皮革、毛皮、羽毛(绒)及其制品业，木材加工及竹、藤、棕、草制品业，家具制造业，文教体育用品制造业，塑料制品业和金属制品业；②知识密集型行业有6个，包括医药制造业、橡胶制品业、普通机械制造业、专用设备制造业、电气机械及器材制造业和仪器仪表及文化、办公用机械制造业；③资本密集型行业有5个，包括饮料制造业、造纸及纸制品业、印刷业和记录媒介的复制、非金属矿物制品业和有色金属冶炼及压延加工业；④研发密集型行业有5个，包括化学原料及制品制造业、化学纤维制造业、黑色金属冶炼及压延加工业、交通运输设备制造业和电子及通信设备制造业。

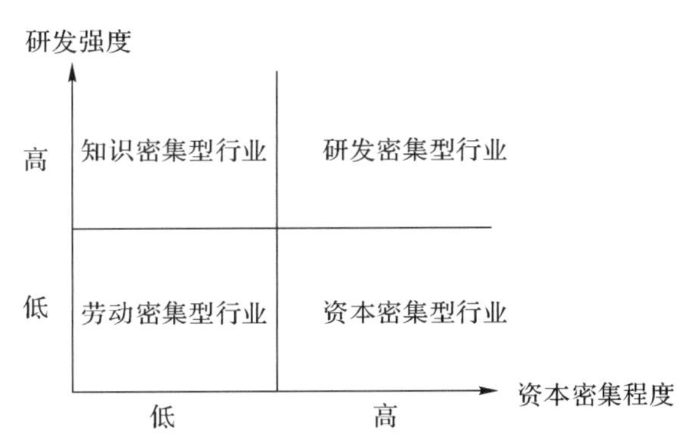

图10-1　制造业行业类型划分

分别对上述四种行业类型下的各行业的产业自主创新能力求平均值，得到四种行业类型

① 固定资产原价采用定基的工业品出厂价格指数进行平减。数据均来自《中国统计年鉴》。

的平均产业自主创新能力[①]，如图 10-2 所示。从图中可以看出，四类行业的平均产业自主创新能力在 2003 年均有所下滑，但整体而言，除了劳动密集型行业外的其他行业的平均产业自主创新能力均表现出明显的上升趋势。另外，知识密集型行业有着最高的产业自主创新能力，其次是研发密集型行业，而劳动密集型行业的产业自主创新能力最低。

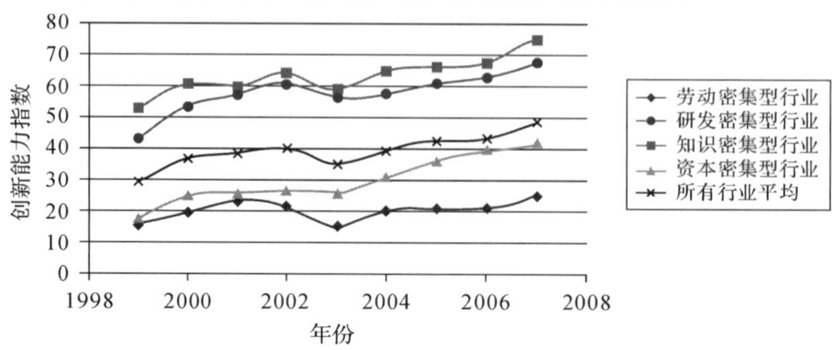

图 10-2　各类行业的平均产业自主创新能力

一、劳动密集型行业

对于劳动密集型行业而言，大多数行业的产业自主创新能力在 2001 年前后达到高点后开始不断下滑，在 2003 年到达低谷后略有上升，但总体表现为持续的低点徘徊(见图 10-3)。而食品制造业和木材加工及竹、藤、棕、草制品业则一直在低点徘徊(见图 10-4)。仅食品加工业、纺织业和金属制品业的产业自主创新能力保持逐年上升的趋势(见图 10-5)。

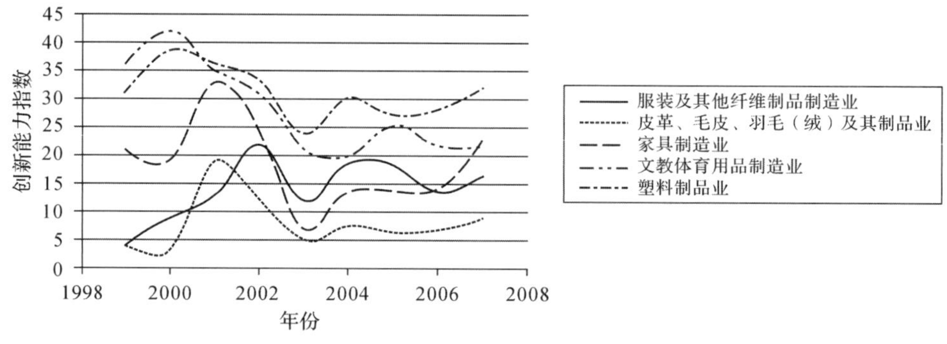

图 10-3　产业自主创新能力逐年下滑的劳动密集型行业

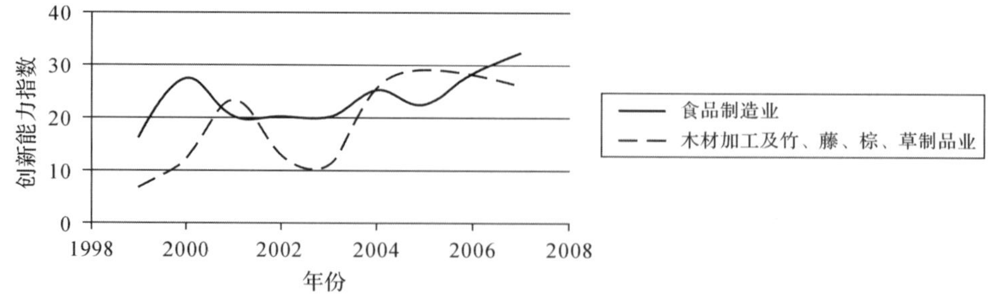

图 10-4　产业自主创新能力低点徘徊的劳动密集型行业

① 产业自主创新能力在经主成分分析得到主成分后，按照(x－min)×100/(max－min)转化为 0～100 的数据。

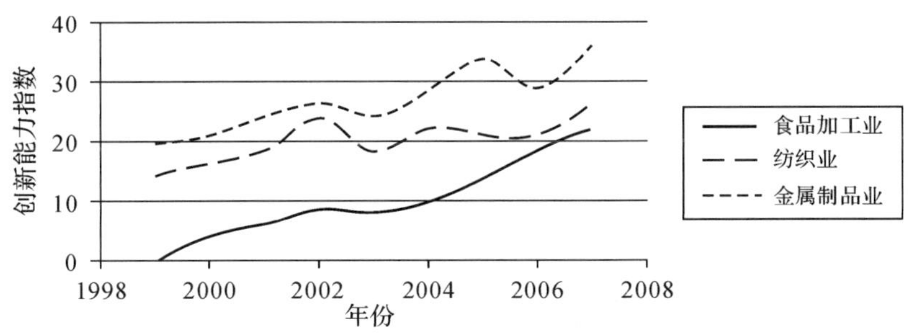

图 10-5　产业自主创新能力逐年上升的劳动密集型行业

二、知识密集型行业

对知识密集型行业中的大多数行业而言，其产业自主创新能力逐年上升，且上升幅度非常大(见图 10-6)。只有电气机械及器材制造业和仪器仪表及文化、办公用机械制造业的产业自主创新能力处于原地徘徊状态，但它们总体上一直处于自主创新能力的较高水平(见图 10-7)。

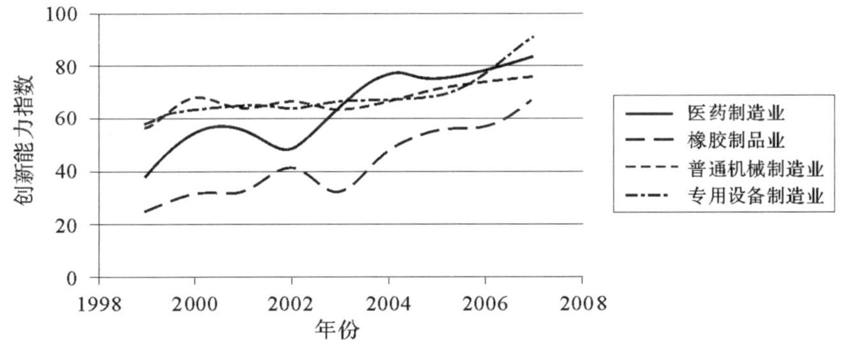

图 10-6　产业自主创新能力逐年上升的知识密集型行业

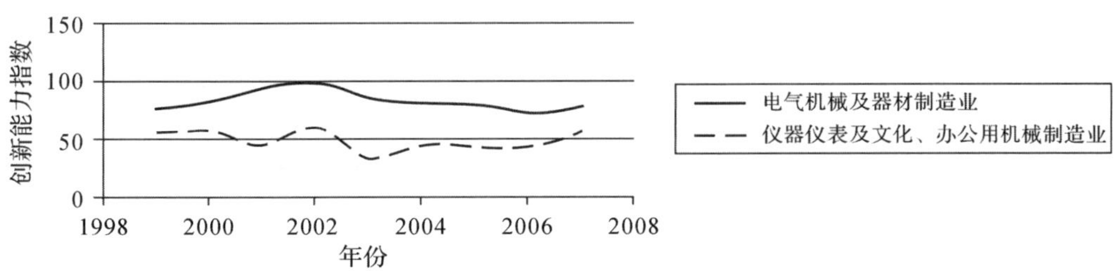

图 10-7　产业自主创新能力在原地徘徊的知识密集型行业

三、资本密集型行业

资本密集型行业中各行业的产业自主创新能力均表现出逐年上升的趋势，上升幅度较大，如图 10-8 所示。

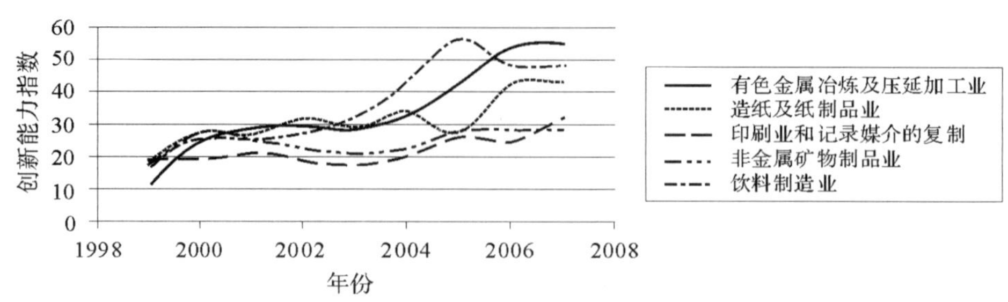

图 10-8 资本密集型行业的产业自主创新能力

四、研发密集型行业

研发密集型行业中的化学原料及制品制造业、黑色金属冶炼及压延加工业、交通运输设备制造业的产业自主创新能力呈现出逐年上升趋势(见图 10-9),且上升幅度很大。但化学纤维制造业的自主创新能力在低处徘徊,电子及通信设备制造业的自主创新能力则呈现出下滑趋势(见图 10-10)。

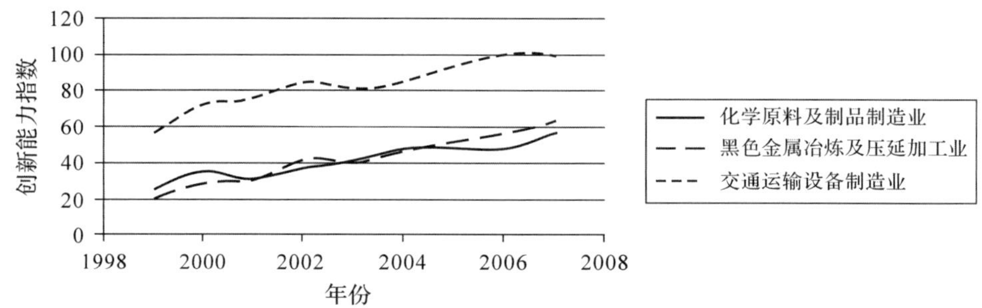

图 10-9 产业自主创新能力逐年上升的研发密集型行业

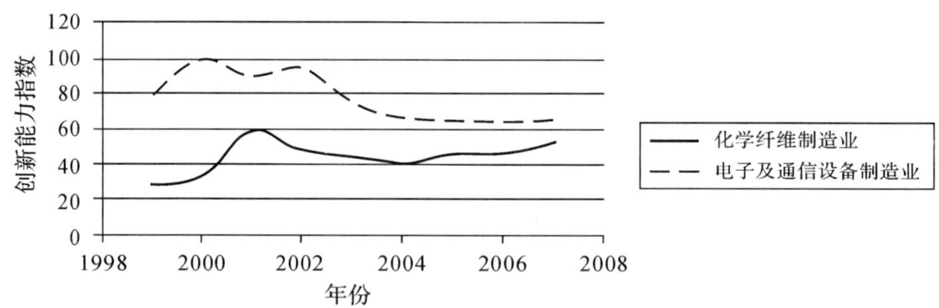

图 10-10 产业自主创新能力在低处徘徊、逐年下滑的研发密集型行业

第十一章　我国产业自主创新能力提升的典型案例分析

第一节　我国钢铁产业自主创新:以宝钢等企业为例

一、我国钢铁产业发展历程

我国钢铁产业的发展大致分为四个阶段:第一阶段,高度集中的计划经济时期(1949—1978年);第二阶段,改革开放初期过渡时期(1979—1992年);第三阶段,社会主义市场经济体制建立初期(1993—2000年);第四阶段,全球化竞争时期(2001年至今)。

(一)第一阶段(1949—1978年)

这个阶段初期我国钢铁工业建设全盘照搬苏联模式。1953—1957年,我国实施了苏联援建的八大钢铁项目,同时还进行了近20个企业改扩建工程。从1956年开始,我国钢铁发展转变到从我国实际国情出发,走大、中、小相结合之路,规划并开始建设"三大、五中、十八小"。1964年又开始了三线建设。至此,我国钢铁工业体系的布局基本完成。第一阶段的钢铁工业建设,投资主体是政府,钢铁产业运营受到国家政治经济体制的严格限制。

(二)第二阶段(1979—1992年)

改革开放促进了我国钢铁工业打开发展的大门。1979—1992年,我国钢铁工业共计引进技术700多项,利用外资60多亿美元①,典型钢企有上海宝钢与天津无缝钢管公司。第二阶段的钢铁产业在生产规模上进一步扩大,出现一些乡镇企业,同时也开始强调技术改造,促进钢企走内涵式扩大再生产的发展道路。

(三)第三阶段(1993—2000年)

社会主义市场经济体制的确立推动我国钢铁产业的发展开始强调以市场需求为导向,主要表现为两个转变:①由规模扩张为主转向结构调整优化为主;②钢铁产品由长期数量短缺转向阶段性、结构性过剩。

---

① 中国钢铁工业的发展历程与成就[EB/OL].(2018-10-18)[2018-12-01]. http://www.sunnychina.com.cn/index.php/index-view-aid-418.html.

（四）第四阶段（2001 年至今）

21 世纪，我国钢铁产业的发展进入了全球化竞争阶段。这一时期，我国钢铁产量连续破 2 亿吨、3 亿吨、4 亿吨、5 亿吨的大关，但同时高端产品仍依赖进口。"大而不强"问题进一步凸显，对我国钢铁产业进一步发展提出了巨大挑战。

二、我国主要钢铁企业创新能力发展状况

我国钢铁产业经过多年的发展，钢材自给率从 1952 年的 61.25%提高到 2017 年的超过 106.3%[①]，出口规模逐年增长，我国成为钢铁大国已是事实。但一些高端产品仍需依赖进口。产品升级、产业转型将成为我国钢企下一阶段发展的重点，而产业创新能力的提升将成为实现升级和转型目标的核心。本书以专利测量创新能力，兼顾数据可获性，选择四个主要钢企进行分析。图 11-1 给出了我们所选的四大钢企的专利发展趋势（其中不含外观设计）。

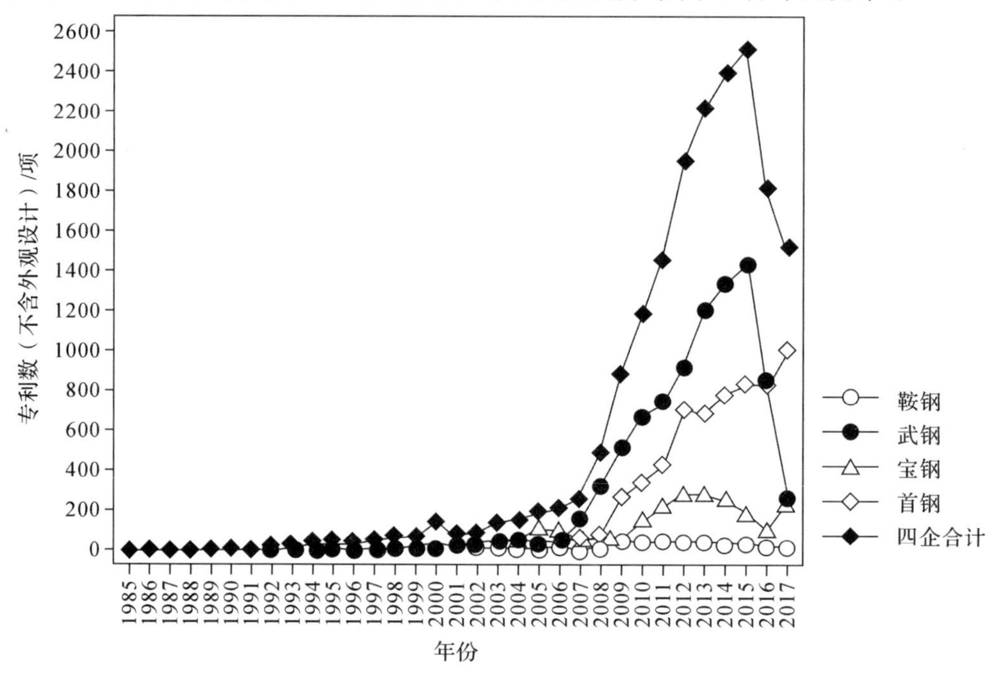

图 11-1 1985—2017 年我国钢铁产业四大钢企专利发展趋势

（1）由于《中华人民共和国专利法》于 1985 年 3 月正式颁布，因此我们收集的数据也追溯到 1985 年。

（2）总体而言，2000 年之前，四大钢企专利发展缓慢，但从 2000 年开始均出现一定程度的增长。

（3）四家钢企创新能力在 2000 年后总体上出现一定程度的提升，可能的原因是：2001 年我国正式成为世界贸易组织（WTO）成员，激烈的国际竞争迫使我国钢企进行创新从而有效应对竞争，同时促使我国钢企注重自主知识产权保护。

① 改革开放 40 年数说钢铁：钢材自给率[EB/OL].（2018-07-03）[2018-12-01]. http://wemedia.ifeng.com/67601862/wemedia.shtml.

三、我国主要钢铁企业创新能力结构

分析所选四家钢企(鞍钢、武钢、宝钢、首钢)三类专利结构状况(见图 11-2),可以在一定程度上看出我国钢铁产业创新能力的内在结构。

a.鞍钢三类专利结构状况（1985—2017年）

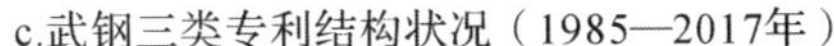

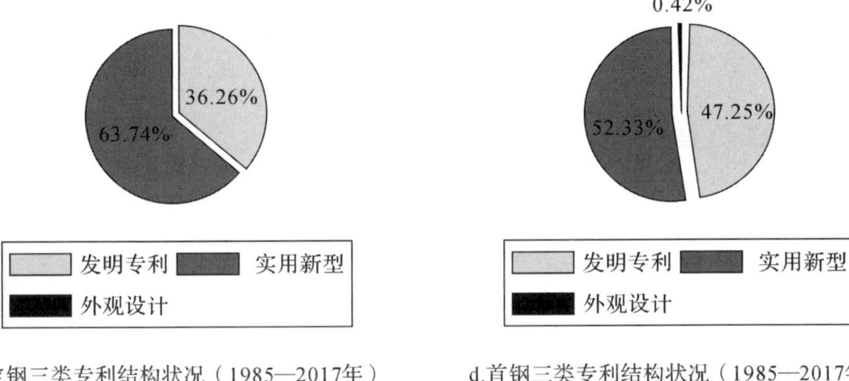

b.宝钢三类专利结构状况（1985—2017年）

d.首钢三类专利结构状况（1985—2017年）

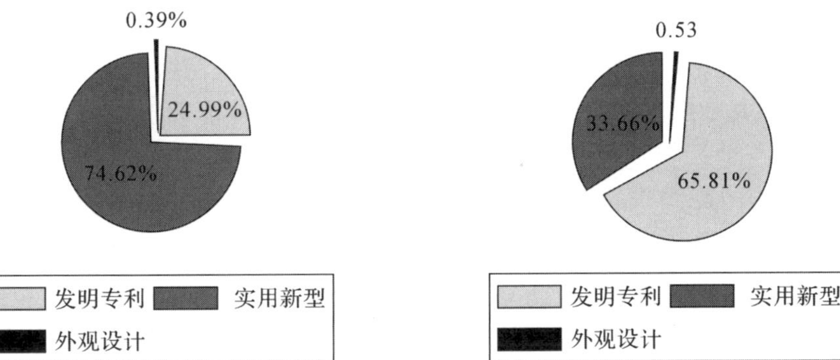

图 11-2　1985—2017 年鞍钢、武钢、宝钢、首钢专利结构状况

四家钢企中,首钢的发明专利数量占其专利总数的 65.81%,武钢的发明专利数量占其专利总数的 47.25%,鞍钢和宝钢的发明专利比重分别为 36.26%和 29.99%。可初步判断总体上四家钢企自主创新能力仍存在较大不足。

为进一步分析钢铁产业创新能力的内在结构,我们利用国际权威的 DII 数据库(Derwent Innovations Index,德温特专利索引数据库),依据德温特分类代码对上述四家钢企专利的专业分布结构进行分析,从而发现我国钢铁产业内技术分类领域中的创新能力分布状况。[①]

按照德温特分类代码进行专利的专业分类,专利数排序自高向低选择前 10 位进行分析。鞍钢、武钢、宝钢、首钢按照德温特分类代码排序前 10 位的专业的专利数分别达到所属企业专利总数的 97.67%、66.90%、95.67%以及 78.03%。所选四家钢企除去未列入的专业专利数外,其他与钢铁主业并非密切相关的专利数所占比重均较大。

(1)四家钢企专利更多地体现为工艺渐进性创新,主要是围绕服务于核心工艺的辅助工

① 该部分数据来源于 DII 数据库,时间截至 2010 年 5 月 9 日。

艺的创新,如监测仪器、计算机外围设备等相关创新。

(2)四家钢企非主业专利的专业类别主要集中在科学仪器、工程仪器、工业电气设备、计算机以及工程机械工具件等领域,体现出我国钢铁产业在技术引进基础上进行了消化吸收,采取的是“用中学”的学习模式。这种学习是被动式学习、问题解决导向型学习,所进行的创新属于非核心技术的、较低层次的二次创新,其在重要性、突破性等方面的作用均不显著。

(3)四家钢企在计算机及其外围设备等方面的专利数所占比重都比较显著,这可能与我国自2000年开始在钢铁产业大力推行信息化建设的产业政策有关,从而导致钢铁企业在设计、开发、建设信息化过程中产生了一定量的计算机专业专利。

四、我国钢铁产业创新能力的动态演化

根据以上分析,结合鞍钢、武钢、宝钢、首钢的发展历程资料,从创新能力发展的角度来看,这四家钢企的发展具有一定的代表性。因此,本书以该四家钢企的分析为依据,推论我国钢铁产业创新能力的动态演化过程。

(一)投资及引进能力是我国钢铁产业发展初期的关键

钢铁工业属于资本密集型行业,同时也属于研发密集型行业。我国钢铁产业的发展最先得益于政府规划与政府投资。规模性投资是钢铁产业发展的资源要素。从照搬苏联模式到改革开放后引进技术,我国钢铁产业的主要发展目标是解决国内市场供给不足的问题,所以第一、二阶段主要是投资拉动的规模扩张,技术创新主要体现为技术引进能力以及适应性使用过程中的一些渐进的小改进。

(二)技术的“用中学”与企业社会—技术系统的耦合能力是二次创新的关键

我国钢企在建设及运营过程中基本都会涉及外来技术设备本地化应用或使用问题,问题主要包括两类:一是外来的技术设备运行的物理环境发生改变带来的本地化应用问题,这是技术系统内部的问题;二是技术设备运行的社会、人文及管理环境发生改变带来的本地化应用问题,这是企业社会—技术系统相协同的问题。这两类问题的解决过程,对于企业自身而言,就是一个不断适应、调整、革新的过程。其中,技术的本地化应用问题的解决主要表现为工艺调整以及辅助工艺调整的相关工程部件的创新。这类创新是渐进的、局部的、微调性的创新。但解决涉及企业内社会子系统与技术子系统相协调的问题时,则是较大程度的创新,是组合创新的过程。如上述数据显示,围绕企业工艺调整的辅助性“工程仪表”“机械工具”等创新主要是应对第一类问题所产生的成果。而为解决上述第二类问题的组合创新则孕育着较为重要的、显著的技术创新,包括工艺创新和产品创新,也包括管理创新,如“鞍钢宪法”就是管理的一大创新。前文对我国四大钢企专利的专业结构分析显示的辅助性、工程部件类专利较多的事实,在一定程度上支持了该观点。

(三)集成能力是我国钢铁产业走向自主创新的关键

1992年我国确立社会主义市场经济体制,钢企逐渐成为投资主体。经济全球化进一步将我国钢铁产业推到全球竞争的前沿。同时,信息技术、网络、新材料、新能源等新兴领域不断发展,带来产业创新与发展的契机。我国钢铁产业创新具备了外部压力、内在动力以及创新机遇。由前文数据分析可见,进入21世纪,一方面我国钢铁产业专利申请数提升较快,另一方面,专利的专业结构分析显示钢铁主业创新能力仍然薄弱,而与信息技术相关的计算机

及其外围设备，以及与光电测量技术相关的科学仪器等专利数占有一定比重。这在一定程度上显示了我国大力推进企业信息化建设之后，信息技术嵌入钢铁产业的程度加深。因此，利用信息技术推动产业创新的可能性加大。同样，如何将新兴技术纳入钢铁产业创新范畴内，实现有效的集成创新，是我国钢铁产业寻求发展新路径的关键。因此，这个时期，整合与集成如信息技术之类的新兴技术，是钢铁产业实现自主创新的关键。

(四)钢铁产业的整体创新能力还受到龙头企业创新发展的影响

我国钢铁产业的龙头企业，如宝钢，在推动整个产业创新方面起到了积极的作用。一方面，宝钢通过自身的战略创新，从“精品”战略向“精品＋规模”战略转变，确定了宝钢技术创新的方向，提升了企业整体的技术创新能力，实现了自身从“跟跑行业”向“领跑行业”的突破，对整个钢铁产业的创新起到了带动作用。另一方面，宝钢与国家自然科学基金委员会联合设立研发基金，同时联合有关高校制定基金项目指南，从产业创新的角度选择钢铁产业研发项目予以基金资助。现在，宝钢在“精品＋规模”总体战略下提出了“环境经营”的绿色创新战略，这些都为宝钢更好地推动产业创新奠定了基础。

第二节 我国白色家电产业自主创新：以洗衣机为例

我国家电行业的发展过程集中体现了改革开放的历程。在计划经济向市场经济的转轨过程中，家电行业适应市场需求，不断调整产品和产业结构，引进来，走出去，依靠技术进步得以高速发展，行业整体实力不断增强壮大。主要的家用电器产品如电冰箱、洗衣机、空调、微波炉和电风扇等，产量已名列世界前茅(见图 11-3)，而且在国内外家电市场上打响了海

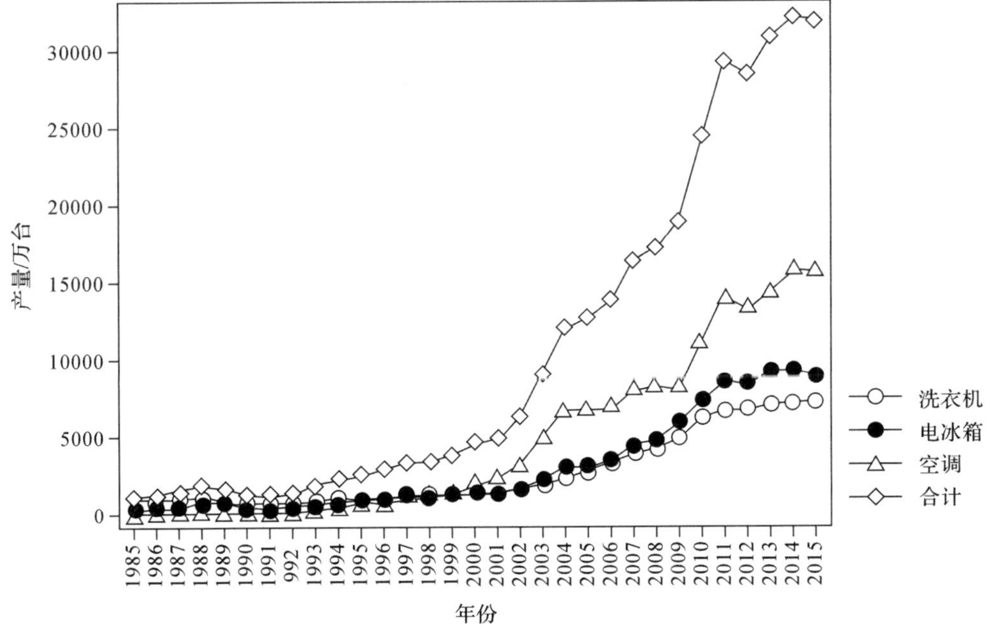

图 11-3 1985—2015 年我国家电产业(洗衣机、电冰箱、空调)产量规模

资料来源：《中国统计年鉴》及《电器》

尔、TCL、科龙、海信等知名品牌。

我国家电行业正进入比较成熟的发展阶段，产品种类丰富、质量可靠、性价比高，产业链完备，并具备了较强的集成创新能力和一定的自主创新能力。根据产业技术创新特点，将白色家电产业创新能力发展分为三个阶段，即产业初创期、产业扩张期以及产业发展期。

纵观世界洗衣机技术发展史，可以看到几次大的技术变革和颠覆性创新。在洗衣机发展过程中，虽然也有节能、降噪、智能化等性能改进，如运用传感器技术来提高滚筒洗衣机洗涤效果，通过蒸汽技术与双传感器烘干技术相结合提高洗涤和烘干的效率等，但都没有引起行业整体变革，或主导行业技术的发展轨迹。我国洗衣机行业跟随改革开放的步伐，从引进模仿走向自主创新，从单缸到双缸再到全自动，紧随并超越国际技术水平，以性价比优势占据了国内外市场的主要份额。当洗衣机技术发生原理性的改变时，如出现新型环保节能洗衣机后，我国企业也及时推出相关产品，批量生产，并能自主研发出具有突破性的双动力洗衣机。因此，从我国洗衣机行业的技术发展过程和模式，可以较好地了解我国白色家电产业创新与能力提升的机制。

一、产业初创期(1979—1989 年)：技术引进与模仿起步

我国的家电业几乎是从零开始的。刚刚改革开放的中国，物资匮乏，处于短缺经济状态。此时也恰逢发达国家的高成本产业在国际上寻找低成本空间进行产业转移。处于计划经济体制下的一批国有集体企业，在国家政策指导下，通过引进国外的技术设备，开始了家电产业的初步发展，引进与模仿成为家电产业发展的主要模式(甄伟丽等，2009)。例如 1980 年从日本东芝引进第一批洗衣机生产线；1983 年全国各地 40 多家厂商从日本、英国、法国、意大利等引进先进技术 60 多项；1987 年，作为国家科技攻关项目的全自动洗衣机在无锡“小天鹅”投产。整个洗衣机产业处于供不应求的状况，国家对产业发展进行了严格的宏观调控。1985 年起，冰箱、洗衣机、空调的生产需要国家颁发的定点生产许可证。第一阶段洗衣机产业创新能力发展的特征与内容如表 11-1 所示。

表 11-1　第一阶段洗衣机产业创新能力发展的特征与内容

要　素	特　征	内　容
技　术	引进、模仿	生产线、技术和设备引进
政　府	管理、引导和规范行业发展	标准、定点生产、调控、规划
市　场	短缺经济，需求放开	整个产业处于供不应求的状况
结　构	多重引进，初具产业规模	全面引进，遍地开花，重复建设
导　向	改革开放，搞活经济	建立我国白色家电行业的基础

二、产业扩张期(1990—1998 年)：组合创新与开拓市场

进入 20 世纪 90 年代后，随着我国经济体制改革和对外开放的不断深入，国内家电市场空间逐步扩大。90 年代中后期，国家取消家电定点生产制度后，各地纷纷上马家电生产线，市场开始从供不应求向供过于求转变，冰箱、空调等家电产品销售从卖方市场转向买方市

场，促使企业不得不进行技术研发和升级，进行差异化生产，满足更多的个性化需求。一方面，国内的一些地方品牌开始在全国范围内开拓市场，并开始进军海外市场；另一方面，发达国家的家电产品开始大量涌进我国市场，并出现了中外家电企业的合资浪潮。

众多家电企业积极开发新产品。1994 年，洗衣机行业中，由济南洗衣机厂独家生产滚筒洗衣机的局面已被打破，依靠引进技术，小天鹅、海尔、美菱和兰菊等企业开始生产滚筒洗衣机。波轮式洗衣机也向大容量发展。1995 年，利用微电脑技术武装家电产品成为潮流，模糊控制技术成功运用于洗衣机中；同期，第一台全塑外壳全自动洗衣机、洗衣脱水烘干三合一的滚筒洗衣机在海尔诞生。1998 年，海尔推出了国内首台变频洗衣机，拉开了洗衣机行业进入变频时代的序幕。

随着竞争加剧，整个产业的集中度开始增强。1996 年我国家电产业第一轮价格战和资产重组拉开帷幕，海尔集团、TCL、康佳集团、长虹集团、科龙集团、格力电器等企业开始大规模兼并重组，组建大型集团航母。实行竞争性产业政策后，市场在资源配置中占据主导作用，众多家电企业优胜劣汰，洗衣机产业反而在激烈的竞争中占据了国内主要市场，还逐步扩展到国际市场，成为国际家电市场重要的生产商，产业技术水平和竞争优势获得了不断提升（赵茂军，2010）。第二阶段洗衣机产业创新能力发展的特征与内容如表 11-2 所示。

表 11-2　第二阶段洗衣机产业创新能力发展的特征与内容

要　素	特　征	内　容
技　术	消化吸收、二次创新	技术研发和升级，差异化生产（工艺创新）
政　府	引导和规范行业发展	从规模管理转向对技术引导，政策性推动现代企业制度建立
市　场	供不应求转为供过于求	从无序竞争走向理性竞争，从国内饱和走向国际
结　构	资产重组，产业集中度提高	产业格局改变，国际化竞争，重新洗牌
导　向	社会主义市场体系建立	家电行业健康发展，我国成为家电制造大国

三、产业发展期（1999 年至今）：自主创新与全球化

进入 21 世纪后，随着我国加入 WTO，国内企业开始直接面对全球市场，外资品牌开始真正大规模进入中国市场；许多跨国公司把工厂和研发中心搬到了中国，许多家电企业原有的制造成本优势丧失；节能环保成为行业发展趋势，市场产品更新换代速度加快，行业标准水平逐步提高，标准成为国产品牌提高产品品质的助推器（韩敏，2008）。市场竞争的多样化开始体现，产品研发、新技术应用、市场推广、品牌整合、进入国际市场成为生产企业关心的重点。2002 年，家电产业内开始新一轮重组和整合，与以往不同的是，此次强调优势互补与资源共享的合作。随着几轮重组调整，白色家电产业的产能已迅速集中，整合集聚带来的产能提升已经逐步显现（巨荣良等，2009）。

自主创新成为企业技术发展的主旋律，很多企业加快了家电传统生产线的技术改造，提升工艺技术创新能力，并将集成制造、工业自动化控制、信息化技术融入家电产品中，全面提高家电产品的科技含量和技术水平，整个白色家电产业正从中国制造向中国创造转变。

2000 年，小天鹅推出中国第一台直流变频洗衣机；2004 年，欧盟出台了 RoHS(《电气、电子设备中限制使用某些有害物质指令》)和 WEEE 指令(《废弃电气电子设备指令》)，我国也实行能耗标识体系，我国家电行业开始了新一轮的绿色竞争。2008 年 9 月，海尔融合 GE 技术、奔驰制造、宝洁衣物护理程序的第一代跨界洗衣机在青岛亮相；2010 年，海尔融合用户智慧的卡萨帝复式高级滚筒洗衣机问世，标志着白色家电产业已正式步入"复式时代"；2014 年，海尔研发出免清洗洗衣机，其首创的"智慧球"科技，可通过物理清洁的方式实现"洗衣同时洗桶"；2016 年，海尔洗衣机创新"桶间无水"技术，让洗衣机内外桶处于"全隔离"状态，杜绝了桶间污垢进入内桶、二次污染衣物的可能。模糊控制技术、变频技术、磁化臭氧等最新技术进入大众家庭，在这个过程中，国产品牌经受了严峻的市场考验，产能规模、技术研发水平、产品推广速度以及内部管理水平都迅速得到了提高。第三阶段洗衣机产业创新能力发展的特征与内容如表 11-3 所示。

表 11-3 第三阶段洗衣机产业创新能力发展的特征与内容

要素	特征	内容
技术	从组合创新到全面创新、自主创新	从对外技术引进走向资本、研发、制造、采购乃至全球营销的全方位合作
政府	引导和规范行业发展	从规模管理转向技术引导，政策推动现代企业制度建立
市场	供给大于需求	从无序竞争走向理性竞争，制定产业标准
结构	资产重组，产业集中度提高	产业格局改变，企业竞争，重新洗牌
导向	产业结构升级	从中国制造到中国创造，提升产业价值链

四、洗衣机产业的创新能力发展过程的总结

从我国白色家电产业的发展来看，其走过了从引进消化、吸收、二次创新到开放式自主创新的发展路径(甄伟丽等，2009)，在这变迁过程中：

(1)创新要素相互作用，形成一个整体的协同发展模式，技术不断推动洗衣机产品、性能等发展(许庆瑞等，2000)；而随着全球经济一体化进程的加快，家电产业的发展逐步打破国与国之间的界限，创新的边界和模式、内容也大大拓展，许多大型家电厂商在全球范围内进行生产以及市场的战略部署，单一的技术合作也正演变为更广意义上的全球资源整合。

(2)广阔的市场空间也为我国家电企业提供了发展空间。技术推动与市场拉动是相互作用的，国家宏观调控也对白色家电产业的发展产生了重大影响，实现了从控制到放开再到引导的转变。企业按照市场规律进行整合和重组，资源得到了优化配置，保证了我国洗衣机行业的健康发展。随着科技的不断创新，产品同质化造成的恶性竞争已经逐渐减少，取而代之的是家电创新步伐的加快。

(3)自主创新的背后是坚实的技术创新能力。洗衣机市场的竞争正在从价格竞争时代向价值竞争时代转变，走向一个高品质、高技术竞争的时代，通过颠覆式创新、技术跨越走向制高点，家用电器的技术发展因循社会生活的发展趋势，朝着安全健康、节能环保、经济效率等方向迈进。基于生态设计与物联网的智能化技术引领着洗衣机技术发展的方向。

第三节　我国通信制造业自主创新：以大唐、中兴通讯和华为为例

一、1G时代后期至2G时代前期(1982—1995年)

国内企业跟随国外标准，以形成原始创新能力为目的进行引进、消化吸收，通过反求工程将国外技术本土化，构建技术知识基础。

在这一阶段，面临的主要矛盾是改革开放带来的电信需求大与本土企业技术落后之间的矛盾。当我国仍处在模拟技术阶段时，发达国家的数字通信网已规模化商用。技术落后的本土企业无法提供通信网络建设所需的装备。

针对这一矛盾，邮电部在1982年制定了供给层面的产业政策，即“引进、消化、吸收和创新相结合，重在创新”，旨在通过FDI模式来促进技术转移，提升研发能力。第一，大规模引进先进的程控交换设备装备通信网；第二，按照“以市场换技术”原则，通过引进外资引进先进技术，加快消化吸收；第三，在消化吸收的基础上，加快原始创新，以建设国产设备通信网络。

这一举措旨在利用专利法尚不完善的特点，通过反求工程将国外技术本土化，积累本土的技术知识，为形成具有自主知识产权的技术和产品奠定基础。

本阶段，企业自主创新能力提升的主要机制如下：

(1)战略导向影响资源配置的方向，进而促进技术知识的积累。在“引进、消化、吸收和创新相结合，重在创新”政策的指导下，本土企业将主要资源用于引进、消化、吸收。通过与国外先进企业合资，在引进设备的同时引进技术，加快对程控交换技术的消化和吸收。

(2)民营企业以市场为导向，敏锐地发现程控交换机的市场需求，自发将自主研发和市场需求结合起来，积累技术基础。前华为电气市场营销经理说：“华为走的是‘贸工技’，先通过贸易了解市场需求，再来做生产和研发。”

本阶段，我国在大型程控交换机领域逐渐形成群体突破。1991年，由解放军信息工程学院与邮电工业总公司联合开发的HJD04万门数字程控交换机研制成功；1995年，中兴通讯推出了ZXJ10型机；1996年，华为推出了C&C08B型机。

二、2G时代后期至3G时代前期(1996—2001年)

国内企业以形成核心能力和国际标准为目的，通过开放式集成创新和颠覆式创新进行技术和市场知识的组合，自主开发3G的TD-SCDMA国际标准。

本阶段面临的主要矛盾是国内市场需求和核心能力缺乏造成的国内企业后发劣势之间的矛盾。国内企业错过了1G和2G的早期机会，原因在于两点。第一，1G时代，我国移动终端设备厂商没有掌握核心技术，局限在“大哥大”(手提电话)的仿制上。第二，2G时代前期，我国采用的是跟随型技术标准战略，在国外标准下进行产品开发。这从反面凸显了构建核心能力以参与制定国际技术标准的重要性。核心能力的形成不仅需要技术知识基础，还需要市场基础。对于我国厂商而言，在创新过程中不仅要解决技术难题，还要解决市场难题。

针对这一矛盾，邮电部从供给和需求两方面制定政策来促进国内企业技术能力的发展，开拓国内市场。

首先，在供给方面，支持合资企业(上海贝尔)引进先进技术，打破跨国公司的技术垄断。同时为了促进自主创新能力的提升，国务院从1999年开始，从电话初装基金中提取5%，用于移动通信技术设备的研究开发。1998年年初，原邮电部电信科学技术研究院在SCDMA技术的基础上，研究出TD-SCDMA草案。

其次，在需求方面，支持有自主知识产权的通信设备企业开拓市场，以增强内资企业竞争能力。1996—1998年，邮电部持续组织召开用户协调会，对中国联通CDMA系统设备的采购行为进行了指导，鼓励其积极采购国产设备。

在这一阶段，企业自由竞争的行为表现得比国家主导的行为更加突出。研发经费中政府资金比重降低，企业资金比重上升，如图11-4所示。

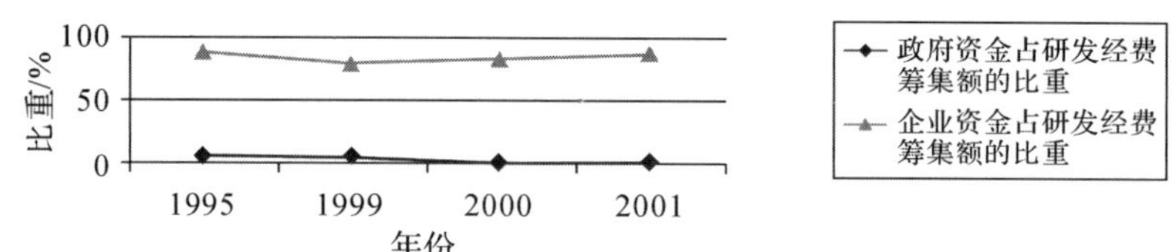

图11-4 1995—2001年我国通信设备制造业研发经费来源对比

数据来源：1996—2002年《中国高技术产业统计年鉴》

从1996年起，为了形成企业的核心能力，技术引进和原始创新是并行的，并不因为技术引进产生效益快而制定短视战略。在这一阶段，开放式集成创新和颠覆式创新是并行的创新模式。

本阶段，企业创新能力提升的主要机制如下。

(1)国内企业通过对外合作获取技术，以此为基础使生产产品快速进入国内农村市场

从1997年起，华为和中兴通讯先后与微软、IBM等国际领先企业建立了联合研发试验室和业务合作关系，也与国内众多高校建立了广泛的技术合作关系。在GSM技术进入成熟期时，以华为、中兴通讯为代表的国内企业以低成本和优质服务从低端市场进入，基于技术改良，“农村包围城市”，抢占国外企业忽视的市场。

(2)协调公司层面战略和技术战略，在“发展核心能力”的公司战略指导下，实行自主研发战略，资源转向原始创新

首先表现在经费投入上，1995年以后，R&D经费投入始终高于非R&D经费投入强度，如图11-5所示。

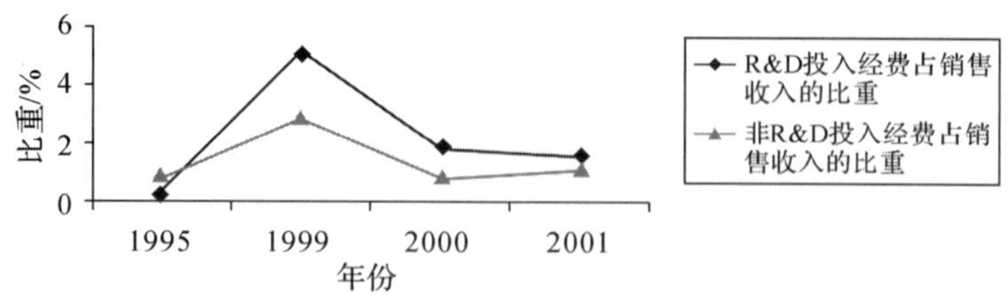

图11-5 1995—2001年我国通信设备制造业R&D投入和非R&D投入经费占销售收入比重对比

数据来源：2006—2009年《中国高技术产业统计年鉴》

大唐在 TD-SCDMA 上的研发投入已经累计超过了 10 亿元，华为和中兴通讯都保持着销售收入 15%左右的研发投入强度。

其次，在人员投入上，科学家和工程师人数的比重也持续增大，如图 11-6 所示。

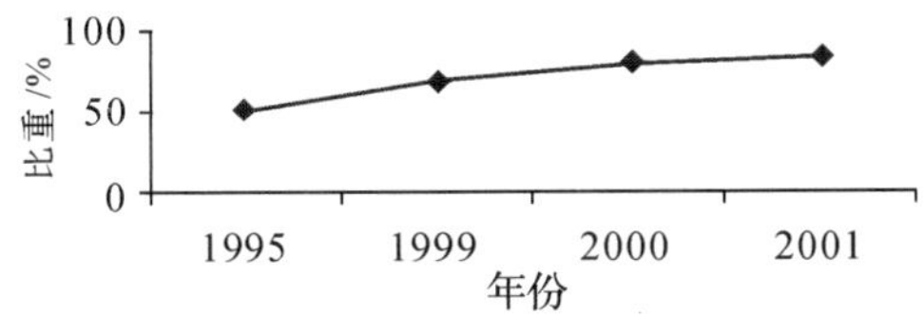

图 11-6　1995—2001 年中国通信设备制造业科学家和工程师人数占科技活动人员总数比重

数据来源：2006—2009 年《中国高技术产业统计年鉴》

(3)龙头企业结合通信行业特性，实行相关多元化战略，促进核心能力积累

中兴通讯前知识产权总监刘羽波说："2G 的 GSM 向 3G 的 WCDMA 是平滑过渡的，基本原理类似。"由于已有产品是对以往产品的渐进式创新，核心能力积累方向不变，故无论是华为聚焦的"压强原则"，还是中兴通讯的"机海战略"，都能实现核心能力的积累。

(4)企业在市场导向战略的指导下，把握客户（运营商）需求以选择技术研发方向，调整研发管理流程以促进技术和市场知识的组合

首先，根据客户需求选择技术研发方向。大唐、华为、中兴通讯均积极参与相关标准化会议（如 ITU 标准会议）。华为企业发展部的方总说："我们会选择客户（运营商）推崇的标准。因为从客户的需求来看，这可能就是未来客户需要的方向。"其次，在研发过程中满足客户需求。华为传统的研发模式以产品交付为目标，但无法快速反馈客户反映的问题。因此，华为在 2000 年引进了 IBM 的 IPD（集成产品开发）流程。IPD 推行后，市场代表、研发代表等研发团队成员面对不同层次的客户，通过全方位的市场调查及未来产品的分析，形成产品的概念模型，再将其向直接用户反复验证。IPD 流程解决了华为过去需求不明确的问题，保障了华为市场导向战略的实施。

本阶段，本土企业在程控交换技术基础上实现了产品多元化（数据通信、移动通信、光传输），进入了全球通信设备制造业的第二梯队。2000 年 5 月，大唐集团提出的 TD-SCDMA 标准，与欧洲提出的 WCDMA、美国提出的 CDMA2000 一起被国际电信联盟接纳为国际 3G 标准。至此，我国真正拥有了第一个电信国际标准。

三、3G 时代中后期至 4G 时代（2002 年至今）

国内企业以形成国际竞争能力为目的，推动自主国际标准的产业化，进入国际化发展阶段。

在上一阶段，TD-SCDMA 标准被制定并完成了初步商用试验，然而产业化不理想。到 2000 年年底，中国企业在手机、基站和移动交换机领域的市场占有率分别仅有 5%、4%和 9%。故本阶段面临的主要矛盾是全球化激烈竞争与核心专利的缺乏（影响技术标准的话语权）、产业链的不完整（影响技术标准的产业化）和由其导致的国内企业国际竞争能力缺乏之间的矛盾。

为了解决这一矛盾，信息产业部十分注重产业链的完善，于 2008 年出台了反恶性竞争规定。在产业化过程中，创新主体从合资企业转为国内民营企业，在创新投入中企业经费比

重显著增大，政府和金融机构经费比重显著减小。

因此，国内企业选择了防守型技术标准战略和领先型技术标准战略并行的创新模式，积极跟随国外先进技术的同时实现局部突破，以局部带动整体。国内通信设备制造企业大多将知识产权和技术标准明确纳入公司战略目标中。

在这一阶段，企业自主创新能力提升的主要机制如下。

(1)设立组织流程以协调知识产权战略和标准战略，引导研发方向

以实行领先型技术标准战略的大唐为例。大唐在3G和4G标准提案或新产品的设定过程中，先要搜集一些专利的信息，而且要进行定期的分析，对于专利的新颖性要求很高。而实行防守型技术标准战略的华为和中兴通讯，则更关注流程的规范性。

(2)通过改进管理流程实现成本领先战略

通信设备制造业是一个高研发投入的产业，但是在国际化过程中，中兴通讯和华为的成本优势都非常明显。华为的研发期间费用是西方国家企业的1/6，市场期间费用是西方国家企业的1/3。造成这种现象，一方面是因为我国相对低廉的劳动力，而另一方面则是因为我国企业改进管理流程以提高内部运行效率，保证了成本领先战略的实施。中兴通讯前知识产权总监刘羽波说："我们并不从研发经费上控制成本，而是通过管理来提高效率。"由于不同国家的专利申请费用是不同的，所以中兴通讯在申请专利时设定了很多规则和门槛，组织评审以决定专利部署。

(3)通过市场策略、组织结构调整、流程管理实现国际化过程中的技术本土化

首先，华为、中兴通讯等主导企业采用了"农村包围城市"的多层次市场策略。印度、非洲的环境和我国2G时代的技术和市场环境都很相似，主要用国内成熟的技术根据当地的市场需求(如温度)做改进。而欧美国家市场则对技术的要求较高，一般要求是4G的LTE。在欧美市场参与竞争，不仅可以了解市场需求，还能通过和运营商、设备制造商的接触，跟踪和学习最新的技术，反过来支持市场的发展。

其次，通过组织结构和市场策略的协同实现对客户需求的反馈。一是构建三级营销体系，确保搜集到不同地区的特殊市场需求信息。二是在国际化战略的指引下，龙头企业进行全球研发布局，紧跟国际先进技术。在国外建立研究机构的企业越来越多。

再次，IPD流程保证研发团队根据不同的需求，定制客户需要的产品。

在这一阶段，TD-SCDMA的产业链初具规模。受3G产业带动，2009年通信设备制造业利润率为5.3%，同比提高1.7%。2009年10月，我国提交的具有自主知识产权的4G TD-LTE-Advanced技术方案，已获得欧洲标准化组织3GPP认可。它吸纳了TD-SCDMA的主要技术元素，是当时我国在宽带无线移动通信领域的最新成果。

四、我国通信设备制造业创新能力发展过程的总结

从上述分析中我们总结出我国通信制造业发展与自主创新能力提升过程中的一些重要经验。

(1)在我国企业处于后发劣势(技术落后、市场失灵)的情况下，政府的制度支持与产业扶持政策在产业发展中起了重要推动作用

首先，针对本土企业技术落后的问题，国家分步骤地推出了供给层面政策来加快本土企业核心技术的积累。一是利用合资引进先进技术，鼓励本土企业通过反求工程将国外技术

本土化，构建了技术知识基础；二是利用政府经费和先进技术（2G 的 GSM 和 3G 的 TD-SCDMA）攻关任务的压力，大唐带头组建了 TD-SCDMA 产业联盟，并带动了联盟内企业通过"干中学"提升了自主创新能力。

其次，针对国内市场被外国厂商垄断的问题，国家推出需求层面政策来为本土企业开拓市场。鼓励运营商积极采购国产设备，打破跨国公司对市场的锁定，鼓励本土企业良性竞争。

最后，针对专利的垄断性和标准的开放性之间的矛盾，国家推出了联结政策，引导了产业联盟的组建和知识产权共享。

（2）培养国际竞争意识，积极参与国际标准的制定，并利用成本优势，结合国外市场需求实现技术本土化

首先，国际标准话语权的大小取决于技术能力的高低和市场规模的大小。我国企业充分利用前两个阶段积累的能力基础，积极参与了 3G 和 4G 国际标准的制定，并通过流程改造协调知识产权战略和标准战略。

其次，在国际竞争中，我国企业创造、发挥了成本优势，并结合通信技术特点（同一标准下技术差别不大），采用了"农村包围城市"的多层次市场策略，在国外市场实现技术本土化。这一过程是技术和市场知识组合的过程，华为、中兴通讯等主导企业通过组织结构、研发流程和市场策略的协同满足了客户需求。

第十二章　FDI 对中国制造业创新能力与绩效的影响

第一节　现有相关研究存在的分歧

外商直接投资(FDI)在促进发展中国家的经济增长和技术发展上起到了重要的作用。一个公认的事实是 FDI 能促进就业增长和资本流入,而这是东道主国家的经济发展中所必需的。更重要的是,对于发展中国家的本土企业,FDI 能带来无形的生产性资产,如技术诀窍、市场和管理技能(Aitken et al.,1999)。因此,发展中国家的政策制定者往往倾向于通过优厚的待遇和特殊的激励来吸引外资,期待着本土企业能受益于技术转移和 FDI 的外部效益。

除了技术转移和许可,FDI 还可能通过许多方式影响本土企业的生产力。一般来说,这些影响方式可划分为两类,包括产业内溢出(或水平溢出)和产业间溢出(或垂直溢出)。当 FDI 企业的存在使同一产业内的竞争者受益时,产业内溢出发生。它包括:①竞争效益。FDI 带来的东道主国家市场竞争程度的显著增加,迫使本土企业通过提高分配效率、加速技术以及专家技能的转移来提高生产率(Caves,1974; Kokko,1996)。②传播和示范效益。通过外资投资企业的先进技术和管理实践的示范效应,FDI 提高了东道主国家技术发展的速度。本土企业通过近距离观察外资企业和技术模仿提高了生产率(Caves,1974; Aitken et al.,1999)。③劳动力流动带来的技能扩散。当从外资企业学到特定技能的本地雇员流动到本土企业或者去创业时,本地企业在这种劳动力流动中提高了生产率(Chen,1983; Kokko,1996; Aitken et al.,1999)。通过技术诀窍转移和员工培训,产业间溢出可能发生在外资企业和它们的本土供应商或客户之间(Lim et al.,1982; Chen,1996; Cheung et al.,2004)。同样地,当本土企业面对上下游外资企业新的生产和市场技术或获得其技术支持时,外资企业的一些企业特有知识可能溢出给本土企业(Aitken et al.,1999)。另外,本土企业还能从出租溢出中获益,从而提高产品质量和生产效率(Griliches,1979)。

虽然早期的一些研究认为 FDI 对本土企业的生产率改进会有正向的影响,但一个有趣的事实是,现有的实证研究得到了不同的证据,并且得出了有些相反的结论。Caves(1974)研究了澳大利亚和加拿大的制造业,揭示了外资参与度对本土企业的正向影响,并且得出了有关 FDI 对分配效率、技术效率以及技术变革的潜在益处的结论。Blomström 和 Persson(1983)研究了墨西哥的制造业,发现外资参与度对于本土企业的生产率有着正向的影响。他们使用了 1970—1975 年这段时间内 4 家墨西哥制造业企业的数据,Blomström (1986)得出结论：虽然外资参与度没有使技术变革加速，但FDI通过增长的竞争提高了当地企业的效率。而Aitken和Harrison (1999)、Haddad和Harrison(1993)、Kathuria (2000)通过观察委内瑞拉、摩洛哥以及印度的制造业发现了相反的结论。尤其是Aitken和Harrison(1999)，他们利用委内瑞拉重型机械的面板数据，发现小企业中外国的股权参与与生产率呈正向关系，而外国投资对本土所拥有的重型机械的生产率有负向的影响。

已有研究中也有很多实证研究针对中国多种聚焦水平(包括行业级、省部级和公司级)下的FDI。Chen等人(1995)回顾了中国对FDI的政策演变，分析了1978年之后FDI对中国经济发展的作用。该研究发现FDI同经济增长和总固定资产投资呈显著正向关系。另外有部分针对中国产业中FDI作用的实证研究则关注外资企业的相对效应和这些外资企业对中国国内企业的影响。Zhu和Tan (2000)使用城市层面的混合数据集检验FDI的密集程度和技术效率的增长之间的因果联系，发现人均外来投资和劳动生产率之间存在反馈效应。基于中国1995年的行业统计数据，Li等人(2001)发现集体所有制企业和私营企业从FDI的示范和传染效应中受益，而国有企业生产率的提高则很大程度上是和外资企业相互竞争的结果。Hu和Jefferson(2002)研究FDI对中国电子和纺织企业的全要素生产率的效应。利用深圳经济特区制造业在1993—1998年的数据，Liu(2002)发现FDI和电子元件产业的生产率与生产率的增长率之间具有显著的正向关系，但是在它的接受产业中这种联系则不显著。基于1995—2000年的中国省际数据，Cheung和Lin(2004)发现FDI对国内专利申请数有正向影响，并且总结认为，溢出是由FDI的示范效应主导的。然而，我们仍需要付出很大努力才能在已有研究中找到这些复杂结果背后的逻辑，才能得到一致结论以更清楚地理解外资存在同行业特征之间的相互作用。

第二节 研究方法、样本与数据

关于FDI对于中国制造业创新能力与绩效的影响，本章选取1999—2003年作为研究的时间窗口。选取该时间段的主要原因在于以下三个方面：①1997—1999年发生的东南亚金融危机，对于外商直接投资以及中国制造业转型升级产生了较为显著的影响，例如1999年外商来华投资比1998年下降了11.3%，并且许多制造业企业在此之后都纷纷增加了在技术和创新上的投入。与此同时，1999年开始我国允许外商以包括兼并、收购和其他方式的重组在内的形式进入相关产业与市场。②从20世纪90年代中期开始，来自于产业界和学术界对于“以市场换技术”政策有效性的质疑和反思不断出现，人们日益关注外资尤其是跨国公司的市场进入对于本土企业在创新和能力发展上是否存在着挤出效应。在此期间，中国在外资利用上的政策也存在着从鼓励外资引进到推动自主创新的变化趋向。例如1998年4月，中共中央、国务院在《关于进一步扩大对外开放 提高利用外资水平的若干意见》中提出“坚持以市场换技术的方针，加大引进高新技术产业和先进适用技术的力度，推动产业升级”。不过随着中国对于自主创新的日益重视，2001年之后，“以市场换技术”在中央政府的政策文件中逐步淡化。③选择这个时间段还有一个原因是数据的可得性与可比性问题。1998年我国统计年鉴中的工业统计范围修改为全部国有企业及年产品销售收入500万元以上非国有企业。

对于中国的制造业，在最近 20 余年里 FDI 毋庸置疑起着重要的作用。2000 年、2002 年和 2003 年的外资总量分别是 25.8 万亿、36.8 万亿和 36.9 万亿美元（国家统计局，2004）。如表 12-1 所示，1999—2003 年，从总资产来看，中国制造业的外资参与度的中位数和平均数分别是 0.308 和 0.318；从雇员数来看，中国制造业的外资参与度的中位数和平均数分别是 0.180 和 0.246。在整个制造业中，皮革、毛皮、羽毛(绒)及其制品业和文教体育用品制造业、电子及通信设备制造业的外资参与度明显高于平均水平。

表 12-1 1999—2003 年外资在中国制造业中的部门分布

序 号	制造业部门	用总资产测度的外资比重	用雇员数测度的外资比重
1	食品加工业	0.244	0.155
2	食品制造业	0.378	0.245
3	饮料制造业	0.280	0.169
4	纺织业	0.218	0.147
5	服装及其他纤维制品制造业	0.448	0.478
6	皮革、毛皮、羽毛(绒)及其制品业	0.539	0.607
7	木材加工及竹、藤、棕、草制品业	0.349	0.220
8	家具制造业	0.474	0.419
9	造纸及纸制品业	0.343	0.153
10	印刷业和记录媒介的复制	0.314	0.191
11	文教体育用品制造业	0.610	0.621
12	化学原料及制品制造业	0.172	0.081
13	医药制造业	0.185	0.125
14	化学纤维制造业	0.248	0.158
15	橡胶制品业	0.381	0.259
16	塑料制品业	0.456	0.376
17	非金属矿物制品业	0.203	0.093
18	黑色金属冶炼及压延加工业	0.055	0.032
19	有色金属冶炼及压延加工业	0.112	0.064
20	金属制品业	0.387	0.239
21	普通机械制造业	0.206	0.102
22	专用设备制造业	0.140	0.076
23	交通运输设备制造业	0.254	0.121
24	电气机械及器材制造业	0.302	0.278

续表

序　号	制造业部门	用总资产测度的外资比重	用雇员数测度的外资比重
25	电子及通信设备制造业	0.578	0.545
26	仪器仪表及文化、办公用机械制造业	0.386	0.433
	中位数	0.308	0.180
	均　值	0.318	0.246

注：外资企业包括国外投资的企业和中国香港、澳门、台湾地区以合资、合作投资和独资的形式建立的企业。因为严格的政府管制和数据缺失，分析中剔除了烟草制品业、石油加工、炼焦及核燃料加工业以及其他制造业

数据来源：历年《中国统计年鉴》

参照 Caves(1974)、Blomström 和 Persson(1983)以及 Kokko (1994,1996)所开展的实证研究，本书使用类似的统计模型，假设本土企业的劳动生产率是外资参与度和其他一些行业特征等一系列因素相互作用的结果，并采用线性评估进行分析。需要提及的更为具体的一点是，现有研究中用外商投资来测度溢出效应的尝试都面临着一个较为关键的逻辑识别问题(Aitken et al.,1999)。也就是说，如果外部投资越青睐于更高生产率的行业，所观察到的外资存在水平和本土企业的生产率之间的联系有可能只反映出 FDI 是生产率的作用因素之一而非高生产率的原因，这会在无形之中夸大外部投资的正向影响。从这个观点出发，本书认为外部投资的溢出效应在于缩小外资企业和本土企业生产率上的差距，而不仅仅是提高本土企业的生产率。在一些案例中，即使我们注意到外资存在和中国制造业本土企业生产力之间的显著的正向联系，我们仍不能确定 FDI 的溢出效应。外资存在和本土企业生产率之间的正向联系可能显示 FDI 对更高生产率的行业感兴趣，这种正向联系无法真正捕获外部资本的实际影响。因此，本研究用下面的基本模型分析溢出：

$$\Delta PER_{it} = f(\Delta SIZE_{it}, \Delta CAPI_{it}, T, FOR1_{it}, FOR2_{it}) \qquad (12\text{-}1)$$

式中，i 代表第 i 个制造行业，t 代表每个变量的第 t 年。ΔPER 是国内行业的相对表现，用外资企业和国有企业之间的劳动生产率差距(ΔLP)或者利润差距(ΔROS)来衡量。劳动生产率用增加值和年末就业人数的比率来表示，利润差距通过税前利润和销售额的比例来计算。$FOR1$ 表示在同样的行业中，国内企业的外资存在，用于检验行业之间的溢出，可以被称为“直接外资参与度”。外资存在可以通过行业内部的劳动就业或者资本使用来表示(Li et al.,2001)。Caves(1974)用行业资产的份额来表示外资存在。既然外资企业较本土企业资本密集度更高，如果采用有形资本来衡量，那么外资企业的份额将显著高于本土企业(Aitken et al.,1999)。为了检验实证结果的稳健性，本研究采用了两个不同变量来测度外资存在。$FOR1\_Empl$ 表示每个行业中外资企业就业数同总就业数的比例，$FOR1\_Assets$ 表示外资企业的资本占整个行业中资本的比例。

至于 $FOR2$，它是用来检验各行业 FDI 的溢出效应(即产业间溢出)的，也可被称为“间接外资参与度”。“间接外资参与度”在以往的一些研究中是通过外国资本参与其他所有制造业行业的比例和就业份额来计算加权平均值[例如，在 Liu(2002)、Aitken 和 Harrison(1999)的文章中]得到的。此方法对于产业水平的研究是有问题的。首先，用注册资本的产业综合数据来测量外国资本参与可能是不可靠的，因为用来衡量企业水平的外国投资者所

拥有的注册资本可能并不总是与外国投资的实际影响成比例。① 其次，如果我们更关心同行业中从外国企业到国内企业的溢出，而不是合资企业中从国外部分到本土部分的溢出[即Aitken等人(1999)所谓的“自有工厂效应”(own-plant effect)]，这种衡量方法可能会有误导性。事实上，对于中国制造业，前一种从FDI的溢出相对于“自有工厂效应”，在促进技术发展和生产力提高方面贡献更大。再次，对于产业水平的分析，更适合使用投入产出表中的中间投入系数，而不适合使用以就业份额为权数计算的间接外资参与度。这是因为中间投入系数可以反映工业间的联系以及一个行业对另一个的实际影响程度。

在式12-1中，$\Delta CAPI$ 是外国企业与本土企业的资本密集度差距，$\Delta SIZE$ 是外国企业与本土企业的平均企业规模(或者说是本土企业的相对规模)之间的差距。这两个变量经常用于控制资本密集度和经济规模对国内企业相对绩效的影响。一般情况下，对于中国的制造业，外商投资企业相对于国内企业享有规模经济优势，并且有较高的资本密集度(指生产过程中有更高技术含量)(Sun，1998)。资本密集度的定义是固定资产的实际价值与总就业人数的比率。我们遵从Chow (1993)和Liu(2002)使用的方法来构造以1999年为基准年份的实际资本存量序列。公司规模取销售收入的对数。当我们发现在式12-1的回归分析中有对于外资参与度的负的显著的系数时，表明FDI对于国内企业的相对业绩有正向的溢出效应。

同时，根据Liu (2002)、Aitken和Harrison (1999)的观点，为中国制造业指定和估计一个相似的增值科布-道格拉斯(Cobb-Douglas)生产函数，其中全要素生产率指数假定被直接外资参与度(FOR1)和间接外资参与度(FOR2)所影响。

$$\ln Y_{it} = \ln \xi_i + \lambda T + \alpha \ln K_{it} + \beta \ln L_{it} + \rho \ln FOR1_{it} + \varphi \ln FOR2_{it} + \varepsilon_{it} \tag{12-2}$$

式中，Y、K、L 分别为国内企业的行业附加值、有形资本和年终就业人数。下标 i 表示第 i 个行业，t 表示年份。α 和 β 分别为有形资本和劳动力的产出弹性。ξ 代表具有年增长率 λ 的外在技术因素。反之，ρ 测量FDI对于行业 i 的生产率的直接影响，φ 为在制造业中获得的FDI的行业间溢出效应。ε 是随机误差项。

如在文献综述中叙述的，一些行业特征可能对FDI的溢出效应是否显著和正向以及如何发生和怎样发生有很强的影响。因此，为了检验直接外资参与度与技术差距(或者技术发展速度)间的潜在交互效应，我们使用单变量方差分析(ANCOVA)。样本首先按照直接外资参与度分成两个子样本，也就是一个低于平均外资参与度的子样本(Factor_*FOR*1＝1)和一个高于平均外资参与度的子样本(Factor_*FOR*1＝2)。同样地，再把样本按照技术差距分成两组，即一个低于平均技术差距的子样本(Factor_TechGap＝1)和一个高于平均技术差距的子样本(Factor_TechGap＝2)。技术差距用外国企业与本土企业的劳动生产率差距和整个行业的平均劳动生产率的比率来代替，因为人均附加值可以预期，会随着使用更好的生产技术而增加(Caves，1974；Li et al.，2001)。然后，按照技术发展速度将样本分成两个子样本，即一个低于平均技术发展速度的子样本(Factor_ NPSR＝1)和一个高于平均技术发展速度的子样本(Factor_ NPSR＝2)。技术发展速度(或者技术退化速度)通过新产品的销售收入与整个行业产品销售收入的比率来获得。在ANCOVA中，ΔLP 作为因变量被使

① 例如，有的外商投资企业的注册资本是小于国有大中型企业(LMEs)的，但其销售收入和附加值却大于同行业中的国有大中型企业。

用，还包括作为协变量的 $\Delta SIZE$、$\Delta CAPI$ 和 T（时间趋势）。Factor_$FOR1$ 和 Factor_TechGap（或者 Factor_NPSR）被作为因子使用，并且在 ANCOVA 分析中包含了一个因子相互作用来反映外资参与度和技术差距（或者技术发展速度）之间的相互影响。

最后，考虑到行业特点（例如研发强度、资本密集度、劳动力质量和技术差距）给 FDI 带来的行业间溢出的潜在影响，回归分析在式 12-1 和上述的样本分组中被使用。

本研究选取的样本主要来自国家统计局颁布的《中国统计年鉴》和《中国科技统计年鉴》。《中国统计年鉴》包括整个产业和外企在内的 29 个制造业在行业水平（两位数的标准行业代码）的年度数据。① 本书中的外企指的是资金来源于中国香港、澳门以及台湾地区的合资企业、中外合作企业及外商独资企业。收集的数据包括企业数量、工业增加值、年终员工数、总资产、固定资产净值、销售收入、总利润、营业税及附加、本年应交增值税。这些国内企业的行业水平数据通过从整个产业的相应数据中减去外企的数据获得。在计算 $FOR2$ 时所使用的中间投入系数利用统计年鉴中的投入产出表计算获得。我们构造了一个面板数据集，包括 5 年内的行业水平的横截面数据，涵盖时间为 1999—2003 年。由于统计惯例的变化，我们无法使用 1999 年之前的数据。

根据数据的可得性，研发强度（RDI）、技术开发速度（用新产品销售率代替）和员工素质从《中国科技统计年鉴》中的大中型企业数据中计算获得。《中国科技统计年鉴》会发布大中型企业的销售收入、用于技术开发的内部支出（内部研发费用）、新产品销售额、年终员工总数和技术开发人员数目。研发强度是研发支出与销售收入的比率。新产品销售率（NPSR）是新产品销售收入与总销售收入的比率。根据 Liu 和 White（1997）的研究，员工素质用专门技术人员的比率（TPR）来替代，是技术开发人员数目和上年中员工总数的比率。

为了使行业水平的变量及跨行业变量在回归模型（除了全部要素生产率模型）中有意义，我们根据每个两位数标准代码的行业中的企业数将行业水平的总量标准化，从而得到每个行业的平均企业价值。需要指出的是，回归分析中所有货币变量都以千元人民币为度量单位，以 1999 年作为基准来控制物价膨胀所带来的影响。计算实物资本和其他与输出相关的变量的平减指数时分别采用固定资产投资的价格指数和产品的出厂价格指数，这些平减指数都来自《中国统计年鉴》。

① 这 29 个制造行业是：食品加工业，食品制造业，饮料制造业，纺织业，服装及其他纤维制品制造业，皮革、皮毛、羽毛（绒）及其制品业，木材加工及竹、藤、棕、草制品业，家具制造业，造纸及纸制品业，印刷业和记录媒介的复制，文教体育用品制造业，石油加工及炼焦业，化学原料及制品制造业，医药制造业，化学纤维制造业，橡胶制品业，塑料制品业，非金属矿物制品业，黑色金属冶炼及压延加工业，有色金属冶炼及压延加工业，金属制品业，普通机械制造业，专用设备制造业，交通运输设备制造业，电气机械及器材制造业，电子及通信设备制造业，仪器仪表及文化、办公用机械制造业，其他制造业。

第三节 实证分析结果

一、FDI 与产业内溢出效应

为了检验对中国制造业整体而言，国内企业进行的 FDI 是否会引起显著的产业内溢出和产业间溢出，我们将 ΔLP 和 ΔROS 分别作为因变量，进行了回归分析。对 ΔLP 和 ΔROS 的回归分析结果分别如表 12-2 和表 12-3 所示。表中列出了普通最小二乘法(OLS)、随机效应、固定效应以便比较。我们使用 Breusch and Pagan Lagrangian Multiplier 检验(BP-LM test)和 Hausman test 来选择较好的模型。从分析结果可以看到，两个模型都得到了类似的结果和一致的关系。无论外资参与度在模型中是以总资产数据还是以就业数据来测度，直接外资参与度(*FOR*1)的系数的检验结果都是负相关的，分别呈现 5%和 1%的水平。这一结果显示产业中直接外资参与度越高，国外企业和国内企业的生产率差距就会变得越小。这说明直接外资参与度(也可以认为是由 FDI 引起的产业内溢出)能够促进国外企业和本土企业的生产率和收益率差距的减小。然而 ΔLP 或 ΔROS 作为因变量，外资参与度以总资产或就业数据来测度，*FOR*2 的系数都不显著。这说明对中国制造业整体而言，FDI 能够引起产业间溢出没有得到一致和显著的证明。

表 12-2 外资参与和劳动生产率分析结果

ΔLP	OLS	固定效应	随机效应#	ΔLP	OLS	固定效应#	随机效应
常数项	0.308 (0.29)	−3.076 (−0.73)	−0.744 (−0.45)	常数项	0.284 (0.28)	3.192** (2.33)	2.084 (1.59)
$\Delta SIZE$	2.435*** (3.88)	5.694*** (2.99)	3.625*** (3.51)	$\Delta SIZE$	2.078*** (3.49)	9.133*** (7.32)	5.307*** (5.41)
$\Delta CAPI$	0.346*** (7.70)	0.359*** (4.28)	0.359*** (5.80)	$\Delta CAPI$	0.298*** (5.89)	−0.044 (−0.55)	0.107 (1.52)
时间趋势	0.317** (2.18)	0.346 (1.88)	0.337*** (3.41)	时间趋势	0.421*** (2.86)	0.757*** (8.76)	0.564*** (6.63)
FOR1_Assets	−7.443*** (−4.03)	−4.637 (−0.50)	−7.033** (−2.18)	*FOR1_Empl*	−6.415*** (−3.86)	−28.341*** (−8.50)	−16.770*** (−6.36)
FOR2_Assets	8.074 (1.88)	8.920 (0.31)	7.970 (0.98)	*FOR2_Empl*	6.205 (1.52)	0.748 (0.20)	2.660 (0.68)
R^2	0.57	0.45	0.55	R^2	0.56	0.39	0.47
Hausman test	3.99 (Prob>chi2=0.4070)			Hausman test	39.45 (Prob>chi2=0.0000)		
BP-LM test	chi2(1)=96.12 (Prob > chi2=0.0000)			BP-LM test	chi2(1)=117.03 (Prob>chi2=0.0000)		

注：观察数=130，括号中的数值是 OLS 和固定效应模型的 t 值，随机效应的 z 值，# 表示首选模型。表中列出了 BP-LM 检验值和 Hausman 检验值。** 和 *** 分别代表 5%和 1%的显著性水平

表 12-3　外资参与和利润率分析结果

ΔROS	OLS	固定效应	随机效应#	ΔROS	OLS	固定效应#	随机效应
常数项	−0.047***	0.018	−0.025	常数项	−0.035***	0.016	0.005
	(−3.84)	(0.46)	(−1.33)		(−3.01)	(0.99)	(0.35)
$\Delta SIZE$	0.023***	0.014	0.022	$\Delta SIZE$	0.023***	0.021	0.023**
	(3.27)	(0.83)	(1.95)		(3.36)	(1.48)	(2.14)
$\Delta CAPI$	0.002***	0.0004	0.001	$\Delta CAPI$	0.001	−0.001	−0.001
	(3.56)	(0.58)	(1.43)		(1.21)	(−1.07)	(−0.66)
时间趋势	0.002	0.004**	0.002**	时间趋势	0.005***	0.004***	0.004***
	(1.31)	(2.11)	(2.37)		(2.83)	(3.49)	(4.15)
FOR1_Assets	−0.084***	−0.034	−0.091**	*FOR1_Empl*	−0.088***	−0.098**	−0.095***
	(−3.91)	(−0.41)	(−2.44)		(−4.51)	(−2.52)	(−3.32)
FOR2_Assets	0.272***	−0.177	0.189	*FOR2_Empl*	0.207***	−0.050	−0.008
	(5.47)	(−0.68)	(1.93)		(4.34)	(−1.12)	(−0.19)
R^2	0.38	0.01	0.36	R^2	0.36	0.18	0.24
Hausman test	3.91 (Prob>chi2=0.5631)			Hausman test	11.24 (Prob>chi2=0.0468)		
BP-LM test	chi2(1)=148.53 (Prob > chi2=0.0000)			BP-LM test	chi2(1)=132.39 (Prob > chi2=0.0000)		

注：观察数=130，括号中的数值是 OLS 和固定效应模型的 t 值，随机效应的 z 值，# 表示首选模型。表中列出了 BP-LM 检验值和 Hausman 检验值。** 和 *** 分别代表 5% 和 1% 的显著性水平

为了进一步检验以上结论的正确性，我们采用 Cobb-Douglas 生产函数来分析外资参与度对全要素生产率的影响。检验结果如表 12-4 所示。与之前的结果类似，对中国制造业整体而言，只有直接外资参与度显示出对全要素生产率显著的积极影响，这一结果在外资参与度以总资产或就业数据测度时都成立。综合上述实证分析结果来看，首先，对中国制造业整体而言，FDI 能够引起产业内溢出已得到了验证，但检验结果并没有证明 FDI 能够引起产业间溢出。这一结论与 Liu(2002)的研究结果不同。Liu(2002)只证实了 FDI 参与度与其上游产业(component industries)的生产率之间有显著的正向关系，这一关系在下游产业(recipient industries)中并没有得到验证。Liu(2002)使用的样本由中国深圳经济特区的制造业组成，这一样本的生产率水平高于平均水平，且其技术水平与中国制造业整体相比差距较小。因此深圳经济特区的本国企业显著地受益于产业间溢出而非产业内溢出。其次，研究结论的差异可能与 Liu(2002)的研究中对外资参与度的测度方法有关。Liu(2002)采用了与 Aitken 和 Harrison (1999) 的研究相似的测度方法。需要指出的是，Aitken 和 Harrison (1999)的测度方法适用于公司层面的研究，但可能不适用于产业层面的研究。最后，进行研究的时期不同也可能是研究结论不同的原因。20 世纪 90 年代前期，伴随着技术转让的外商直接投资常常受制于硬件转移的方式。Lan 和 Young (1996)通过中国大连的一个案例研究分析了基于 FDI 的技术转让。研究结果显示，技术转让受制于硬件转移的方式，而与技术创新相关的技术几乎没有实现转让。而从 20 世纪 90 年代后期到现在，随着中国本地市场的发展和这一市场对跨国公司(MNCs)的战略意义的提升，技术转让的焦点已

经逐渐从硬件转移转为技术诀窍的转让和 R&D 的本地化。因此,外资参与度在中国制造业中的地位也在发生转变。

表 12-4　外资参与和全要素生产率分析结果

lnY	OLS	固定效应#	随机效应	lnY	OLS	固定效应	随机效应#
常数项	0.413 (1.15)	5.547*** (3.75)	1.455** (2.22)	常数项	−0.440 (−1.27)	5.918*** (3.96)	1.056 (1.61)
ln*K*	0.485*** (9.50)	0.492*** (4.65)	0.686*** (11.60)	ln*K*	0.587*** (12.64)	0.409*** (3.74)	0.656*** (12.86)
ln*L*	0.504*** (10.29)	0.178*** (3.36)	0.223*** (4.53)	ln*L*	0.469*** (10.73)	0.221*** (3.24)	0.297*** (5.64)
时间趋势	0.128*** (9.50)	0.112*** (9.60)	0.110*** (14.88)	时间趋势	0.102*** (8.16)	0.120*** (15.18)	0.103*** (15.46)
ln*FOR*1_*Assets*	0.153*** (2.84)	0.282*** (3.58)	0.240*** (3.60)	ln*FOR*1_*Empl*	0.232*** (6.13)	0.136** (2.09)	0.183*** (3.78)
ln*FOR*2_*Assets*	−0.093 (−1.90)	0.177 (0.73)	−0.020 (−0.19)	ln*FOR*2_*Empl*	−0.090** (−2.50)	0.080** (2.63)	0.044 (1.45)
R^2	0.95	0.90	0.94	R^2	0.96	0.93	0.95
Hausman test	31.57 (Prob>chi2=0.0000)			Hausman test	3.88 (Prob>chi2=0.5673)		
BP-LM test	chi2(1)=197.77 (Prob > chi2=0.0000)			BP-LM test	chi2(1)=185.35 (Prob > chi2=0.0000)		
Chow test	F(25,99)=56.82 (Prob>F=0.0000)			Chow test	F(25,99)=44.21 (Prob>F=0.0000)		

注:观察数=130,圆括号中的数值是 OLS 和固定效应模型的 t 值,随机效应的 z 值,# 表示首选模型。表中列出了 BP-LM 检验值和 Hausman 检验值。** 和 *** 分别代表 5%和 1%的显著性水平

二、FDI 与产业技术特征之间的交互效应

就外资参与度和技术差距之间的关系而言,早期的研究给出了不同的结论。Findlay (1978)、Wang 和 Blomström (1992) 认为,随着本土企业与外商投资企业之间技术差距的扩大,它们之间的溢出效应是增加的。相反地,另外一些研究指出,溢出效应与本土、外资企业之间的技术差距是负相关的。例如,Haddad 和 Harrison (1993) 认为技术差距过大会抑制 FDI 所带来的溢出。Kokko (1994) 指出技术差距大本身并不会阻碍溢出,但在技术差距大而外资份额高的行业中,溢出产生的可能性将更小。因此,本书首先采用协方差分析研究外资参与度和技术差距之间是否存在交互效应。在协方差分析模型中,$\Delta SIZE$、$\Delta CAPI$ 和时间趋势(T)为协变量。如表 12-5 所示,实证结果表明,外资参与度和技术差距(*TechGap*)的交互变量对外资、本土企业之间的生产率差距产生了显著的交互影响。*FOR*1_*Assets* 和技术差距的交互变量的 F 值为 4.373,显著性水平为 5%。协变量的估测边际均值分别为 3.488(子样本的 *FOR*1_*Assets* 和技术差距均低于平均水平)、5.509(子样本的 *FOR*1_*Assets* 低于平均水平,技术差距高于平均水平)、2.422(子样本的 *FOR*1_*Assets* 高

于平均水平，技术差距低于平均水平）、2.386（子样本的 *FOR1_Assets* 和技术差距均高于平均水平）。可见，在技术差距较大的行业中，当外资参与度高时，本土企业将从行业内溢出中获益更多。这一结论可能的原因是，当外资参与度增加时，本土企业从外资企业学习先进管理实践的机会增多；当技术差距变大时，本土企业从外资企业学习先进技术的机会增加。因此，就本书而言，Aitken 和 Harrison（1999）所提出的 FDI 的市场攫取效应是存在的；但是，占主导地位的是 FDI 所带来的知识溢出和学习效应等正面影响。实证结果也表明，来自直接外资参与度的溢出效应并非只由技术差距的大小决定，而由外资参与度和技术差距的交互作用决定。

表 12-5 ANCOVA 的结果：外资和技术差距

来 源	第Ⅲ类离差平方和	自由度	均 方	*F* 值	显著性
模 型	2789.550	7	398.507	84.044	0.000
$\Delta SIZE$	61.501	1	61.501	12.970	0.000
$\Delta CAPI$	164.260	1	164.260	34.642	0.000
时间趋势	20.276	1	20.276	4.276	0.041
FOR1_Assets	80.750	1	80.750	17.030	0.000
TechGap	12.018	1	12.018	2.535	0.114
FOR1_Assets × *TechGap*	20.736	1	20.736	4.373	0.039
误 差	583.223	123	4.742		
总 计	3372.774	130			

注：ANCOVA 中的被解释变量是 ΔLP；$R^2=0.827$（调整 $R^2=0.817$）

此外，本研究还使用协方差分析研究外资参与度和新产品销售额比率之间是否存在交互效应。$\Delta SIZE$，$\Delta CAPI$ 和时间趋势（T）为协变量。如表 12-6 所示，结果表明，由新产品销售额比率测度的技术发展速度和直接外资参与度的交互变量对本土、外资企业的生产率差距产生了显著的交互影响。*FOR1_Empl* 和新产品销售额比率的交互变量的 F 值为 4.123，显著性水平为 5%。协变量的估测边际均值分别为 3.356（子样本的 *FOR1_Empl* 和新产品销售额比率均低于平均水平）、6.633（子样本的 *FOR1_Empl* 低于平均水平，新产品销售额比率高于平均水平）、2.226（子样本的 *FOR1_Empl* 高于平均水平，新产品销售额比率低于平均水平）、3.746（子样本的 *FOR1_Empl* 和新产品销售额比率均高于平均水平）。这表明在技术发展速度慢的行业中，当外资参与度高时，本土企业将从行业内溢出中获益更大。这一结论可归因于以下因素：一方面，外资参与度高时，本土企业模仿国外技术、通过渐进改进来创新的学习机会也就更多；另一方面，与技术发展速度快的情况相比，本土企业更易于避免 Lall（1992，2000）所提出的阻碍发展中国家技术积累的“基于外商直接投资的学习过程中断”。因此，在与外商投资企业竞争的过程中，东道国的本土企业既能构建起自身的技术创新能力，又能享有低劳动力成本所带来的优势。

表 12-6 协方差结果:外资参与度和技术开发速度

来 源	第Ⅲ类离差平方和	自由度	均 方	F 值	显著性
模 型	2855.380	7	407.911	96.973	0.000
$\Delta SIZE$	39.326	1	39.326	9.349	0.003
$\Delta CAPI$	247.788	1	247.788	58.907	0.000
时间趋势	21.572	1	21.572	5.128	0.025
$FOR1\_Empl$	59.009	1	59.009	14.028	0.000
$NPSR$	139.341	1	139.341	33.126	0.000
$FOR1\_Empl \times NPSR$	17.342	1	17.342	4.123	0.044
误 差	517.394	123	4.206		
总 计	3372.774	130			

注:因变量为 ΔLP;$R^2=0.847$(调整 $R^2=0.838$)

三、FDI 与产业间溢出效应

为了调查产业特点对产业间溢出的影响,我们首先计算了全部产业(包括本土企业和外资企业)的资本密集度。然后,样本被分成两组:一组资本密集度低于均值,另一组资本密集度高于均值。式 12-1 的回归模型分析了间接的外资参与对两组不同资本密集度的企业的劳动生产率和利润差异的影响。表 12-7 所示结果表明,在高资本密集度行业中,间接外资参与与相应的本土企业的绩效负相关。这种间接外资参与的负向影响的原因在于 FDI 的挤出效应和供应商网络的区隔效应(segmenting effect)。当一个产业是资本密集型的时候,其部件产业也往往倾向于是资本密集型,这就是挤出效应。因而,间接的外资参与度高,本土的企业在原材料及零件获取方面的议价能力就弱。结果导致本土企业被迫削减产量,从而平均成本升高,生产率和利润率均降低。供应商网络的区隔效应是指由于巨大的技术差距和过高的质量要求,供应商网络的某些部分被外商控制进而导致本土生产商或供应商难以进入这个供应商网络。在某些情况下,间接外资参与的负向影响更多是由这种区隔效应催生的。特别是在资本密集型产业中,外资企业的供应商网络更有可能阻碍本土供应商的参与。平均而言,外资企业的供应商相比本土供应商更有效率,更有技术,因而通过获得高质量低成本的中间品投入,外资企业能赢得更高的生产率。

表 12-7 平均资本密集程度以上子样本 OLS 回归结果

	因变量:ΔLP				因变量:ΔROS			
自变量	$\Delta SIZE$	0.601^{***} (3.38)	$\Delta SIZE$	0.451^{**} (2.69)	$\Delta SIZE$	0.352^{***} (2.71)	$\Delta SIZE$	0.204 (1.42)
	$\Delta CAPI$	−0.052 (−0.41)	$\Delta CAPI$	−0.191 (−1.21)	$\Delta CAPI$	0.100 (1.09)	$\Delta CAPI$	−0.028 (−0.20)
	时间趋势	0.216 (1.82)	时间趋势	0.355^{***} (2.74)	时间趋势	−0.016 (−0.18)	时间趋势	0.194 (1.76)

续表

	因变量：ΔLP				因变量：ΔROS			
自变量	*FOR1_Assets*	−0.735*** (−3.82)	*FOR1_Empl*	−0.592*** (−3.10)	*FOR1_Assets*	−0.623*** (−4.43)	*FOR1_Empl*	−0.453*** (−2.78)
	FOR2_Assets	0.525*** (4.02)	*FOR2_Empl*	0.303** (2.23)	*FOR2_Assets*	0.867*** (9.10)	*FOR2_Empl*	0.653*** (5.64)
模　型	调整 R^2	0.40	调整 R^2	0.28	调整 R^2	0.68	调整 R^2	0.48

注：观察数＝45，括号中的数值为 t 值。** 和 *** 分别代表5%和1%的显著性水平

然后我们计算了全部产业（包括本土企业和外资企业）的研发强度，按照研发强度把样本企业分成两组：一组研发强度低于均值，另一组研发强度高于均值。式12-1中的模型检验了在低研发强度组企业中，间接外资参与对相应的本土企业绩效的影响。表12-8表明，间接外资参与对于本土企业和外资企业劳动生产率差距的削减具有显著的正向影响。并且，在研发强度和资本密集度低于均值的劳动密集型产业中存在生产率溢出效应。对这种结果可能的解释是：首先，在低研发强度（特别是劳动密集型产业中）的低技术产业中，本土企业能更有效地从外资企业中学习制造技能和管理技术。加上在劳动力成本上的优势，本土企业在与外资企业的竞争中将处于更有利的位置，前述的区隔效应在这种情况下影响有限。其次，将部件行业里面的外资企业作为供应商，使用这些企业的中间品和资本品，本土企业能以更有效的方式生产高质量的产品，进而从租金溢出（Griliches，1979）中获益。最后，对于那些低技术和劳动密集型的产业，其部件产业往往也倾向于低技术和劳动密集型。因而部件产业里面的本土供应商能从他们的外资竞争者那里学到技术诀窍和管理技术。因此，当那些本土供应商通过学习提高他们的生产率时，其自身作为下游的制造商也能获得租金溢出。

表12-8　平均资本密集程度以下子样本OLS回归结果

	因变量：ΔLP				因变量：ΔROS			
自变量	$\Delta SIZE$	0.301*** (6.04)	$\Delta SIZE$	0.224*** (4.49)	$\Delta SIZE$	0.584*** (4.85)	$\Delta SIZE$	0.544*** (5.12)
	$\Delta CAPI$	0.468*** (7.96)	$\Delta CAPI$	0.454*** (6.63)	$\Delta CAPI$	−0.181 (−1.28)	$\Delta CAPI$	−0.345** (−2.36)
	时间趋势	0.105** (2.55)	时间趋势	0.088 (1.96)	时间趋势	0.214** (2.17)	时间趋势	0.276*** (2.89)
	FOR1_Assets	−0.280*** (−4.62)	*FOR1_Empl*	−0.353*** (−5.35)	*FOR1_Assets*	−0.390*** (−2.66)	*FOR1_Empl*	−0.522*** (−3.71)
	FOR2_Assets	−0.234*** (−4.61)	*FOR2_Empl*	−0.183*** (−3.82)	*FOR2_Assets*	0.224 (1.83)	*FOR2_Empl*	0.218** (2.13)
模　型	调整 R^2	0.87	调整 R^2	0.85	调整 R^2	0.24	调整 R^2	0.31

注：观察数＝80，括号中的数值为 t 值。** 和 *** 分别代表5%和1%的显著性水平

为此，整个产业按照劳动力质量（用技术专家比率表示），样本也被分为两组：一组技术专家比率低于均值，另一组技术专家比率高于均值。从表 12-9 中可以看出，在技术专家比率高的组，间接外资参与对相应的本土企业的劳动生产率和利润率有消极影响。而直接外资的影响却不显著。间接外资参与的负向影响的可能原因如下：对于那些高技术专家比率的产业，其部件产业通常也倾向于技术密集型。在这种情况下，一方面，与低技术专家比率的行业的企业相比，本土企业对部件产业中的供应商的议价能力受到极大的削弱。另一方面，就像前面讨论的，与外资企业竞争中，供应商网络的断裂效应倾向于变得严重，因而增大了对本土企业劳动生产率的负向影响。而这种情况下，直接外资参与的影响变得不显著的原因是尽管 FDI 的正向溢出效应存在，但是占据主导的还是 FDI 的挤出效应。Aitken 和 Harrison (1999) 认为外商投资通过强迫本土企业减少产出、提高平均成本进而降低本土企业的生产率。此外，挤出效应也以本土和外资企业之间的人才竞争的方式为主要表现：外资企业更能吸引高素质的技术专家、管理人员和熟练工人。这些受过良好教育的雇员更有生产率并且在外资企业中扮演非常重要的角色（Li et al.，2001）。

表 12-9　平均技术专家比率以上子样本 OLS 回归结果

	因变量：ΔLP				因变量：ΔROS			
自变量	$\Delta SIZE$	0.131 (0.98)	$\Delta SIZE$	0.319*** (2.78)	$\Delta SIZE$	0.038 (0.23)	$\Delta SIZE$	0.359** (2.48)
	$\Delta CAPI$	0.895*** (6.90)	$\Delta CAPI$	0.619*** (4.49)	$\Delta CAPI$	0.489*** (3.06)	$\Delta CAPI$	−0.039 (−0.23)
	时间趋势	0.249*** (2.89)	时间趋势	0.349*** (4.13)	时间趋势	0.082 (0.77)	时间趋势	0.251** (2.36)
	FOR1_ Assets	0.043 (0.28)	*FOR1_ Empl*	−0.307 (−1.93)	*FOR1_ Assets*	−0.013 (−0.07)	*FOR1_ Empl*	−0.610*** (−3.04)
	FOR2_ Assets	0.359*** (3.10)	*FOR2_ Empl*	0.243** (2.45)	*FOR2_ Assets*	0.659*** (4.62)	*FOR2_ Empl*	0.359*** (2.87)
模　型	调整 R^2	0.54	调整 R^2	0.57	调整 R^2	0.30	调整 R^2	0.32

注：观察数＝65，括号中的数值为 t 值。** 和 *** 分别代表 5% 和 1% 的显著性水平

第四节　研究发现的政策意义探讨

FDI 对于中国制造业创新能力动态发展的影响可以划分为两个方面：其一，来自同一产业内部的 FDI 对于该产业内本土企业所产生的影响，我们称之为“FDI 的产业内溢出效应”；其二，对于特定的产业而言，在与该产业存在着产业和技术关联的相邻产业中的 FDI 对于该产业内的本土企业所产生的影响，我们称之为“FDI 的产业间溢出效应”。我们的研究表明，来自 FDI 的产业间溢出效应是 FDI 对本土制造业企业的重要影响机制，而这一影响机制在以往的研究中未能得到充分的认识。在过去 20 余年里，关于通过 FDI 促进中国

制造业创新能力发展，不论是在理论研究还是政策制定上我们都把过多的注意力放在了产业内 FDI 所带来的影响上。而事实上，我们的研究结果显示，产业间 FDI 的溢出效应对于中国制造业自主创新能力的发展具有重要的促进作用。因此在产业政策的制定过程中，为了推动特定产业内本土制造业企业能力的提升，我们不能仅仅将注意力集中在对该产业内引入 FDI 并利用来自外资企业的技术溢出来推动本土企业的能力发展。与此同时，我们需要在相邻的产业内（尤其是那些在生产和技术上存在着密切联系的支持性产业部门）合理地利用外资，并采取相应的产业创新政策来推动本土企业吸收能力的提升，由此在实施制造业技术追赶过程中更为有效地利用 FDI 来推动本土企业自主创新能力的构建和发展。

对于外资参与度与中国制造产业的技术特征之间的交互效用，我们研究的实证结果表明，在直接外资参与度和技术差距之间以及技术发展速度和直接外资参与度之间都存在显著的交互效用，由此决定了本土企业与外国企业之间的生产率差距。当外资参与度高的时候，产业内具有较大技术差距的本土企业可以从产业内溢出获得更多的利益，而当外资参与度增加的时候，产业内技术发展速度较慢的本土企业将会从产业内溢出获得更多的利益。

我们的研究对于解释为什么关于国外技术转移与自主研发中的互补或替代效应的文献在发展中国家的情境下会有不同的结果具有启发性意义。这表明在发展中国家的制造业中互补性关系和替代效应同时存在，而自主研发的阈值效应对于国外技术转移和自主研发中的互补性关系和替代效应之间的转换起着关键作用。当且仅当内部研发超过了一个特定的阈值时，才会在与国外技术转移时分享强的互补性，使得国内制造企业用其自身的研发费用去追求更高层次的增长与更有效率的知识生产。否则，挤出效应将会成为主导作用。内部研发的这个阈值受到外部知识的本质、国内与国外同类企业的差距以及产业的知识复杂性的影响。

第十三章　产业自主创新能力构建的模式选择与提升机制

第一节　制造业自主创新模式的选择框架

在前面章节中，我们通过对不同国家与地区、不同产业与企业创新过程的比较研究，发现了创新模式的多样性与复杂性。不同国家或地区的产业（例如韩国、日本和中国台湾地区）在不同的创新定位上，通过不同的创新路径和资源整合方式，都取得了自主创新的巨大成功。我国的家电、通信制造等产业也都在各自产品市场或价值链上形成了竞争优势。那么，为什么它们会以不同的选择取得成功呢？我们的研究发现，这取决于它们各自不同的资源条件和制度约束。学者们对这些问题的研究将制度约束凸显出来。不对自主创新模式和创新机制背后的制度约束进行分析，我们就无法理解创新模式的多样性，更无法理解它们各自成败的原因。

我国很多产业（或企业）的典型创新模式是在引进消化吸收基础上再进行二次创新，从以集成为主的组合创新，走到以全面创新为主的自主创新。如同早期的日韩企业一样，我国企业正面临着从劳动力和资源密集型的低端出口企业向高附加值的制造商和服务提供商转型，特别是很多中小型企业在代工生产的同时，努力学习先进的科学技术，逐步积累生产知识和技能，进入原始设计阶段，并逐步建立起自有品牌，开拓国际市场（Beebe 等，2006）。

根据我们现有的研究结论，影响企业自主创新的主要制度约束包括产业组织（大企业集团主导还是中小企业主导）和资源配置（与银行、政府、市场机制的关系）。一个国家或地区主导创新模式的选择取决于相应的制度约束，由此确定的主导创新模式决定了该国家或地区的创新定位（包括产业定位）。如日本以大企业集团为主的集中型产业结构，决定了它以技术跨越为主导的自主创新模式，于是日本企业在具有规模经济和稳定技术轨道的消费电子、大型计算机硬件制造和半导体存储芯片等领域具有竞争优势，成功实现了对欧美企业的技术超越。同时，日本企业在具有网络经济性和不确定技术轨道的计算机软件、PC、微处理器等领域没有实现跨越，始终处于跟随的地位。而我国台湾地区以中小企业为主的产业结构和网络经济的资源配置，决定了其企业选择以价值链提升为主的自主创新模式，于是它们在具有网络经济性和不确定技术轨道的 PC 零部件制造、半导体制造和设计等领域形成了很强的竞争力。

因此，选择自主创新模式的基本框架是一个国家或地区的制度约束决定了企业自主创新的资源整合方式，资源整合方式决定了其创新的技术路径（自主创新模式），技术路径决定了创新定位(包括产业选择)。

根据对中国目前的资源与能力约束和制度约束的分析,我们可以按照前面建立的自主创新模式的选择框架,分析和推导中国企业自主创新的主导模式。一方面是中央政府主导的创新资源整合,以国有企业为技术追赶的政策工具,采取"集中资源办大事"的模式对产业关键技术与共性技术进行大规模的发展。另一方面通过企业、政府、高校、科研院所及中介组织形成的网络来配置创新资源,充分利用网络经济和创新集群的优势。

因此,在一些战略性新兴产业中,对少数企业来说,技术跨越可以作为其主要的自主创新模式。如在通信产业,移动通信从2G到3G的转换,从语音通信向数据通信的转换,通信与互联网的融合,为我国企业提供了技术跨越的机会。同时,我国多数企业面临着分散的创新资源整合方式,这决定了另一条主导创新的技术路径是价值链的提升。一方面,由于政府的集中资源整合方式只针对少数重要行业,多数企业都面临着分散的网络式资源整合方式,这使它们无法实施技术跨越,但非常适合实施价值链提升的自主创新。另一方面,中国企业所面对的市场是巨大的中国市场,中国市场机制的逐渐完善和国内统一大市场的一体化以及中国市场进一步深化和其独特性的显现,对中国企业实施自主创新的引导和激励会逐步强化(张泽一,2009)。因此,基于国内市场需求的颠覆式创新也应该是中国企业的一条主导的创新路径。因为颠覆式创新最初所面向的市场是现有的低端市场或新的缝隙市场,所以与实施价值链提升的企业一样,开展颠覆式创新的企业也不必与实力强大的跨国公司正面对抗。同时,由于企业在低端市场或新的缝隙市场上面对的是新的不确定的技术轨道,所以分散的网络式创新资源整合模式更加有利于企业颠覆式创新的实现。

接下来,不同企业的技术路径选择决定了它们的创新定位。选择技术跨越的企业必须处于技术轨道稳定的产业中,并在全价值链上与跨国公司展开竞争。开展价值链提升的企业是将自己融入全球价值链之中,一般只是处在价值链上的产品制造和设计的位置。由于企业面向的引起市场和产业变革的新技术都出现在发达国家的企业中,后进国家的企业能够沿着价值链,很快获取新信息,并参与发达国家带来的技术或市场产业变革,所以价值链提升在不确定性轨道的产业中具有很大的优势。对于实施价值链提升的产业,政府应鼓励和引导相应产业中的企业通过合作、代工等方式进入全球制造网络,然后在高校与科研院所的帮助下,逐步提升价值链位置。同样,因为颠覆式创新最初所面向的市场是现有的低端市场或新的缝隙市场,颠覆式创新同样在不确定性轨道的产业中具有很大的优势。颠覆式创新的另一个前提条件是相应产业具有独特的需求,这为技术轨道的颠覆创造了独特的机会。

第二节　以企业为主体提升产业自主创新能力的机制

首先,从创新的维度和领域看,从技术创新演变到组织创新、管理创新、文化创新等多维度创新,注重创新要素的协同来提升自主创新能力;从创新的过程来看,企业沿着内部价值链的创新路径,逐渐拓展到企业外部,贯穿整个企业的业务流程。全面创新和开放式创新正成为创新的新趋势。

其次,从创新环境来看,一方面,知识经济、全球化趋势和产品生命周期的缩短,无论是设计驱动还是用户驱动的创新,都对企业的转型与升级、新产品开发提出了更高的要求;另一方面,环境变化和资源约束使企业对可持续发展有了深刻的理解,绿色创新已成为企业社会责任的主导目标。

最后,随着科技、知识和信息的迅猛发展,知识转化为新产品、工艺和服务。它不仅仅包含科学或技术,还包括识别和满足顾客的需求,一方面,需要利用先进技术(如 IT)来提高管理水平,另一方面,对创新主体——人,也提出了更高的要求,需要注重人的因素,包括领导者、推动者和全员创新。将产业创新推动因素(enabler)与企业创新要素结合起来,给出提升整体产业创新能力的机制矩阵,如表 13-1 所示。

表 13-1 产业创新能力的提升机制矩阵

产业推动	战 略	技 术	市 场	组 织	网 络	文 化	创 意
环境与政策							
文化精神							
产业标准							
新产品核心技术							
创新者							

将这个矩阵进行拓展,我们可以看出,一方面,创新能力的因素(维度)包括愿景与战略、技术管理等九个;另一方面,创新的推动和保障机制,包含企业家/创新者与员工、新产品开发、政策与环境等方面,将现阶段的创新能力转化为持续创新的能力,其共同组成提升创新能力的模型,如图 13-1 所示。

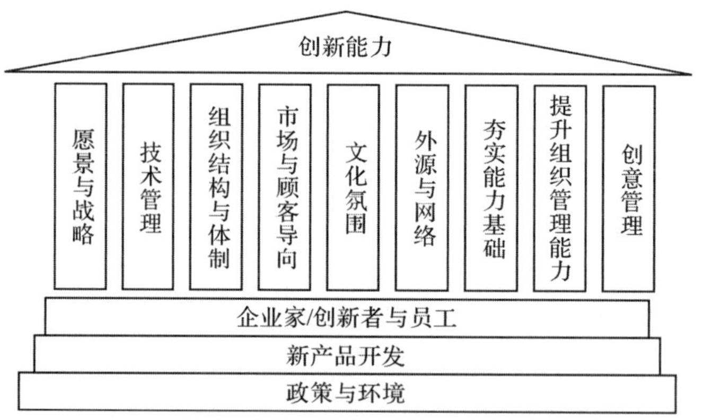

图 13-1 全面创新管理提升创新能力模型

因此,要把产业结构升级与产业创新发展,放在经济全球化的大视野中,放在经济发展方式转变的大背景下,坚持把自主创新作为产业创新中心环节,切实把基于自主创新的产业集群优化升级与促进工业结构优化升级、推进技术进步等有机结合起来。现阶段自主创新的能力问题还是要以企业为主体,在产业内解决,在集群(区域)内解决,通过开放式创新解决。

第三节 我国制造业自主创新与技术追赶的若干经验总结

一、注重自主创新能力培养在我国制造业技术追赶中的重要性

根据技术差距理论,我国企业在改革开放初期与发达国家的技术差距较大,因此在早期普遍采用了"以市场换技术"的策略谋求技术追赶。事实证明,"技术引进—消化吸收—再创新"的方式是有效的,这最大限度地发挥了我国的后发优势,使得一大批产业完成了技术的有效追赶。随着我国技术和经济实力的不断提升,我国企业与发达国家的技术差距逐年缩减,技术引进的天花板效应也越来越明显,自主创新的重要性逐步显现。这主要是由于经过30多年的技术追赶,我国技术落后的窘境已得到显著改善,故通过技术模仿来提高技术竞争力的传统道路已经遭遇瓶颈,自主创新将成为进一步提高技术竞争力的主要动力。

二、对FDI的合理利用:互补和替代效应

根据技术差距理论,我们应辩证理解FDI的互补和替代效应,通过对FDI的合理利用,最大限度地实现快速追赶和发展。一方面,跨国公司以利润最大化为目标,随着在我国的扎根和不断扩张,凭借其强大的技术和市场力量获得对市场的战略控制与优势地位,进而给我国本土企业的生存空间以及盈利水平提高的可持续性带来挑战;另一方面,跨国公司在我国进行直接投资,可能会导致技术外溢效应的产生,有利于促进跨国公司的技术与知识向我国企业扩散,进而提高我国企业的竞争力。前者被称为FDI的替代效应,后者被称为FDI的互补效应。为此,我们应合理引导跨国公司向技术层次较高的产业进行直接投资,尽量避免低水平重复引进现象,进而推动产业结构升级。此外,除了吸引高技术含量或技术密集型的外商直接投资外,我国还应注重管理和服务等软技术的引进,只有这样才能最大限度地推进产业追赶进程。

三、重视本国市场环境所形成的特殊追赶机会

市场需求是创新的主要动力源之一。市场规模很大的后发国家企业,表现出明显的市场导向下的产品创新倾向。巨大的市场规模增加了企业盈利的可能性和规模,而财务资源的积累又会进一步使我国企业在新兴技术上进行战略投资。因此,充分利用好我国的市场规模,有助于我国产业实现结构调整和可持续发展。另外,我国市场分割程度较高,也被很多学者认为是实现有效产业追赶的关键因素(Mu et al.,2005)。我国存在容量很大的低端市场,这为后发企业的存活提供了可能(陈晓玲,2013)。具体而言,企业可以从产业链的低技术环节着手,随着资金的逐步积累和技术水平的日益提高,不断提升产品性能和质量,逐步向高端市场发展。

四、基于产业创新系统的技术解构是我国产业自主创新能力构建与提升的重要机制

从我国制造业自主创新演进的过程来看，基于产业创新系统的技术解构机制发挥了极其重要的作用。对于后发者而言，由于受到自身内部吸收能力的限制，单个企业在吸收和利用来自外部的先进技术与知识上存在着一些困难，在技术追赶的早期尤其如此。就此而言，我国制造业技术追赶的非常有利的条件在于：首先，由于我国制造业在很多产业领域都逐步发展起较为完整的产业链，因此在国外技术的引进、消化、吸收和利用上实际是以群体而非个体形式发生的，这种在产业技术发展上的劳动分工既降低了技术学习的门槛，也在产业层面大大提升了技术学习的效率。其次，大学和科研机构在制造业技术追赶中也扮演了技术中介者的角色，尤其是在一些政府主导或支持的产业联盟或技术联合开发项目中，大学和科研机构可以在国外先进技术与国内企业吸收能力之间的缺口间起到桥梁作用。再次，一些大型企业（尤其是大型国有企业）作为一种技术追赶和产业追赶的重要政策工具，在我国制造业发展过程中扮演了极其重要的角色，尤其是在存在着规模底线（也就是存在着创新资源投入以及创新能力的门槛）的产业领域。这一点正如我们在高铁和大飞机等工业体系发展中所观察到的。许多来自发达国家和跨国公司的先进技术，常常最先是被大型国有企业引进的，被消化吸收后再逐渐向其他本土企业转移和溢出。

五、充分学习和利用二次创新，走可持续的产业自主创新道路

钢铁产业和白色家电产业的发展历程告诉我们，充分利用高起点、动态的技术引进，积极地消化吸收，差异化地再创新是企业实现产业有效追赶的关键。首先，技术引进起点的高低和动态性会产生很大影响：高起点的技术引进更有利于企业实现技术追赶，并且动态的技术引进有利于企业保持技术距离不被继续拉大。在此基础上，走上积极地消化吸收道路的企业才更能掌握和突破核心技术，赢得后发优势，而不会被动地陷入“引进—落后—再引进—再落后”的怪圈。值得注意的是，消化吸收不是目的，而是进行再创新的手段，只有在消化吸收的基础上进行差异化的再创新，才能赢得市场，提升绩效。因此，走技术引进的产业创新道路的三要素为：技术引进的起点与模式、消化吸收的导向、差异化的二次创新战略。这样的产业创新道路才能有助于我国产业结构的调整。相反地，静态、消极、完全复制的追赶只能使企业陷入“追赶陷阱”，即“引进—落后—再引进—再落后”的怪圈，如图 13-2 所示。

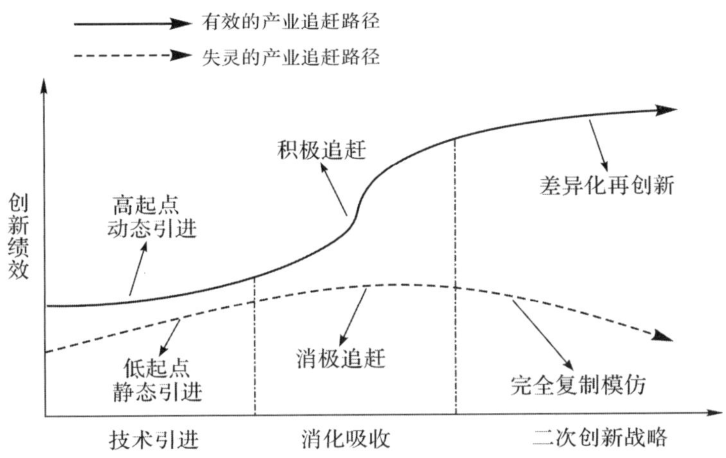

图 13-2　有效和失灵的二次创新模式与绩效的比较

第四篇 基于区域网络的集群自主创新研究

本篇概要

产业集群成为区域创新体系中最有活力的特殊的创新组织形式之一，相较于产业创新体系，区域创新体系除了具有产业属性、区域属性外，更重要的是还有内含制度属性。本篇从产业集群创新网络视角来研究区域创新体系，进而提出基于区域创新网络提升集群自主创新能力的路径和政策。

第一，通过田野研究，本篇把产业集群作为内嵌于区域创新体系的最核心要素，揭示了现有区域创新体系存在的三个关键问题：创新基础体系中存在低端资源路径依赖；创新协同体系中存在链式协作创新困难；创新动力体系中存在龙头企业引领创新功能弱化等。要解决区域创新体系的问题，必须构筑多层次、多要素协同的区域创新网络，从根本上提升区域内产业集群的自主创新能力。

第二，构建了治理有序、要素完善、多层次整合的开放式区域创新体系。按照全面创新理论，提出区域创新体系由创新者网络、创新服务网络、创新网络结构、创新治理机制四个子系统构成，并由此形成了由集群企业、创新服务企业、公共服务机构和集群代理机构所构成的协同创新体系。区域创新体系与企业创新体系、产业创新体系和国家创新体系形成了多层次有机衔接的体系，并呈现出区域本地与超本地网络双重嵌入的开放式创新格局。为了使区域创新体系能有序发展，本部分还提出区域创新体系的本质是制度属性，创新行为主体应受区域内正式和非正式治理机制的规范。

第三，揭示了开放式区域创新体系作用于集群自主创新能力提升的内在机理。提出集群自主创新能力发展应建立在以下基础上：集群、区域、国家创新政策体系的协同；本地网络与超本地网络协同；集群企业与创新服务体系协同，打破对区域内部创新路径的锁定。研究特别强调，现阶段我国开放式区域创新网络建设应着力拓展超本地创新者网络和拓展超本地服务网络，实现创新基础体系突破。本地网络有利于整合区域内不同主体的知识基础，提高利用式创新能力；超本地网络有利于解析型知识、新兴创新模式和高端资源要素输入，提升探索式创新能力。

第四，揭示了创新服务体系与集群自主创新的关联机制。创新服务体系包括本地和超本地的创新基础服务体系、生产服务体系、研发服务体系和商务服务体系，构筑了促进完善创新服务体系，实现制造业与服务业嵌入式互动的内在机理，提出了多层次参与、多主体合作、多要素整合的对策建议。

长期以来，我国一直在探索自主创新的道路问题。一些新兴国家的经验表明，存在不同的技术追赶战略——跟随追赶、跳跃式追赶、创造新的技术道路(Lee et al.，2000)。然而，现实中很多因素影响了国家创新模式的选择(Kim，1997)。如何走出具有中国特色的自主创新道路，是实践界和理论界面临的共同问题。

改革开放的实践表明，我国在不断地进行自主创新的探索。许庆瑞院士及其团队不断总结中国自主创新的经验，提出了全面创新理论，用于分析中国的自主创新道路。改革开放之初，我国企业所进行的技术创新大多是在引进技术基础上进行再创新，吴晓波和许庆瑞(1995)基于我国及一般发展中国家企业技术创新的现实提出"二次创新"理论模型。在创新过程中，企业需要整合各种已有的资源，陈劲(1999)认为加强集成创新是实现自主技术创新的新思路，是企业获得竞争力、适应知识经济发展的关键。随着创新理论由线性模式发展成系统创新模式，自主创新还受制于国家与区域创新环境。魏江(2004)依据中国区域创新的实际，以产业集群为研究对象，提出了集群创新系统理论。在不断总结中国实践和理论发展的基础上，许庆瑞(2002)提出全面创新管理理论：以培植核心能力、提高竞争力为导向，以价值增加为目标，以各种创新(组织创新、市场创新、战略创新、管理创新、文化创新、制度创新等)的有机组合与协同创新为手段，通过有效的创新管理机制和方法，在全国与全球范围内整合创新资源，提高产品附加值，掌握核心技术和自主知识产权，乃至掌握标准的话语权，增强企业持续竞争能力。

随着全面创新理论的不断丰富完善，不难看出全面创新理论体系的多层次、多主体、多要素特点。多层次体现在国家层次的指导、区域层次的制度以及企业层次的实践上；多主体表现在以企业为主体，政府、高校、科研机构、服务机构等为辅助的结构中；多要素即在全面创新过程中需要整合世界各地的创新资源，为我所用，实现自主创新。

产业集群逐渐成为区域经济发展的主体。改革开放40年来，集群迅速发展，在国民经济和产业发展中已占有主要地位。集群已成为区域经济发展的主体，特别是在长江三角洲、珠江三角洲和环渤海湾地区的核心区域，集群已占到本区域工业产出的50%以上。集群已经覆盖到大部分传统产业、高技术和文化创意等新兴产业领域。当前，集群的发展处于转型升级时期，面临着创新基础体系薄弱、创新协同体系不强、创新动力体系不足等问题。运用全面创新理论实现集群的自主创新能力提升成为应有之义。

我们基于全面创新理论，针对企业、产业集群和区域等多层次、多主体、多要素特征展开了深入研究。首先，从多层次、多要素着手，构建开放式的集群创新系统。其次，从多层次、多主体分析多层次网络之间的互动及集群创新能力的提升机理。第三，基于多层次、多要素分析知识服务体系与集群自主创新之间的关联机制。最后，在分析集群自主创新能力内在结构、集群和区域协调发展时，从多层次、多主体、多要素方面就提升集群自主创新能力提出了政策性建议。

第十四章　多层次多要素开放式区域创新体系理论建构

从研究层次看，创新理论主要关注国家层次的创新政策的引导作用，以及微观层次的产品创新和过程创新。全面创新不仅需要关注宏观层次和微观层次，更需要关注具有操作意义的中观层次。区域创新系统理论、国家创新系统理论以及企业微观层次的创新理论，构成了全面创新理论的多层次架构。本章主要分析区域创新系统中要素的整合以及自主创新能力的提升机理。

第一节　引　言

随着全球一体化的发展，经济意义上的“国家状态”日益让位于“区域状态”，区域成为真正意义上的经济利益体，对区域的研究越来越受到理论研究者和政策制定者的关注。现实情况是，从对全球经济话语权和控制权的争夺看，多国集团联盟形成的区域竞争力的重要性会超过国家竞争力，跨省（区、市）的区域竞争力的重要性也将超越单个省（区、市）的竞争力。但是，从现有对区域范围的界定看，不同学者的界定不一样，区域是个边界很模糊的概念，可以是超国界的（如欧共体、北美自由贸易区），可以是跨省（区、市）的（如长三角）或一个行政边界内的（如省、自治区、直辖市），也可以是一个县（区）、一个镇。由于区域具有多层次性，对区域经济、区域创新体系的研究范围，往往因研究者的着眼点或者政策制定者的管辖范畴不同而不同。国内学者对区域的界定以省（区、市）或跨省（区、市）的经济体（如长三角、珠三角、环渤海湾等）为主，本书则关注更小范围的、省域内某一个县（市、区）层面的区域。之所以选择这样的区域，是基于以下三个原因：①本研究以区域内产业与产业集群为基础，而我国的块状经济最显著地体现在这样的小区域中。②在我国的行政体制下，区域经济政策与产业政策具有很强的地方政府主导性。③县（市、区）之间存在明确的行政边界，这种边界会显著影响不同区域之间的产业（集群）的竞争行为，这个在长三角区域内特别明显。

Cooke（2001，2002）、Asheim（2002）、Porter（1990）等人对区域创新体系的研究是与区域内的产业（集群）联系在一起的。这种思路是符合产业发展逻辑的，因为区域创新体系的构筑与完善，根本上是服务于区域经济发展与区域产业竞争力提升的，因此，研究区域创新体系应该以内嵌于该区域的产业生态体系作为立足点。Padmore 和 Gibson（1998）、Tödtling（1994）、Storper（1997）认为国家内部不同区域之间经济发展模式存在明显差异性，而当地或区域因素对这些具有差异性的区域内部企业的活动具有重要作用。当我们把视野放在区域经济内部来了解产业发展现状，可以发现存在着许多长期不能得到有效解决的难题。如朱高峰在中国工程院“中国特色自主创新道路”工程科技论坛上，提出如何建设中小企业创新体系，汪应洛讲到服务业与制造业如何协同并互动发展。解决这些问题需要将其放在区域创新体系建设的视野内，研究中小企业创新体系与区域创新体系的结合、区域创新体系与创新服务体系建设等重要的问题。

区域经济发展过程中存在的这些问题，都是迫切需要解决的。当然，这些问题可以放在不同区域层次（如全球层次、国家层次、跨省域层次、省域层次、县域层次）或者不同产业形态层次（如产业层次、集群层次、联盟层次等）来讨论予以解决。本章将首先从省域内子区域层次探讨基于产业集群的区域创新体系，然后再讨论产业集群层次与区域、国家和全球等不同层次创新体系之间的关系，并从多层次融合的视角展开分析。具体而言，本章包括三方面的研究内容：①研究背景。揭示区域经济中产业创新发展的三大关键问题，为本章研究提供出发点。②理论构建。从区域创新体系研究演进来解析开放式区域创新体系的内涵、要素与系统构建。③多层架构。研究从集群创新体系、区域创新体系、国家创新体系到全球创新体系的多层次架构关系及其内在联结。

第二节　区域经济中产业创新发展的三大关键问题

为了从产业或产业集群视角来研究区域经济发展过程中面临的问题，本书从创新基础体系、创新协同体系和创新动力体系三个维度来讨论。这三个维度的关系如图 14-1 所示。

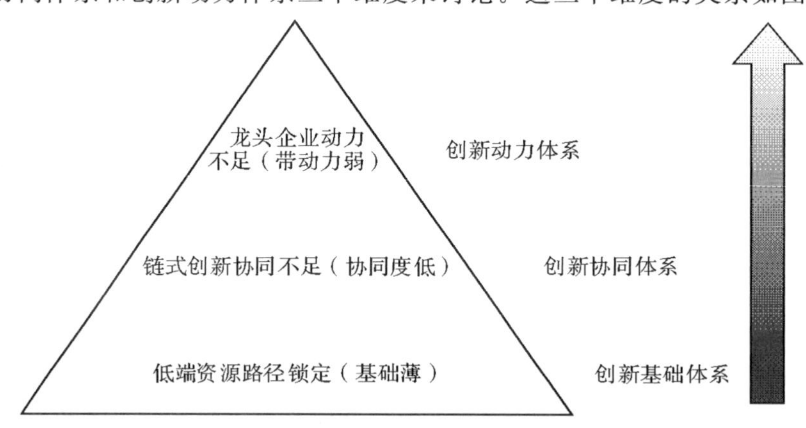

图 14-1　区域产业集群内创新发展问题分析的三个维度

创新基础体系指区域内部各类资源要素的集聚程度与水平，包括知识资源、人力资源、科技资源等。创新协同体系指区域产业内各创新主体合作创新状况和协同创新程度。创新动力体系在产业集群内主要体现为龙头企业的创新激励水平及其对整个产业集群的带动力。根据以上三个维度，对区域内产业集群创新发展面临的问题具体分析如下。

一、创新基础体系：低端资源路径锁定突破困难

区域经济发展以区域内产业发展为基础，而区域内产业（集群）发展需要以创新资源为基础。这里的创新资源基础主要反映在创新基础设施上。传统观点把创新基础设施理解为

硬件基础设施，如“三通一平”“五通一平”。从区域创新体系看，比硬件基础设施更重要的是各类创新资源，即知识、人才、科技等有机整合的软件基础设施和知识基础设施。从这样的角度来考察创新基础体系，我国大部分区域内部出现低端资源路径锁定现象，而且要突破这样的锁定非常困难，有的区域甚至出现逆向转型升级现象。具体表现在以下几个方面。

1.制造业总体仍处于价值链低端

改革开放40年来，我国制造业取得了长足发展，但我国制造业大而不强的问题始终没有得到很好的解决。产业长期处于价值链低端，智能制造科技供给能力不足是其重要原因。当前，我国制造业发展不平衡不充分的问题凸显，落后产能过剩排放较高，创新能力不强，基础核心技术与创新设计能力薄弱，发展质量和效益总体还不高。①

2.资源流动表现为高端流出低端流入

产业转型升级的规律是经济发展到一定程度，由于成本要素等的制约，会出现低端资源流出该地区，而高端资源不断流入的格局。但浙江有的地区却出现高端流出低端流入的局面，浙江制造业层次明显低于江苏、上海。如温州地区，大量资金和高端人才外流，把通过低端制造业赚取的利润投到外地或者国外，却把低端制造业留在当地。直到2010年，温州的产业水平仍没有明显改善。

3.全球市场价值分配反常格局

由于区域内同行企业间的恶性竞争，尽管集群规模和市场占有率不断提高，但市场定价权反而下降。如诸暨珍珠产业集群，淡水珍珠产量占全球的70%～80%，而价值约占20%，因为产业内部企业之间低价格竞争，没有把规模优势转化成价格优势。再如嵊州领带产业的市场占有率已经达到全球的70%，但OEM价格却只有销售价格的1/10左右。之所以出现这种局面，就是因为产业内部产品同质性、品牌低矮性、人才稀缺性所导致的恶性价格竞争，“窝里斗”导致产品附加值低，全球价格话语权不升反降。

二、创新协同体系：链式分工协作创新难以形成

产业集群之所以具有竞争力，是因为集群内部的集体学习和高效率分工合作，特别是产业链上企业在狭窄地理区域内集聚，可以发挥建立在个体企业规模优势基础上的整个集群的协同优势。但我们在调查中发现，由于产业链短，集群企业基本处于产业链中的中间制造环节，本来可以协同出优势的准市场组织形态内，现在却出现了内部整合局面。所谓内部整合就是指不断把前后节点企业收购、并购进来。为什么要收购或并购？因为这些集群企业在依靠低成本竞争的情况下，为了挤占前后节点企业的有限利润空间拼命压价，导致合作关系难以维持，只能转向收购或并购，把前后环节的利润空间内化到同一企业中，链式创新活动被不断瓦解。这方面的例子，如温州低压电气产业集群内部，最大的几家电缆、低压电气生产企业（包括正泰、德力西、人民、天正、兴乐等），从创新协同走向内部一体化，以规模和成本获取竞争优势。即使是高新技术产业集群，如杭州软件产业集群，由于产业链短，平台类、基础类软件薄弱，难以形成产业链，导致企业各自为战，链式协同创新比例低。在该产业集群中，基础类软件、平台类软件分别只占到整个产业集群产值的5%左右，嵌入式软件约占

① 谢雨欣.仍处价值链低端　我国制造业亟待探索转型升级新路径[EB/OL].(2018-07-19)[2018-12-01]. http://www.cinn.cn/headline/201807/t20180719_195580.html.

20%,而应用类软件占70%以上。按照这样的产业结构,显然很难形成分工合作的创新协同体系,因为应用类软件和嵌入式软件的产业链很短,难以形成软件产业集群内"瀑布式"分工合作体系。

三、创新动力体系:龙头企业引领创新功能弱化

决定区域产业集群发展的最关键因素之一是龙头企业和骨干企业的引领带动,"火车跑得快,全靠车头带"。在全球制造网络中,美国或者欧洲的一个旗舰企业可以引领或带动全球产业的发展。这种状况是放在全球来说的,但是对于中国企业来说道路还比较长。尽管海尔、华为已经走在前面,但是对于浙江企业来说,要想找出一个能够引领全球产业发展的企业,还要等待探索,还要努力。浙江省是我国产业集群最发达的区域之一,产业集群增加值占全省生产总值的60%左右,如果这60%的生产总值能够由嵌入区域集群内的龙头企业带动创造,形成龙头企业、骨干企业和多层次分包体系,就有利于形成有效的产业生态系统。但遗憾的是,目前产业集群内的龙头企业自身创新能力不强,产品附加值低,而且龙头企业与周边企业之间不能形成"设计—制造—服务"的链式关系,这些龙头企业就很难带动整个集群发展。如温州低压电气产业集群内,存在正泰、德力西、人民、天正等龙头企业,但这些龙头企业往往以品牌和规模取胜,自身创新动力不足,用该产业集群内某龙头企业副总裁的说法,"区域内创新能力强的不是龙头企业,而是中小配套企业"。小企业之所以创新动力较大,是因为它们为了生存必须创新,以赢得龙头企业的订单。但这些小企业在龙头企业采购成本控制下,利润空间有限,又没有足够经费投入大规模创新。再如,绍兴纺织产业集群内有两个龙头企业,即江龙控股和唐龙集团。这两个企业选择通过资本市场运作发展企业,而对于创新投入积极性不足,没有发挥产业创新的引领作用,在金融危机到来后,这两个龙头企业均破产了。

要解决以上所述的产业集群创新体系的三大问题,必须要构筑起具有较完善的创新基础体系、创新协同体系和创新动力体系的区域创新体系。只有在这样的体系下,才能不断实现创新知识网络及其服务网络的超本地①拓展,以较完善的创新治理机制,为区域内企业参与协同创新提供有力支撑。下文把这样的体系称为"治理有序、要素完善、多层次整合"的开放式区域创新体系。

第三节 区域创新体系的演化与系统构建

一、区域创新体系理论演化综述

在创新系统研究路径中,区域创新体系是在国家创新体系之后被提出的,而且,区域创新体系概念往往是与区域内产业结合在一起的,如从马歇尔的创新产业区理论到欧洲区域

① "超本地"提出的背景在于:集群内知识网络能够提高集群企业利用式学习的效率,这也容易造成本地套牢而导致集群衰落。近年来,有学者认为集群企业应该通过系统构建与集群外部的关系网络来获得互补性知识,从而为集群企业创新注入动力。在这样的情形下,"超本地"概念应运而生,它被认为是获取、转移、积累集群外部知识的有效途径。

创新环境学派(GREMI)的区域创新系统等。这里对区域创新体系理论做简要回顾,目的在于提炼出区域创新体系的基本特征,为后续研究提供理论基础。

创新研究真正发展到“系统范式”,应是在20世纪80年代末90年代初,那时国家创新体系理论才受到学术界和政府部门的广泛关注。国家创新体系研究的主要代表人物有Freeman(1987a)、Lundvall(1992)、Nelson(1993)等。后随着系统范式的拓展,创新体系研究领域开始关注区域创新体系。Ohmae(1993)认为,随着全球经济一体化发展,区域成为真正意义上的经济利益体。Cooke等人(1997)提出,在经济全球化背景下,企业关键性的商业联系呈现出区域特点。于是,在国家创新体系理论基础上出现了区域创新体系理论,包括欧洲创新环境理论(Aydalot et al.,1988)和以美国硅谷为代表的“技术区”(Saxenian,1994)观点等,都可以统一于区域创新理论中。

对于区域创新体系的定义,Cooke等人(1997)从“区域”“创新”和“系统”三个方面做了分析,提出了金融资本、制度性学习和系统创新的生产文化对区域创新体系构建的作用。Krugman(1991)认为,区域治理体系成为组织和促进经济发展的关键。通过对区域创新体系的要素和结构分析,Howells(1990)指出,地方政府官僚机构、地方特殊产业的长期发展、产业结构核心和外围的差异性以及创新绩效等是区域创新体系的分析要素。在强调创新系统多层次性的同时,Howells提出了国家、亚国家(sub-national)、区域和地方创新系统的地理层次是部分重叠的或者完全重叠的。另外,Cooke等人(2000)认为,地理概念的区域创新体系,由具有明确地理界定和行政安排的创新网络与机构组成,这些创新网络和机构以正式和非正式的方式加强相互作用,以不断增加区域内部企业的创新产出。该创新系统内部的机构包括研究机构、大学、技术转移机构、商会或行业协会、银行、投资者、政府部门、个体企业以及企业网络和产业集群等。他们还提出,区域创新体系的架构可以从知识应用及开发子系统、知识产生和扩散子系统两个方面进行分析。

综上所述,区域创新体系理论可以被看作是超越国家或者亚国家甚至地方范围的创新体系,对其研究可以为区域经济发展研究提供新的理论基石。

为了更进一步明确研究的主体和对象,目前区域创新体系往往建基于区域内的产业或者产业集群,把区域看作是由基于合作和竞争规则的企业网络构成的,它通过和高层次的国家创新体系、全球创新体系相衔接,构建起区域内产业在国家甚至全球范围的竞争力。不过,区域创新体系理论发展仍面临不少问题,如区域创新体系的边界如何界定?在具备怎样的条件下可以出现创新体系?区域创新体系的功能如何?对区域创新绩效的影响如何?区域创新体系如何与更高层次的创新体系实现有机连接和整合?对这些问题的研究有待于深化。本节则选择以县域为主体的地方性区域作为范围,研究其创新体系的基本特征、开放式创新体系构建规律等。

二、区域创新体系的内涵与特征

从上述区域创新体系理论发展的简要过程看,一个区域创新体系的建立应该包括几个基本问题:①区域的范围如何界定?②区域内外部创新参与主体是哪些?③这些参与主体是如何相互联系的?④制约和规范创新成员联系的规则是什么?基于这四个基本问题,我们可以从区域边界、创新参与主体与创新服务机构、创新网络结构、创新治理机制等方面来界定区域创新体系。

第一，区域边界是指什么范围的区域，是地方、亚国家、国家还是超国家？本研究仍建基于产业（产业集群）来讨论区域创新体系，因此选择最小范围的产业集群所在的地方作为区域，主要是一个镇或一个市。第二，创新参与主体与服务机构。创新参与主体指处于产业价值链上下游的企业，创新服务机构包括区域内外部支持创新实现的服务机构。为分析结构化需要，我们把创新参与主体组成的网络称为创新者网络，而把服务机构组成的网络称为服务网络。第三，这些主体是如何联系的？也就是区域内部的联结模式，主要包括内部的知识活动模式，如分工合作机制、协同创新机制等。第四，联系的规则，包括制约区域内外部创新参与主体和服务机构全部行为的基本规则和治理机制。

基于区域创新体系理论演化与基本问题分析，本书把区域创新体系界定为：特定区域内各创新参与者（如地方政府、企业、公共服务机构和代理机构）通过正式或非正式治理机制，实现知识沟通交流、创新合作而形成的网络关系和制度规范。

根据这样的定义，我们把限定区域内的创新体系分解为四大体系要素——创新者网络、创新服务网络、创新网络结构、创新治理机制，并由此进一步揭示区域创新体系的基本特征。

（1）要素特征。区域创新体系最重要的构成是创新者网络和创新服务网络，即由区域内创新主体企业、创新服务机构等全部创新行为主体所构成的全要素协同创新网络。

（2）结构特征。区域创新体系建立在结构化运行体系基础上，即创新行为主体通过创新合作、创新协同而形成贯穿于知识生产、应用、扩散全过程的结构体系和运行模式。

（3）制度特征。区域创新体系本质上是一种制度环境，即创新行为主体要受到区域内正式和非正式治理机制的作用，全部主体按照共同规范产生相互依赖的关系。

任何一个区域都不是封闭的，上述三个特征是建立在"限定区域"上的，这是为了解构的方便，实际上，区域内部与外部存在着大量且复杂的关系，正是这种关系的存在才能不断打破区域创新体系的平衡点，促进区域的发展，为此，在前面三个基本特征基础上，增加了两个外延特征。

（1）多层次协同特征。区域创新体系具有多层次性，需要把特定区域内的创新体系与更高层次的创新体系（如产业创新体系、国家创新体系、全球创新体系）整合起来实现协同创新，只有这样才能把小范围（如县域）的区域创新体系嵌入更大范围（如省域、国家甚至是全球）的创新体系中，实现开放创新。

（2）超本地网络特征。区域创新体系是开放的创新体系，特定区域内创新行为主体通过网络延伸到区域外部，获取外部异质性创新资源，实现创新能力的跨域发展。

基于对以上区域创新体系的三个基本特征和二个外延特征的分析，我们把同时具有以上五个特征的区域创新体系称为"治理有序、要素完善、多层次整合"的开放式区域创新体系。

三、开放式区域创新体系的要素及构建

开放式区域创新体系的要素及构建可以从三个方面来解析：一是从创新活动参与者分析（网络要素）；二是从创新活动参与者相互关系分析（网络结构）；三是从创新体系的治理机制分析（制度规范）。

图 14-2 是在区域创新体系构成要素和基本特征分析基础上提出的开放式区域创新体系构建模型。

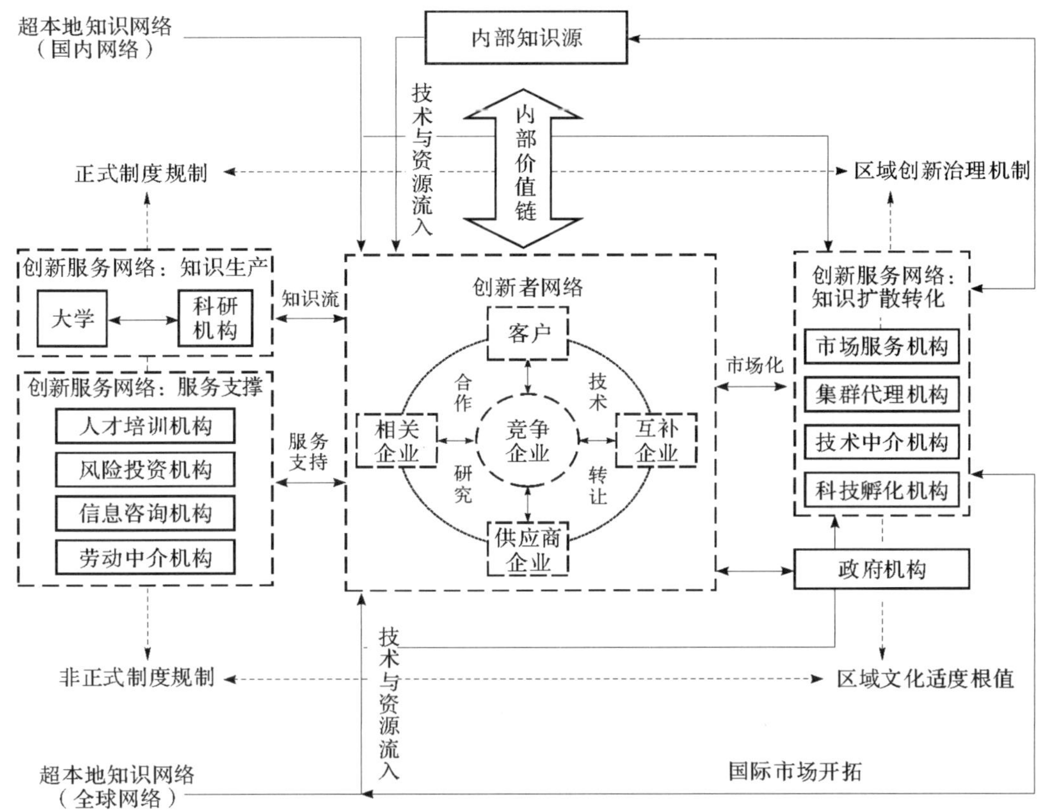

图 14-2 开放式区域创新体系的构建模型

1. 创新活动参与者分析(网络要素)

创新活动参与者包括创新者网络和创新服务网络。创新者网络是区域创新体系中参与者网络的内核,包括围绕特定产业开展创新活动的产业链上下游企业,主要是区域内部与外部的供应商企业、客户企业、互补企业和其他相关企业。创新服务网络指区域内部和外部支撑指定区域内产业创新活动的全部服务组织,包括知识生产型服务体系、知识扩散转化型服务体系以及其他公共服务型服务支撑体系。

2. 创新活动参与者相互关系分析(网络结构)

在图 14-2 中,创新主体(包括产业链上的企业与服务机构)通过技术与资源输入、产业链上价值协同、创新成果市场化等方式相互联系,并以知识流、信息流、物流、资金流等作为有机联结手段。对于开放式区域创新体系来说,创新协同网络包括由区域内部的创新者和服务机构构成的本地创新网络,以及由区域外部的创新者和服务机构构成的外部创新网络,这里把本地和外部创新网络统称为超本地创新网络。显然,创新网络是通过各种关系构成的,本书用网络结构来分析创新活动参与者的相互关系。

3. 创新体系的治理机制分析(制度规范)

无论是内部创新主体之间还是外部创新主体之间,都通过正式和非正式制度规制,形成相应的区域治理机制,包括集群内龙头企业治理、产业社团(如行业协会)治理、区域文化的非正式治理等。

第四节　开放式区域创新体系作用于创新能力的提升

分析了开放式区域创新体系的内涵、特征与构建后，就可以解决一个重要命题：为什么开放式区域创新体系能积极作用于区域创新能力的提升？围绕目前我国区域产业集群发展中存在的三个问题，从三个方面展开分析。

一、开放式区域创新体系对突破创新基础体系的作用

创新基础体系包括硬件基础设施和软件（知识）基础设施，其中关键是知识、人才、科技等软件基础设施。封闭式区域创新体系关注的往往是硬件基础设施，我国各级地方政府为了招商引资，不惜花大力气搞好水、电、气、厂房、道路等硬件基础设施，广东省东莞市就是很典型的例子。但是，由于我国城市化发展水平落后，以县域为范围的区域内软件基础设施水平很难在短时间内提升上去，因此，开放式区域创新体系为软件基础体系突破提供了可能，通过引入外部研发服务、商务服务、设计服务、金融服务，实现高端技术和知识资源输入，提升知识基础支持能力和龙头企业创新能力。具体做法如下。

1. 拓展超本地创新者网络

(1)产业集群内龙头企业或者骨干企业到区域外部（甚至国外产业领先区域）设立总部、分部。这个做法在浙江省各个区域的产业集群中采用得比较多。

(2)产业集群内企业与外部企业开展合作创新。这种现象也主要发生在产业集群中的龙头企业和骨干企业。

(3)吸引外部（包括海外和区域外）企业到产业集群内部设立合资、合作和独资公司。这些“外来”企业带来新的技术、管理等方面的知识，打破原先集群内部的平衡状态，产生突破性创新。如浙江省温州市的低压电器产业集群内部德力西与施耐德合资后，引发了整个区域内部市场结构和产品结构的变化。尽管温州本地很多低压电器生产企业联合阻碍德力西与施耐德的合作，但实际结果是两个龙头企业的合作激发了创新基础和创新动力的变化。

2. 拓展超本地服务网络

(1)产业集群内企业积极拓展与外部科研机构、大专院校的合作。这在浙江省是很普遍的。

(2)积极开展与外部创新服务机构的合作，拓展外部创新网络。如与大城市中的研发机构、咨询机构、金融机构开展合作，或者与国外研发机构、市场机构和信息机构合作。

(3)企业自身选择国内外产业发展水平领先的区域设立服务机构，利用这些区域的人才集聚、技术和市场优势等，发展自身创新能力。

二、开放式区域创新体系对创新协同体系提升的作用

创新协同有正向协同和负向协同。正向协同指创新参与各方通过协同创新突破传统路径约束，使得创新能力处于循环发展的轨道上；负向协同指创新参与各方在封闭环境内遵循传统创新轨迹开展创新活动，出现创新路径锁定和能力锁定。显然，这里所指的创新协同是

前一种形式的协同。开放式区域创新体系之所以能作用于区域内创新协同体系的提升，是因为开放式创新网络有利于解析型知识输入、新兴创新模式输入、高端资源要素输入，实现探索式创新，打破区域内部创新路径的锁定。具体可基于“结构—行为”分析，也可以基于“关系—资源”分析。

1.“结构—行为”分析

开放式区域创新体系改变了创新参与者网络结构。随着外部网络的拓展，网络的节点范围、网络关系强弱度、网络密度、网络中介度等将会发生变化，网络内企业的合作对象、合作机制、合作行为等也必然会发生变化。朱海燕和魏江(2009)研究发现，区域创新网络结构作为知识流动的基础与平台，其结构属性对知识获取与知识扩散行为有着决定性的作用，促进集群能力提升的网络结构应朝着适度密度、低中介性和高凝聚性的方向发展，这就是外部创新参与者引入产生的集群网络结构演化的趋势。

2.“关系—资源”分析

网络内部参与主体之间的关系特征会影响创新者所获取的资源。正如Granovetter(1973)所提出的关系强弱度会影响所获取资源的差异性一样，开放式创新网络有利于区域集群内部企业寻找外部各类具有强弱关系的伙伴，从而为获得异质性资源提供可能。朱海燕和魏江(2009)研究发现，外部知识服务机构嵌入有利于通过影响集群网络中介性影响知识获取能力，进而增加集群产品升级的可能性，而认证机构、咨询机构以及检测机构则更多的是带来新技术、新设备、新人员等信息，成为集群了解外部信息的重要渠道。

三、开放式区域创新体系对完善创新动力体系的作用

区域内产业集群企业创新动力不足，关键是因为龙头企业创新动力不足。而龙头企业创新动力不足有两方面的原因：一是劳动密集型产业集群内部龙头企业凭借低成本、规模化优势，仍可以压榨中小配套企业的利润空间；二是由于技术和知识溢出，出现“你栽树我乘凉”的现象，而且这种现象几乎不可能靠知识产权进行保护，因为知识产权申请需要两到三年，这个过程中技术早就被模仿完了，申请下来也没有价值了。

要完善创新动力机制，就必须要完善区域内部创新治理机制。治理可以是政府治理，但更有效的是集群内部的龙头企业治理、社群治理(即当地人格化信任机制的作用)和社团治理(即区域内行业协会、企业家协会之类的治理)。从温州产业集群发展模式可以看到，区域内部的社团自治是解决内部知识产权侵犯、外部反倾销的主要途径。在浙江省永康市，企业利用地方自己的行业协会，制定地方规则，由地方协会相关部门联手打击技术模仿。

要完善创新动力体系，还可以依赖于创新服务体系的完善。通过与外部服务机构的合作和技术转移，实现科技成果的快速产业化，降低被同行模仿的可能，提高模仿成本。一般来说，传统产业集群内部由于企业高度的人才流动和信息流动，很难控制住核心技术，但如果是与外部科研机构合作，所需要的技术能力高，反而积极保护了企业的知识产权。

开放式区域创新体系打破了原先的网络结构、治理模式，既有利于解决技术模仿、知识溢出带来的创新负向激励，同时，也提高了企业之间创新协同的可能性。因此，要解决创新动力问题，根本上需要解决创新参与者的环境约束机制问题。

第五节　多层次开放式区域创新体系整合分析

前面是从特定区域层面讨论如何通过构筑开放式区域创新体系，实现区域创新能力的提升，关注的是区域内部的企业与外部企业和机构的协同创新。但由于区域边界界定的多层次性，以及区域与外部更大区域的内在嵌入性，我们还需要解决好开放式区域创新体系与外部更高层次区域创新体系的整合问题，包括区域内产业集群创新体系与区域创新体系的整合、区域创新体系与国家创新体系的整合等。图 14-3 所示的是概念性地区分集群创新体系、区域创新体系、产业创新体系以及国家创新体系的空间结构，这四类创新体系既具有各自的边界，又相互联系、相互包含，共同构筑起多层次的创新系统空间结构。

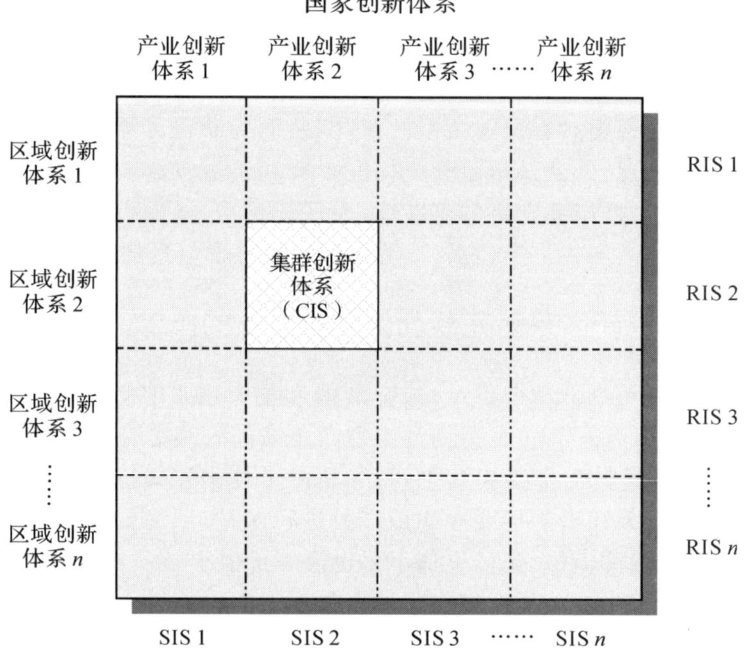

图 14-3　多层次创新体系架构

注：RIS 为 reginal innovation system（区域创新体系）的缩写，SIS 为 sectoral innovation system（产业创新体系）的缩写，CIS 为 cluster innovation system（集群创新体系）的缩写

从图 14-3 中可以看出，国家创新体系是一个非常复杂的创新系统，包含大量的子系统。这些子系统可以从区域和产业两个维度来分类，正如一些学者所指出的那样，国家创新体系可以被描述为由区域创新体系和产业创新体系构成的二维矩阵（Chung，2002）。图中横向代表地理边界，纵向代表产业或技术的边界，整个国家创新体系由多个区域创新体系或者多个产业创新体系组成。而集群创新体系是嵌在纵向与横向体系里面的，是一定区域内的相同或相关产业集聚形成的经济地理现象，其边界受到地理和产业的双重限制。不过，并非图 14-3 中的每一个小方格都是一个集群创新体系，只有一个产业部门在特定区域中充分集聚，结网而创新，才能形成真正的集群创新体系。实质上，如果把图 14-3 中的每个小方格都

看作是区域，那么，空间范畴的创新体系是由以集群为边界的区域、横向区域（如省域或者跨省域）、以国家为边界的区域等所构成的。下文将进一步分析不同层次创新体系之间的内在整合关系。

一、国家创新体系与区域创新体系的整合

国家创新体系可以看作是由区域创新体系和产业创新体系纵横交错组成的矩阵。从理论发展来看，区域创新体系建立在国家创新体系基础之上，是对国家创新体系的发展。国家创新体系和区域创新体系的整合关系包含两个方面的内容。一方面，区域创新体系是国家创新体系的子系统。尽管区域创新体系研究中区域边界一直存在不确定性，但一般认为区域是国家和地方之间中观的行政单元（Cooke，2001），同一国家内区域的文化、制度和行政在创新中发挥了广泛作用，这种作用在联邦制国家中体现得尤其明显。Chung（2002）更进一步提出，国家创新体系由区域创新体系构成，国家创新体系的竞争力要依靠有效的区域创新体系来实现。另一方面，区域创新体系受到所处的国家创新体系的影响。区域创新体系作为国家创新体系的子系统，并不是一个独立的个体和封闭的体系，而是与更高空间层次体系有着千丝万缕的联系（Tödtling et al.，2005）。在全球竞争日益激烈、技术进步速度不断加快的今天，仅仅依靠区域内部的连接远不能满足获取持续竞争力的需要，必须建立区域外部联系作为内部联系的必要补充，获取区域外部的知识、技术和资金等各种资源。为了保证开放式区域创新体系的运行，需要国家从政策层面为区域创新体系的开放和整合提供行政管理（Cooke，2002）支持。

二、国家创新体系与产业创新体系的整合

产业创新体系与国家创新体系的整合关系比较复杂，这是由产业创新体系本身边界的动态性所决定的。产业创新体系和国家创新体系的整合关系存在两种情况。一是产业创新体系可以被认为是国家创新体系的子系统。一个国家的创新体系包含了若干个产业创新体系，可以认为国家创新体系由产业创新体系组成（Chung，2002）。二是产业创新体系的边界并未被限制在国家以内，甚至跨越了几个国家创新体系，这时候就有可能形成超宏观[①]的创新体系。这种情况早期在欧洲、北美较为常见（Autio et al.，1995），目前已经出现在全球各个角落。不过产业创新边界的动态性并不意味着产业创新体系可以与国家环境完全分离。由于很多技术基础设施属于公共物品或半公共物品，其本质具有区域特性或国家特性，而产业创新体系的创新中，参与者通常受到技术基础设施的影响，其创新活动不但受到技术和产业背景的限制，同时也受地理的影响，因此产业创新体系经常有明显的区域或国家特征，形成了国家或区域的产业创新体系。

三、区域创新体系与集群创新体系的整合

国外对区域创新体系的研究一般是与产业创新体系、集群创新体系紧密结合在一起的，认为区域创新体系的形成是产业集群发展的客观要求（Porter，1990；Saxenian，1991；

① “超宏观”产业创新系统是指超越国界的产业创新体系，如欧盟、北美等组织或地区的一些产业创新体系。

Cooke et al.，1993)，Asheim(2002)甚至认为，正是由于区域理论介入区域内产业集群，才使得区域创新体系真正得到人们的关注。Storper(1997)认为产业集群是适应“后福特制”时代技术创新的要求而出现的区域创新网络，区域网络各个结点(企业、大学、研究机构、政府等)在协同作用中结网而创新，并融入区域的创新环境中而组成体系。即，区域创新体系是由集群创新网络与区域创新环境有效叠加而成的系统。有学者还构建了区域创新体系与产业集群区之间关系的理论模型，以此分析新产业区内创新体系的形成和演化机理(Saxenian，1994；Grossman et al.，1995；盖文启，2002)。

集群创新体系与区域创新体系之间存在三种整合关系。一是区域创新体系中存在多个集群创新体系。这些集群创新体系建立在共同的区域社会经济和文化基础上，共用区域创新体系中的知识生产和扩散子系统，彼此之间形成知识流、资源流和人力资本的流动与互动，集群创新体系下的企业创新体系也可以得到区域创新体系的支撑，创新网络的范围扩大。二是区域创新体系同集群创新体系存在较大重合。这是因为：①在传统产业集群向创新型产业集群演进的过程中，原先的产业链向上游和下游延伸，在区域内形成完整的“微笑曲线”；②随着ICT(信息、通信、技术)产业和现代物流等行业的发展，集群产业链在区域范围内被进一步打散，拥有产业链片段的多个子集群集结成区域层面上的“大集群”，此时集群创新体系同区域创新体系的边界是比较模糊的。三是区域创新体系内的社会经济和文化是集群创新体系发展的重要支撑因素。例如，区域内的习俗、惯例、社会秩序、非正式约束的自发生成机制作用于集群创新体系中的企业、政府和个人行为，对集群的创新学习模式、机理和驱动力都有明显的影响。反过来，集群创新体系内部的企业学习和创新协同是提高整个区域及其产业集群技术创新能力的根本途径，是区域创新体系演进的基本动力。

四、各层次创新体系与全球创新体系的关系

将前文述及的各个层次创新体系放到全球创新体系中看，它们之间的关系主要体现在日益明显的创新体系开放性特征方面。在全球经济技术一体化进程中，构建开放性创新系统越来越受到重视，例如，Asheim(2002)曾将区域创新体系分为地方根植性区域创新体系、区域网络化创新体系、区域性国家创新体系，其所定义的区域性国家创新体系代表了将区域与更高层次创新系统融合的观点。他认为在此类区域创新体系中，部分产业和公共机构基础已被整合进国家与全球创新系统，创新行为在很大程度上是通过与区域外的主体合作来实现的，这一观点代表了创新系统的开放性发展途径。特别是在全球化促进了物品与服务的国际流动、成熟技术得以方便地在国家之间转移的背景下，跨国公司成为全球创新体系中的重要角色，并对多层次创新体系有重要的、显著的影响(Archibugi et al.，1999)。学术界的研究也开始关注跨国公司在各个层次创新体系中的技术转移、技术溢出等方面产生的正面和负面作用。

首先，基于多层次创新体系关系分析，国家创新体系应该建立在集群创新体系、产业创新体系和区域创新体系整合和良性互动的基础上，在进行政策设计时应当充分结合不同层次创新体系的创新政策设计要求，实现集群、区域、国家创新体系政策的协调和互动。

其次，开放式区域创新体系建立的关键在于选择区域未来经济发展模式。区域创新体系模式是影响区域经济发展趋势至关重要的因素，因为区域未来发展模式主要被系统与周围环境(空间区位因素)的关系以及系统自身发展阶段(网络发展因素)左右。因此，各个区

域应根据区域本身区位条件、区域内主导产业发展情况、区域创新网络的发展阶段，来制定相应的区域创新体系发展战略。

再次，在多层次创新体系架构中，集群创新体系处在区域创新体系和产业创新体系的结合点上，是创新体系多层次架构中的一个关键点。随着 Porter(1990,1998)的国家竞争优势理论、马歇尔(1964)的产业区理论等被广泛关注，不少国家已经将产业集群创新理论作为依据制定相应的创新政策。我国各个区域也应从培养产业集群的角度研究和设计开放式区域创新体系。

最后，对于未来开放式区域创新体系的研究，建议从三个方面深化。一是继续探讨集群创新体系的演化升级问题，研究集群创新体系如何与区域创新体系实现有机整合。二是对区域创新体系内部的知识平台建设和超本地创新网络结构做进一步探索。三是深入分析全球创新体系在多层次创新体系中的角色与功能，探讨建立开放型生产体系的战略思路，研究如何通过国际合作(如与国际性大企业的战略联盟)打破技术锁定和创新刚性，实现技术创新范式和轨迹的转变。

第十五章　多层次多主体网络协同的集群自主创新能力提升机理

集群自主创新能力的提升，需要依赖不同创新主体形成多重创新网络。多重创新网络发展、完善，特别是制造网络和研发网络通过不同的演化路径促进集群升级。为此，本章在构建多层次开放式创新网络的基础上，分析集群组织协同演化的路径和自主创新能力的提升机理。

第一节　基于多层次网络的开放式集群企业网络构建

产业集群具有地理邻近性和关系邻近性的双重特征（Keeble et al.，2002）。韦伯在论述集聚经济时指出，只有把存在着种种内外联系的产业按一定规模集中布局在特定地点，才能获得最大限度的成本节约，即产业间的关联性和企业间的互动关系是存在集聚经济的一个必要条件。而长期以来的研究中集群组织间的关系接近性特征被忽略了，直到Granovetter(1985)嵌入性理论的提出和社会网络分析（SNA）方法的兴起，产业集群的另一重要特征——关系接近性，才重新引起学术界的关注。

嵌入性思想对于产业集群研究的启示是：仅仅从地理层面分析产业集群的产生、发展还远远不够，对集群的分析需要被重新置于对社会关系的分析的基础上，其中组织间关系类型、性质及其结构的研究成为理解产业集群及其竞争优势的重要基础。经济生活中人际关系的种类，不仅可以帮助人们认识纵向一体化的动机，还可使人们意识到，经济学中所假定的由孤立原子组成的市场和高度整合的企业之间，存在种种过渡形式的网络组织（Granovetter，1985）。从社会网络分析来看，集群是由生产者、消费者、供应商、政府部门、中介机构等多种主体所组成的一个网络体系（Powell et al.，1996；Gordon et al.，2005）。

一、集群企业网络的系统建构

对此，本书在魏江（2004）、Wolter（2004）等集群研究中集群系统模型的基础上构建了集群企业网络系统，提出了一个集群企业网络系统的整体分析框架（见图15-1）。集群网络的分析可以划分为三个层次，即微观层次、企业网络层次和集群层次。微观层次即基于集群内个体企业或机构的分析，例如从集群共享性资源角度对集群企业竞争优势进行分析（耿帅，2005）。企业网络层次是本书所采用的分析视角，基于集群网络核心层次特征探讨其与集群整体的竞争优势的作用机制。集群层次是目前研究中普遍采用的分析框架，例如Saxenian

(1994)对硅谷和128公路的分析。但这一分析框架目前主要停留在对集群整体的功能分析层面,没有对集群网络体系及其结构进行深入分析和刻画。

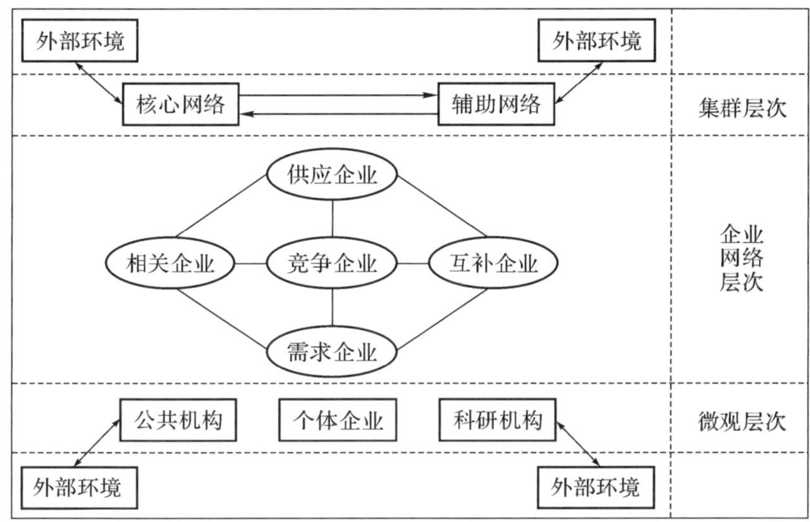

图15-1　集群网络的系统构成

资料来源:魏江.创新系统演进和集群创新系统构建[J].自然辩证法通讯,2004,26(1):58-64;Wolter K. The rise and fall of regional agglomerations: structure internal dynamics and change[C]. Paper presented at the DRUID PhD Conference, 2004

二、集群企业网络的系统要素

集群企业网络分析是以集群内企业及其互动关系为研究主体的分析层次,其系统要素包括环境要素、主体要素和结构要素。首先,集群企业网络本身的不可控因素构成集群企业网络的环境要素,主要包括三个方面:资源、基础设施结构和辅助网络体系。其次是主体要素,即企业网络要素。企业网络要素决定了集群的生产效率,该要素由供应企业、需求企业以及相关企业组成。在供应商方面,包括供应的多样性、质量、成本、供应效率等,由于成本和质量等方面的因素,集群外部供应商往往难以替代集群内部供应企业;在相关企业方面,包括使用相似技术、提供相似产品与服务以及共享同类基础设施的企业。再次是结构要素,集群中成员拥有的资源和集群的结构方式影响了集群的竞争优势,在集群的结构中形成了资源整合的协同效应。

第二节　集群自主创新与多重网络协同演化路径研究

一、理论背景回溯

多重网络关系是网络研究进展中的前沿。由于不同网络在生成和运行机制上的差异性,在不同网络中,网络属性对于企业行为和绩效有着不同的影响(Bell et al., 2007)。制造网络和研发网络被认为是影响企业创新的重要方面,有研究分别就制造网络和研发网络对企业创新的作用做出了论述。例如，制造网络对企业创新的影响中，供应商被认为是企业技术创新的关键外部知识来源(Kessler et al.，1996)，而与客户的合作则被认为是提高企业创新绩效的另外一个重要方式(Gupta et al.，2000；Kandemir et al.，2006)。但另外一些研究也得出了不一样的结论，认为制造网络对企业技术创新的影响非常微弱(Eisenhardt et al.，1995)，甚至认为两者并无必然联系，同时研发网络对企业创新绩效也可能存在负面影响(Caloghirou et al.，2004)。

制造网络和研发网络对企业创新的影响，现有研究的结果还存在一定的混合性和不一致性，有必要展开进一步的深入研究。此外，现有研究都从制造网络或者研发网络单一网络入手研究其对企业创新的影响，缺乏从两者之间交互作用的角度去分析制造网络和研发网络对企业创新作用的研究。

二、集群自主创新的多重网络机制

从多重网络的视角来看，在不同网络中，网络属性对于企业行为和绩效有着不同的影响。制造网络和研发网络是影响集群创新的重要方面，它们分别作用于创新的两种类型，即工艺创新和产品创新。两者随着集群演化而呈现出多重网络的形态变化，制造网络和研发网络的交互作用推动了集群从资源要素集聚、弹性专精向创新系统转变的多阶段发展。在集群网络演化的过程中，制造网络与研发网络之间并不是此消彼长的交替演化，而是随着企业网络关系拓展出现的多重网络的形态变化，反映了集群企业在不同阶段的适应性行为与网络构建策略。

在网络嵌入性的研究中，Andersson 等人(2002)将嵌入性分为业务嵌入性与技术嵌入性，并实证研究了企业嵌入性关系中的业务嵌入程度和技术嵌入程度同企业绩效的正相关关系。

三、集群自主创新与多重网络协同演化路径的案例研究

由于制造网络和研发网络在集群技术创新中的不同作用，产业集群自主创新能力的演化主要沿着制造网络的升级、研发网络的拓展、研发网络的升级、制造网络的拓展等路径展开。如图 15-2 所示，产业集群自主创新能力的演化路径有四条。

路径 1：基于制造网络的工艺创新、引进消化吸收再创新。以浙江绍兴纺织产业集群发展初期为例。20 世纪 90 年代，当时绍兴的以 GK615 等 70 年代织机为主的技术装备已经远远落后于国际纺织工业的发展。在 1991 年光明丝织厂引进第一台无梭织机后，绍兴纺织企业纷纷引进先进设备、改进生产工艺，以降低生产成本、提高产品质量。随着专有设备的投入、生产规模的扩大以及制造网络的发展，绍兴纺织业集群走上了快速成长的道路，至 2003 年绍兴纺织业集群形成了上游至 PTA 原料生产，下游至家纺、服装，包括纺织机械、染料、助剂的完整产业链。大量专有设备的投入大大提高了企业专业化生产的程度，大部分企业集中在产业链某一个环节，企业之间分工协作，形成了弹性专精与大批量生产相结合的生产体系，促进了集群资源配置效率的不断提高。

路径 2：开放式创新，发挥技术中介组织的作用。以浙江现代纺织工业研究院(简称"浙纺院")为例，浙纺院依托绍兴轻纺科技中心，下设 6 个研究所和 10 个技术服务中心，整合浙

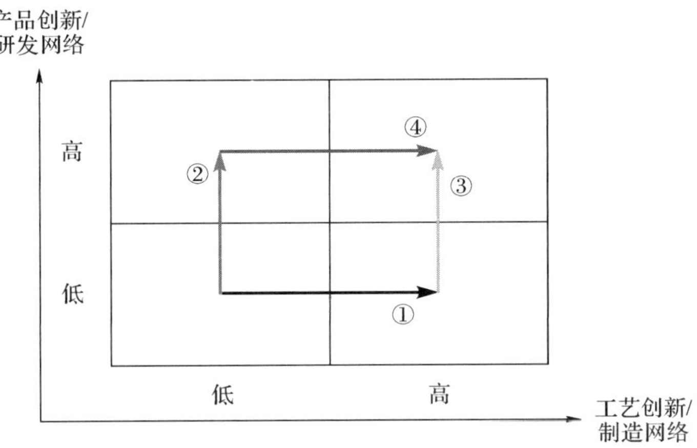

图 15-2　产业集群自主创新能力的演化路径

江大学、东华大学等大学和科研机构、企业技术力量对纺织共性技术进行研究开发，在此基础上为纺织企业提供技术服务。其中介作用不仅降低了企业产品创新的成本，还大大提高了企业与大学、科研机构间的研发合作效率。研发合作和研发网络的拓展促进了集群产品创新能力的提高，2006 年以来集群专利数和新产品数快速增加。

路径 3：本地化的大学、科研机构的创新扩散与模块化创新。北京中关村地区就是一个很好的例证。中关村是我国电子信息产业研发基地，是中国民营科技企业的摇篮，早在 20 世纪 80 年代就开始孕育本地的创新。由于当时国内企业技术水平有限，中关村的跨国公司掌握着核心技术和高端市场，而国内企业集中于低端产品、市场、服务和系统集成。国内企业逐渐与跨国公司开始进行合作，除了在市场方面的合作，跨国公司也将一部分外围软件开发的工作外包给本地企业，培训本地技术人才。同时如英特尔、微软、朗讯、太阳、IBM、摩托罗拉、甲骨文等知名跨国公司还在北京设立了研发中心，本地企业通过与跨国企业的合作和向它们学习，对外部先进技术进行了引进创新。此外，中关村内企业也积极与北京大学、清华大学等高校和科研院所进行合作创新。目前，中关村一批具有创新能力的高技术企业已经走向国际市场。

路径 4：招商引资与企业培育，产业链创新。以深圳的数字电视产业集群为例。在发展初期，深圳数字电视产业集群面临着严重的产品质量问题，同时缺少集成电路、数字电视内容等关键产业链环节。为此，深圳市大力支持建设数字电视实验区，引进相关企业，并鼓励企业创业，通过市政划拨土地规划科技园区，为众多企业落户提供政策支持。从 2000 年开始，平均每年有 180 多家数字电视相关企业落户深圳。制造网络的拓展有利于企业之间协同解决共性技术问题，促进了产业的工艺创新，带动了深圳数字电视产业的快速发展。

结合理论分析和产业集群发展实践，本节探讨了集群创新网络机制和演化路径。研究发现：①制造网络促进了集群工艺创新，而研发网络的发展是推动集群产品创新的重要因素；②产业集群技术创新的演化主要沿着制造网络的升级、研发网络的拓展、研发网络的升级、制造网络的拓展等路径展开。

第三节　集群自主创新能力的构成与提升机理

一、集群自主创新能力的内涵与构成要素

集群自主创新能力的本质是蕴含于产业集群整体组织结构中的有利于交互式创新活动的程序性知识的总和，体现为集群企业在整体层面上搜索与获取外部知识，共享与交流内部知识，协同与整合互补性知识单元，以及在此基础上创造和积累新知识等方面的总体能力水平。集群自主创新能力的载体主要是集群企业间、企业与知识型机构间以及企业与群外主体间等多层次组织间的网络。

集群自主创新能力的内涵具有以下特性：①抽象潜在性。集群自主创新能力本质上是一组嵌入集群关系结构的公共知识资产，集群中的企业和机构有意或无意地运用着这些程序性的知识，来寻找创新活动所需的知识来源或构建与他者的合作关系，从而实现交互式的创新。②系统涌现性。作为特定的社会系统，产业集群的创新能力是从其内部个体，也就是集群企业和相关机构的交互活动中“涌现”出来的。③自我延续性。组织能力在演化观中也常被类比为“组织记忆”或“组织惯例”。作为组织能力的一种，集群自主创新能力也具有自我延续和自我复制的功能，能够随着时间的变迁在主体中不断地被“再生产”出来。④动态演化性。集群自主创新能力通常会在被应用的过程中逐渐扩展与增强。

集群自主创新能力的构成要素是指从特定视角对此概念进行操作化后其所包含的各结构以及具体元素（见表 15-1）。

表 15-1　集群自主创新能力要素相关研究

序　号	集群的重要关联机制	
1	· 垂直企业间商业关系 · 设备的频繁共享 · 共同承接大订单 · 熟练劳动力的流动	· 水平企业间合作关系 · 技术信息的共享 · 生产的水平外包 · 共同抑制恶性竞争
2	· 基于联系的机制 · 供应链联系 · 企业间劳动力流动 · 企业衍生活动	· 非基于实际联系的机制 · 模仿和效仿 · 逆向工程
3	· 地方市场中熟练劳动力的流动 · 客户和供应商之间的交互 · 模仿过程和逆向工程	· 非正式的“自助餐厅”效应 · 地方化的共性技术 · 互补信息和专业化服务供应
4	· 正式和非正式的协作和信息网络 · 通过地方劳动市场的交互关系 · 共享习俗和规则	

续表

序　号	集群的重要关联机制
5	· 地方劳动市场的惯例化功能 · 企业间的非正式结网 · 用于整合多样化知识的合作
6	· 供应商—客户联系以及资本设备的制造者—使用者联系 · 企业间的正式和非正式合作及其他关联 · 地方劳动力市场中高技能工人的流动 · 新企业的衍生 · 企业与大学、公共部门研究实验室的联系
7	· 企业间的商业交易(即地方化的购买者—供应者联系) · 非交易性形式的企业间合作(如共同发展项目) · 企业与邻近研发机构、大学等的合作性联系或伙伴关系 · 企业间关键人员流动及学术界和产业界之间人员迁移
8	· 熟练劳动力可获得性 · 社会资本 · 联系(供应链上下游关系以及企业与机构间合作) · 外部网络效应

综上,集群自主创新能力的具体要素包括:①模仿和逆向工程;②群内企业间人才流动;③非正式人际交流;④地方供应链关系;⑤企业与大学和其他知识型机构的合作性联系;⑥地方平行企业间合作;⑦企业与大学间人员流动;⑧企业的群外(国内/国外)供应链关系;⑨企业的群外(企业/机构)协作关系;⑩群内外人才流动。

集群自主创新能力要素的结构化分类。结合演绎和归纳两种思路,从中抽象出集群自主创新能力的两个分类维度:①关联协作性程度;②关联开放性程度。其中,关联协作性程度是指该种关联机制建立和维持所需双方(或多方)能动思考和战略意识的程度,例如集群企业间的非正式交流几乎不带有任何协作性质,而平行企业间的合作往往带有较强的主动协作性。关联开放性程度是指这种关联主要存在于集群内部还是涉及集群外部主体,例如集群企业与跨国公司之间的联系是典型的开放式关联。依据这两个维度对已归纳的集群自主创新能力要素进行分类,可得到如图 15-3 所示的结果。

图中四个象限各自包含着集群自主创新能力的四类载体要素。Ⅰ类能力要素的主要功能是通过溢出机制实现集群企业间的知识共享和扩散,可称为知识扩散能力载体;Ⅱ类能力要素的主要功能是通过主动协作将群内具有不同知识基础的企业和机构按特定方式组织起来,从而实现多样化知识的互补和整合,可称为知识互补能力载体;Ⅲ类能力要素的主要功能是在集群企业国内外供应链关系的基础上,实现外部知识逐渐渗入并融合到集群企业原有的知识基础中,促进其渐变式增长,可称为知识渗透能力载体;Ⅳ类能力要素的主要功能是集群企业深思熟虑后建立起来的外部协作关系,实现集群对外部知识的主动搜索和消化吸收,因而可称为知识搜索能力载体。

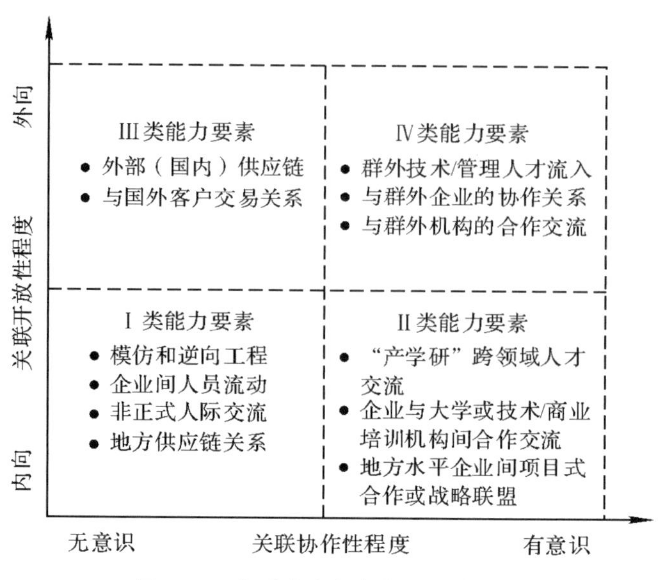

图 15-3　集群自主创新能力要素结构

二、集群自主创新能力提升机理

集群自主创新能力的每一类载体要素事实上也表征着一种特定的子能力，每种子能力都是集群自主创新能力的有机组成部分。集群自主创新能力的提升不仅需要每种子能力各自的提升发展，还需要四种子能力之间的优化配置，使产业集群始终在一种同质化与异质化、地方化与开放化动态均衡的过程中不断实现其创新能力的提升。

理论上说，集群自主创新能力的提升存在两种路径：①集群企业的自发活动。正如在实践中可见到的那样，受地理邻近性和本地社会文化的影响，集群企业按照市场规律权衡利弊并开展创新活动，也会逐渐在集群内形成特有的关联机制，如企业间的相互监测和模仿、本地化人才流动、非正式交流以及本地供应链关系等。换句话说，通过本地企业群体的无意识行为，产业集群也能够在演化中形成和发展本书所定义的Ⅰ类集群自主创新能力。②集群内战略主体的有意识集体活动。主要用于构建及发展集群自主创新的Ⅱ、Ⅲ、Ⅳ类能力，并使之协同。

但在实践中，这两条路径都存在内在风险与实际难度。在第一种路径下，作为集群创新Ⅰ类能力载体的各种关联机制主要是在地理邻近性和本地社会资本的基础上建立起来的，集群企业无须为此进行专门的投入。但在竞争环境日趋激烈和集群进入成熟阶段的情况下，集群企业往往会过度依赖这种路径，集群整体由此陷入能力刚性和路径锁定的危险之中。而在第二种路径下，集群企业与集群外企业或机构建立关系、集群企业与大学和其他知识机构的合作以及企业间水平协作关系的创造和维系无不需要关系专用性投资（Capello et al.，2005）。由于创新收益具有不确定性，集群内中小企业往往无力或是不愿承担这种额外成本，因此，大多数传统产业集群在构建这些新的关联机制和相应创新能力方面通常表现出低效率，产生所谓的“市场失灵”和“社区失灵”现象。

综上，集群内关键战略主体（如龙头企业、地方政府、公共机构以及地方行业协会等）的有意识行动对于集群自主创新能力的提升具有重要作用。

1. 集群龙头企业

集群内上规模的龙头企业较之中小企业具有更充足的人力和物力，从而也更具备战略规划和进行关系投资的能力。因此，龙头企业往往充当着集群内部创建新的合作形式和与集群外主体建立各种协作关系的先行者角色。实践中常见的形式包括由龙头企业发起的企业集团、战略联盟、项目合作，龙头企业向集群外（国外）企业购买技术、聘请专家、创设采购和销售渠道，以及龙头企业与大学、研发机构和其他技术或商业服务机构的交流与协作等。通过这些活动，一方面龙头企业作为集群重要成员创建许多新的内、外部关联机制，另一方面许多知识创造机构甚至是跨国公司的代理机构逐渐形成的产业集群自主创新能力的概念、要素与构建研究被引入集群，从而使集群内其他企业有机会与它们建立合作关系。显然，在此过程中集群的Ⅱ类、Ⅲ类和Ⅳ类创新能力都可能逐渐发展起来。此外，龙头企业在集群内的水平和垂直整合行为会对集群的内部组织特别是供应链进行重构，从而也会影响到Ⅰ类创新能力。

2. 地方政府及公共机构

尽管龙头企业的战略活动在客观上能够起到构建和更新集群整体创新能力的作用，但其出发点仍然是企业自身的利益。因而单纯依靠本地龙头企业的集群发展战略往往会带来整体负效应，其中最显著的负效应就是集群创新收益过度集中在少数龙头企业身上而挫伤中小企业的创新积极性，以及龙头企业控制了主要的技术、市场和人才等创新资源而阻碍中小企业的发展和创新等（Corò et al.，2001）。地方政府的创新公共政策以及相关的公共机构能够对此起到极其重要的纠偏和补充作用，具体方式有：加强本地创新基础设施和人才培训机构建设，制定地方法规保护企业创新收益以及协调企业间关系，搭建公共创新平台，促进集群企业与各类知识创造（服务）机构之间的信息交流与创新协作，为集群企业提供技术和市场信息，并为集群企业与集群外企业或机构的交流与合作牵线搭桥，等等。特别需要强调的是，地方创新公共政策以及具体措施的制定和执行应该关注中小企业的需要，同时注重外部信息的搜寻与传递，通过为中小企业提供其无力承担的关系性投资来提升集群企业创新活动的整体协作性和开放性。

3. 地方行业协会

地方性行业协会或商会促进集群自主创新能力生成和发展的功能，还是一个在研议题。不过，许多研究表明，行业协会有时能替代许多公共治理机构和服务机构，履行其部分职能（马斌等，2006）。这里，我们主要关注地方性行业协会在构建集群自主创新能力方面的三种主要作用：一是通过制定行业规范和担任业内仲裁者角色来实现行业自律，从而协调集群内企业间关系并促进企业间合作；二是发起和组织集群企业的多边合作性集体行动，包括筹办展会、打造区域品牌、应对突发事件等；三是相对间接的作用，即沟通地方政府与企业，通过影响地方公共政策和产业战略来间接影响集群自主创新能力的构建和更新。

第十六章　多层次多要素知识网络与集群自主创新

实现全面创新，不但需要整合制造业中的资源，而且需要吸收服务业中的创新资源。其中，风险投资整合不同生产服务资源，为集群中创业企业提供全方位的服务。与生产服务业的互动，有利于制造业的自主创新，有利于加速区域生产性服务业的发展，有利于提升集群自主创新的能力。

第一节　整合生产性服务资源与提升集群自主创新能力：以风险投资为例

风险投资机构为集群企业提供融资和管理咨询等生产性服务，为中小企业提供“一揽子”解决方案，有利于企业发明创造的商业化。与此同时，创业企业成功后，风险投资企业套现，获得高额的资本回报。然而，当前风险投资企业规模小，数量较少，难以满足新创企业的融资需求。因此，应丰富风险投资机构主体，完善风险投资机制，构建集群融资平台，促进企业成长和技术发明的商业化，从而提升集群自主创新能力。

一、风险投资机构有助于提高集群新创企业的创新能力

风险投资是创业型中小企业的首选融资形式（Tykvová，2000）。处于种子期和初创期的创业企业，由于规模较小且风险极大，难以得到银行的融资支持。传统间接融资的短期性和安全性的特性无法与新创企业资金需求长期性和高风险性的特性相匹配。风险投资是一种集知识、金融于一体的专业性投资，为具有发展潜力的新创企业或中小企业提供股权资本投资，适应了新创企业的融资需求，减小了创新及其商业化过程的风险，并且还能满足新企业的管理经验需要，提高创业企业的成功率。

风险投资有助于提高集群创业企业的创新能力。第一，风险资本为企业提供的资金和管理支持（Engel et al.，2007），如产品市场化、人力资源战略（Hellmann et al.，2002）等，保障了技术创新和商业过程中的资金稳定性和组织流程顺畅性，是提升创新能力的基础。第二，降低创新及其商业化的风险。风险资本能在不确定性和信息不对称非常严重时，鉴别出那些有发展潜力、在未来会表现出高绩效的新技术，将其作为投资对象，这符合市场对技术发明的要求，可减小技术商业化过程中的市场风险。第三，提供创新所需信息。成熟的风险投资企业往往与其他风险投资家、中介机构、金融机构和政府部门保持良好的关系，并凭借自己庞大的社会关系网络为企业带来优质的专业服务和企业发展信息。第四，构建外部联

系，加强与其他机构之间的合作。风险资本企业利用自身的关系网络，帮助投资企业构建与上下游公司、相关机构的联系，如科研机构、渠道公司等，形成企业联盟（Gans et al.，2002），提高技术发明及其商业化的成功率。

二、完善风险投资体系与集群融资平台的构建

完善风险投资体系，提升创业企业的创新能力，推动集群或产业的发展。当前风险资本发展，面临着资金来源、运营规范、制度限制等问题。因此，在当前法律法规许可的前提下，从丰富融资渠道、规范投资运营、拓展投资业务三个方面完善风险投资体系，实现创业型中小企业和风险投资的共同发展，如图 16-1 所示。第一，丰富风险融资渠道。私人企业性质的风险资本难以满足大量创业型中小企业的需求，因此，需要政府机构出资建立风险基金，或政府与私人共同建立风险资本，吸纳民间资本，拓宽风险基金的来源渠道，尽力满足风险资本的需求。第二，规范投资运营，减少风险投资企业的风险。风险投资企业加强对中小企业的甄别和筛选，识别具有广阔市场前景的企业，并进行投资。对于投资的企业，加强监督，规范企业运营，减小投资风险。设计合理的退出时间和渠道，包括出售、转让等，保证风险资本的收益和套现，实现风险资本的可持续化发展。第三，拓展投资业务。风险投资除了关注高技术创业企业外，还应该关注快速成长的企业，如一些创意公司、物流公司、网络公司等。发展新的业务投资对象，有利于风险投资公司的发展。

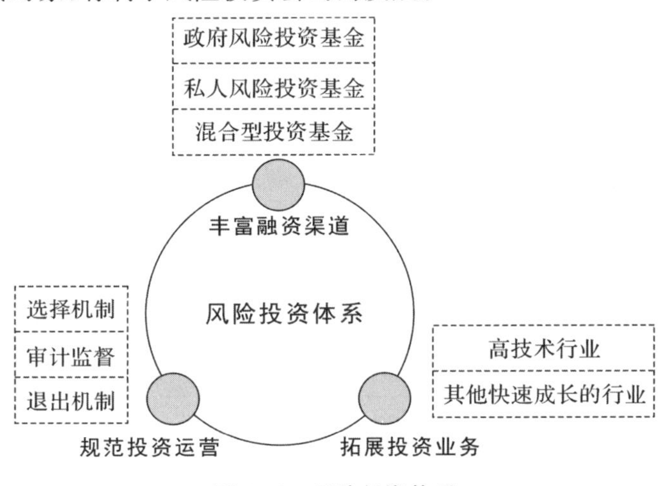

图 16-1　风险投资体系

集群中，完善融资平台，整合银行融资、风险资本、证券市场、政府基金等，满足不同规模、不同成长阶段企业的融资需求，保障集群企业技术创新及其商业化。第一，产业政策与风险投资相结合。对于地方政府支持的具有发展潜力的新兴产业或创意产业，政府基金给予大力支持，并引导风险投资企业参与，保证新创企业的孵化与成长。第二，银行融资与风险投资相结合。发挥银行融资的低成本、风险投资长期性等优点，满足大中小型企业的不同需求。第三，融资方式与企业发展阶段相结合。政府基金和风险投资较多运用在处于孵化期和创业期的企业，证券市场适合处于成长阶段的企业。风险投资安全退出与其他融资方式的进入，保障企业资金流的稳定性。第四，融资方式与政策优惠相结合。对于大中小型企业不同阶段采用不同融资方式，结合产业特点，给予不同优惠，促进集群中不同企业的发展。

第二节 开放式集群创新体系与知识网络的关联机制

尽管本地网络对集群企业的创新和成长起着决定性作用，本地化的企业间合作、人际互动、劳动力流动等集群学习方式有助于促进集群企业的转型成长（Grabher et al.，2006）。但是，随着集群的发展，本地机构之间的同质性日益增加，难以为集群转型升级提供必要的知识源。所以集群发展，必须突破地理边界、产业边界的限制，建立开放的知识网络，在更大范围中寻求、发现、实验和使用新知识，激发和促进企业创新与持续成长（Benner et al.，2003）。

知识网络是科学知识生产和传播的载体，包含网络机构及机构之间的活动（Beckmann，1995）。集群知识网络的基本要素包括结点要素、结点间关系及这些关系所承载的各类资源要素，主要分为知识应用网络和知识服务网络两种类型。其中，知识应用网络揭示集群企业与集群内外其他价值链上主体企业之间的联结关系，反映企业在互动中的知识应用和开发过程；知识服务网络揭示集群企业与集群内外部的教育研究机构、知识服务机构在互相联结中通过信息流、知识流、技术流和人力资源流等生产要素促进集群企业有效应用和开发知识，如表 16-1 所示。

表 16-1 集群知识网络的划分

	本地知识网络	超本地知识网络
知识服务网络	集群内教育研究机构（高校、科研机构）、知识型服务机构（行业协会、人才培训机构、投融资机构、法律事务所、会计师事务所等公共服务体系，以及孵化器、产品测评及认证机构、知识产权保护机构、咨询机构等技术支撑平台）	集群外教育研究机构（高校、科研机构）、知识型服务机构（行业协会、人才培训机构、投融资机构、法律事务所、会计师事务所等公共服务体系，以及孵化器、产品测评及认证机构、知识产权保护机构、咨询机构等技术支撑平台）
知识应用网络	集群内上下游企业、竞争企业及相关企业等	集群外上下游企业、竞争企业及相关企业等

一、本地知识网络结构与创新体系

本地知识网络是以集群为基础并结合规制安排而组成的知识网络与机构，这些知识网络和知识机构之间存在契约或非契约的关系。其中，成员企业之间，或表现为产业链上垂直互动的供应商—客户关系，或表现为水平方向上竞争或互补企业间的合作—竞争关系。这些主体之间的互动，以及它们与知识服务机构、教育科研机构间的互动，构成了以企业为中心的纵横交错的本地知识网络，如图 16-2 所示。

集群本地网络中，企业之间的地理邻近性与认知邻近性使得集群企业与集群内其他行为主体建立起密集的非契约网络，促进隐性知识的传播和共享；接着，紧密的社会网络促使网络内主体更容易地构建起契约网络，从而有利于显性、隐性知识的流动，进一步提高社会网络的密切程度。而地理邻近性与认知邻近性作为“篱笆”，将集群外主体隔离在本地知识网络之外（吴波，2007）。

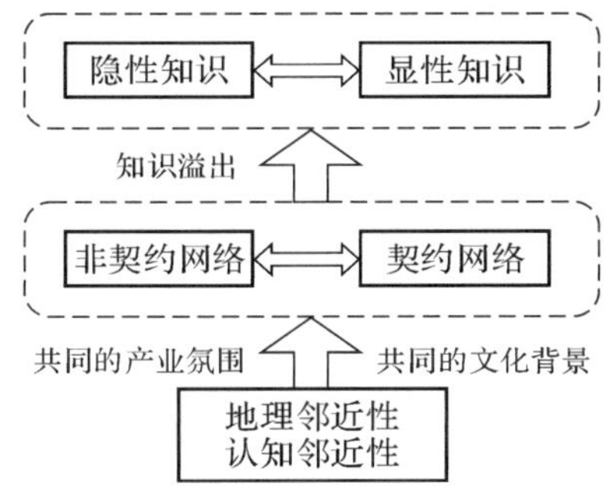

图 16-2 集群企业本地知识网络形成逻辑

二、超本地知识网络嵌入与创新体系

超本地知识网络界定为以集群企业为主导，通过正式或非正式的途径，与集群外部知识应用和知识服务网络行为主体进行各种知识资源的交流，所形成的旨在促进知识在集群内外部网络创造、储存、转移和应用的关系总和。超本地知识网络的成员企业间往往具有较大的地理距离和认知距离，不同的文化背景、语言体系限制了企业间合作惯例的形成（吴波，2007），其构建具有较大的风险（Bathelt et al.，2002）。因而超本地知识网络需要花费大量的时间、金钱才能逐步构建、维护，并且为了能够进行充分准确的知识交流，实现知识整合和共享，双方企业必须进行长期的互动以形成惯例。因此，超本地知识网络往往需要依靠长期的、正式的契约网络才能得以实现，网络内节点间往往是强连接，主要通过技术移民、战略联盟、构建超本地管道、嵌入全球价值链等途径实现。

为较清晰地展示超本地知识网络构成与实现（见图 16-3），我们以正泰集团为例进行剖析。

首先，通过契约网络构建超本地知识应用网络。一方面，正泰建立了广泛的国际技术联盟，开始了基于合资企业的技术转移和学习。例如，正泰集团凭借自身广泛的销售网络，与GE 等跨国公司合作，利用它们先进的技术、管理优势，融入超本地知识网络。正如集团某副总认为的："我们需要与国际领先企业进行合作，通过合作我们可以获得先进的技术，获得先进的管理模式以及品牌效应。"另一方面，通过大量的上下游配套、合作，企业进一步嵌入超本地知识网络。下游销售网络不再是单个企业，而是在各地区直接设立自己的销售网点或代理商，从而保证销售队伍直接在各地主动了解市场信息与技术资源，并迅速反馈给母公司，使之掌握稀缺资源。

其次，借助契约网络拓展超本地知识服务网络。主要表现为通过"产学研"合作等方式，知识服务机构、教育研究机构为企业提供信息、技术、咨询以及其他各类服务，其目的是为知识应用网络内部以及知识应用网络与知识服务网络之间更顺畅的知识交流和互动提供保障。例如，正泰在 2005 年年底就开始与南京理工大学合作，成立工业设计研究中心，已与西安交通大学、河北工业大学、福州大学、上海电器科学研究所、西安高压电器研究院（简称"西高院"）建立了稳定的科研与人才培养关系，促进了人才数量结构、质量结构和年龄结构的调整，为企业技术创新和新产品开发提供了人力资源保证。

再次，正泰在努力构建超本地契约网络的同时，也通过在外地设立研究中心、从其他企

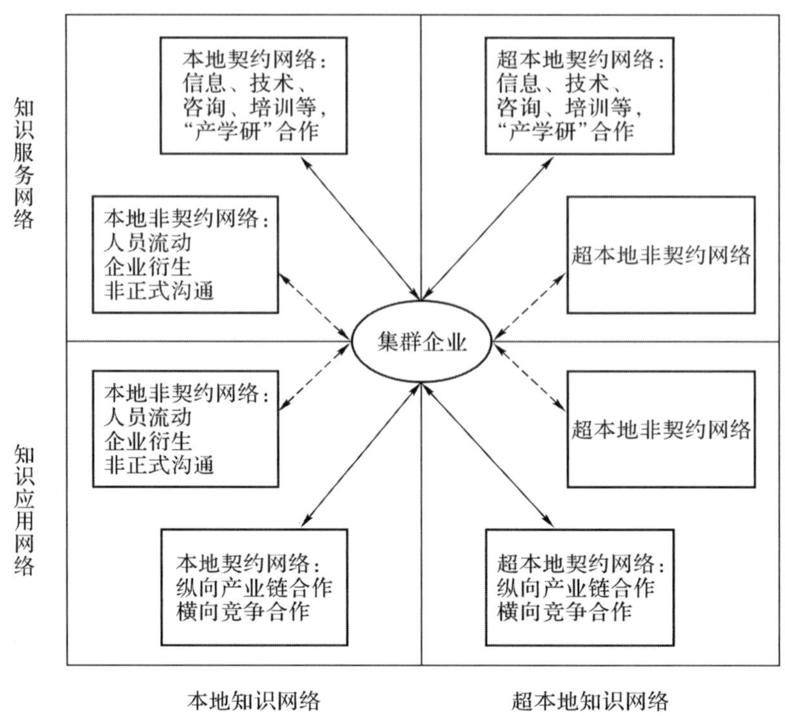

图 16-3　集群企业知识网络双重嵌入网络基础及实现途径分析

业“挖”来技术专家或管理干部、与科研院所合作开发技术或购买技术、从高校引进高学历人才等途径，构建非契约网络。例如，正泰在上海建立高压电器研发中心，在杭州建立工业自动化研究中心，在美国硅谷建立电气前沿技术研发中心，将自主创新的触角伸向国际行业最前沿；2006 年进入松江工业园，为正泰与园区其他企业交流合作提供了机会。通过这些途径建立的非契约网络，显著提高了正泰企业的技术能力和管理能力，同时也带来了一些新的观念，促进企业内部的创新活动。

正泰集团知识网络双重嵌入的结构模型如图 16-4 所示。

三、超本地知识网络嵌入与集群创新网络演变

（一）环境变化与集群企业的适应性行为

随着大企业精益生产和分包体系等生产经营方式的兴起和成熟，中小企业网络组织在组织上的竞争优势变得不如以往那样明显。传统集群的组织结构模型在效率上已不适应现有的竞争环境。从实践中观察到，许多具有较强战略意识的集群企业开始寻求变革。由此导致的主要现象可归纳为：①面对群外低价市场的拥堵和群内企业同质竞争，许多集群企业选择以提升产品质量、缩短生产周期或搜索利基市场为直接应对措施；②也有许多集群企业选择了以提升品牌和市场营销手段为主的商业化和国际化战略，受限于自身的规模和相关经验，这些企业常常以与群外大型销售企业或跨国公司合作的方式来加速其战略执行；③相较于以上专注于市场战略的企业，一些集群企业选择了以技术研发为核心的转型战略，除了选择与群外具有雄厚技术实力的企业进行合作之外，这些企业往往也借助大学、研究机构和其他非生产型知识机构的力量来增强自身的研发能力。

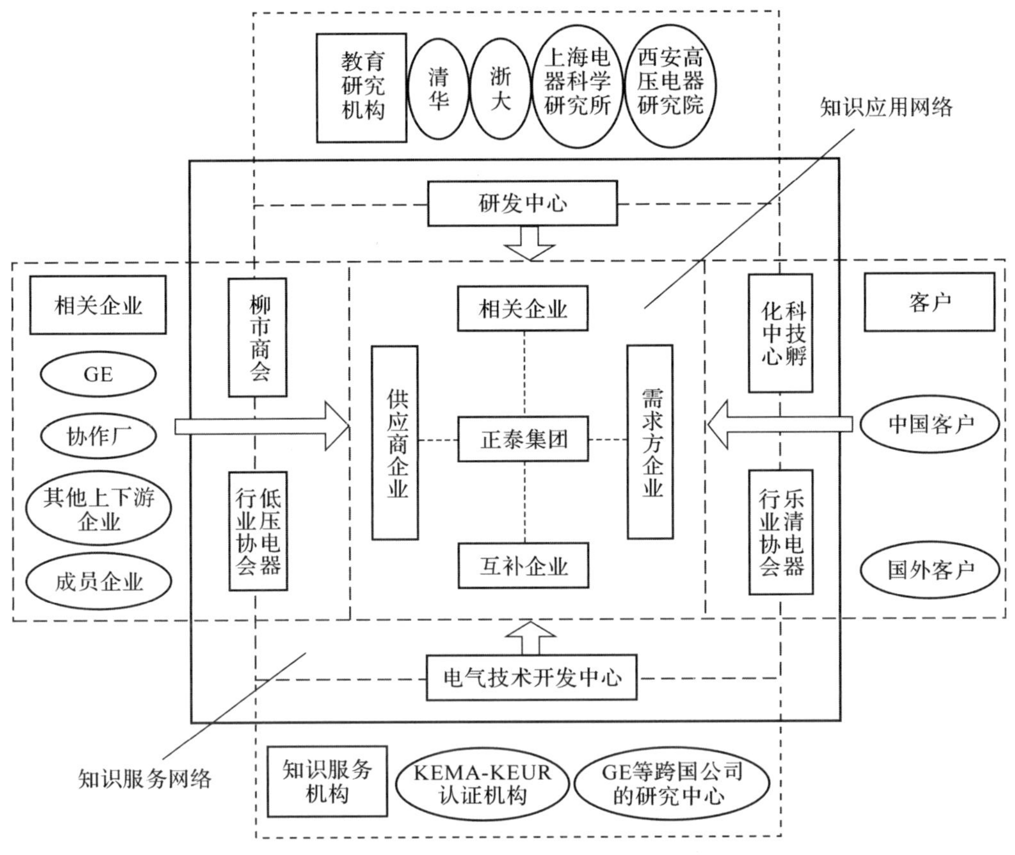

图 16-4　正泰集团知识网络双重嵌入的结构模型

(二)集群网络形态的演化特征

尽管应对环境变化的适应性行为最初体现为部分先行企业的行为，但个体行为影响的扩散却势必导致集群整体的结构变迁。观察近年来传统制造业集群的总体演化趋势，网络形态特征的变化是这方面最为直接的表现。随着集群网络层级程度提升、集群网络开放度增加、网络结点类型增加，当前的集群网络形态已不同于传统强调的以地方企业为主的封闭式“地方网络”，而日渐演化为一种涉及更多不同类型结点、具有更高开放度并具有一定内部层级化结构的“创新网络”。引用 Markusen(1996)对产业集群所做的经典分类，可认为近年来传统制造业集群在网络形态上存在从“马歇尔式”集群向“轴心—轮辐式”(hub-and-spoke)集群演化的总体趋势，如图 16-5 所示。

(三)乐清低压电器集群案例

上述集群网络形态演化趋势在温州乐清低压电器集群近年来的演化过程中得到了部分印证。乐清低压电器集群是一个层级化程度相对较高的集群，其层级化特征主要表现为龙头企业主导的地方企业集团化现象。但在早期发展阶段，乐清集群的网络形态也呈现出典型的“马歇尔式”特征，群内存在大量生产低压电器配件的中小企业或家庭作坊，企业间关系以非正式交流或松散的供应链交易为主，集群产品的销售则依靠散布于全国各地的“本地人”网络，这些群外销售人员多为集群企业主的亲属或朋友，除此之外很少存在其他外部网络关系。

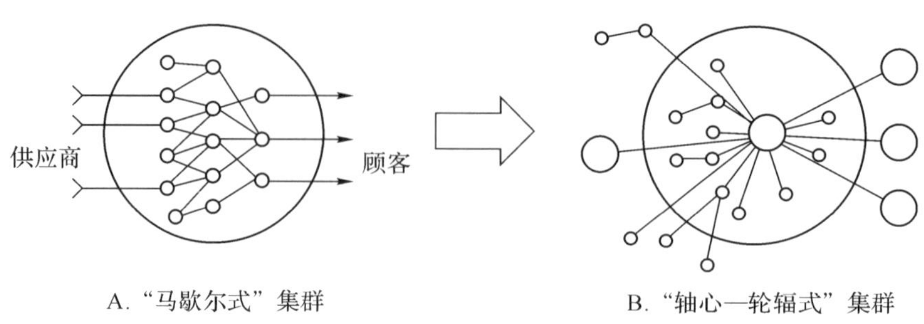

A.“马歇尔式”集群　　B.“轴心—轮辐式”集群

图 16-5　集群网络形态演化趋势

进入 20 世纪 90 年代之后，集群内部分企业主要凭借成功的市场经营而逐渐扩大了自身与普通中小企业之间在规模和市场占有率上的差距。这些企业逐渐成长为集群的主要销售商，依靠对市场渠道的控制，它们也逐渐实现了对集群内产品供应商的控制。90 年代中后期开始，集群内的大企业普遍开始实施集团化改造，多数当下的集群龙头企业即在当时崭露头角。但在此阶段，群内龙头企业实施集团化的目的主要是实现产品的多元化并涉足更大的市场领域，因此其整合方式以成员企业的协议加盟为主，对股权关系的涉及有限。而近年来，出于提升产品质量和品牌建设的目的，乐清集群内的龙头企业普遍以参股或控股的方式加强了对成员企业的控制和整合，如天正集团受访者所述："（成员企业）原来是松散型的，它们自己做产品，贴我们的牌，我们给它们销售，现在都变成紧密型了，因为质量不能控制，每一个人自己搞，像地方的杂牌军一样，没有整编，这怎么能行呢？他们自己的包装也不一样，标牌大小也不一样，我们想要有个统一的企业形象。"不断深入的集群内企业集团化使得乐清集群的网络结构在当下呈现出十分明显的"多中心"层级化特征。集群内 4000 多家企业中，正泰、德力西、天正和人民电器等十余家年产值超 10 亿元的龙头企业是最主要的终端产品生产企业以及销售/品牌运营商，它们控制着集群主要的销售渠道和品牌资产，通过设定生产标准和直接监管的方式协调指挥着集团内部低压电器元件供应企业或装配分包企业的生产经营，而这些企业在必要时还会寻找第三级的外协配件生产企业并传递生产指令。

与集群内龙头企业成长和层级化发展趋势并行的是集群网络开放度的提升。诚然，受温州传统外向文化的影响，乐清集群自始以来就以外部市场渠道建设为重，但却始终难以脱离地缘观念的影响。然而近年来出现的一些超地方合作关系逐渐打破了这种桎梏，其中最为典型的是部分集群企业与外地国企的股权或项目式合作以及与跨国企业的战略合作。从调研情况来看，国有企业由于具有较为丰富的技术和人才资源而成为乐清集群企业开展群外战略性合作的优先对象，如长城集团受访者表示："我们集团公司这样（的情况）最重要的是在产品的结构上、技术上进行联合，像我们和湖北咸宁的企业合作，还有去年我们和武钢、西门子的合作……和武钢的合作主要是高压电器这块，因为武钢本身内部需求巨大，武钢在'十一五'规划里面，有很多项目要开工。"而德力西集团与德国施耐德公司的合资则是近年来乐清集群企业跨国网络关系拓展方面最具代表性的一个案例。尽管合作所产生的实际利弊目前还难以考证，但其切实地反映了集群龙头企业希望通过与跨国公司合作以实现自身技术、市场和管理方面能力提升的迫切愿望，正如德力西集团受访者所述："……出于质量和管理两方面的考虑，最后选择了合资，借力发展，借助跨国企业的优势和经验来辅助我们主产业的发展。"

乐清集群以往的产品均为模仿国外低端产品甚至濒临淘汰的低压电器元件为主，近年来较具规模的企业逐渐开始摸索生产成套设备以及高压电器。在此过程中，大学、科研院所以及技术机构成为集群企业必不可少的技术开发合作者。这方面的实例不胜枚举，其中华仪电器受访者在谈及新产品开发时的叙述可作为典型："（'产学研'合作）还涉及西高所和中科院，主要是高压电器方面的合作。风力这块我们核心的控制器也是跟中科院合作的……我们在北京也有一个（合作的）研发中心，没有研发中心很难办的。"据此可知，知识型机构已经成为乐清集群创新网络中的重要结点类型。

第十七章 基于全面创新提升集群自主创新能力的对策

运用全面创新理论，提升自主创新能力，需要在多层次、多主体、多要素三方面着手。在对中观层次区域创新系统的构建和层次分析的基础上，我们沿用全面创新系统的框架，提出提升集群自主创新能力的对策和建议。

第一节 多层次主体参与保障自主创新动力的对策

促进集群全面创新，对集群创新系统不同层次主体采取不同的激励措施：①创新主体多元化。集群企业、地方政府及公共机构和地方社团等各类主体都应该在集群创新系统中发挥创新功能，具有主体多元化特征的结构能够保证集群内的重要战略决策符合各类主体的利益，实现集群的持续发展。②创新机制协同化。不同协同机制的有效功能领域各不相同，且相互之间存在互补互促的系统关联，在协同化发展的情况下，能够实现最高的效率。

一、升级龙头企业，集中创新资源

第一，地方政府应正确认识龙头企业在集群中的作用。不论在何种情形下，企业始终是集群生产和创新的能动主体，地方政府不应是集群企业的“家长”和管理者，更不应该成为利益的博弈者。地方公共政策所应起到的作用是为集群企业提供有利于创新和发展的公平机会。在公平的市场竞争环境中，集群经济适度集中和龙头企业的出现是市场规律发挥作用的结果。但过于集中的层级治理会使集群经济收益过多地集中于少数几个龙头企业，从而影响集群整体的长期发展。因此，一种倾向于群内利益均衡的“多龙头体系”或许是较为理想的发展模式。

第二，地方公共政策应特别重视对龙头企业“升级”活动的支持。如前所述，当前我国集群内的龙头企业多数仍以扩大传统产品产量和争夺现有市场份额为主要竞争手段，竞争视野难以超越周边地区特别是集群内部。为此，地方政府需要改变传统的以生产规模为主要指标的评价体系，建立以创新绩效为导向的统计口径和评估方法，明确对龙头企业自主创新活动的重视和支持。与此同时，对龙头企业的重大创新项目予以充分支持，尤其是具有重要革新性质的群外合作项目和“产学研”合作项目，地方政府及其下属的公共机构可在很大程度上发挥信息提供、中介和协调等功能。

二、扶持中小企业,激发创新潜力

第一,地方公共财政可调配的资源数量有限,奖励和津贴等方式对于规模较大的龙头企业来说往往是杯水车薪,但对于中小企业来说则意义重大。因此地方可设置适当偏向于集群内中小企业的公共创新激励政策,但在此之前要建立科学合理的评估体系来评估中小企业的创新潜力,以便进行遴选。

第二,要切实加强集群内创新基础设施的建设。尤其是在技术和市场信息供给、人才培训等方面,宜着眼于中小企业的共同需求,从基础做起,解决一系列实际和关键的问题。

第三,激活公共服务机构以及创新平台的服务功能。在明晰制度的前提下继续推进公共服务机构的市场化运作,起步阶段不必求全,需注重与中小企业的需求对接。除提升自身直接的技术和市场服务能力外,尤其需要培育在促进集群企业与知识型服务机构以及群外企业的交流合作方面的间接服务功能,因为这方面所需的"关系投资"是中小企业最无力承担的。

三、发展行业协会,推动集体自治

第一,地方行业协会制度建设普遍迟滞,除了外部的宏观制度原因外,地方政府职能机构与协会之间的关系处理欠妥也是一个重要原因。鉴于缺乏相关法规支持,地方政府难以对行业协会直接授权的实际情况,加强政府与协会间的合作是一个可行的思路。这些合作应以较为正式和长期的方式开展,必要时可设立地方法规,以制度化的方式保障合作的良好运行。

第二,地方政策应保障协会的独立自主性。地方政府不应过多干预协会的经营与运行,应有意识地鼓励和支持协会的业内自治和仲裁等功能发挥。尤为重要的是,地方政府不应对协会的人员配置进行干预,应鼓励集群企业以自发和民主的方式选举或聘请专职人员进行内部管理。

第三,地方性的行业协会不宜求全求多,应进行适当的集中。地方政府可通过新建协会资质核准、加强相关行业各协会的合作与组织等方式对地方行业协会进行系统协调。

第二节　多主体合作提升集群自主创新能力的对策

全球化进程加速了集群创新系统的开放,集群网络需要拓展本地的知识服务网络,将其嵌入全球知识网络中,从中获取稀缺的技术、信息、知识等资源,提升集群自主创新能力。发挥超本地知识网络中的创新功能,关键是发挥组成知识网络的各个结点的功能,包括企业、高校、科研机构、政府、中介机构、跨国公司等,突破集群地理和产业边界,获取提升集群创新能力的关键资源,促进集群转型升级。

一、推动集群企业与外部机构合作

第一,鼓励集群企业与外部科研机构、高校等研究机构合作,进行合作研发,共同开发新产品、新工艺，加速产品创新和工艺创新；第二，鼓励企业人员到外部机构学习、进修，学习外部先进的技术和管理经验，提升自身技术和管理水平；第三，鼓励集群企业兼并和收购外部的相关企业，增加生产规模，进入当地市场；第四，鼓励集群企业与外部的检测、认证机构合作，获取相关资质认证，加快其进入国际市场进程；第五，鼓励集群企业到先进地区开设研发中心和营销中心，加快其向价值链两端衍生进程。

二、营造超本地化发展的良好环境

第一，加强外部交流，利用相关的展览、交易会等，为本地集群企业与外部机构交流创造机会；第二，加强资金保障，成立相关融资平台或基金，为本地集群企业与外部机构合作提供融资便利和财政奖励；第三，加强“官产学研”合作，参与本地集群企业与外部科研机构合作，解决集群发展中的共性技术和关键技术问题；第四，加强基础设施建设，完善本地信息网络建设、互联网平台建设，方便集群企业获取外部信息。

三、加速本地知识服务机构的发展

第一，发展本地知识密集型服务业，包括科技、信息、商务等生产性服务业，提供集群发展所必需的知识；第二，加强本地知识密集型服务业与外部机构合作，引入集群转型所必需的新知识；第三，引入外部服务机构，服务本地集群企业的发展；第四，加强生产性服务业与制造业互动，促进集群自主创新能力提升。

第三节　多要素整合平台促进集群自主创新的对策

集群生产服务体系为集群内生产性服务企业与制造企业的互动构筑了良好的运行基础。按照服务内容或功能，生产性服务体系主要包含基础服务、生产服务、研发服务、商务服务等四大平台。通过财政专项资金引导建立各种基础服务平台、生产服务平台、研发服务平台、商务服务平台等，创造集群内互动的良好环境，密切集群主体之间的联系，增强集群竞争优势。

一、完善一批基础服务平台

完善公共服务平台，改善交通、电力、给排水、污染治理等基础设施水平。重点建设一批信息服务基础设施平台，加快综合通信网络建设，建设电子商务园区、信息服务园区、软件外包园区，构筑第三方信息服务平台。发展一批以特色产业为依托的商品批发市场，加快建立社会化、专业化的现代物流服务网络体系。

二、建立一批生产服务平台

搭建产业集群融资平台，加强产业集群与各类金融机构的对接与合作。建设一批面向中小企业的社会化、专业化、功能化的服务平台，促进制造企业服务化，实现服务业总量提升与生产效率提升的结合。以项目带动方式开发一批现代服务业共性服务技术、关键服务业技术，为推进服务业外包提供技术支持。

三、搭建一批研发服务平台

进一步发挥孵化器、科技中介的作用，加大财政投入，加快新的科技孵化基地建设。收集与发布相关的科技信息，促进技术市场交易，加速相关专利的商业化。建立研发中心，鼓励企业建立博士后工作站等，加强与大院名校的“产学研”合作，积极开展科技合作交流，为企业与高校院所的合作牵线搭桥，为双方提供良好的服务。依托产业集群建立职业技术学院和技工学校，引进国内外职业培训机构，加强职业教育。建立技术研发交流平台，积极促进生产性服务业与制造业之间建立技术联盟，扩大生产性服务业与制造业的技术交流和技术研发合作，从而合理有效地制定自身的技术创新战略和研发措施，减少技术研发的不确定性。

四、打造一批商务服务平台

建立商务平台，积极吸引国内外大企业在集群内设立各类分支机构，为集群内制造企业提供企业管理咨询、人力资源培训、营销渠道设计、品牌运营管理等服务。建立信息交流平台，收集、交流国内外的产品、市场、技术信息。建设专业市场平台与以特色产业为依托的商品批发市场，推进交易方式的多元化和现代化，扩大网上交易规模，实现有形市场和无形市场的共同发展。培育技术交易平台，支持集群发展所需专利技术交易，推进专利技术产业化。

第五篇　全球价值网络中的二次创新与超越追赶

本篇概要

本篇主要研究全球化背景下中国企业的自主创新及其实现途径。研究指出，作为全球市场上的后来者，中国企业在资源和能力基础方面较为薄弱。中国企业进入全球市场的目的在于充分利用全球价值网络中的丰富资源，增强自主创新能力。而中国企业要在全球市场上增强竞争能力，同时要避免陷入“追赶”的陷阱，从“追赶”转向“超越追赶”，从而赢得持续竞争优势。

第一，研究划分了资源和能力基础较为薄弱的中国企业进入全球价值网络进行自主创新的两种不同情境：一是本土企业作为供应商进入国外跨国企业主导的全球价值网络，逐步从网络中获得、消化、吸收技术，努力成为合约制造商(contract manufacturer)；二是本土企业逐步构建以自身为核心的全球价值网络、自主创新技术，努力成为品牌领导者(brand leader)。基于二次创新管理理论，研究认为在情境一中主要进行引进追赶过程中的“二次创新”，在情境二中主要进行以海外投资和新兴技术收购为特征的“后二次创新”。

第二，归纳了全球价值网络中自主创新的升级途径。首先，网络演进与创新能力耦合提升；其次，透过全球价值网络中的组织学习与企业创新能力相互促进提升，进而实现产品创新模式的演进；最终，实现从产品创新向自主技术标准产业化转变，即实现产品创新向标准创新的转化。

第三，提出了全球价值网络中的商业模式创新途径，企业可以通过灵活整合网络中的设计(design)—生产(make)—服务(serve)等价值创造环节来实现新的价值活动匹配，即构建基于DMS框架的高附加值新商业模式。整合中，大企业与小企业有效合作、优势互补，“协同创新”是关键。

第四，说明了通过海外投资提升自主创新能力的模式和初步机理，如划分了创新相关的技术、市场战略资产获取的类型，表明全球化背景下的后发企业对外直接投资(outward direct investment，ODI)通过促进学习和资产控制来提升自主创新能力。

最后，归纳起来看，全球创新网络中的自主创新路径可以走以技术创新为主的"二次创新"，或非技术创新的"商业模式创新"，进而通过"超越追赶"走向技术与非技术创新相结合的"开放式全面创新"。在此研究基础上，本篇对企业管理实践和政府政策制定提出如下建议：①全球化背景下，企业实施基于自主创新的全球价值网络规划，在价值网络中获取与整合创新资源；②无论中国制造企业是进入跨国公司领导的全球价值网络成为供应商，还是构建自主领导的全球价值网络成为品牌领导者，政府都应积极为这些制造企业提供进入全球价值网络的机会、支持与服务，引导企业提升自主创新能力，朝着超越追赶、做强自身的战略方向发展，从而赢得全球市场上的持续竞争优势。

第十八章 全球价值网络中的追赶情境与自主创新维度

第一节 全球价值网络分工的挑战与机遇

一、挑战分析

(一)跨国公司的价值网络控制

随着中国在全球制造业产业链中的地位日益突显，跨国公司对华投资和技术转移战略正迅速进入一个重要的新阶段。跨国公司将生产与技术分离的意图更加明显，其对制造业产业链的控制方式正从以合资、合作为主的间接控制，向“资产控制”与“技术控制”合为一体的直接控制过渡，对核心技术的控制不断加强，并且开始依据全球价值链，重新调整对华技术转让和研发投入的策略。具体表现在：设立独资企业(或通过增资扩股加强对合资企业的控制，以便于实行技术内部化策略)，设立独立研发机构(防止技术外溢、延长技术收益期以及强化总公司对全球 R&D 活动的控制)，加大专利保护力度，技术转让上采取内部技术转让方式。目前中国制造业的国际扩张，特别是高新技术产业中用工较多的生产环节和工序的发展，一部分原因应该归结于跨国公司在中国设立外商投资企业并由这些企业从事进出口活动。跨国公司以此加强了对中国产业的整体控制，一定程度上加深了中国相关产业各环节对跨国公司技术转移的依赖。

因此，随着跨国公司网络控制的增强，如果本土企业不增加自主研发和对价值系统上下游的控制力，就很难从外商吸收到可用的知识，也很难在合作中获得谈判力和主动权，只能引进—落后—再引进，陷入被动境地。

(二)全球价值网络与对外贸易依赖

中国本土制造业企业融入国外跨国公司所主导的价值网络中，形成了典型的低端出口导向与高端进口依赖的商业模式。一方面，在高端产品、设备和零部件领域，中国本土制造业企业高度依赖进口，如集成电路、芯片的制造装备 89%是进口的，重化工中的石化设备 80%是进口的。另一方面，出口导向的经济又极易受到国外经济和企业的冲击。2007 年上半年，美国次贷危机爆发，此后便以愈演愈烈的态势发展为全球性的金融危机。2007 年以来，中国经济增速逐年下滑。从需求侧看，外需中，全球出口增速 2010 年见顶回落，2007—2010 年持续零增长，中国较难独善其身，而低成本优势不再，低端制造业向东南亚转移不可避免。内需中,2011 年人口结构出现拐点,2012 年人口抚养比见底回升,2013 年地产销量增速持续下行,工业化步入后期,投资增速持续下行。中国经济结构自身存在的高对外依赖,使得中国的出口受到了一定的冲击。在外部出口受阻的情况下,内部又受制于消费不足,使中国的经济增长和就业问题面临严峻考验。这充分说明了由于跨国公司和国外企业对贸易的主导,中国制造企业的资源被大量用于满足国外产业和消费需求,对扩大内需、形成内需驱动的经济是十分不利的。如果不进行自主创新,仍然受制于跨国公司的技术和营销资源,所生产的产品就只会符合他国需要,就只能通过卖给国外厂商来获利。

(三)全球价值网络中的分工与边缘化问题

许多学者清晰地指出,在全球制造业的产业链上,中国企业总体上只处在中低端。从中国的经济规模、制造业规模、进出口规模、产业结构、市场结构、企业技术创新能力等关键指标和因素看,中国目前与世界经济史上被称为"世界工厂"的英国、美国和日本相比还有相当大的差距,还没有成为第四个世界制造中心,在资本密集型和技术密集型的制造业领域目前还不具备成为世界工厂的规模和水平。马建堂等人(2003)研究了电子产业的例子,认为由于研发能力和自主创新能力不强,真正有自主知识产权或核心技术的产品不多,中国电子产业的关键部件都依赖进口。中国既不是研发中心,更不是利润中心,许多中国企业在全球价值网络中仍处于边缘地位。

吴晓波(2004)认为边缘化的存在有四个深层次的原因:技术先进性不强;技术扩散效应差;技术消化、吸收能力弱;跨国公司内部的技术转移加强了对中国产业的控制。如果制造企业不进行自主创新,在全球价值网络中将始终处于不利地位,无法从网络中获取更大的利润,也无法进入高附加值制造领域。

二、机遇分析

(一)全球价值网络中的学习与升级

Ernst(2002)认为,全球生产网络同时也是一个知识转移、价值创造的网络。在全球生产网络中,后发企业可以通过知识转移来获益并创造出新价值。Ghoshal 和 Bartlett(1990)认为,跨国公司网络学习的方式之一是通过 FDI 向东道国的知识扩散与溢出,通常包含两个阶段,即知识从跨国公司总部和/或兄弟企业向东道国分支的转移(内部网络知识共享),以及从东道国分支向东道国产业的溢出(外部网络知识共享),因此东道国企业可以从跨国公司的网络中获得技术溢出。国内学者吴晓波和刘雪锋(2006)论述了全球制造网络在企业、产业以及国家层面上为发展中国家提供的发展机遇。对于发展中国家的企业来说,加入跨国公司主导的全球价值网络,可以在资源获取能力、后勤支持能力、学习能力、敏捷和灵活性上有较大的提升,这为后发企业吸收获取知识,迅速开展创新,实现网络中的升级提供了有利条件。

(二)中国企业对外投资与网络整合

中国制造业的全球价值网络构架初露端倪。当全球化制造已成为发达国家跨国制造公司抢占世界市场的重要战略之时,包括中国在内的发展中国家的企业主要通过被动加入跨国公司的全球价值网络来加速自身竞争力的提升。然而,其中亦不乏敢为人先的佼佼者。以海尔、联想、华为、中兴、上海电气、中集等企业为代表的中国制造企业亦开始积极布局和扩展自己的全球研发、制造网络，迅速进入通过 ODI(outbound direct investment，对外直接投资)构建全球价值网络以充分利用全球资源、开拓全球市场的新阶段。虽然中国制造业企业 ODI 的总量并不大，但成长极为迅速。尽管中国经济下行压力不断加剧，对外直接投资的中国企业数量以及投资流量和存量均在飞速地增长。商务部数据显示，2017 年中国对外非金融类直接投资达 1200.80 亿美元。2017 年年末，中国对外直接投资 1582.90 亿美元，虽然较 2016 年有所下降，但仍处于历史第二高位。在投资并购领域，地方企业占并购金额近八成。据商务部统计，截至 2017 年 12 月 25 日，中资企业发起的海外并购交易共 573 宗，披露金额合计约 2961.09 亿美元，几乎涉及国民经济的所有行业。可见，主动构建全球价值网络是当前中国企业一个重要的战略选择，对于获取创新资源、打开国际市场甚为有利。

综上，全球价值网络既是驱动自主创新的压力来源，又为自主创新提供了全新的平台和机遇，是自主创新不可忽视的重要情境因素。只有通过对情境进行分析和对比，才能提出正确的管理框架和建议。由此，对全球价值网络情境下的自主创新问题需要进行深入分析和讨论。

第二节 全球价值网络中的追赶情境分类

全球价值网络是对 20 世纪八九十年代以来出现的制造业全球化组织形式的高度概括。Ferdows(1989)将国际制造系统定义为工厂网络，每个工厂在网络中扮演不同的战略角色。这个定义更加关注网络和工厂之间的联系，但忽略了集成后网络的整体功能。Cohen 等人在 1989 年提出的国际制造网络(international manufacturing network)包括供应商、工厂和市场等。

剑桥大学制造研究院 Yongjiang Shi、Mike Gregory 等在 1998 年提出了国际制造网络的概念，并于 2002 年提出全球制造虚拟网络(global manufacturing virtual network)的概念。他们认为这是一种新的制造结构，以协作的基础设施与信息支持技术为基础，能适应细分市场的急剧变化。随着信息技术的发展与商业模式的创新，国际产业分工不断深化细化，零散化生产与产品内分工的趋势愈益明显，传统的纵向一体化价值链正逐渐被散布在世界各地的专业化公司所组成的虚拟价值网络取代。Ernst(2002)提出了全球生产网络(global production network)的概念，其包括企业内与企业间的交易以及各种形式的协调，它把核心企业自己的分支机构、子公司与独立供应商、战略合作伙伴等联系了起来。

简而言之，全球价值网络是在信息技术支持下，协调分布在全球的各个海外分支、子公司、合作伙伴共同参与价值创造活动的跨企业组织。Nohira 和 Ghoshal(1997)进一步指出这样的网络能够给跨国公司带来两种主要优势：一方面，跨国协调使得跨国公司能够通过在不同国家或地区的专业化分工来充分利用区位优势；另一方面，在跨国公司内部的全球一体化又能够利用从规模经济、范围经济以及学习效应中得到的协同效应。后续的案例研究与大样本实证研究都进一步验证了这样的优势。

在全球化的趋势下，中国企业的技术追赶，要么是加入外商主导的全球价值网络，要么就需要组建自己的全球价值网络，否则将在竞争中失去专业化公司的支持和成本优势、柔性优势，难以进行面向国际市场的制造运营和竞争。在加入 WTO 之后的开放环境下，面对着具备全球优势资源整合能力的竞争对手，甚至会失去本国市场。因此，可以将全球价值网络中的追赶划分为两种基本情境：一是本土企业加入国外跨国企业主导的全球价值网络，逐步从网络中获得升级；二是本土企业开始构建以自身为核心的全球价值网络。

第三节　全球价值网络中的自主创新维度

自主创新是发展中国家或新兴工业化国家的技术创新遇到的普遍问题。韩国的金麟洙教授在分析韩国企业技术学习与创新的机制时，提出了韩国企业技术追赶与自主创新的几个关键要素，即吸收能力、技术需求、技术供给和技术学习的动力（Kim，1997）。吴晓波教授（1995）则注意到中国企业所进行的技术创新大多是在引进技术基础上进行再创新的现实，在实证研究基础上，提出了基于中国及一般发展中国家企业技术创新现实的“二次创新”理论模型。他特别关注企业从基于引进技术与吸收集成的“二次创新”到基于原始创新的“一次创新”的跃迁，从而实现企业自主性的提升。

目前国内的相关研究认为，实施自主创新战略，就是牢固树立“以我为主”的思想，以企业为主体，以掌握核心技术、发展壮大知识产权储备为宗旨，正确处理引进先进技术和自主创新的关系，把原始创新、集成创新和引进技术基础上的消化吸收再创新有机结合起来，有效整合本土创新资源（柳卸林，2006），全面提高自主创新能力。此外，众多专家指出，技术标准日益成为世界产业竞争的制高点。自主创新的目标除了要在自主知识产权和核心技术等方面取得突破外，更期望能够掌握制定标准的话语权（路甬祥，2007；毛蕴诗等，2006）。路风（2006）指出，自主创新必须成为中国发展战略的基本出发点和核心内容。郭重庆院士（2004）认为，当前必须充分利用产品价值链分解所带来的机遇，既要利用国外资源，又要回避“拉美化陷阱”，必须从经济长远发展考虑，为谁主导中国经济做出相应的政策安排。

综上，全球价值网络中创新的自主性主要体现在两个维度：一是“核心技术”与“知识产权”的控制力，即掌握核心技术知识和知识产权；二是“价值活动”的控制力，即自己可以协调实现将技术商业化的价值活动。在全球价值网络的情境下，这两个维度显然都非常重要。没有核心技术知识产权，研发往往受制于人，而没有价值活动的控制，创新活动也会受制于人（例如有实验室技术，但是没有产业化的问题）。由于全球价值网络既是生产网络，又有知识转移的重要功能，所以，在全球价值网络情境下，这两个方面的自主性又是相互统一的。

自中国提出创新型国家战略，推动以企业为主体的自主创新以来，大中型企业对创新资源的投入力度正逐步增加，实施自主创新的措施正逐步落实，绩效也显著提升。近年来，大中型工业企业进一步加强了科技人员和经费（包括研发、技改、市场等费用）的投入，科技资源得到进一步优化，自主创新能力显著增强。中国大中型工业企业创新能力不断提升，新产品的国际竞争力进一步增强。

在中国加入 WTO 之后，全球化对中国企业开展自主创新带来的影响日益明显。在改革开放的前 20 年中，通过引进和利用外资，本土企业通过合资、模仿等手段吸收了外资企业的技术溢出，同时也直接从国外企业进行技术引进。中国企业创新经费的半数以上用于购置机器设备和软件，而欧盟国家创新经费的60%以上用于研发，表明现阶段中国工业企业的创新主要依靠引入外部技术来实现，总体上尚未进入自主创新的发展阶段。但技术依存度降低的趋势十分明显：1999年，中国大中型工业企业购买国内外技术经费与R&D经费之比首次小于1；近年来，企业对外部技术的依赖度呈不断下降的趋势，并且已有少数的规模以上制造业企业认为自己拥有在国际市场上也较为新颖的产品。

第十九章　全球价值网络中企业自主创新的学习机制与演化路径

第一节　全球价值网络中的学习机制

在以引进外商技术或吸收技术溢出为主的二次创新模式中，网络是技术知识吸收转移的重要载体，全球价值网络中的嵌入机制对创新的影响十分关键。对网络参与者之间嵌入性的研究基本形成了两种有代表性的研究方向：结构嵌入性（structural embededness）和关系嵌入性（relational embededness）（Gulati，1998）。结构嵌入性视角研究的是整个网络系统，其中的关系是多维的，它强调网络的密度、企业在网络中的位置给企业带来的影响。Burt（1992）运用网络分析方法对竞争的社会结构进行了分析，提出了“结构空洞”概念，即没有冗余信息的社会网络节点（Gulati et al.，2000）。关系嵌入性研究的是二元交易关系，它强调直接粘着联结（cohesive tie）作为交换详尽信息（fine-grained information）的机制在起作用。大多数学者认为，二元关系越强，信息的交换就越频繁，学到的知识、获取的资源也越多（Uzzi，1996；Hansen，1999）。

通过对价值网络中的学习机制的研究，我们得到了以下几个结论。

1. 企业网络通过影响利用式学习和探索式学习作用于技术创新绩效

对 235 家企业数据的结构方程建模发现，企业网络对技术创新绩效的影响是以利用式学习和探索式学习为中介实现的。具体来说，企业在知识网络中的位置中心度越强，企业越能有效开展利用式和探索式学习，通过学习，促进知识转移和积累，提升创新绩效。而企业在知识网络中的联结强度只对利用式学习有正向影响，对探索式学习反而有阻碍的作用。这意味着，企业加强与其合作伙伴的联系能够促进技术商业化，但是稳定的、紧密的联系却不利于企业得到最新的技术信息。研究中还发现，利用式学习对探索式学习具有正向影响作用，有力地解释了在中国后发企业情境下，市场拉动模式相对于技术推动模式来说更加显著，技术的商业化反过来催生对技术进一步提升的要求。利用式学习可以通过推动探索式学习来提升创新绩效（见图 19-1）。

2. 环境动态性和技术战略导向在企业网络学习的机制中发挥重要的调节作用

实证结果表明，企业所在环境的动态性越高，位置中心度对利用式学习的影响会越小，弱联系对探索式学习的影响会增强。这意味着在技术和市场变化剧烈的情况下，龙头企业不应只专注于构建自己的业务合作伙伴网络，还应拓展知识信息的非正式交流，这样才能跳出已有的框架，实现新的跨越。同时，企业的战略导向侧重于技术发展，则网络对学习的促

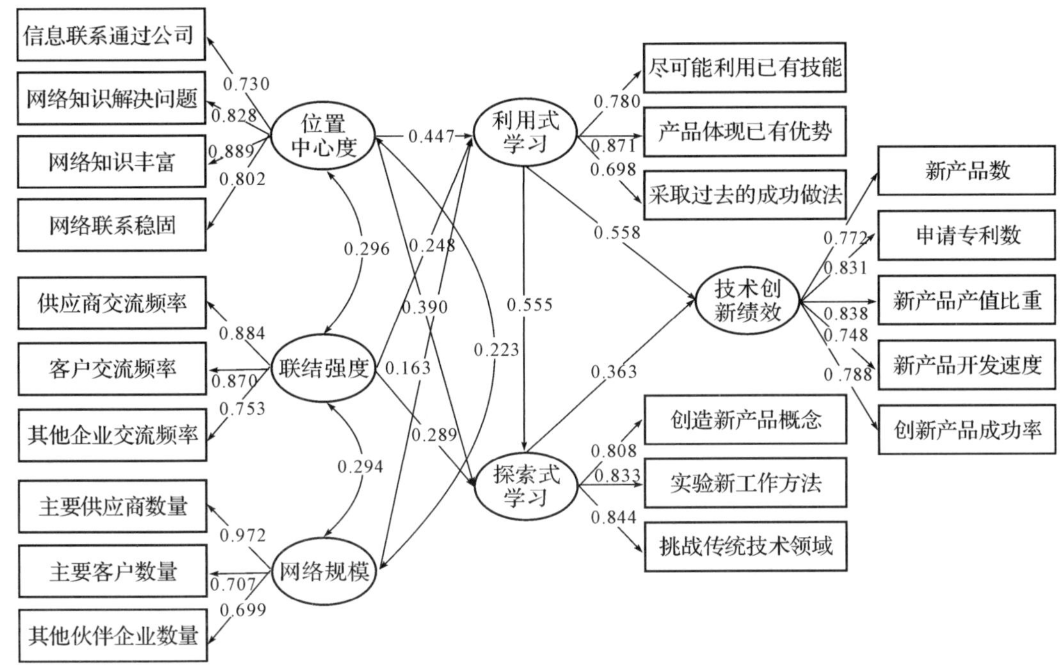

图 19-1　网络位置、学习模式与技术创新绩效模型

进作用会显著增强，这意味着在战略导向和企业网络位置匹配的情形下才最有利于企业进行技术学习。

3. 企业网络的结构与学习类型之间存在耦合和协同演化关系

企业在不同发展阶段，所面临的环境和采取的战略会发生变化。通过对国内大型民营企业、注塑机行业领军企业海天机械的纵向案例分析我们可以发现，企业网络与组织学习可以共同演进。企业网络结构的动态变化可以影响企业的组织学习类型，同时企业选择不同的组织学习类型，也需要网络结构做相应的改变。企业网络结构与组织学习的匹配可持续提升企业创新绩效。

在海天机械发展的第一阶段，即二次创新阶段，海天构建了弱联系主导的网络。弱联系可以带来原企业不熟悉的知识，由此促进探索式学习，进行外部技术模仿和引进，例如海天有关人员对宁波东风机械厂的参观学习活动。第二阶段，即组合创新阶段，海天开始对产品质量和工艺进行改进，进行知识利用的学习。海天与我国香港地区和德国的一些企业组成合资公司，共同进行工艺改进和产品开发，建立了基于长期合作的强联系。第三阶段，即全面创新阶段，海天构建了与少数核心企业强联系以及与大量外围企业弱联系的双重网络，涵盖多个领域的信息和知识。该网络既能通过弱联系为海天带来异质性信息，又可以通过强联系来实现这些信息的潜在价值。如海天的高管参与宁波塑料协会、中国塑料机械工业协会的相关活动，掌握新信息，同时也与海尔、北京化工大学等企业和研究机构有实质性的合作。

同时，我们通过海正药业的典型案例也发现了类似的结论。海正在三个阶段的网络演变过程如下：在第一阶段，即二次创新阶段，海正处在外部经营环境动态性高、企业资源禀赋较弱的象限，以探索式学习为主，网络以弱联系为主；在第二个阶段，即组合创新阶段，随着企业的发展，资源禀赋有所提高，企业增强了与第一阶段伙伴的联系，采用利用式学习，以强联系为主；在第三个阶段，即全面创新阶段，随着资源禀赋的进一步提高，利用式学习加强，同时由于生物技术的发展，外部经营环境动态性水平提高，企业采取探索式学习，网络以跨领域的弱联系为主，强弱网络平衡，并嵌入全球制造研发网络当中（见图 19-2）。

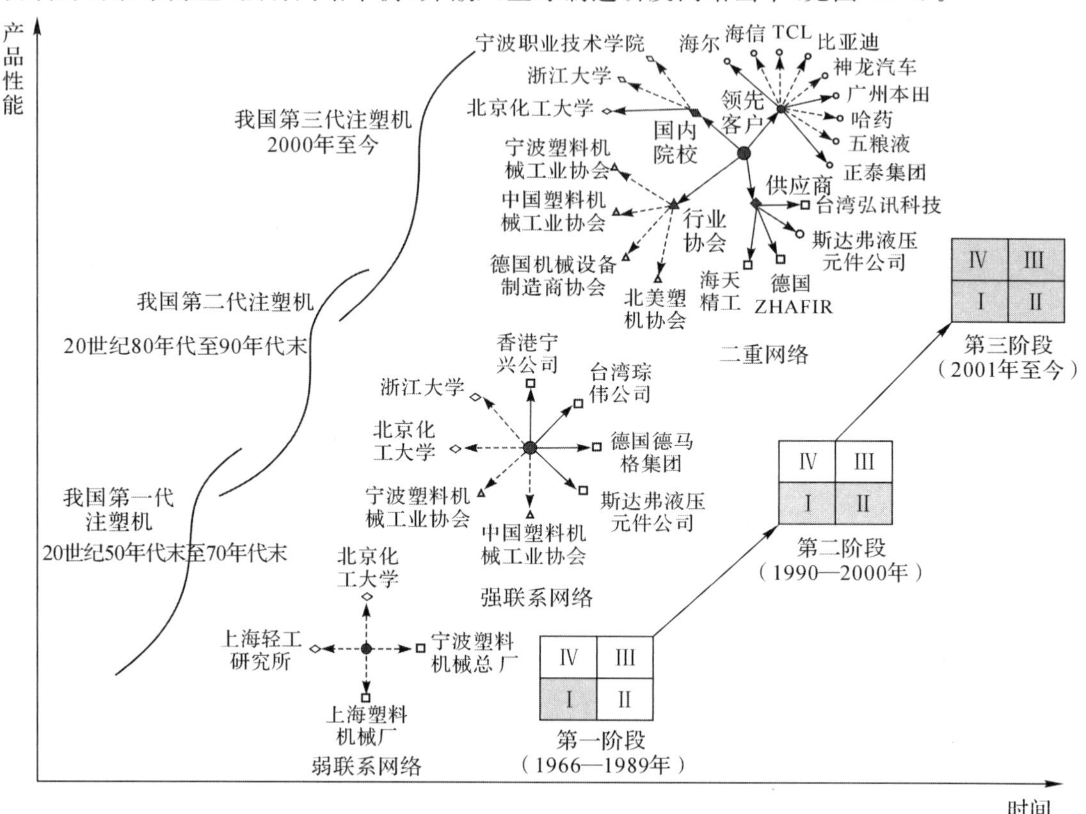

图 19-2 海天机械的三个阶段网络与创新学习的演变

根据这三个结论，我们对企业提出以下三点建议：第一，根据企业在网络中的位置特征来平衡探索式学习和利用式学习。龙头企业应该加强探索式学习，扩展网络领域；一般小企业应该加强与龙头企业的衔接，做好转化工作，加强利用式学习。第二，根据探索式学习和利用式学习的要求来构建知识网络。企业应该拥有一个紧密的合作伙伴群来实现技术商业化，进行利用式学习，同时，也应该有一些松散的外围伙伴，以增强知识广度和新颖性，从而为探索式学习创造条件。第三，通过网络和学习模式的匹配来实施创新升级。鼓励企业不断调整网络结构和学习模式，从而推动创新绩效提升以及从二次创新到组合创新最后到全面创新的升级。鼓励大企业构建自己的产业化联盟，加强正式合作关系；鼓励小企业向龙头企业靠拢，在知识网络中不断探索和吸收。鼓励在技术和市场变革期的企业扩展视野，加强弱联系构建和探索式学习；鼓励环境稳定的企业以合约形式构建正式的制造业务联盟。

第二节　从“追赶”到“超越追赶”的自主创新演化路径

技术的动态性使创新行为具有一定的周期性。在“技术范式”和“技术轨迹”概念的基础上，Anderson 和 Tushman(1990,1991)提出了“技术生命周期”。他们认为一个新技术产生于技术的非连续状态，经过技术之间的激烈竞争后产生主导设计范式，并随后进入渐进变革阶段，直到新的技术非连续性状态出现为止。后发企业的创新自主性不强，往往是因为技术演变和创新周期的锁定作用。

结合“技术生命周期”理论，以及创新方和引进方(或追赶方、跟随方)之间的技术演化路径对比分析，Lee 和 Lim(2001)提出了技术跟随(path-follow)和“蛙跳”(leap-frogging I & II)路径。因此，以上所述的多种自主创新模式之间也存在着演变更替的关系，形成一个后发企业成长与国际化过程中的自主创新路径。

第一，从技术角度分析，自主创新路径是一个技术源不断升级的过程。自主创新是从以外商成熟技术为技术源和追赶对象，到以实验室和新兴技术为技术源和追赶对象，最终通过“超越追赶”到达以企业自身的探索研发为主的一次创新(见图 19-3)。

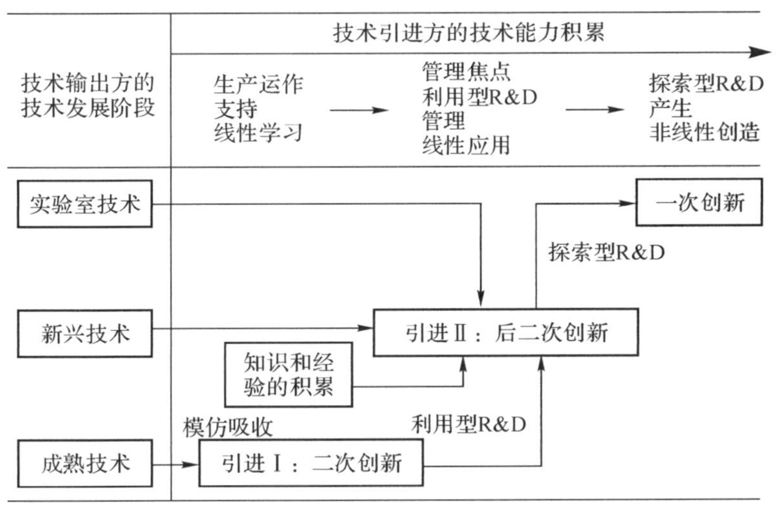

图 19-3　创新的演化路径:技术源视角

第二，从企业战略的角度分析，全球价值网络中的自主创新路径，与企业国际化水平和国际竞争力提升的路径是统一的。上述从二次创新三种类型到后二次创新的模式更替过渡过程，可以总结为一条动态演化的路径图，分为四个阶段(见图 19-4)。其中，模仿创新与创造性模仿，以国产化作为重要衔接;创造性模仿与改进型创新，以产品改进研发为重要过渡里程碑;到了后二次创新阶段，对外投资活动是关键步骤。前三个阶段主要进行国内销售与出口，第四个阶段实现了东道国(海外)市场的本地调适与全球市场的整合。

第三，从网络与创新耦合与协同演化的角度分析，自主创新路径是一个网络与创新能力共同演进的过程。企业加入外商主导的全球价值网络(网络对接期)，此时创新能力较低，只能进行模仿创新。随着企业创新能力的提高，价值网络也逐步拓展。企业逐步开始了价值

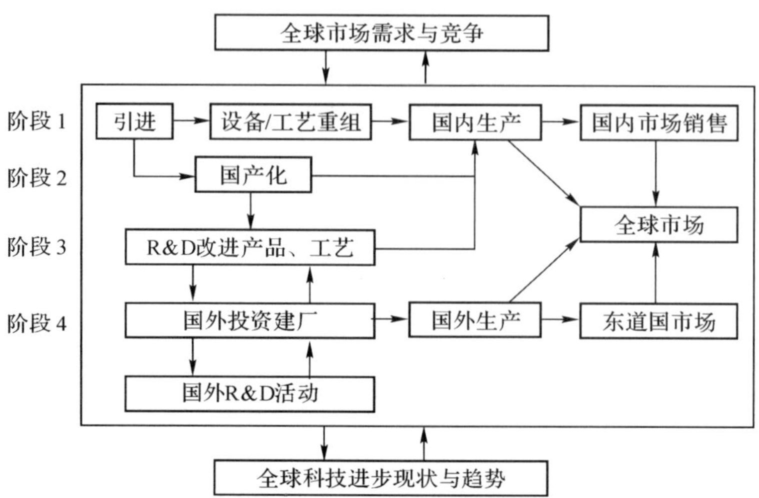

图 19-4　全球价值网络中的自主创新路径——四阶段演进模型

网络的重构，也逐步具备了跨国与全球创新能力(见图 19-5)。

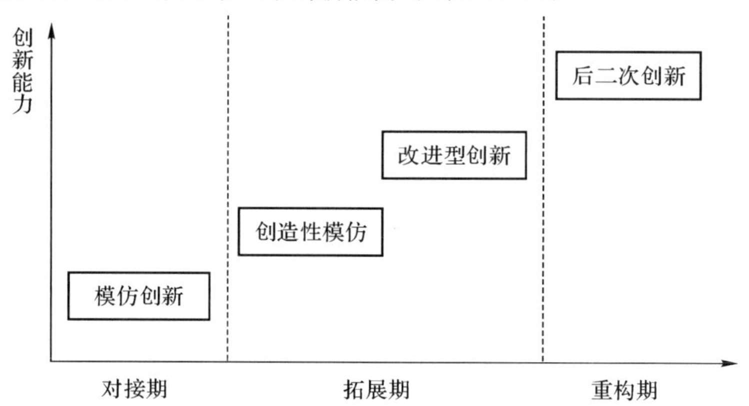

图 19-5　企业所嵌入的价值网络与创新模式(能力)的共同演进

第四，从创新自主性提升的角度分析，中国企业自主创新的路径主要可以归纳为以下这个过程：在初始阶段，中国企业处于知识产权控制程度和价值网络控制程度均较低的状况；随着部分企业开始从技术购买拓展到技术开发，从成熟技术走向新兴技术，知识产权控制程度逐渐提升；随着中国企业在全球价值网络中位置的提升，更高水平地融入跨国公司的价值网络，同时构建以自身为核心的价值网络，在价值网络控制程度上也将大幅度提升。

在创新自主性提升的过程中，中国企业可以选择不同的具体路径(见图 19-6)。例如，在高技术行业，部分企业亟待提高知识产权的自主性，应该在知识产权领域获得自己的一席之地，参与全球竞争。在一些制造高度分工、进入成熟技术改进和工艺创新阶段的行业，中国企业的重点在于提升价值网络上的控制程度，占领高端与垄断环节，优先提高价值网络控制程度。当然，极少数中国企业在转型过程中，同时提高了知识产权和价值网络控制程度。在创新自主性的提高过程中，知识产权和价值网络控制两个方面也有相互补充支撑的作用。在知识产权控制度提升之后，只有提升价值网络控制，才能获取更大的收益。在价值网络提升过程中，知识产权控制程度也将对价值网络控制程度起到支撑作用。

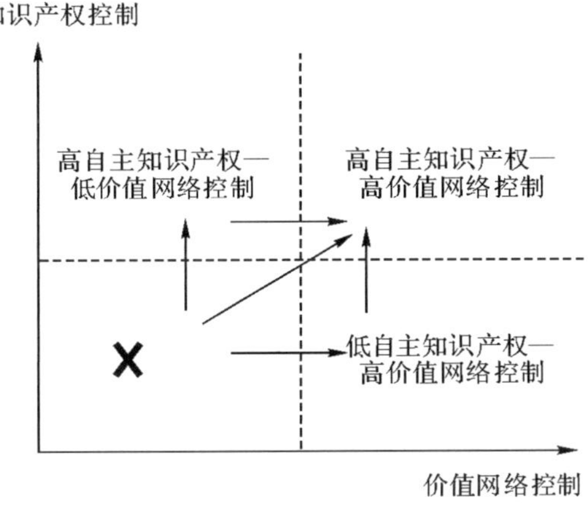

图 19-6　创新自主性提升的动态演化路径

第三节　自主创新实现体系与途径的典型案例分析

一、创新模式的演进:海尔洗衣机

海尔洗衣机的发展历史可以清晰地说明以上自主创新的实现途径。海尔是目前世界上唯一一家可同时规模生产亚洲波轮式、欧洲滚筒式、美洲搅拌式和双动力式洗衣机的专业生产企业,产品拥有 18 个系列,品种达 5000 多种,已在全球建立了 10 多个生产基地,年生产能力达 1300 万台。2005 年,海尔洗衣机入选首批中国世界名牌产品,是发展最稳健、最具竞争力的洗衣机品牌,被誉为中国洗衣机行业的领头雁。在全球洗衣机市场,海尔和惠而浦、伊莱克斯等名列全球前三甲。

海尔洗衣机的发展历史可以划分为四个阶段:第一阶段为技术引进阶段,这一阶段海尔主要进行技术引进,开始生产波轮和滚筒洗衣机,实现了流程的国产化;第二阶段为消化吸收阶段,海尔在引进技术的基础上,主要进行了产品改进;第三阶段对不同的引进技术进行了集成,实现了较为新颖的产品创新;第四阶段是在引进新兴技术的基础上进行了后二次创新,乃至一次创新,真正意义上提高了创新的自主性。

(一)第一阶段:技术引进阶段(1994 年以前)

这一阶段主要是指 1993 年 7 月海尔集团与意大利梅洛尼设计股份有限公司合资创办了青岛海尔梅洛尼有限公司,开始生产滚筒式洗衣机。同时,海尔也引进了波轮技术,建立了生产波轮洗衣机的生产线,使用国外的技术。这一阶段主要是面向大众市场,满足国内对于高质量洗衣机的需要。

(二)第二阶段:消化吸收阶段(1995—2000 年)

在消化吸收阶段,海尔在技术引进的基础上进一步开发改进型产品并扩大生产。1995 年,海尔研制出中国首台全塑外壳,洗衣、脱水、烘干三合一的全自动滚筒洗衣机。同年海尔气泡洗双桶洗衣机荣获第九届全国发明展览会发明金奖。1995 年 7 月,原青岛红星电器公司整体划归海尔集团。红星电器公司原来在青岛是与青岛电冰箱厂齐名的企业,公司引进日本夏普技术生产的洗衣机是当时国内三大名牌洗衣机之一。但由于企业管理不善,缺乏凝聚力,效益连年滑坡,至1995年,虽然企业设备、销售网络还比较完善,但负债近1.33亿元。海尔以"吃休克鱼"的方式,通过输入海尔文化,盘活企业,在短时间内使红星电器走出困境,使其成为海尔洗衣机的重要组成部分。

在消化吸收阶段,海尔面向国内利基市场,在产品专门化、小型化技术方面不断取得突破。1996年,第一台"小小神童"洗衣机在海尔问世,它填补了世界上微型全自动洗衣机的空白,海尔"小小神童"洗衣机开始独占小型洗衣机市场。1997年,海尔洗衣机实现了"10水位选择""10分钟速洗"技术,开发出世界上最早的洗涤速度较快、水位选择较多的洗衣机。并且海尔在同年开发出了第一台电脑型滚筒洗衣机。1998年,海尔第一台特色产品——"大地瓜"洗衣机问世,标志着海尔洗衣机个性化产品生产的开始。此后其相继开发出"打酥油"的洗衣机、"洗荞麦皮枕头"的洗衣机、专门洗虾的"洗虾机"、第一台可洗羊绒的"圆梦"滚筒机和可以"洗毛毯"的洗衣机,海尔个性化产品层出不穷。

家电行业历来流行着这样一种说法:"电风扇一转,洗衣机玩完。"其含义是,进入夏季,人们习惯于用手洗衣服,而暂停使用洗衣机,由此导致洗衣机销售进入淡季。但海尔通过调查发现,造成这一现象的原因,并不是人们不愿使用洗衣机,而是市场上销售的都是5千克的大型洗衣机,每天用它来洗少量的衣物不经济,会造成水和能源的浪费。其实消费者夏天都习惯每天换洗衣服,即使不脏也要洗,洗衣服的次数大大增加了而不是减少了。针对这一市场需求,海尔组织技术人员,在技术可行性研究的基础上,大胆开展洗衣机的构架创新,将原有洗衣机的各功能组件按比例缩小,推出了有三档水位的1.5千克型"小小神童"即时洗洗衣机,即便是一件衬衣、一双袜子,也可以用该洗衣机及时洗净。"小小神童"洗衣机投放市场后,深受消费者欢迎,市场效益巨大,至今已推出自动型、全自动型、电脑型、透明视窗型等九代产品,在国内微型洗衣机市场占有98%以上的市场份额。

(三)第三阶段:集成创新阶段(2001—2003年)

在集成创新阶段,海尔在消化吸收滚筒洗衣机和波轮洗衣机技术的基础上,集成融合两种技术,发明了双动力洗衣机。该洗衣机的核心技术——协调滚筒和波轮旋转的电机,是通过与国外企业的合作研发所取得的突破。在海尔创新双动力洗衣机之前,世界上洗衣机主要可划分为三大类型:一是亚洲的波轮式洗衣机,二是欧洲的滚筒式洗衣机,三是美国的搅拌式洗衣机。这三种洗衣机在洗衣特征、适合洗涤衣物、洗净率、磨损率、耗水量、耗电量等方面各有其优点,但也各有其缺点。2001年,根据用户对全自动波轮洗衣机洗涤效果提出的新要求,即如何有效提高洗涤动力来改善洗净度,海尔首先重点对同类型技术进行课题检索,确定最相关的技术领域和实现方式,通过方案筛选确定双动力方式洗涤可以提高水流搅动的力度,同时也可解决衣物缠绕问题。2002年,海尔创新性地采用一个电机转化为两个动力输出的方法,实现双向转动,形成沸腾水流,从而吸收了波轮式、搅拌式和滚筒式洗衣机各自的优点,创新出了一种新型的洗衣机——双动力洗衣机。双动力洗衣机技术被誉为"技术创新奠定高端胜局的最典型代表",以"世界上第四种洗衣机"的身份打破了长期以来搅拌式、波轮式、滚筒式洗衣机三分天下的局面。它所具有的盆形大波轮、特设的内桶搅拌叶以及特殊的功能,可省水50%,省时70%,洗净比提高50%,磨损率降低60%,最大限度地为用户解决洗衣难题,并实现了节约能源。双动力洗衣机创建了中国洗衣机行业"XQS"新标准,申报国际专利合作条约(Patent Cooperation Treaty,PCT)发明专利。同年,海尔"小小神童"双动力洗衣机获得日本 G-MARK 大奖。在 2004 年 5 月的法国列宾国际发明博览会上,海尔双动力洗衣机因其在新颖性、创造性、实用性等方面的突破性创新而荣获唯一的发明金奖。双动力洗衣机使海尔在巩固国内市场的同时,也开始进军国际中高端市场。

(四)第四阶段:后二次创新与一次创新阶段(2004 年至今)

2003 年 3 月,海尔推出了具有杀菌消毒功能的"保健双动力"洗衣机,在"非典"中创造了销售奇迹,成为当时洗衣机行业唯一的亮点。同年 9 月,海尔推出了世界上首台真正不用洗衣粉的环保双动力洗衣机,引领了行业未来发展的新趋势。该洗衣机上市两个月就成为中国最具推广价值新品,并成为中国家电行业首个也是唯一的"绿色之星"产品。该项技术获山东省科技进步一等奖。与此同时,中国首台能够知衣量、识习惯的"自选档 1268"和国际 3A 级滚筒式洗衣机也先后在海尔研制成功。2004 年 9 月,海尔推出变频 A8 双动力洗衣机。它拥有 8 项行业领先技术,不仅外观时尚,而且打破了行业中节水、节能的最低限。此外,不用洗衣粉带来了健康和环保,其 8 大技术优势在行业内无法被替代,被业内专家誉为"最完美"的洗衣机。2004 年,海尔双动力洗衣机及环保双动力洗衣机双双获得山东省轻工业科学技术进步一等奖。2006 年 1 月,海尔不用洗衣粉的洗衣机获得国家科技进步二等奖,并凭借其独有的抗菌除霉功效,当年 12 月通过中国家用电动洗衣机除菌 CAS 标准认证。2005 年,开创"健康洗"潮流的海尔免清洗洗衣机再次获得中国专利优秀奖,此次获奖的是自动添加技术与双喷淋技术,洗衣机可精确感知水质硬感、衣物重量并准确添加适量的洗涤剂。洗涤剂不足时,还有警报功能,提醒用户适时添加。

海尔洗衣机逐步形成了研发—设计—生产销售的全球创新体系,依靠海尔集团全球研发能力的整合,以及"产学研"合作,海尔洗衣机的创新逐步走向了高自主知识产权、高价值网络控制、高附加值的快车道。

二、自主技术标准产业化:TD-SCDMA 标准

中国 TD-SCDMA 标准经历了标准申请、标准研发、标准应用的过程,成为中国通信史上的第一个具有自主知识产权的国际通信标准。在标准申请阶段,1998 年 6 月,大唐集团正式向 ITU 提交 TD-SCDMA 技术提案。2000 年 5 月,该标准被国际电信联盟正式接纳为国际标准。2001 年 3 月,TD-SCDMA 标准被 3GPP(第三代移动通信伙伴项目)正式接纳。2002 年 3 月,大唐移动通信设备有限公司挂牌成立,拉开了中国 TD-SCDMA 技术全面产业化的序幕。同时,2002 年 10 月 30 日,大唐电信、南方高科、华立、华为、联想、中兴、中国电子、中国普天等 8 家知名通信企业发起成立 TD-SCDMA 产业联盟,标志着中国第一个具有自主知识产权的国际标准 TD-SCDMA 获得了产业界的整体响应。2004 年 11 月,大唐移动与上海贝尔阿尔卡特签署战略合作协议,上海贝尔阿尔卡特投资 2.5 亿元促进 TD-SCDMA 的研发和产业化进展(见图 19-7)。

在 TD-SCDMA 系统研发方面,2004 年 3 月,大唐推出全球第一个 TD-SCDMA LCR 手机解决方案,并且基于该方案推出全球第一款 TD-SCDMA LCR 手机。2004 年 8 月,大唐推出了业界首款 TD-SCDMA LCR 制式的 PCMCIA 无线网卡。2004 年 11 月,TD-SCDMA 通过了信息产业部组织的 3G MTNet 外场试验。2004 年 12 月,TD 标准实现了视

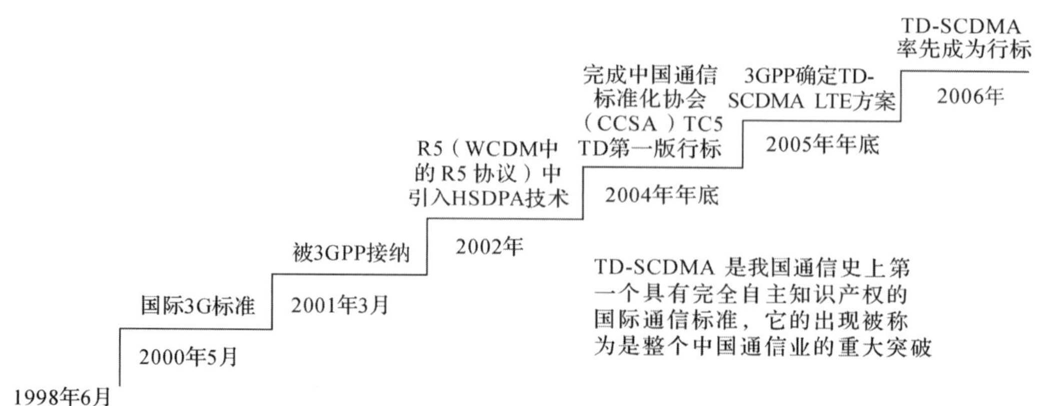

图 19-7　TD-SCDMA 的标准成熟过程

频通话，通过了海外业务通话试验。2005 年，大唐推出了 TD-SCDMA 数据卡，并且联合 14 个厂商开发了 20 款手机。同时，大唐推出了业界首台 TD-SCDMA 直放站。至此，以微蜂窝、直放站、干线放大器等产品为主，大唐率先形成了 TD-SCDMA 室内、室外无线覆盖的整体解决方案。2006 年 1 月 20 日，信息产业部正式确立 TD-SCDMA 为中国 3G 通信行业标准。2008 年，信息产业部为大唐产业联盟的有关厂商颁发了入网许可证。2009 年，国家为有关电信服务商下发了 3G 运营牌照，中国移动获准进行 TD-SCDMA 标准的业务运营。

随着 4G 时代的到来，中国移动不再追加 TD-SCDMA 的新建投资。TD-SCDMA 网络未来的目标是维护以保持网络稳定，逐步将过去发展的 TD-SCDMA 用户过渡到 4G 网络上。

TD-SCDMA 标准的发展可以分为三个阶段。第一阶段，2002 年以前，主要是制定技术标准以及初步商用试验。在这一时期，采纳该标准的厂商很少，许多跨国公司也对该标准的商用前景表示质疑。在第二阶段，即 2002—2005 年，TD-SCDMA 的产业链初具规模，核心技术与产品也经历了初步的商用试验，厂商对 TD-SCDMA 的商用前景有了一定的期望。在第三阶段，即 2006 年以后，该标准得到国家正式认可，成为商用标准，几十家厂商提供该标准的产品，TD-SCDMA 的市场份额逐步提高（见表 19-1）。

表 19-1　TD-SCDMA 的发展历程

阶　段	标准控制特点	典型条目（参考点）	TD 有关的采纳厂商数以及市场销售情况	潜在盈利预期
第一阶段（2002 年以前）	制定技术标准，初步商用试验	1998 年 6 月，由中国大唐集团研究起草的 TD-SCDMA 标准由中国政府提交到国际电信联盟。2000 年 5 月，TD-SCDMA 被国际电信联盟批准为第三代移动通信国际标准。2001 年，TD-SCDMA 被正式接纳为国际 3G 标准之一	不明	不明确，跨国公司预言 TD-SCDMA 不会成功

续表

阶　段	标准控制特点	典型条目(参考点)	TD有关的采纳厂商数以及市场销售情况	潜在盈利预期
第二阶段(2002—2005年)	继续研发相关商用技术，在联盟内制定了知识产权高度共享原则，并实现了核心技术与平台的相互许可与转移	中兴通讯参与TD标准起草，TD-SCDMA产业联盟的凝聚力得到进一步增强，核心技术得到较充分检验，“中国标准”由科技转化为生产力，知识产权得到进一步分享	TD-SCDMA产业链在中国已初具规模。从系统设备的核心网、接入网到终端芯片、商用终端以及测试仪器仪表各环节的多厂商供货环境已经形成。300个基站测试近20家国内外通信企业	2005年，TD产业联盟秘书长杨骅首次对外宣称，TD将获得中国1/3的市场份额
第三阶段(2006年以后)	核心技术专利，被国家认可为正式商用标准，并向4G发展	截至2009年年末，大唐集团累计拥有国内专利申请超过6000件，平均年增长率约40%，其中90%以上均是重要发明专利，近半数专利围绕TD-SCDMA、TD-LTE及后续演进技术申请；到2007年4月底，联盟企业已向3GPP提交LTE文稿300篇以上；2006年1月20日，信息产业部正式确立TD-SCDMA为中国3G通信行业标准	奥运项目，中国移动系统设备招标，中国移动手机招标，中国移动以40亿～60亿元的资金集采200万部左右TD手机投放到市场。 大唐集团的数据显示，参与TD-SCDMA产业链的厂商超过200家，其中系统设备厂商设备年产能1000万信道以上，6家系统设备厂商获得HSDPA入网许可证，终端厂商超过30家，已有38款终端获得入网许可证，2007年已有成员单位39家	2007年第一季度TD-SCDMA总市场规模达到近70亿元，其中中兴、大唐、鼎桥占据了市场份额的前三位，其累计市场份额(以载扇数为统计标准)分别为46.3%、26.8%和14.8%。 在第一期、第二期建设中，中兴、大唐系分别占据头筹。 中国移动3G战略也逐渐浮出水面，2011年，TD基站总数达14.5万个，2009年投资约588亿元，新建TD基站约6万个

TD-SCDMA标准商业化成功的关键因素有以下三个方面：第一，积极参与国际标准制定，获得国际标准组织的认可；第二，在标准制定的基础上，成立产业联盟，推进了商业化所需的辅助资产的控制；第三，获得了政府有关部门的支持和认可。该标准的成长可以看作标准制定—辅助资产获取—标准推行的过程。

TD-SCDMA产业的发展离不开产业联盟的发展。2002年组织成立TD-SCDMA产业联盟，有11家成员单位。2004年，产业联盟的成员发展至20余家，2005年发展到30余家，2006年发展到40余家(见表19-2)。2008年7月12日，TD-SCDMA产业联盟宣布再次扩军，中国移动、中国邮电器材、武汉多普达、联发科技等10家企业正式加入TD-SCDMA产业联盟。至此，TD-SCDMA产业联盟成员数达到58家，包括了运营、制造、渠道等从生产到市场的各个产业环节。

表 19-2 TD 产业联盟分布(2006 年)

TD-SCDMA 产业链关键环节	联盟企业分布	大唐控制程度
系统设备	大唐、中兴、华为、普天、新邮通	中
核心基带芯片	T3G、展讯、凯明、重邮	高
核心射频芯片	鼎新、锐迪科	
终端解决方案	大唐、龙旗、希姆通	高
终　端	华立、联想、中兴、夏新、波导、海信、英华达、迪比特、广州新邮通、TCL、海尔、宇龙、UT	低
测试仪表	湖北众友、中创信测、四十一所、星河亮点	中
操作系统软件	上海科泰	高
天　线	海天、中山通宇、摩比、安德鲁、十四年	高
直放站、干放	武邮、京信、汉铭、大唐、中兴	高

在 TD-SCDMA 产业化的组织推进工作中,各方十分注重整个产业链和产业群体的建立,注重整个产业在各个领域的协调推进,在联盟内制定了知识产权高度共享原则,并实现了核心技术与平台的相互许可与转移。2008 年,联盟出台了反恶性竞争规定。产业联盟加速系统与芯片、芯片与终端、终端与系统间的密切合作,创造性地通过合作变产业链上下游串行为并行开发模式;实行专家组指导、运营商支持,共同组织网络试验,加速产品成熟,通过政府引导、企业技术交流与合作等方式,积极推动跨国公司通过开发、投资等形式进入 TD-SCDMA 产业领域。

TD-SCDMA 产业合作网络还延伸到高校和研究机构,实现了"产学研"合作创新。2008 年,大唐集团与包括清华大学、北京大学、北京邮电大学等 17 所高等院校在内的机构就无线移动通信领域的合作事项签订合作协议,正式确立战略合作伙伴关系,这些院校与大唐集团一起参与国家重大专项的有关项目。工业和信息化部副部长娄勤俭在签约仪式上表示,通过合作,大唐集团将与上述院校共同就 TD 核心技术、芯片开发、未来 TD 技术演进和发展模式进行探讨。

第二十章　全球价值网络中基于 DMS 整合的商业模式创新

第一节　基于 DMS 框架的价值网络

剑桥大学制造研究院(IFM)对全球价值网络进行了持续深入的研究。他们认为制造是一个从了解市场开始,通过产品与工艺设计,到生产运作、产品分销及服务的整个过程。随着全球经济竞争的焦点从资源转向知识,制造业的价值已不再单纯依赖于生产活动,而是取决于包括研发、设计、生产、物流与服务等活动在内的复杂过程。2006 年英国制造业发展教授论坛(UK Manufacturing Professor Forum)提出的设计—制造—服务(design—make—serve,DMS)框架揭示了当今制造业从资源密集型转向知识密集型的重要发展趋势,展示了不同类型企业协同参与研发、设计、生产、物流与服务等各种增值活动的国际性开放高附加值价值网络,预示了更多小型专业化企业也能在新的运作平台上获益、广泛零散的资源也能得以整合的未来全球制造体系。

以电子制造业为例,随着基于业务外包和网络化的 EMS(electronic manufacturing and service)模式的迅速发展,以 IBM 为代表的传统跨国制造企业成功地实现了向全面解决方案提供商、服务商的转型;以富士康为代表的传统代工企业则迅速演化为专业制造服务提供商。它们均从不同的方向,将某个比较狭窄的制造环节上的优势,迅速扩大到整个制造、服务价值链和价值网络,成为能够提供涵盖多个产品生命周期的制造—服务一体化价值的新一代全球领军企业。

第二节　全球价值网络中的商业模式创新

本书主要从制造业"设计—制造—服务"(DMS)环节匹配的组合创新来提出提高产业竞争力的方案。首先是设计与制造的匹配,在价值网络当中,设计职能往往由龙头企业主导,或外包给专门的设计服务企业,企业生产和供应厂商与设计职能间需要形成紧密匹配,例如富士康紧密贴近苹果公司,能尽量争取最新的设计。第二是设计与服务的匹配,主要是设计职能要与市场和顾客服务对接,以设计企业和渠道厂家的合作来提升定制化水平,加强产品的改进。第三是制造与服务的匹配,主要是通过现代供应链、物流管理来加强制造和服务厂商的无缝对接,减少库存,减少等待(见图 20-1)。

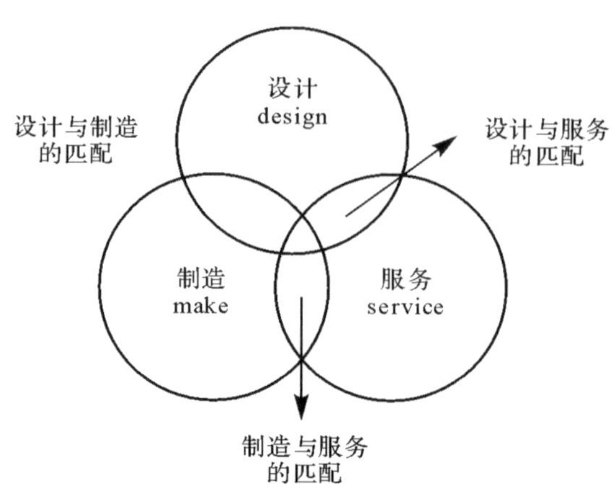

图 20-1　基于 DMS 整合的高附加值商业模式创新

总之，要紧紧围绕“设计—制造—服务”三者的匹配来组织企业组合创新网络，将单个企业的竞争拓展为网络之间的竞争，将一个方面的创新扩展为三个方面能力的组合创新，使我们面对外资和跨国企业时，具有本地独特的网络协同优势。

依据现有的研究工作，我们提出了两个方面的结论。

第一，制造环节上的企业，尤其是中国内地普遍存在的代工生产中小企业，通过与上下游加强关系型嵌入，从上下游获得信息和知识，与上下游企业协同创新，是这些企业开展创新活动成功的关键。我们对来自浙江省 157 家制造企业的样本数据进行多元统计回归分析，发现企业与上下游网络之间的信任、信息共享、共同解决问题等关系嵌入性行为，均有利于企业通过交互的探索式学习获得和利用新知识，并提升技术创新绩效。

第二，在核心技术缺乏的情况下，在一些市场驱动创新的行业，例如家电行业，做到品牌服务与规模制造的协同，实现价值网络优化和控制，构建 M-S 匹配网络，进行制造与服务的组合创新，是目前中国企业创新的关键。

奥克斯空调在发展路径上并没有走当时宁波企业普遍采用的代工生产路径，而是直接走上了自主品牌生产的道路，在保障自主品牌生产商地位的情况下，通过代工生产来进一步扩大规模经济性，从而更好地支撑企业发展。奥克斯把看似矛盾的代工生产与自主品牌生产进行了完美的结合，一个实行自主品牌生产的企业能获得代工生产的订单，这也从另一个侧面说明了奥克斯的成功。同时，也正是因为奥克斯坚持走自主品牌生产路线，它才在国际化发展上赢得了先机与空间。这也说明，中国的企业不一定需要先经过代工生产，再逐步发展到原始设计制造或自主品牌生产，奥克斯的模式为中国企业提供了一种快速发展的可能。选择先从自主品牌生产做起，需要完善的营销网络做支撑，渠道建设的费用很高，花费的精力也远比做代工生产和原始设计制造多。奥克斯并没有直接选择耗资巨大的品牌化塑造之路——先用高昂的费用塑造品牌，再运用品牌力量来扩大销售，这往往是一些国外大公司的做法。奥克斯则从自身实际出发，巧妙运用了事件营销来迅速扩大品牌知名度，节省了大量广告费用，而将费用投入规模化建设之中。随着信息技术的普及，传统的垂直一体化商业模式被企业合作虚拟网络所取代，价值链中的每一个企业只专注于一个或若干个分工环节，而奥克斯却逆势而动，打破行业规则，全面进入空调零配件制造产业，把奥克斯空调的供应链拉长，实施零配件自制与采购结合，从而进一步控制了成本，创造了新的利润空间，同时也为其代工生产提供了优势。

奥克斯空调组合创新的成功，在很大程度上就是其成本控制和品牌营销上的成功。在成本控制上，奥克斯除了运用先进的企业管理体制，如企业资源计划(ERP)系统等管理工具外，最重要的是通过代工生产进一步实现了规模经济，以低价竞争换取市场优势。奥克斯在2003年12月与韩国三星"结盟"，以代工生产的形式每年为三星提供20万套分体挂壁式空调。2005年7月，奥克斯与全球最大的制冷企业——美国约克公司达成协议，确定以代工生产的形式为其批量加工生产房间空调产品。在品牌建设上，奥克斯通过发表系列空调行业白皮书、请米卢蒂诺维奇代言、花费8000万元在中央电视台投放广告及非奥运营销事件，逐步打造品牌影响力，塑造奥克斯自主品牌生产商的国际形象，为奥克斯进一步争夺国内高端市场和国际化发展提供了强大支持。同时为了弥补奥克斯作为自主品牌生产商在产品设计等方面的不足，奥克斯高薪聘请日本技术专家，设立博士后工作站、工程技术中心，引进国际领先生产检测设备。奥克斯空调正是同时借助了代工生产商与自主品牌生产商的双重身份，实现了快速赶超。

第三节　大企业和中小企业在价值网络中的协同与整合

当前中国大企业在竞争中采用的主要策略还是低成本竞争战略。出于降低成本的需要，大企业对配套中小企业提出苛刻的成本要求，但却不注重与配套企业一起对品质、技术、组织管理、文化建设等进行改进，与它们共同发展。中小企业缺乏创新活力，大批配套企业沦为低级供应商，产业生态系统呈现"平面化"。这些自主创新能力薄弱的本地中小企业，因其技术能力低，财务状况差，难以适应市场和技术的变革，面临不确定的外部环境时，更加容易产生财务危机而被淘汰。而大企业反过来缺少具有竞争力和创新力的配套厂商支撑，不能在本地迅速实现技术产业化，甚至在危机面前没有企业与之分担风险，新业务、原料成本、汇率、贸易壁垒、政策调整等问题导致大企业资金链断裂的例子屡见不鲜。因此，构建良好的本地自主创新网络对大企业尤其是网络核心型的大企业具有积极的作用，同时这也是当前浙江大企业自主创新的一大问题和短板。

大企业普遍存在只重视对本地合作厂商的筛选，而忽视相互扶持和共同发展的问题，即使与本地厂商有合作，也仅仅停留在技术或者业务的某一个方面，缺乏全要素互动。例如，浙江吉利汽车公司原有上千家配套零部件供应商，2009年约有430家。为了实现生产经济型轿车的目标，吉利不断提高要求，加强对供应商资源的"整合"，逐步淘汰浙江本地的汽配供应商，转而与江苏、上海等其他地区的尚符合要求的汽配供应商进行合作。这种行为短期来看对吉利汽车有利，其能以更低的成本获取符合要求的零部件产品，但往往增加了系统的风险，恶化了整个浙江汽配产业生态系统的创新绩效，这使吉利将来的自主创新不可持续。因为从长期来看，低成本的合格供应商可以从市场上找到，而稳固的共同参与创新的关系则是无法用市场手段解决的，需要长期的关系培育；最终的不可被对手模仿的竞争力来自共同创新的合作关系，而不是来自短期市场合约。吉利也只有推动本地汽车产业形成区域性创新体系，区域性创新体系的发展和成熟才能反过来提高吉利的生产率和产品的创新性。

因此，在关注大企业创新能力培育的过程中，需要帮助大企业建立一种拓展的战略思维，使它们意识到在网络化联结的经济中，运作时应该关注本地创新网络的培育和发展。大企业想要持久成功，就需要在充分利用网络资源的同时，为整个系统的繁荣做出贡献。例如2007年浙江西子联合控股集团公布的中国民营企业首份《企业社会责任报告》，表达了公司与客户、员工、供应商、合作伙伴以及政府共同发展、互相促进的决心，这使得西子有力地控制了产业生态系统，自主打造出互利共赢的企业网络，为企业创造了可持续的自主创新环境。与各个合作伙伴进行技术、战略、组织、文化等一系列全要素的创新合作，是实现全面创新的一个重要途径，如果没有价值网络作为平台，就很难带动全要素和全员创新。

在这一点上，重庆齿轮箱有限公司（简称“重齿”）走在了行业的前列，带动整合了重庆中小企业与之共同创新，构建了对手难以模仿的可持续的本地创新网络，同时也有效地带动了行业乃至区域经济发展，值得浙江大企业学习借鉴。2008年4月，重齿得知机械制造消除应力的热时效技术有了最新的突破，频谱谐波时效技术与传统热时效技术相比，能耗与成本均降低90%以上。2009年，重齿采用该项技术，节电1200万度。公司负责人认为：“这只是重齿一家企业的数字，如果估算一下全国采用传统热时效技术的企业，那么节能量将是天文数字……我们不但要自己用，配套厂也要上，钱我们自己先垫上。”当时公司技术负责人建议重齿所有的配套厂都要上频谱谐波时效技术。为了打消这些企业对于新技术采纳的顾虑，第一，公司自己先“吃螃蟹”，用自己的实际效益来证明新技术的可行性；第二，向本地配套厂提出“你用技术，我垫钱”的方案，重齿统一规划，先掏钱购买设备，后放在配套厂供其无偿使用，等到他们尝到新技术的甜头以后，再逐步从其货款中扣除费用。从2009年年初开始，各配套厂商开始采用该技术，2009年6月，十几家配套厂商均采用该技术。公司负责人谈到重齿的这一策略，认为重齿是扮演了“长子”的角色：“什么叫长子，长子的使命是什么？在传统文化中，长子被赋予了为弟弟妹妹当表率的作用；当国家遭遇困难时，经济形势出现危机时，长子不讲条件，不计代价，从各个方面要做出榜样。”

重齿公司的案例表明，中国大企业也应该构建自己的本地自主创新网络，带动本地中小企业共同采纳新技术、新标准，形成基于新产品、新工艺的配套分工体系，形成大企业和中小企业协同互补的良性互动。浙江也应推动大企业及其配套中小企业的良性互动，构建以大企业为核心、本地中小企业参与的自主创新网络，形成浙江企业协同创新的独特竞争力，在全国乃至国际竞争中取得更大的优势。

大企业和小企业的互动，不仅仅应该停留在技术层面，还应该加强在组织管理、文化建设、人力资源等方面的合作，使企业之间形成全面创新合作，这样才能真正形成紧密的以大企业为核心、小企业支撑的创新联盟。

第二十一章　对外直接投资对自主创新能力的影响机制及演进分析

第一节　对外直接投资的模式选择

在国际金融危机的影响下，世界范围内的跨国投资活动有所减少，但中国的对外投资却异军突起，进入了快速发展阶段。对外投资现已成为中国企业加速国际化的重要途径之一，同时也成为中国企业增强自主创新能力的一个新途径。本书对中国制造企业的对外投资类型、对外投资与增强自主创新能力的关系以及对外投资的制度影响因素进行了深入研究，并得到了以下主要结论：第一，促进中国企业自主创新能力提升的对外投资类型主要为市场寻求型和战略资产寻求型；第二，如果中国企业以寻求市场为对外投资动机，则需要通过在海外市场的有效学习增强自主创新能力；第三，如果中国企业以寻求战略资产为对外投资动机，则需要通过在海外市场的学习以及对战略资产的控制增强自主创新能力；第四，促进中国企业对外投资的政策体系在近5年内已逐渐开始完善，但服务体系尚处于较低水平。

在国际商务领域，著名学者邓宁(Dunning，1993)根据动因的不同将跨国投资分为四种类型：一是资源寻求型，以获取自然资源以及人力、土地、资本等资源为动机；二是市场寻求型，以寻求市场扩张为动机；三是效率寻求型，以实现全球范围内的要素最优配置和规模经济、降低各种运营成本为动机；四是战略资产寻求型，基于战略考虑，以获取技术知识、学习经验、管理技巧和组织能力等为动机。这样的划分方式为我们分析中国企业对外直接投资类型提供了基本的理论参考。

1.资源寻求型对外直接投资的进一步发展

随着中国逐渐成为世界上最大的锡、铁矿石、锌、铝、铜和镍消费国，以及第二大铅、石油消费国，中国目前面临着上述自然资源的供给不足的问题。20世纪90年代初，中国石油行业开始走上发展海外投资、开拓海外石油资源的道路。最初，中国石油公司以合作开采、产量分成的形式与资源国合作。

2.效率寻求型对外直接投资的出现

长期以来，“中国制造”的优势主要来自低生产成本。但是，近年来石油、钢材价格的飙升引发了原材料成本的上升，《中华人民共和国劳动合同法》的实施在维护劳动者权益、提高农民收入的同时也大幅度提高了企业的用人成本。中国制造的低成本优势正在逐渐被弱化，因此中国企业开始走出国门，寻求提高生产效率的新机会。浙江省商务厅发布的数据显示，2015年全省经备案、核准的境外企业和机构有760家，对外直接投资额首次突破100亿美元，达到了139.88亿美元，同比增长1.5倍。在国际资产价格下跌的大背景下，跨国并购成为浙江省2015年境外投资的新亮点。全省以并购形式实现的境外投资项目为135个，并购额达51.09亿美元。① 而与浙江区域经济关联度较高的劳动密集型产业是浙商投资的热点。浙江中小企业形成了“抱团打天下”的海外投资特色，即由一家有实力的企业牵头在境外办工业园、贸易城，吸引国内企业一起进驻。如越美集团为了应对尼日利亚不允许纺织面料进口的特殊政策而在尼日利亚设立纺织开发区，共引进15家产业链上下游企业入园，形成从纺纱、织造、绣花、针织到整套服装生产的一个完整产业链，全面提升了本地生产效率。与此同时，浙江企业加快实施国际产能合作。全年制造业对外投资29.87亿美元，同比增长2.23倍。青山控股集团在印尼设立不锈钢公司，红狮水泥在缅甸、尼泊尔等地设立水泥生产线。② 钢铁、水泥等浙江省传统优势行业，通过境外直接投资，有效化解了产能过剩问题。

3. 市场寻求型对外直接投资的迅速发展

中国已经超越美国、德国而成为世界第一出口大国。但是，受贸易保护主义的影响，作为世界出口大国的中国一直以来都面临着配额限制、反倾销等问题，严重阻碍和制约着中国出口导向型产业的发展。

在过去的近10年中，每年大量出口、不断遭受反倾销调查的家电产业，也正积极采取对外投资的方式进军海外市场。虽然中国家电企业在欧美等成熟市场还很难摆脱贴牌生产的生存方式，但在发展中国家市场已经进入了以自主品牌获取市场的阶段。格力电器1999年在巴西建厂，2001年正式投产，3年后实现了盈利2500万元并被巴西国家质量技术监督局授予“巴西人最满意品牌”的称号。2007年格力在巴西的市场占有率已排名第二。至2009年格力已连续6年获得巴西政府颁发的最高节能认证——“A级能源标签”证书和“节省之星”奖杯。这意味着，格力电器不仅在巴西成功设厂并实现赢利，而且将自主研发的节能技术成功输出到巴西，得到了巴西政府的高度认可。1999年，TCL在越南投资开始国际化运营。除了使越南成为拓展东盟市场的桥头堡以外，TCL的另一目的是学习如何在陌生的市场环境中运作自己的品牌。2008年，TCL彩电销量已超过100万台，占越南市场份额的13%，居第三位，成为在越南市场上与日韩及欧美企业并驾齐驱的高端品牌企业。

4. 战略资产寻求型对外直接投资逐渐兴起

“战略资产”这一概念的提出得益于企业资源观理论的发展。有学者将战略资产定义为难以通过贸易和模仿获得的、稀缺的、特殊的并能够成为企业竞争优势的资源和能力，例如技术能力、快速产品开发周期、品牌管理、对分销渠道的控制、有利的成本结构、购买者与销售者的关系等。战略资产寻求型对外直接投资是从获取优势这一动机的角度提出的。目前，中国企业为实现国际化，希望获取的优势主要是技术和品牌。“走出去”战略中明确提出，鼓励中国企业走出国门，充分利用国外的先进技术提升企业自身的国际竞争力。同时，还提出要通过对“两个市场，两种资源”的充分利用，培育具有国际声誉的自主品牌、拥有世界名牌的中国跨国公司。

市场寻求与战略资产寻求和创新的关系最为密切。市场寻求和战略资产寻求都会涉及技术

---

① 钟文.从万向集团到吉利汽车——富有活力的浙江企业海外并购融合先进管理和优秀技术[N].中国企业报，2016-09-06(04).

② 浙江供给侧发力补齐短板　外贸出口实现了逆势上扬[EB/OL].(2016-02-24)[2018-12-01]. http://www.chyxx.com/difang/201602/388775.html.

转移、产品开发等创新问题。企业进行对外直接投资，一方面，获取了创新必要的技术和品牌资源，另一方面，在寻求市场的同时，也增加了企业进行跨国创新的资产和经验。胡艺(2003)在《中国企业提升技术能力的国际渠道》一文中谈到，中国企业和国际企业相比较，最大的劣势就是缺乏企业赖以生存和发展的核心技术，缺乏持续的竞争能力，即核心竞争力。目前有一条可行的、快捷的方式，即通过对外投资来提升企业的技术能力，从而提升企业的核心竞争力。杜群阳和程惠芳(2005)指出在科技全球化浪潮冲击下，跨国公司产业竞争优势演化催生的R&D资源全球转移为发展中国家实现技术获取型对外投资、获取反向技术外溢创造了机遇。吴先明(2007)提出中国企业以在当地建厂、设立技术监听站和跨国并购等形式对发达国家的逆向投资是以寻求创造性资产为特定目标的战略性投资。创造性资产是指那些包含在人、所有权、制度和物质能力中的知识、技巧、学习和经验的积累及组织能力。创造性资产的实质是创新全过程需要的各种协同要素。基于上述研究可以看出，属于战略资产寻求型对外直接投资的技术寻求型对外直接投资可以成为中国企业获取技术从而促进技术创新能力的有效途径。

我们还将中国企业的战略资产寻求型对外直接投资动机分为三类：一是寻求技术。上海电气印刷包装机械集团为获得世界领先的胶印机技术，从而实现国产替代进口，于2002年收购了日本秋山印刷机械株式会社。此次收购极大地缩小了同样属于上海电气印刷包装机械集团的上海光华印刷机械有限公司与国际先进技术水平的差距，也使得光华在国内率先拥有了中高端胶印机的生产能力。二是获取品牌。宁波维科集团通过对日本KOYO毛毯品牌所有权的收购，全盘接收了该品牌的运营，成为这一国际顶级毛毯品牌的直接拥有者，改变了原来在国际市场没有知名品牌的状况。此外，维科还拥有意大利GIOVEKENI、丹麦V18等著名家纺、服装品牌。通过品牌并购，维科同时获得了分销渠道等相关资产，使其在国际市场上的销售份额不断提升。快速获得海外品牌资产和相关资源，成为维科加速品牌国际化、企业国际化的重要战略。三是混合动机。对于联想集团并购IBM-PC事业部而言，技术和品牌的获取都是此次跨国并购的重要动机。并购前，联想的技术优势主要在中低端的个人消费电脑产品方面，联想希望通过并购获取IBM在高端企业用户产品方面的领先技术。同时，并购为联想带来了ThinkPad品牌的5年使用权及IBM在全球的分销渠道，使得只在国内销售渠道方面有优势的联想能够在国际市场进行全面布局。

目前关于中国对外直接投资的研究和探讨主要集中在国际商务领域和宏观经济范畴，在微观层面从技术等角度进行思考与研究的尚属少数。部分学者发现处于技术劣势的发展中国家跨国公司正逐渐把对外直接投资作为在国际上寻求技术优势的有力工具和手段，技术劣势成为促进中国企业对外直接投资的驱动因素之一。

目标市场的选择是对外投资和国际化经营的一个重要决策。通过典型案例分析我们发现，中国企业对外投资的目标市场既可能是海外成熟市场也可能是海外新兴市场，甚至可能是国内市场，主要结论如下(见图21-1)。

(1)A1市场。如果中国企业以利用优势为动机，以进入海外成熟市场为目标，则倾向于采取市场寻求型对外直接投资，可以利用的优势主要体现在产品制造和成本控制方面。

(2)A2市场。如果中国企业以利用优势为动机，以进入海外新兴市场为目标，也更倾向于采取市场寻求型对外直接投资，可以利用的优势主要体现在产品设计和成本控制方面。

(3)B1市场。如果中国企业以获取优势为动机，以拓展国内市场为目标，则更倾向于采取战略资产寻求型对外直接投资，并且以获取产品设计和核心技术为主。

(4)B2 市场。如果中国企业以获取优势为动机，以进入海外成熟市场为目标，也更倾向于采取战略资产寻求型对外直接投资，除了获取产品设计和核心技术以外，还希望获取国际品牌和分销渠道。

因此，市场寻求型对外直接投资也可以成为促进企业创新能力的有效途径。

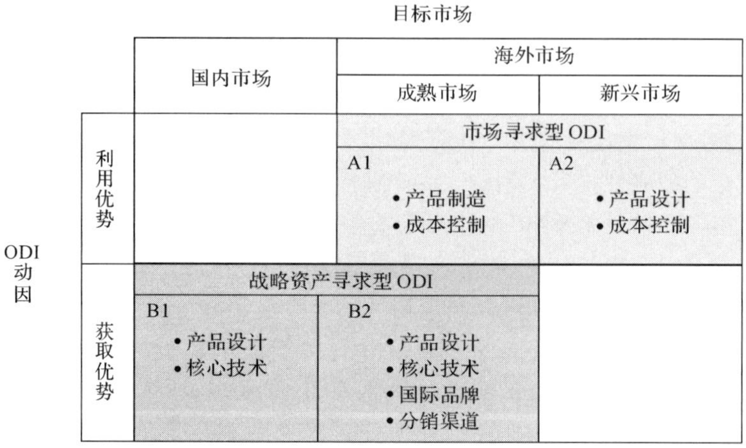

<table>
<tr><td colspan="2" rowspan="2"></td><td colspan="3">目标市场</td></tr>
<tr><td rowspan="2">国内市场</td><td colspan="2">海外市场</td></tr>
<tr><td colspan="2"></td><td>成熟市场</td><td>新兴市场</td></tr>
<tr><td rowspan="2">ODI动因</td><td>利用优势</td><td></td><td colspan="2">市场寻求型ODI
A1 • 产品制造 • 成本控制 ｜ A2 • 产品设计 • 成本控制</td></tr>
<tr><td>获取优势</td><td colspan="2">战略资产寻求型ODI
B1 • 产品设计 • 核心技术 ｜ B2 • 产品设计 • 核心技术 • 国际品牌 • 分销渠道</td><td></td></tr>
</table>

图 21-1　对外直接投资类型和动因的匹配

第二节　对外直接投资对自主创新能力的影响机制

无论是市场寻求型还是战略资产寻求型对外直接投资都仅仅是为企业提供了提升创新能力的途径。企业还需要通过有效的学习才能增强自主创新能力。

对于战略寻求型对外直接投资来讲，除了有效的学习以外，还需要对所获得资产进行有效控制。因此，我们提出了对外直接投资与增强自主创新能力的基本关系。

其中，市场差异性和市场动态性会影响以寻求市场为对外直接投资动机的企业学习的内容和方式；资产的可转移性和互补性会影响以寻求战略资产为对外直接投资动机的企业的控制方式和学习效率(见图 21-2)。

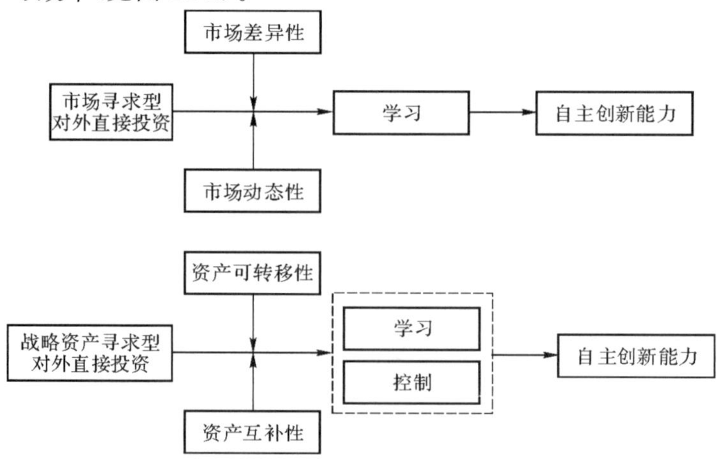

图 21-2　对外直接投资提升自主创新能力的机制

第三节　对外直接投资与自主创新能力的演进：以海尔为例

一、将对外直接投资与创新整合，提升全球创新能力

对于企业来说，积极进行海外研发，获取海外先进技术，对于全球化条件下的自主创新具有十分重要的意义。一般来说，企业会首先选择向内技术转移模式，满足国内的技术需求；技术能力增长以后进行对外直接投资海外创新，拓展海外市场；最后进行全球整合创新，完成全球战略布局。众多企业开始实践“海外研发—技术转移—海外应用—全球整合”的创新升级路径。从政策层面上说，政府应该为企业跨国创新模式以及内外网络机制提供政策支持和保障。中国制造业的部分领先企业已经开始了全球化条件下的自主创新实践。在家电行业，海尔实施了从名牌战略向国际化战略直至全球化战略的转型。而支持推动这一转型的正是海外研发与创新。海尔的创新升级道路分为以下三步：第一步，实现了从国内研发向海外研发的转变；第二步，实现了从国内市场向国际市场的跨越；第三步，进行全球资源整合，构建海尔的全球创新体系。

二、技术寻求型对外直接投资：推动全时空创新

海尔在30多年的创新历程中，随发展阶段的变化进行创新战略的转型：在名牌发展阶段，海尔借助引进—消化—吸收机制开发出了用户满意的产品，但缺乏自主创新能力。在多元化发展阶段，海尔建立了技术中心，开发了完整的产品系列。在国际化发展阶段，为了进一步提高产品设计能力，海尔成立了中央研究院。同时整合全球技术资源，建立全球技术联盟。在全球化品牌发展阶段，海尔建立了“中央研究院＋本土化设计中心”为依托的研发组织模式。海尔集团积极整合全球资源，整合开发全球设计资源网络，在日本、韩国、意大利、荷兰和美国建立设计研发中心，建立海尔集团海外研发体系，先后在全球范围内建立了18个设计中心、15个信息中心、48个科研开发实体、13个海外工业园，实现了当地化员工、当地化设计研发、当地化生产、当地化销售，推动了海尔全球化品牌战略快速实施。

三、市场寻求型对外直接投资：推动海外生产与海外销售

2008年，海尔实施全球化品牌战略进入第3年，作为世界第四大白色家电制造商的海尔，在全球的布局进一步扩大。它在泰国收购了日本三洋年产量约100万台的冰箱厂，不仅生产冰箱，还生产洗衣机，其中40％的产品在泰国销售，60％的产品出口东南亚其他国家。通过在印度收购一家产能35万台的冰箱厂，它启动了在印度的第一座制造基地。至此，海尔已在北美、欧盟、日韩、非洲、中东及东南亚等地区建立了30个海外制造基地、22个贸易公司和8个设计中心，实现了公司在全球主要经济区域的本土化研发、制造和营销。2007年，海尔海外营业额达到41亿美元，海外收入占总收入的20％以上，海外利润的增长速度是国内利润增长速度的1.5倍。

四、全要素整合与创新能力提升

海尔构建了全球设计管理体系，建立了海尔集团全球设计管理委员会，推进海尔集团全球设计管理平台的搭建，策划制定了海尔集团全球设计规范和推进体系，规范了海尔集团的产品品牌形象；建立了海尔集团全球设计推进评价平台，搭建了产品设计竞争力评价体系，促进海尔集团产品竞争力提升。

海尔借助 PLM(product lifecycle management，产品生命周期管理)平台缩短了产品上市时间，提高了质量，降低了成本，实现了全球开发，而且对于市场的个性化需求反应灵敏。例如，2007 年 4 月海尔在全球同步上市的法式对开门冰箱就是海尔全球化研发的成果，其设计理念源自欧美高端消费者的实际生活需求。为了开发这款产品，海尔的 150 名研发人员花费了 2 年时间，组成了跨越国界的“无边界”团队，包括研发、营销、物流、制造、财务等共计 12 个分团队。研发团队从客户终端开始，进行了大量的调研，许多差异化的特点都是针对用户的测试结果设计出来的。这款主流市场的全新产品在美国的零售价在 2000 美元以上，而此前海尔在美国卖出的冰箱最高零售价只有 500 美元。

综上，海尔已经初步建立了全球创新体系，在全球化背景下成功地实现了自主创新。海尔的经验值得我们进行理论总结，既能为有关领域提供新理论，又能为中国企业全球化背景下的自主创新提供新的指导。可以看出，这一问题的研究有很大的意义和潜力，值得中国学者与企业管理人员共同努力探究。

第二十二章 全球价值网络中自主创新与超越追赶的战略对策

中国的经济发展目前还处在转型过程中。一方面，中国经济逐渐进入全球经济一体化进程中。尽管中国经济下行压力不断加剧，但对外直接投资的中国企业数量以及投资流量和存量均在飞速地增长。近年来在美国《财富》杂志世界500强榜单上涌现出了一大批中国企业，并继续保持强劲的增长态势。

但另一方面，一个不争的事实是中国企业缺乏世界品牌和创新能力，在相应的国际排行榜中难见中国企业身影。鲜明的对比表明，许多中国企业特别是大企业追求做“大”的同时，忽视了做“强”，追求“追赶”的同时，忽视了“超越追赶”，本质是企业自身的创新能力不足，因此难以在国际市场上赢得持续竞争优势。全球价值网络为增强中国企业创新能力带来了机遇与挑战，这也迫切需要更具导向性和针对性的政府政策支持与企业战略对策。

在前述研究基础上，本章对企业管理实践和政府政策制定提出如下建议：①全球化背景下，企业实施基于自主创新的全球价值网络规划，在价值网络中获取与整合创新资源；②无论中国制造企业是进入跨国公司领导的全球价值网络成为供应商，还是构建自主领导的全球价值网络成为名牌领导者，政府都应积极为这些制造企业提供进入全球价值网络的机会、支持与服务，引导企业提升自主创新能力，朝着做强自身、超越追赶的战略方向发展，从而赢得全球市场上的持续竞争优势。

第一节 对外直接投资的政策与服务体系

对中国企业创新活动的研究必须充分考虑情境因素的影响，尤其是制度因素的影响。影响中国企业对外投资行为的制度因素主要分为两大关键方面：一是政策体系；二是服务体系。

一、政策体系

自改革开放以来，中国对外投资政策的形成与发展大致可分为两个阶段。第一阶段为严格限制阶段。1979年至20世纪90年代初，国家计划委员会向国务院提交的《关于加强海外投资项目管理的意见》指出，中国尚不具备到海外大规模投资的条件，企业的海外投资应该侧重于利用国外的技术、资源和市场以补充国内的不足。这一政策法规严重制约了中国对外直接投资的规模和数量。第二阶段为鼓励“走出去”阶段。2000年10月，《中共中央关于制定国民经济和社会发展第十个五年计划的建议》首次提出实施“走出去”战略，对外开放战略出现重大转变，对企业的海外投资从限制转为鼓励。在“走出去”战略背景下，中国相继出台针对对外投资的政策，为支持中国企业对外投资提供较为完备的制度环境。首先，2004 年商务部出台了《关于境外投资开办企业核准事项的规定》，国家发改委颁布了《境外投资项目核准暂行管理办法》，将政府在境外投资项目上的审批权变为核准权，审核环节更为简洁，明确了政府在企业境外投资问题上主要发挥引导、服务和支持作用。其次，政府对境外投资的资金支持力度加大。国家发改委、中国进出口银行发布的《关于对国家鼓励的境外投资重点项目给予信贷支持政策的通知》明确指出，对那些能弥补国内资源相对不足的境外资源开发类项目，能带动国内技术、产品、设备等出口和劳务输出的境外生产型项目和基础设施项目等四类境外投资项目给予资金支持。

二、服务体系

服务体系是促进企业对外投资的重要支撑体系。目前，能够为中国企业海外投资提供支撑服务的政府部门主要有商务部、中国各驻外使(领)馆、各地方外经贸部门等。2004 年 7 月，商务部和外交部发布了《对外投资国别产业导向目录(一)》;2005 年 10 月，商务部和外交部发布了《对外投资国别产业导向目录(二)》;2007 年 1 月，商务部、外交部和国家发改委联合发布了《对外投资国别产业导向目录(三)》;商务部还定期发布《中国对外直接投资年度统计公报》。但是，在调研过程中，我们发现政府相关部门尤其是各地方外经贸部门仍然存在这几个问题:①数据不全，信息滞后;②缺乏专题调研和研究;③缺乏专业人才等。总体上，地方外经贸部门还不能较好地为企业提供投资决策和经营所需的信息咨询服务。针对企业对外直接投资的信息咨询服务早已受到各国的重视，例如美国就有国家情报机构、国际情报机构、驻外使馆所设立的经济与商业情报中心以及联合国开发计划署、海外私人投资公司等五个部门构成的信息网络体系，为海外投资企业提供投资决策和经营所需的各种信息和咨询服务。比较而言，目前中国在企业海外投资促进方面，还缺乏比较完善和有效的服务支撑体系。

第二节 自主创新瓶颈与战略对策

如何获取和整合全球创新资源，加快形成自主创新能力，是企业目前亟待解决的重大现实问题。企业需要通过有效的学习增强自主创新能力，对于战略寻求型对外直接投资来讲，除了有效的学习以外，还需要对所获得的资产进行有效控制。怎样同时兼顾有效学习和资产控制，获取合适的资源，以及怎样对获取的资源进行整合，从而形成自主创新能力，是企业目前面临的瓶颈问题。

瓶颈一:如何增强资产获取的有效性。

根据现有的研究，目前许多企业在技术资产、品牌资产的获取方面，有效性不高，不利于自主创新能力的提升，主要表现为以下两点。

第一，资产寻求缺乏长期规划，往往获取不到战略性的核心资产。部分企业在并购活动中拿不到所需的知识产权、品牌等的控制权，即使获取了知识产权，也很难获知研发流程和组织体系。部分企业的资产获取瞄准短期所需，缺乏提升自主创新能力的长期规划。

第二，资产获取缺乏互补性。部分企业只侧重于获取技术资产或品牌资产，而没有从创新过程的互补性出发，获取各个环节所需的战略资产。

第三，资产获取缺乏全球布局意识。部分企业没有在全球范围内主动搜寻战略资产，缺乏主动性，也没有在全球范围内考虑各个地区的区位优势，博采众长。

瓶颈二：如何对资产进行整合。

企业在获取了创新所需的战略资产之后，需要通过企业内外组织网络来整合、协调各类战略资产，而目前相当多的中国企业没有实现这样的全球资产整合。只有对创新的各个环节进行整合协调，才能顺利实现新技术的商业化。对资产进行整合，才能真正形成难以被购买和模仿的创新能力。当前众多的大中型企业都迫切需要在企业内部和企业之间进行资产整合，形成协同创新的优势。

我们提出了基于实施自主创新的全球价值网络规划，主要包括以下三点内容。

第一，从目标上看，价值网络规划应瞄准全球价值网络中的自主创新和产业升级。制造企业从技术引进、消化吸收集成到突破式原始创新的自主创新提升路径，对应 OEM 到 ODM 直至 OBM 的产业升级路径。技术资产和品牌资产都应该是自主创新所急需获取的战略资产，也是实现产业升级的关键。

第二，从价值网络的一般特征入手，应优化价值网络中的创新分工协作。以制造业不同价值环节的协同为突破口，构建“设计—生产—服务”协同的高附加值创新网络。整个制造过程可以分布在全球不同区域，由多个企业内的分支机构以及合作伙伴完成。需要对整个过程所涵盖的战略资产进行控制和整合。

第三，应从区域角度出发，详细分析全球各主要经济体的区位优势，实现“设计—生产—服务”各个环节在最优区位布局。尤其要从创新的角度，分析各个区域在研发、产品设计、生产工艺、服务等方面的创新基础和活力。

除了宏观政策层面和微观企业层面的对策外，本章还提出了中观层面的价值网络中大、中、小企业协同联动的创新政策体系。

第一，对于政府而言，引导、鼓励龙头企业与配套企业、关联企业、上下游企业形成集群配套网络。如对采购本地供应商产品的龙头企业，政府财政给予补贴扶持。同时在政策上，对与大企业形成良好配套的中小企业给予政策扶持。对于本地企业联合的创新项目，经确认确实是关联配套企业长期合作的，给予重点的科技项目支持。

第二，对于大企业而言，强化产业链共赢，增强产业链整体竞争力，制定推动本地集群网络共同发展的战略，形成区域稳定的供应联盟和创新联盟。

第三，对于中小企业而言，应加快自主创新能力的形成，形成与龙头企业配套的产品系列创新与升级能力，主动对接龙头企业，增强在价值网络中的嵌入性，推动集群自主创新能力的发展。

第六篇　中国特色自主创新道路与政策研究

本篇概要

本部分从国家层面分析了基于全面创新的自主创新道路的实质，原始性创新最重要，而消化吸收再创新和集成创新是后发国家积累创新能力的两种主要手段，其主要目标是在最大程度上达成原始性创新。基于此，我们将中国特色自主创新道路定义为以全面创新管理为指引，以组合创新为平台，通过二次创新吸收国外先进的技术，以集成创新和原始创新实现技术范式的突破，形成具有自主知识产权的技术发明和技术应用，为国家发展创造出显著的经济效益和社会效益的创新过程。

开展深层次的全面创新必须有完善的创新生态体系和国家创新体系来支撑。其中企业创新体系要从封闭的研发体系，逐步发展到能整合各种创新单位、创新资源和创新要素的创新生态体系，以适应全要素、全员、全时空的全面创新的要求。而在国家创新体系的进一步建设过程中，还需要进一步明确企业、科研院所、高校、社会组织等各类创新主体协同合作的功能定位，构建开放高效的创新网络，建设军民融合的国防科技协同创新平台。特别要改进创新治理，进一步明确政府和市场分工，构建统筹配置创新资源的机制；完善创新战略、激励创新的政策体系和保护创新的法律制度，构建鼓励创新的社会环境，激发全社会创新活力。

为促进全面创新，我国需要从以下几个方面完善创新政策：①加强政府对自主创新的引领，最重要的是思想引领、战略引领、统一部署与规划，以及根据中国实际情况构建以自主创新为导向的战略性目标管理与绩效考核激励体系。②优化创新创业环境，提高企业自主创新能力。③增强大学对自主创新的贡献度，进一步加强具有创业精神的研究型大学建设。④进一步强化国家科研能力，应着眼于强化有公共特性的基础研究的能力、产业共性技术研发能力和工程技术研究能力。⑤大力促进协同创新，努力建设深度合作、科教融合、协同共进的“产学研”合作创新体系。⑥加快科技成果转移转化，进一步提升大学、科研机构与产业部门的技术转移和合作创新能力。⑦进一步发展风险投资业的政策，加大对具有自主知识产权的产业的投资力度，培养风险投资专业人才。⑧加速培养高层次创新人才。这些都是在国家层面实现制度创新与技术创新协同的全面创新的要求。

第二十三章　基于全面创新的中国特色自主创新道路

第一节　自主创新：提高我国经济增长质量的核心

中华人民共和国成立以来，中国经济增长的动力经历了两次变革，从低成本的劳动力驱动到资本累积驱动再到知识经济时代的创新驱动。1953 年到改革开放前，中国经济增长的主要动力是低成本劳动力；而从 1979 年到 1998 年的 20 年中，中国经济增长的动力主要是资本投入的增加、经济结构的改变以及生产率的提高，资本累积的增加以及生产率的提高，让中国经济的年均增长率提高超过 2 个百分点，位列世界前茅。经济发展的全球化以及全球产业链重组，中国依靠资源优势、低成本优势、强大的市场潜力和产业配套能力，一跃成为世界发达国家全球分工和产业链条中的一环，推动了中国外源性经济的快速增长。当时中国缺乏资本、先进技术和融入全球经济的能力的阶段性特征，决定中国走上了以本国低级要素吸引外国高级资本要素的道路。在参与全球经济的过程中，中国越来越意识到知识和技术对于经济增长的重要作用，其经济增长方式开始发生转变。

1999 年开始，中国将经济增长方式转向依靠技术创新，中共中央、国务院出台了《关于加强技术创新，发展高科技，实现产业化的决定》，把推进国家创新体系建设作为一项重要任务。在金融危机的影响下，单靠降息、扩大内需并不能解决中国经济发展中的结构性问题，还必须依靠加大技术创新投入，提升中国专业化技术人才的数量和水平，以制度改进和技术创新引领经济增长方式转变，培育内生经济增长模式。20 世纪 80 年代中期，罗默（P. Romer）形成了他的内生增长模型，从技术内生化开始，始终强调创新和知识增长是长期经济增长的关键。戴维 · 斯密克（2009）在《世界是弯的：全球经济潜在的危机》一书中提出："从长期来看，中国经济的未来所依靠的不是结构性的刺激因素，也不是政府对股市的大力推动和支撑。相反，中国的未来取决于创新思想和日益提升的知识产权创造力。中国不能再依靠向全世界出口廉价产品的发展模式了，而必须依靠科学和创新思想所构建的新一代产品和服务体系。"

2006 年提出自主创新的伟大战略，由此掀起了科技创新的发展热潮。党的十八大进一步明确提出"科技创新是提高社会生产力和综合国力的战略支撑，必须摆在国家发展全局的核心位置"。习近平总书记在 2014 年两院院士大会继续强调要坚持走中国特色自主创新道路，加快实施创新驱动发展战略。在党和政府的战略设计和有力组织下，中国的创新处于良好的发展势头，赢得了国际的广泛关注和充分肯定。

从 2000 年到 2013 年，我国研发投入的增长幅度与 GDP 的增幅保持同步或略高于 GDP 增幅，2013 年，我国的社会研发总投入占到了 GDP 的 2.01%。[①] 企业作为技术创新的主体，其对研发经费的投入很大程度上代表了创新活跃度，2012 年我国各类企业研发经费支出达到了 7842 亿元，占研发经费投入总额的 76.2%，比上年增长了 19.2%，其增长幅度高于高等学校研发经费支出的增幅（13.3%）。[②] 这充分说明，我国企业科技研发的投入活跃度在提升，无论在企业研发平台建设还是科技人员的储备上都做了大量准备，越来越重视通过科技创新增强企业的核心竞争力。

近些年，我国科技人力资源的总量和每年投入研发活动的研发人员规模已经稳居世界第一，2007 年到 2011 年，全球研发人员总量年均增长率为 3.7%；而我国研发人员同期年均增长率为 13.5%，是全球研发人员增长率最高的国家，研发人员总量占到世界总量的 25.3%，超过美国研发人员总量（占全球总量的 17%），稳居世界第一位。[③] 2017 年，我国研发人员总量达到 621.4 万人。[④]

随着近年来我国科技投入的增长，科技产出成果有了显著成绩，专利申请受理及授权数量稳步增加，专利总量居于世界前列。随着创新资源的积累和创新成果的转化，我国科技进步对经济增长的贡献率已从 2001 年的 39%提高到 2017 年的 57.5%[⑤]，科技进步对经济增长的贡献度明显提升，在载人航天、深海工程、高速铁路、高速计算、西电东输等国家重大工程中发挥着重要作用，我国的杂交水稻、水电装备、高速列车、特高压输变电等产业技术发展水平已位居世界领先水平，我国的电子商务和互联网应用与创新能力位居世界前列。

在 2013 年 7 月由康奈尔大学、欧洲工商管理学院（INSEAD）和世界知识产权组织（WIPO）联合发布的“2013 年全球创新指数”（global innovation index，GII）中，根据考察比较 142 个经济体的数据，中国在国际创新能力排名中位列第 35 名，瑞士、瑞典、英国、荷兰和美国位居前 5 名。然而，GII 的排名忽略了创新的质的特征。本书研究表明，中国的创新竞争力已经得到显著提升，与发达国家得分的差距明显缩小，国家创新竞争力呈现明显的追赶趋势，创新综合竞争力名列世界前 10 名，如果考虑到中国在杂交水稻、高铁、互联网、电动汽车等方面的巨大创新实力，中国的创新排名将更为靠前，中国已成为创新大国。

在推动实施创新型国家建设和创新驱动发展战略的政策顶层设计之前，国家已经持续关注并且十分重视创新能力建设，然而创新成果支撑不力、创新主体动力不足、创新型人才缺乏等现象阻碍着我国自主创新事业发展，造成当前我国创新需要面对和解决的四大困境。

创新困境一：国家竞争力与国家创新能力的国际地位不匹配，创新对我国经济发展的驱动作用仍显不足。

---

① 我国全社会科研经费占 GDP 比重首超 2%　2022 年或超美国[EB/OL].(2014-10-02)[2018-12-01]. https://www.guancha.cn/Science/2014_10_24_279207.shtml.

② 国家统计局，科学技术部，财政部. 2012 年全国科技经费投入统计公报[EB/OL].(2013-09-26)[2018-12-01]. http://www.mof.gov.cn/zhengwuxinxi/caizhengshuju/201309/t20130926_993359.html.

③ 我国科技研发人员数量首超美国居世界第一　占全球总量 25.3%[EB/OL].(2014-09-04)[2018-12-01]. https://www.guancha.cn/Science/2014_09_04_263981.shtml.

④ 我国研发人员总量超过 600 万人[EB/OL].(2018-09-12)[2018-12-01]. http://www.xinhuanet.com//fortune/2018-09/12/c_1123420679.htm.

⑤ 2017 年我国科技进步贡献率达 57.5%[EB/OL].(2018-01-10)[2018-12-01]. http://www.cinic.org.cn/xw/tjsj/416935.html.

我国经济总量虽然列居世界前茅，但经济增长仍然以投资驱动和贸易拉动为主，经济总量的快速增长积累了一定的国民财富，但经济发展质量不高，可持续健康发展中遇到的环境、资源、劳动力成本等问题将会愈发严重，环境损失和健康损失依然较大，创新对经济发展的驱动作用仍明显不足。一些主导产业的发展，对生产要素驱动的路径依赖严重，仍在艰难地探索从“中国制造”到“中国创造”的战略转型路径。若干产业形成了一批关键核心技术，如通信设备、高速铁路、水电设备等已经具备国际竞争力，然而从产业链和关联产业发展看，重大原始创新成果还不足，对经济的突破带动性作用不够明显。处于国民经济基础地位的中央企业，在2006年到2012年期间，科技投入年均增长20%以上，发明专利授权量年均增长40%以上，在科技创新能力稳步提升过程中还缺乏重大突破性科技创新成果的引领发展。

创新困境二：鼓励创新的社会环境持续改善，创新投入逐年增加，而企业创新能力的提升幅度还远远不够。

随着国家和各个地方大力实施创新驱动发展战略，大力鼓励科技创新和科技投入，创新的环境得到持续改善，创新的资源进一步累积放大，然而从整体上来看，我国企业创新能力的提升速度和增长空间仍非常有限，与推动实施创新型国家建设的紧迫性不相适应。除了华为、海尔、中国电子科技集团、南车集团、阿里巴巴、百度等少数优秀的创新型企业，我国企业创新投入的资源基础薄弱，包容创新失败的空间有限，对关键核心技术研发投入的信心不足。企业创新体系和能力建设的路径规划还不清晰、受到的重视程度尚不足，目前面向原始创新和核心技术的中国企业创新能力急需提升。

创新困境三：科技人力资源总量稳居世界第一，而人均产出效率远落后于发达国家，高端的创新型人才仍非常短缺。

2012年，我国劳均GDP①（以购买力平价计算）为15868美元，列第57位，农业、工业、服务业部门的劳均GDP分别为4263.4美元、23344.4美元和17942.3美元，分列第55位、55位和56位。我国每万名劳动力拥有的研发人员数量为38人，远低于日本（133人/万名）、韩国（135人/万名）、德国（132人/万名）、俄罗斯（111人/万名）等国家。在世界经济论坛（WEF）发布的《2013年全球竞争力报告》中，我国劳动力效率排在第34名，高等教育的质量仅排在第70名。麦肯锡《新兴市场人才报告》的数据表明，我国工程和金融方面的毕业生只有10%左右具备被全球化企业雇用的价值，本土的MBA（工商管理硕士）毕业生能够胜任管理工作的不到20%。以IT服务行业为例，由于缺乏创新型人才支撑，我国IT服务业总收入中65%来源于附加值较低的日本市场，高附加值的跨国服务收入只占总收入的10%，而印度的这一比例为75%。高端的创新型人才不足是制约创新的瓶颈。②

创新困境四：创新资源分散、创新效率不高等问题亟待解决。

国家创新体系理论认为，单个创新主体的强势并不能确保整个创新系统有足够高的创新效率，只有当各主体产生广泛的关联和互动时，才能保证系统的创新效率。长期以来，国家各部委对创新的分别建设、分散管理格局，使得创新整体上缺乏系统设计和统一规划。如基础研究及应用研究领域，各部门均建有自己的重点实验室；工程技术领域，有国家工程技

① 劳均GDP指的是单位劳动力创造的GDP，即总GDP除以总的就业人口。

② 首部《国家创新蓝皮书》（2014）发布[EB/OL].（2014-09-01）[2018-12-01]. http://news.china.com.cn/rollnews/news/live/2014-09/01/content_28525924.htm.

术研究中心、国家工程研究中心、国家工程实验室等。多个部门分头建设同一类型的创新基地，使得有限的科技资源相对分散，一方面导致部分创新基地创新能力弱化、协调成本加大。另一方面部门利益关系造成创新基地在评价、投入、调控和约束等多方面出现管理协调问题，应有的公益性、公共性发生漂移，公共科技能力下降，资源配置效率不高。创新基地作为国家创新体系中的重要组织，是国家长期持续投入的对象，因此更要强调开放性和公益性，既要通过开放式创新提升能力，也要对其他创新主体进行技术扩散以实现公益性。但我国的创新基地之间依然相对封闭，各类创新基地之间缺乏有效衔接，知识流动、人员流动和成果转化不足。现有的主要创新基地(包括国家实验室、国家重点实验室、国家工程实验室、国家工程技术中心、企业国家重点实验室)在人员规模、引领能力、创新能力、公益性、综合性、开放度等方面与发达国家仍有不小的差距。在当前大规模科技创新更需要规模化、集团化组织实施的前提下，资源集聚显得尤为重要。部分创新基地还不能独立承担一些需要跨学科、跨行业、跨领域组织的综合性的重大科研任务。对于汽车、飞机、造船等技术更复杂、系统集成度更高、产业链更长的主导产业，某单一学科或细分行业的实验室或工程中心更不可能承担起产业技术创新的重任。

第二节　基于全面创新的自主创新道路的实质

2006 年年初，在全国科学技术大会上，胡锦涛同志阐述了自主创新战略的全面内涵："建设创新型国家，核心就是把增强自主创新能力作为发展科学技术的战略基点，走出中国特色自主创新道路，推动科学技术的跨越式发展；就是把增强自主创新能力作为调整产业结构、转变增长方式的中心环节，建设资源节约型、环境友好型社会，推动国民经济又快又好发展；就是把增强自主创新能力作为国家战略，贯穿到现代化建设各个方面，激发全民族创新精神，培养高水平创新人才，形成有利于自主创新的体制机制，大力推进理论创新、制度创新、科技创新，不断巩固和发展中国特色社会主义伟大事业。"

党的十八大以来，习近平同志把创新摆在国家发展全局的核心位置，高度重视科技创新，围绕实施创新驱动发展战略，加快推进以科技创新为核心的全面创新，提出一系列新思想、新论断、新要求。2016 年 1 月，中共中央文献出版社出版了《习近平关于科技创新论述摘编》。该书的出版，对于适应和引领我国经济发展新常态，发挥科技创新在全面创新中的引领作用，加快形成以创新为主要引领和支撑的经济体系和发展模式，实现"两个一百年"奋斗目标，实现中华民族伟大复兴的中国梦，具有十分重要的指导意义。面对经济发展新常态下的新趋势和新特点，面对实现"两个一百年"奋斗目标的历史任务和要求，科技创新的发展已是我们共同关注的主题。

"创新是一个民族进步的灵魂，是一个国家兴旺发达的不竭动力。"科技创新是提高社会生产力和综合国力的战略支撑，已成为世界许多国家政府的共同选择。面对新形势新挑战，我们必须加快从要素驱动为主向创新驱动发展转变，发挥科技创新的支撑引领作用，推动实现有质量、有效益、可持续的发展。由主要依靠要素驱动转为主要依靠创新驱动，最根本的是依靠科技创新。科技创新是推动经济转型升级、提质增效的"第一动力"。

中国政府将自主创新作为国家政策加以推行，那么到底什么是自主创新？自主创新主要有什么特性呢?

关于自主创新的概念,众说纷纭,总的来说,自主创新的概念有宏观和微观之分,包括国家自主创新和企业自主创新。从微观角度看,企业的自主创新具有技术突破的内生性、技术与市场方面的率先性、知识和能力支持的内在性等特征。其本质特点是,自主创新所需的核心技术来源于企业内部的技术突破,是企业依靠自身力量,通过独立的研究开发活动而获得的(操龙灿,2006)。从宏观角度看,国家自主创新是从国家战略的角度表明一个国家产业技术的创新特征和发展路径,具体是指一个国家的产业技术不依赖于外部的技术引进,而主要依靠本国自身力量独立开发新技术,进行技术创新活动。一般认为,自主创新主要包括三个方面的含义:一是加强原始性创新,努力获得更多的科学发现和技术发明;二是加强集成创新,使各种相关技术有机融合,形成具有市场竞争力的产品和产业;三是在引进国外先进技术的基础上,积极促进消化吸收再创新。

我们认为一般意义上的自主创新概念存在逻辑上的缺陷,自主创新三个方面的含义不是并列的。我们认为消化吸收再创新和集成创新是后发国家累积创新能力的两种主要手段,其主要的目标是能在最大意义上推出原始性创新。这三者的地位是不一样的,国家在推行自主创新政策时,必须将提升国家自主创新能力,突破原有技术范式,摆脱技术输出国的控制,转变国家的经济增长方式,创造更多的价值作为主要的创新目的,而原始性创新是实现技术范式突破的主要手段,因此我们认为原始性创新的地位是最重要的,而消化吸收再创新和集成创新是实现手段。

同样,中国企业的创新也经历了从以引进先进技术为基础的引进消化吸收再创新到强调融合各类技术的集成创新,再到有中国特色的原始性自主创新的发展道路。

中国企业的引进消化吸收再创新模式主要采取从模仿到改进再到创新的“3I 模式”(即 imitation—improvement—innovation)。这种模式分为两种:一是通过对引进技术的模仿,学习先进技术;二是通过对生产流程或产品的改进,使之适应中国市场,并结合国情在国产化改进的基础上对技术进行改造,并最终实现基于消化吸收的再创新。

京东方是实现引进消化吸收再创新的典型代表。京东方创立于 1993 年 4 月,是全球领先的半导体显示技术、产品与服务提供商。2015 年,京东方全球首发产品覆盖率为 39%,年新增专利申请量达 6156 件,累计可使用专利超过 40000 件,位居全球业内前列。京东方通过早期技术并购实现技术引进,并在引进和模仿技术的基础上实现对技术的消化,结合国内市场做出改进并实现合作创新。具体来说,京东方的引进消化吸收再创新过程可以分为三个阶段:以技术并购和生产线模仿为主的模仿阶段(1993—2003 年);以基于国内市场的改进和自主建设为主的改进阶段(2004—2010 年);以建立技术联盟、实现合作创新、开发国际领先产品的创新阶段(2011 年至今)(见图 23-1)。

京东方没有陷入“引进—没有消化吸收—没有创新—再引进”的怪圈,而是成功从模仿实现创新,关键在于:一是保证了高强度的研发投入;二是从事战略性新兴产业,获得了政府的大力支持;三是在发展之余,积极带动上游厂商共同创新;四是强调“干中学”;五是高度重视人才培训与学习;六是强调技术并购过程中的学习和“产学研”合作。

在强调各种相关技术有机融合的集成创新过程中,中国企业在技术集成(Iansiti et al.,2004)的基础上,将知识集成、组织集成(陈劲,1999)也作为集成创新不容忽略的方面予以关注,从而使企业通过系统集成知识资源和活动建立起自己的知识基础,并实现跨部门的有效沟通。

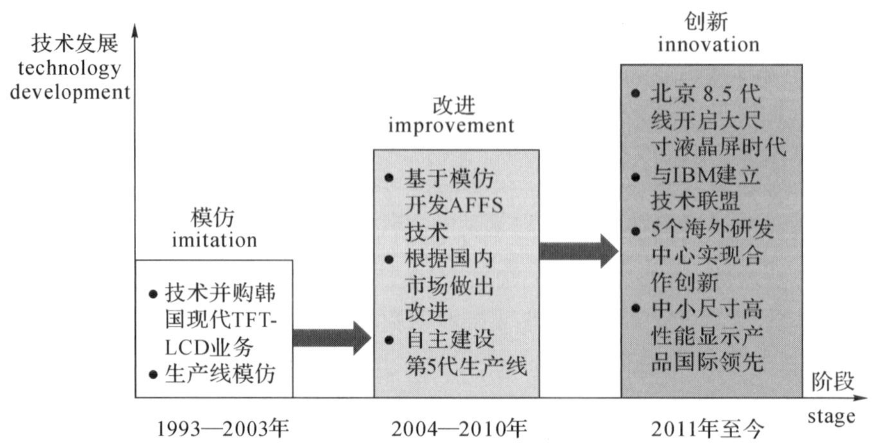

图 23-1 京东方的引进消化吸收再创新之路

作为集成创新的典型代表，中国中车株洲所的以市场为导向的开放式技术驱动创新模式值得关注。中车株洲所是 1959 年成立的隶属于铁道部的专业研究所。2015 年，中车旗下领先的高科技产业集团，实现收入 300 亿元，使中车株洲所成为中国高铁核心技术的驱动力量。在技术集成方面，中车株洲所强调科研的核心地位。近年来，中车株洲所坚持将销售收入的 7%～8%作为科研经费，进行大规模投入，是同行业平均水平的 2～3 倍。同时，中车株洲所强调技术驱动的创新，一项技术从创意与机会开发，到新产品与新技术开发，再到技术应用与扩散的整个科技创新流程都强调多种现有技术的融合。在知识集成方面，中车株洲所通过对文化、制度、规划设计等方面产生的新知识的快速总结以及跨部门的学习，实现了部门之间有效的知识流动和交流应用。在组织集成方面，中车株洲所更强调建立从制造、设计到产品的闭环生态系统，充分利用组织内各部门之间系统合作和集成的优势。

在原始性自主创新方面，中国目前的情况不容乐观，大多数企业仅能对国外的先进技术做出渐进性的改进，只有少数企业能够实现从无到有、从零到一的突破性、原始性的自主创新。在这其中，科大讯飞是一个典型的例子。

科大讯飞成立于 1999 年，是我国智能语音与人工智能产业领导者。也是我国唯一以语音技术为产业化方向的国家“863 计划”成果产业化基地、国家规划布局内重点软件企业、国家高技术产业化示范工程，并被原信息产业部确定为中文语音交互技术标准工作组组长单位，牵头制定中文语音技术标准。2003 年、2011 年，科大讯飞凭借突破性、原始性自主创新先后两次荣获国家科技进步奖。

科大讯飞的自主创新可以分为三个阶段：一是从建立初期被认定为国家“863 计划”成果产业化基地到 2004 年期间的政策扶持阶段，这一阶段科大讯飞与中国科技大学、中国社会科学院共建实验室，整合核心源头资源战略初见成效。二是从 2005 年科大讯飞建立研究院到 2008 年的基础研究布局阶段，在这一期间科大讯飞的基础研究进入黄金时期，以前期的学术研究积累作为后期专利申请的基础，并在 2008 年达到论文发表最高峰，实现了成熟的智能语音技术，完成基础性研究布局。三是 2008 年之后的专利井喷式发展的厚积薄发阶段。这一阶段科大讯飞凭借其前期对基础研究的投入，获得了专利和技术方面的飞速发展。具体说来，科大讯飞实现突破性、原始性自主创新的成功经验，主要有四点：一是以基础研究为先导；二是集中发展语音识别这一核心能力；三是强调“产学研”合作；四是基于行业地位制定标准,从而成功成为智能语音行业的领头羊。

然而,中国目前过度重视集成创新和消化吸收再创新,使得中国难以摆脱西方发达国家将中国的技术创新定位于技术应用的想法。在美国华盛顿无党派智库信息技术和创新经济会(Information Technology & Innovation Foundation,ITIF)的国家创新竞争力排名中,中国的创新与国际竞争力排名比较靠后,在第 33 位。以美国和欧盟为基准,中国在这方面的得分为 36 分,比处于第一位的新加坡(得分为 73.4 分)低了 37.4 分。这说明,虽然通过大力推进现代化和技术开发,中国十年来积累了一定的创新能力,但就其经济总量来说,创新所占的比重还是太小。我国对其他国家的主要吸引力还在于低成本,而不是创新性的基础设施。ITIF 的学者们认为除非我国大范围提升部门生产力,否则这种情况仍将继续。中国要成为世界知识和创新经济的弄潮儿,还需要付出更多的努力。陈劲等人(2009)根据创新资金投入、人才投入和创新产出这三个指标对中国以及美国、日本等 OECD 成员的创新能力进行了预测,结果发现到 2020 年,中国的创新投入会超过美国、日本等发达国家,但是创新产出却大大落后于美国、日本等发达国家。

我们认为中国的自主创新应该是从二次创新到组合创新,最终实现全面创新的演变过程。

一、二次创新

在引进技术的基础上和已有技术范式的条件下,沿着既定的技术轨迹进行创新,即二次创新,二次创新是技术后发国家追赶技术先发国家的一条捷径。二次创新能够为技术后进国家带来明显的"后发优势",能够在短时间内获得技术输出国多年积累的经验和知识,节约研究开发费用(尤其是基础研究费用),降低开发新市场的风险和不确定性,节约市场开拓成本。后发优势主要来源于采纳新的生产设备和生产技术所形成的相对较高的生产效率和低成本。二次创新需要大量的投资和高素质的人才才能实现。

无论是哪一层次的二次创新,均没有突破原有的技术方式。技术后发国家在原有的技术轨道上借助二次创新活动追赶先进的技术水平,试图成为全球的技术领先者。但是当新技术出现打破原有的技术范式时,技术后发国家的"后发优势"就成为"后发劣势",对于旧技术的投资完全不能产生新的收益(吴晓波等,1995)。无论原有的技术处于何种领先的地位,没有自身的基础研究实力,技术领先国家又将沦为技术后发国,继续新一轮的"二次创新"引进、消化、吸收的追赶过程。因此,二次创新不能帮助国家成为真正意义上的"技术输出国"。我国必须在消化吸收新技术、累积一定的技术能力后,寻找新的创新方式继续突破。

二、组合创新

随着经济的发展和竞争的日益激烈以及技术生命周期的缩短,二次创新为企业带来的后发优势越来越难以体现,最终会使企业陷入"引进—吸收—追赶—落后—引进"的恶性循环,单凭二次创新已经不能满足企业持续发展的需求,企业必须注重二次创新与其他创新的组合,郭斌和许庆瑞等人(1997)在此基础上提出了组合创新。他们认为所谓组合创新,是指在企业发展战略引导下,受组织因素和技术因素制约的系统性协同创新行为,注重渐进创新与重大创新的组合,产品创新与工艺创新的组合,技术创新与文化、组织创新的组合以及技术创新与战略创新的组合等(许庆瑞等,1997)。

综观世界上各发达国家的技术发展历程,我们可以发现,几乎没有一个国家在经济增长过程中不重视产品和工艺的协调发展。有学者通过对日美工业创新的比较研究指出,重视工艺创新是日本经济迅速发展的主要动因。产品创新和工艺创新的协调作为企业组合创新的基础层次,是企业组合创新效益实现的基础。它直接影响到企业技术水平和生产效率的提高,进而决定了企业竞争力的发挥。

组合创新改变了传统的只注重单个创新、产品创新、重大创新以及纯技术创新的技术管理思想,开始从系统的角度、战略与制度的高度、创新阶段的动态性运作方面来组织、协调技术创新活动。组合创新是一个动态的过程,在这个过程中企业的组织结构、组织文化和信息流网络都在不断地进行动态调整,以促进创新效率的提高,其有效实施需要企业内部战略、组织、资金、文化等诸要素之间的协同作用。在基于能力的组合创新范式中,核心能力与组合创新是相互依赖、相互交织的。企业可以利用组合创新培育和提高核心能力,并将核心能力转化为市场优势。

三一重工股份有限公司(简称"三一重工")根据企业的发展战略,采用了服务创新、观念创新和技术创新三位一体的"非常规创新路线",开展技术与非技术创新的整合、协调创新。观念创新是先导,"为客户创造价值"是三一重工服务的核心理念,并且其在集成现有先进背景技术的基础上,形成自主知识产权,并达到国际水平。三一重工在服务方面首次启用了4008 呼叫服务系统,首次在中国工程机械行业引入"6S"店概念。

三、全面创新

环境的动荡、竞争的日益激烈和顾客需求的变化都需要企业进行全方位的竞争,以比竞争对手更快的速度响应顾客全方位的需求。这不仅要求企业努力进行技术创新,而且要求企业必须以此为中心进行全面、系统、持续的创新。

浙江大学许庆瑞等人从 1998 年就开始对全面创新的规律进行探索,在总结国内外最新创新理论及我国大量企业经营管理成败的经验教训的基础上指出,当今企业为适应环境的变化,必须以企业战略为导向,持续地开展以技术创新为中心的全面创新,培育和提高企业的技术创新能力。许庆瑞等人在 2002 年正式提出了 TIM 的概念、理论框架等,引起了国内外学者的广泛关注。

习近平总书记指出:"综合国力竞争说到底是创新的竞争。要深入实施创新驱动发展战略,推动科技创新、产业创新、企业创新、市场创新、产品创新、业态创新、管理创新等,加快形成以创新为主要引领和支撑的经济体系和发展模式。"为此,中国从创新大国走向创新强国的关键在于实施创新驱动发展战略,而理论创新、制度创新、科技创新和文化创新的融合发展是创新驱动发展战略的必然。实践基础上的理论创新是社会发展和变革的先导;制度创新是其他一切创新的重要保障;科技创新是国家竞争力的核心;大力推进文化创新是繁荣发展社会主义先进文化的需要。以创新、协调、绿色、开放、共享为发展理念,坚持创新驱动发展战略,坚持融合创新,破解中国发展难题,厚植发展优势,在全面建成小康社会决胜阶段取得伟大胜利。

因此,要在全面创新管理的框架下,在国家提倡的创新、协调、绿色、开放、共享的发展理念引导下,促进理论创新、科技创新、制度创新和文化创新等各方面的全面创新,真正地使创新贯穿党和国家一切工作，让创新在全社会蔚然成风。

1. 理论创新为创新驱动发展战略的实施提供理论指导

中国经济高速增长的奇迹离不开中国对发展的执着坚持。目前，国际形势继续发生深刻复杂变化，世界多极化、经济全球化深入发展，文化多样化、社会信息化持续推进。中国需要跨越中等收入国家陷阱，适应和引领经济发展新常态。在这个过程中，需要对出现的新情况、新问题做新的理性分析和理性解答，对认识对象或实践对象的本质、规律和发展变化的趋势做新的揭示和预见，对人类历史经验和现实经验做新的理性升华，也就是需要进行顺应时代的理论创新，为创新驱动发展战略的实施提供理论指导。

2. 制度创新是科技创新和其他一切创新的重要保障，能够激发各类创新主体的活力，也是引领经济社会发展的关键

制度创新的核心是国家治理创新，推进国家治理体系和治理能力现代化，形成有利于创新发展的体制机制。目前，科技创新存在和面临体制、机制、政策、法规等诸多问题，这些问题的解决都需要依靠制度创新。必须建立有效分担创新风险的制度环境，推进政府职能转变和政策创新，充分发挥市场激励创新的决定性作用，更好地发挥政府对于高风险创新活动的支持作用，完善政府与市场作用有效互补的法治和政策环境，促进创新驱动发展战略的顺利实施。

3. 科技创新是中国应对未来挑战的重大选择，是统领中国未来科技发展的战略主线，也是实施创新驱动战略的根本途径

企业是科技创新的主体，但是企业创新能力的提升幅度还远远不够。随着国家和各地大力实施创新驱动发展战略、大力鼓励科技创新和增加科技投入，创新环境得到持续改善，创新资源进一步累积放大。然而，从整体上看，中国企业创新能力的提升速度过慢，具有国际竞争力的创新型领军企业较少，这与推动实施创新型国家建设的紧迫性不相适应，也不利于创新驱动发展战略的有效推进。因此，必须把重要领域的科技创新摆在更加突出的地位，实施一批关系国家全局的、有长远意义的重大科技项目，通过科技创新培育具有国际竞争力的产品、企业和行业。

4. 文化创新是一个民族永葆生命力和富有凝聚力的重要保证，也是创新驱动发展战略实施的重要保障

目前，中国文化创新缺乏系统性，对文化创新的重要性认识不足，且缺少对中国传统创新文化和创新精神的继承和弘扬。同时，社会对文化创新的关心不足，人民群众参与创新的热情不够，且文化创新也没有对其他创新起到很好的支撑和促进作用。在继承基础上的文化创新才有助于繁荣发展社会主义先进文化，才能够促进和保障科技创新和其他创新的顺利施行。

5. 理论创新、制度创新、科技创新和文化创新的融合

理论创新属于基础性创新，是社会发展和变革的先导，也是其他创新的思想灵魂和来源引导；制度创新属于保障性创新，是激发各类创新主体创造性和积极性的动力源泉，也是促进创新驱动发展战略实施和实现国家治理现代化的重要保障；科技创新属于决定性创新，是其他创新的主要目的，也是增强国家竞争力和促进经济社会发展的核心；文化创新属于支撑性创新，是一个民族永葆生命力和富有凝聚力的重要保证，也是繁荣发展社会主义先进文化的需要。理论创新、制度创新、科技创新和文化创新交互融合，才有利于创新驱动发展战略

的顺利实施。

实践基础上的理论创新是社会发展和变革的先导,是推动制度创新、科技创新、文化创新和其他各方面创新的核心和灵魂。正如习近平同志强调的"我们党之所以能够历经考验磨难无往而不胜,关键就在于不断进行实践创新基础上的理论创新"。结合中国新常态经济的理论创新,能够带来中国生产力和生产关系、经济基础与上层建筑的深刻革命,推动中国经济社会持续健康发展,对不断开创中国特色社会主义新局面发挥重要的引领和促进作用。理论创新的实践性、开放性本质也要求我们必须顺应中国新常态经济的现状,与时俱进,不断地进行理论创新。历史事实充分说明,理论创新对实践创新具有重大先导作用,每一次重大的理论创新,都会推动经济社会发展,实现新的历史跨越。

制度创新是科技创新和其他一切创新的重要保障,也就是以政府为主体,设计有利于全面深化改革、扩大开放、促进创新创业、建设美丽中国的各项制度与体制机制。理论创新、科技创新、文化创新等创新活动都有赖于制度创新的积淀和持续激励,通过制度创新得以固化,并以制度化的方式持续发挥自己的作用。要促进创新驱动发展战略的顺利实施,就是要通过结构性改革和创新,进一步简政放权、放管结合、优化服务,增强创业创新制度供给,完善相关法律法规、扶持政策和激励措施。深化科技创新体制改革,完善市场的公平竞争环境,深化商业活动的制度改革,优化公共创新资源配置,加强对知识产权和技术交易的制度保护,健全创新人才的培育和流动机制,加大对创新创业的财政支持力度,强化对创业的投资融资支持,完善以"产学研"为核心的协同创新体系。依据制度经济学理论的基本原理,制度需要依据实际生活中的需求进行设定,也需要依据环境的变化不断地调整,只有这样才能够逐渐形成完整的制度体系,促进国家制度现代化的全面实现。

科技创新是国家竞争力的核心,是中国应对未来挑战的重大选择,是统领中国未来科技发展的战略主线,也是实施创新驱动战略的根本途径。落实创新驱动发展战略,使创新成果更快转化为现实生产力,把创新成果变成实实在在的产业活动,就必须坚持企业在创新中的主体地位和主导作用。要充分发挥国有企业在科技创新过程中的先锋中坚作用,必须把国有企业,特别是中央企业纳入国家创新体系的重要组成部分,使战略性、前沿性、基础性的创新重大工程由国有企业承担、完成。从政策、组织、体制、法律等方面全方位巩固与发展持续创新,包括中央企业技术创新专项基金的设置,在企业技术中心的基础上设置企业研究院、企业工程研究中心等,培育、引进、发展汇聚多学科、有层次的创新型人才队伍,组建具有跨越、突破能力的创新团队。应大力扶持一批具有国际竞争力的创新型领军企业,构建好跨组织或无边界的创新网络组织,推动跨领域跨行业协同创新,并以此来培育、发展具有竞争优势的高端产业,形成中国经济发展新动力。创新驱动的本质是自主创新。中国需要的高端技术、核心技术、关键技术是买不来的,也无法通过合作获得,只能依靠企业瞄准世界科技前沿领域和顶尖水平,在基础科技领域有大的创新,在关键核心技术领域取得大的突破。充分发挥企业科技创新对经济社会的支撑和引领作用,大幅提高企业和国家的原始创新能力,才能实现经济社会全面协调可持续发展和综合国力不断提升。

文化发展的实质,在于文化创新。文化创新来自社会实践,又引导、制约着社会实践的发展。同时,文化创新也是社会实践发展的必然要求,是文化自身发展的内在动力。在继承基础上的文化创新才有助于繁荣发展社会主义先进文化,应大力弘扬"自强不息、锐意进取""孜孜不倦、勇于开拓"等传统创新文化和创新精神,并在此基础上形成全社会关心创新、参与创新的良好发展局面，构建具有中国特色的文化创新体系。文化的发展离不开科技的支持，科技创新对社会文化形态演进发展具有重要的催化作用，而在科技创新过程中，文化创新也发挥着重要的支撑和促进作用。因此，应当在理论探求与具体实践中，促进文化创新和科技创新的深度融合，发扬中华民族优秀文化传统，在内容和形式上积极创新，努力铸造中华民族文化的新辉煌。

我们将自主创新道路定义为以全面创新管理为指引，以组合创新为平台，通过二次创新吸收国外先进的技术，以集成创新实现技术范式的突破，形成具有自主知识产权的技术发明和技术应用，为国家发展创造出显著的经济效益和社会效益的创新过程（见图23-2）。

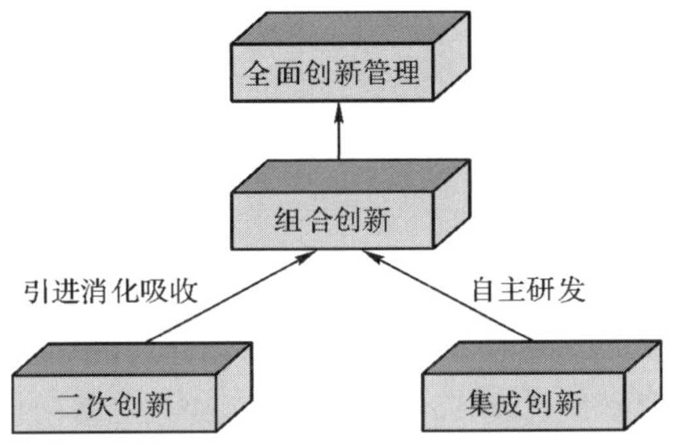

图23-2　自主创新道路的真实内涵

第二十四章 促进全面创新的企业创新生态体系与国家创新体系

第一节 促进全面创新的企业创新生态体系

熊彼特(Schumpeter)于1912年首次系统定义创新概念,创新被认为是一个从基础研究开始,经过应用研究、设计试制、制造和销售等环节而形成的单向式、逐次渐进的线性过程。但事实上,创新并非简单的线性过程,而是糅合了复杂的、因素间反馈机制等要素的多元过程,系统创新理论(Freeman,1987a;Lundvall,2009;陈劲,1999)和全面创新理论(许庆瑞等,2004)应运而生。系统论的概念首先来源于生物学领域,由生物学家Bertalanffy在1952年发表的“抗体系统论”中提出,此后被引入创新领域。Freeman(1988,1995)、Lundvall(1992)和Nelson(1993)提出国家创新体系的概念,此后有学者相继提出区域创新系统(Cooke,1992;Cooke et al.,2004)、产业创新系统(Malerba,1996,2002)和企业创新系统(Chen,1996;Liang et al.,2014)(见图24-1)。

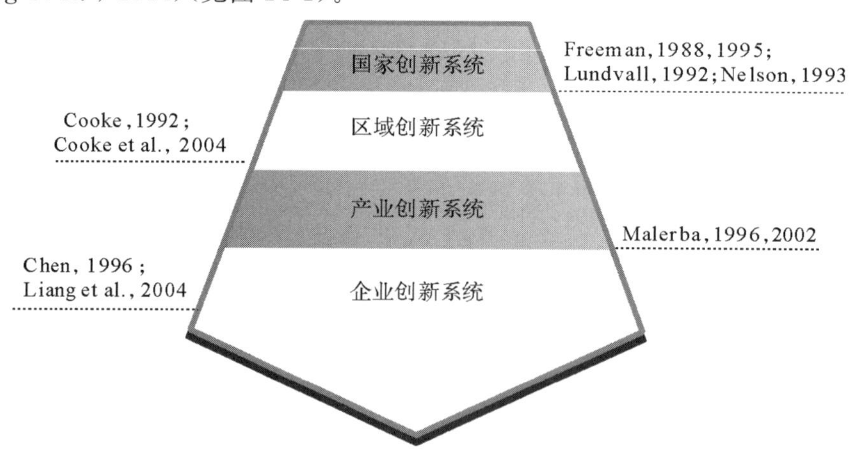

图24-1 创新系统的演化路径

20世纪80年代以前,企业与企业之间通常表现为竞争关系,但是20世纪80年代末以来,随着知识经济的崛起、大数据时代的来临、产品需求的日益个性化,企业经营环境日益复杂和多变,企业不得不重新审视自身的价值、社会责任和可持续发展问题,传统的企业创新体系受到进一步挑战。此后,企业生态系统理论(Moore,1993,1996)和开放式创新理论(Chesbrough,2003a)的提出,使创新理论得到了进一步的升华。

从技术创新的演化历程看，有学者提出技术创新过程的五代模型：第一代，简单线性的技术推动型(20 世纪 50 年代—60 年代中期)；第二代，线性的市场拉动型(20 世纪 60—70 年代)；第三代，技术与市场的耦合互动模型(20 世纪 70 年代后期—80 年代中期)；第四代，集成(并行)模型(20 世纪 80 年代早期—90 年代早期)；第五代，系统集成与网络化模型(20 世纪 90 年代)。之后模型得到完善，发展为六代创新模型，第六代为国家创新体系(21 世纪)。

本书提出促进全面创新的企业创新生态体系演化的三代模型，如下所述。

1. 第一代：以内部研发为中心的创新体系

20 世纪 50—60 年代，得益于材料技术、生物技术、电子信息技术等新技术的发展，科学技术在创新中的地位和作用得到认可，企业内部研发体系即代表企业创新体系，如施乐的 Palo Alto 研究中心(PARC)、AT&T 的贝尔实验室和 IBM 的沃森(T. J. Watson)实验室。企业在内部开展研发，通过内部研发实现技术突破，设计开发新产品、试制、生产制造，通过内部途径将新产品推向市场，并提供服务和技术支持，依赖技术获得市场垄断地位。同时对所有关键性要素实施严格的专利权控制，内部研发的优势地位形成其他竞争对手进入的技术壁垒。企业创新体系被认为是企业有价值的战略资产和可靠保证，能保证技术保密和技术独享，进而使企业在技术上保持领先地位，是企业提升核心竞争力和维持竞争优势的关键所在，甚至是竞争对手进入众多市场的巨大阻碍(陈劲等，2007)。其特点是对创新进行严格控制并进行纵向整合，是一种封闭式的自主创新模式。这种背景下的企业创新体系称为以内部研发为中心的创新体系，其基本思路就是更多的研发等于更多的创新(见图 24-2)。这个时期市场在企业创新中的地位还未得到重视，同时企业还未充分认识到打破企业边界、展开外部合作对企业创新的重要性。

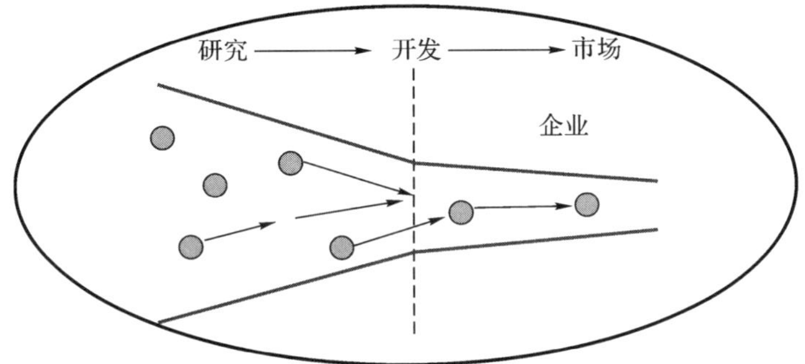

图 24-2 以内部研发为中心的创新体系

以内部研发为中心的创新体系为企业创新力的提升打下了坚实的基础。如三一重工和中国南车就非常注重内部研发体系的建设。三一重工按照“专业化布局、一体多地分布”思路，在全球建立了以研究院、所两级机构为主体的研发体系架构，各事业部设立了 30 多个专业研究院，主要从事各类产品的开发研究。各研究院下又按照不同专业分工设立了 221 个研究所。在总部设立了研究总院，对研发项目、专利、技术标准、试验检测、工业设计等公共业务进行统一管理，从而形成了事业部垂直管理和研究总院横向管理相结合的双轨矩阵式研发管理模式，实现了创新资源的有效配置，保证了研发创新的高效率。以各研究院、所为依托，三一重工搭建起集群式科技平台，包括 1 个国家级企业技术中心、3 个省级企业技术中心、3 个工程技术研究中心、2 个博士后科研工作站、2 个院士专家工作站等。支持全球 32 个研究院的协同设计；

建立了行业首家“科技资讯港”及研发项目管理平台、标准化信息管理平台、专利申请管理平台等研发管理系统，实现创新知识共享和研发数字化管理。

中国南车集团充分发挥机制、人才、技术及资金优势，打造研发联合舰队，持续支撑技术创新。南车的研发体系以中国南车集团中央研究院为核心，研究院下属有海外研发机构、国家级研发机构、国家级企业技术中心、省级研发机构、省级企业技术中心以及博士后工作站。到目前为止，南车已经形成了以高分子材料的工程化应用为核心的五大核心技术(减振技术、降噪技术、轻量化技术、绝缘技术、水处理技术)和七大核心能力(高分子材料合成、高分子材料复合改性、系统结构仿真分析、振动分析、噪声控制、工艺装备设计、检测分析评价等能力)(见图 24-3)。

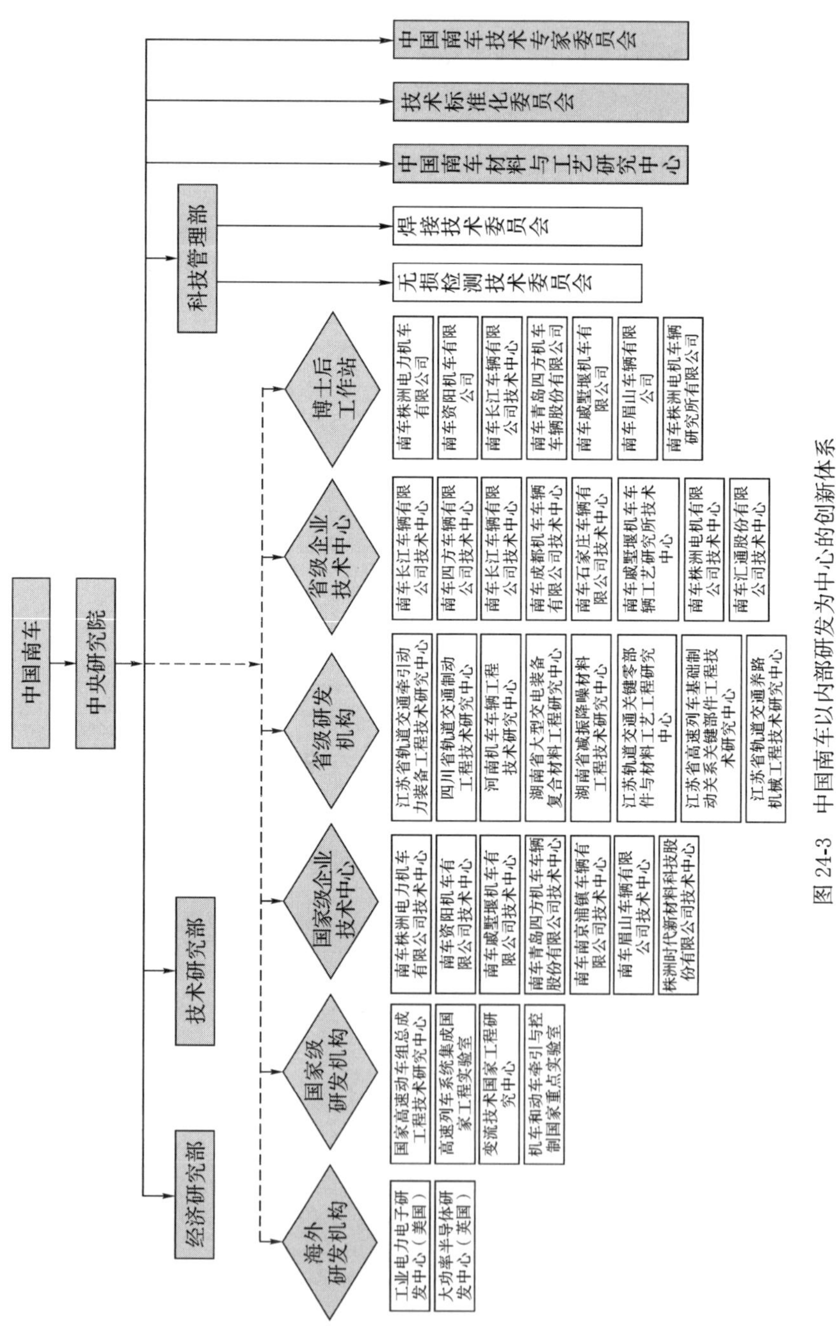

图 24-3 中国南车以内部研发为中心的创新体系

2008—2012 年南车集团的科技投入占销售收入比例均超过 5%。2012 年科技投入达 47 亿元，获得政府资金、税收优惠 8 亿多元，新产品贡献率达 70%。南车倾力打造的内部研发体系为企业后续新技术的引进、消化、吸收创造了良好的条件，也奠定了坚实的基础。截至目前，集团创新成果斐然，南车专利拥有量居国内同行业首位，在中央机械制造类企业中排名也靠前，目前拥有有效专利 4840 件，并先后获得国家科学技术进步奖特等奖 1 项、一等奖 2 项、二等奖 6 项。

2. 第二代：基于协同/整合的创新体系

20 世纪 60 年代后期，企业间竞争不断加剧，生产效率显著提高，企业开始意识到市场在创新过程中发挥了重要的作用，市场需求被视为引导研发的思想源泉。企业开始关注如何利用现有技术变革，多样化实现规模经济，获得更多的市场份额。20 世纪 70 年代，随着两次石油危机的发生，产品严重供过于求，市场对企业的影响进一步升级。

Mowery 和 Rosenberg(1979)研究发现，企业创新开始在研发的基础上整合生产和市场资源，从多种渠道获取潜在的创意来源，企业创新体系开始由单一的研发体系向科学、技术、市场和生产制造相互联结的方向转变，以期对市场做出快速和准确的响应。企业创新的不确定性不仅表现为技术的不确定性，同时还有市场、战略以及财务等的不确定性。Teece(1986)解释了为什么技术领先企业未必一定能取得先行者优势，而快速跟进者却可以通过模仿而获胜，并指出创新除了关注研发，还要重视包括制造能力和营销能力在内的互补资产。创新管理必须把研发、市场和生产三方面很好地协调和组织起来，缺一不可。三大管理模块相互联动，才能合力使新的创意设想达成有价值的实践。

此外，由于企业经营环境日益开放，市场竞争日益激烈，封闭的内部创新模式变得低效，难以满足企业创新的要求，甚至在一定程度上阻碍了企业创新。Chesbrough 于 2003 年正式提出开放式创新理论，并在实践中得到应用，助力企业构建开放式创新体系。第二代企业创新体系是一种基于协同/整合的创新体系。与第一代体系相比，第二代企业创新体系不仅整合了生产、制造和市场的内部资源，同时也通过组织边界的渗透，整合了外部创新资源。企业的创新思想一方面来源于组织内部的研发部门、制造部门和市场部门，企业协同内部的战略、人才、数据等创新思想开展创新活动；另一方面来源于企业的外部，利用外部主导客户、服务机构、研究机构、大学以及行业其他机构的创新思想和市场途径。第二代企业创新体系将内部和外部的创意结合到企业结构中；企业内部的创新思想也能够通过外部的渠道进入市场，将企业现有的业务外置，以产生额外的价值。

海尔的创新体系就是典型的第二代创新体系的例子：海尔以全球五大研发中心作为资源接口，与全球一流供应商、研究机构、著名大学建立战略合作。在互联网上，海尔搭建了“P+D”创新门户，与 36 个顶级供应商、4 个创新媒介、6 个专家网络、29 个协会组织、32 个学术机构和 360 个技术公司建立了全球研发资源的合作关系。海尔内外部整合的开放式创新体系在实现自身转型升级的同时，也引领着传统家电产业向数字化、信息化、网络化方向发展，成为推动传统家电业转型升级的关键推动力(见图 24-4)。

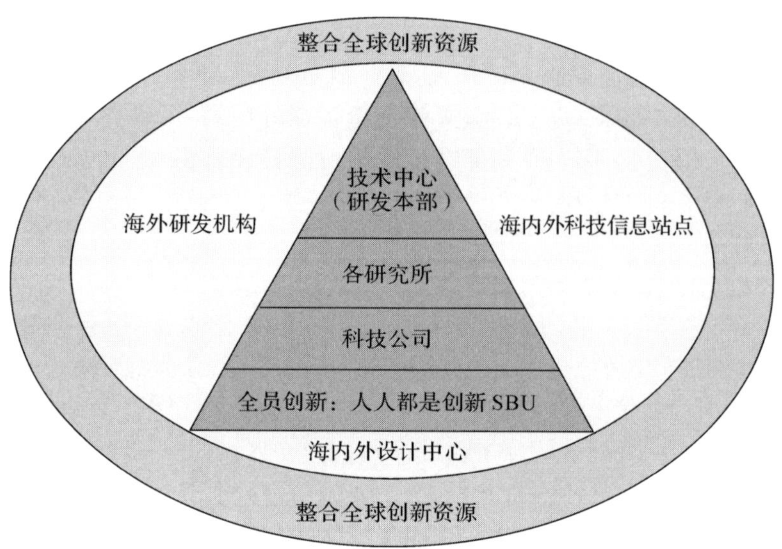

图 24-4 海尔整合内外部资源的开放式创新体系

3. 第三代：创新生态体系

企业创新生态体系理论由 Moore(1993,1996)提出。企业生态体系是一种由客户、供应商、主要生产商、投资商、贸易合作伙伴、标准制定机构、工会、政府、社会公共服务机构和其他利益相关者等具有一定利益关系的组织或者群体构成的动态体系。Iansiti 和 Levien(2004)、Peltoniemi 和 Vuori(2004)，Den 和 Asseldonk(2004)、Zahra 和 Nambisan(2012)也分别从生态位、生态体系动态结构和企业生态网络的视角对企业生态体系进行了深入阐述。

从体系的角度看，企业不再是单个产业的成员，而是横跨多个产业的生态体系的一部分。首先，企业生态体系内各要素相互联系、作用的方式，是体系存在与发展的基础，也是体系稳定性的保障（胡斌等，2013）。其次，同类和不同类企业之间、上下游商业链成员之间形成了交错、多维的网络结构。这个网络与传统网络之间的主要区别在于其具有复杂性、动态性和交叉性。Victor 等人(2012)认为，传统创新网络的创新主体之间如果有$(n-1)/2$个协作节点，那么创新生态网络各创新主体之间就有可能产生$n\times(n-1)/2$个协作节点，因此创新生态体系的网络节点是传统创新的网络连接节点的 n 倍，这就是创新生态体系的网络倍增效应。

网络倍增效应带来的组织间合作的优势可以由交易成本、资源观和战略决策来解释。从交易成本角度看，组织间合作可以提高资产回报率，增加组织间效率，并将外部交易成本内部化和最小化，从而降低单位成本。从资源观角度看，组织间合作有助于组织实现对关键性资源的控制，将不同组织所拥有的互补资源整合起来。从战略决策角度看，组织间合作可协同和扩展市场能力，进而提高组织绩效。如海科集团的创新生态体系设计，海科集团以创新委员会为核心，与风投、同行、政府、大学、科研院所、咨询公司构建良好的生态体系以促进创新（见图 24-5）。苹果、IBM、宝洁、礼来等企业的成功也表明，仅仅关注自身的内部能力是不够的，必须同时考虑到生态体系内其他生态伙伴的特征与需求，并且构建以企业自身为中心的动态开放式的商业生态体系。

创新生态体系是创新全要素资源的协调系统，不仅涉及企业间的生态体系，还包括企业

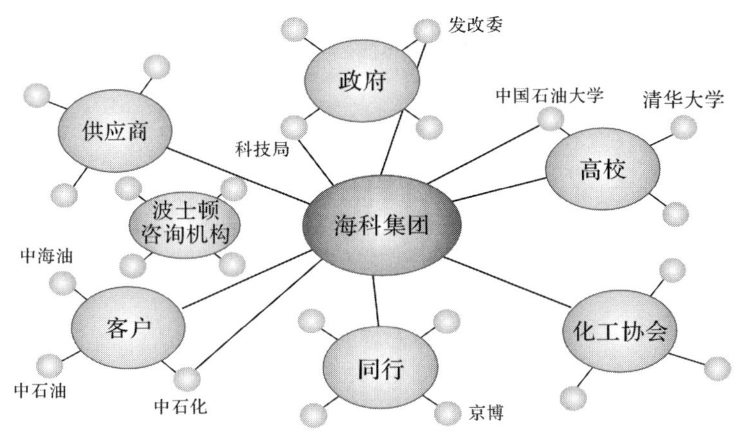

图 24-5 海科集团创新生态体系设计

内部的全员创新。在全员创新上取得较高成效的是海尔、宝钢和吉利等企业。从 2005 年开始,吉利汽车还未进行战略转型时,公司上下便正式开展了代表着全员创新的“元动力”工程。“元动力”工程就是一系列提高员工满意度,增强员工主人翁意识和激发员工工作积极性、创造性的管理方法、管理思想、管理理念。理顺员工的气,凝聚员工的心,发挥员工的力,采取一切可能的方法和措施提高员工满意度,使员工成为企业的真正主人,充分调动全体员工参与企业管理的主动性、积极性和创造性,充分挖掘员工的智慧和潜能,把员工的所思所想转化为企业发展的动力,转化为企业的市场竞争力,推动企业的持续发展。吉利汽车要实现“造最安全、最环保、最节能的好车,让吉利汽车走遍全世界的宏伟目标”的战略转型,实践时刻对品牌负责、永远让顾客满意的质量方针,具体落脚点在于员工。推进“元动力”工程,大大加快了吉利汽车战略转型。

21 世纪,企业技术创新进入新的时代,加强技术积累和前瞻部署是把握时代新机遇的前提,企业不仅要关注新技术的发展,更要为国家工业安全、信息安全乃至国家经济安全、军事安全做出更大的贡献。增强企业的核心竞争力和控制力是企业自主创新发展的重点。为此,在构建创新生态体系的同时,要围绕创新能力建设,要抓创新资源整合,更要关注企业的核心能力建设。

中国电子科技集团为了更好地履行“国家队”的使命和责任,延续国家利益高于一切的理念,提出了“国内卓越,世界一流”的战略目标。围绕战略目标,中国电子科技集团部署探索实施了“重构技术创新体系,打造技术创新业态”的科技体制改革工程。一是突出技术性、前沿性的研究。推动技术创新由跟踪式向自主式转变,提升原始创新能力。加大投入力度,按主题、成体系梳理关键技术,重点布局基础性、前沿性以及边缘性、渗透性比较强的技术,保持较高的科技投入力度,不断优化科技投入的方向。在基础技术领域,倡导更加纯粹的创新,避免完全以市场思维来衡量技术的价值。二是突出系统要素,成体系地进行技术创新。体系化的技术创新,才能够形成最大的价值,才能够避免技术创新的碎片化,深化并研究制定集团公司创新发展规划,对系统关键技术进行逐级分解,利用工作分解结构(WBS)和技术成熟度的评价方法,对关键技术进行成熟度评价,在此基础上加大内部科学资源整合,按系统要素,成体系重构科技创新的体系,并布局关键技术,确保重大系统所需关键技术的完整性。在实际过程中,注重系统等上下游技术的衔接与协同,实现关键技术的群体突破。三是突出多学科、多资源的协同创新。协同创新是构建国家创新体系、实施创新驱动发展战略的要求。积极加强与国内外高校、企业和创新机构的合作与交流，并在重点领域建立技术产业创新联盟，形成紧密的技术创新合作。比如与西安电子科技大学等11家单位共同开发了雷达技术，还与国内外其他企业和科研机构建立了稳定的战略合作关系，针对具体技术和项目进行长期合作，形成灵活的创新模式。四是积极探索市场化配置创新资源的方法。为了打破固有格局，激发自上而下的创新活力，主动改变传统项目申报、专家评审、决策的模式，在成员单位举办了创意创新大赛，激发青年科技人才的创新积极性，在全系统自上而下地营造创新的文化，通过两年时间，取得了良好的效果，2014年将创意创新大赛范围扩大到了全球。[①]

中国电子科技集团的做法，既突显了企业对核心能力、核心技术的关注，又十分强调协同创新整合"产学研"创新资源以及员工的创新激情，堪称企业技术创新体系建设的重要标杆。

因此，企业创新体系建设一方面要在做好企业技术中心建设的同时强化面向科技前沿的企业研究院的建设，强化高端研发与创新人才建设，重视技能型员工的发展与地位提升等。另一方面，还应积极跨越外部边界，与领先的高校、研究机构、用户等加强合作，并开展积极的技术并购，以丰富与完善企业的创新资源获取能力，积极整合离散的技术创新成果。未来企业创新能力的竞争，是其能否构筑基于核心能力的创新生态体系的竞争。

第二节 促进全面创新的国家创新体系

一、国家创新体系的内涵

国家创新体系是国家创新能力形成的组织载体，是对国家创新能力构成及要素间作用关系的理论阐述。2016年5月中共中央、国务院印发的《国家创新驱动发展战略纲要》明确提出要构建一个系统性的体系来作为经济发展的新动力系统，也就是要建设具有中国特色的国家创新体系，建设各类创新主体协同互动和创新要素顺畅流动、高效配置的生态系统，形成创新驱动发展的实践载体、制度安排和环境保障。

国家创新体系的概念最早是由弗里曼于1987年在《论日本政策与经济维数》中提出的，主要用来分析日本经济增长和技术追赶成功的原因，他认为国家创新体系是公共、私有部门机构之间的网络(Freeman，1987b)。从制度设计的视角出发，很多学者认为国家创新体系是一国为了促进技术创新而建构的制度或机构的组合，制度设定是决定国家创新体系运行效率的关键因素，它通过制度设计或一系列的机构组成调整社会经济范式以适应技术经济范式的要求。如弗里曼认为国家创新体系是包括国民经济中涉及引入和扩散产品的过程和系统在内的所有机构(Freeman，1995)，制度追赶不仅只是技术创新的结果，还包括很多制度、组织方面的创新。Nelson(1993)认为国家创新体系是通过相互作用决定一个国家企业

---

① 李方.熊群力：发挥大企业创新主体作用增强核心竞争力[EB/OL].(2014-05-15)[2018-12-01]. http://www.ce.cn/cysc/newmain/yc/jsxw/201405/15/t20140515_2821115.shtml.

创新绩效的一系列机构。从要素的互动角度来看,可以将国家创新体系视为所有构成要素之间的互动与反馈。如伦德瓦尔(1992)认为,国家创新体系是在产生、扩散和使用经济上适用的新知识的过程中相互作用的要素及其相互联系。Saviotti 等人(1993)认为国家创新体系可定义为:为达到产生和应用创新这一共同的最终目标而形成的组织主体及其相互作用。Kumaresan 和 Miyazaki(1999)认为国家创新体系包括不同主体和机构间的复杂相互作用,一个国家的创新绩效在很大程度上取决于这些要素之间相互作用的程度。创新过程中各主体之间的联系是国家创新体系的关键所在,体系实绩很大程度上取决于各主体如何相互联系起来成为一个创新的集合体。Edquist 等人(1999)认为国家创新体系是一国为了产生、扩散和应用科技知识的一系列组织制度和联系。Padmore 等人(1998)指出国家创新体系就是创新过程中设计的任何事物都和其他一切事物发生联系,并通过系统中要素间的关联来描述创新系统。OECD 认为国家创新体系反映出人们越来越重视知识的意义,国家创新体系就是政府、企业、大学、研究机构、中介机构等为了一系列共同的社会和经济目标而构成的相互作用的网络系统,国家创新体系的"知识配置力"是经济增长和提高竞争力的决定因素,所谓知识配置力也就是科学技术知识在一国内部的循环流转。也有学者认为,国家创新体系是一个创新资源配置系统。

二、国家创新体系的功能

国家创新体系的主要功能是促进和进行新知识和新技术的生产、扩散和应用。具体地讲,国家创新体系具有创新活动的执行和评估、创新资源(包括人力、财力、信息资源等)的供给和配置、创新制度与创新政策的建设、创新基础设施的建设等功能(见图 24-6)。

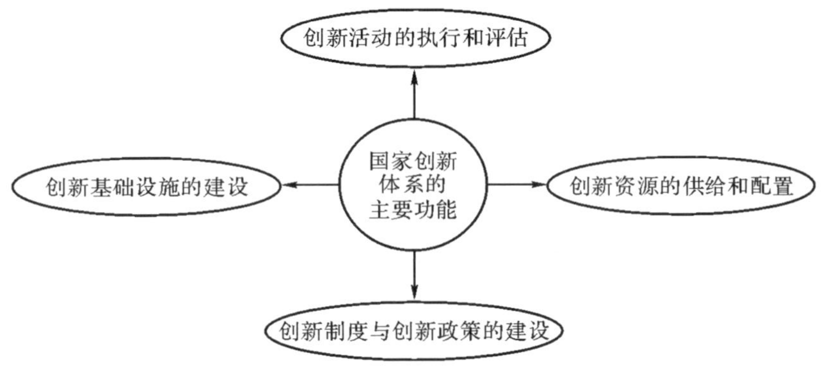

图 24-6 国家创新体系的主要功能

(一)创新活动的执行和评估

以企业为主体,同教育培训机构和科研机构一起,从事新知识和新技术的创造、传播和应用。中介机构为创新提供良好环境。政府可根据国家的目标,通过组织重大创新计划和项目、组织"产学研"合作、推广创新成果、开展国际合作与交流等多种形式,促进创新活动。

(二)创新资源的供给和配置

以市场为主体,市场和政府联合发挥作用,生产、提供和配置创新资源。创新资源系统应包括有利于创新活动的财政金融管理体系、创新人才的教育与培训体系、创新信息服务体系和创新资源的分配体系。

(三)创新制度与创新政策的建设

国家创新体系应为全社会的创新活动提供良好的制度环境,具体的工作包括政策和法律的制定、知识产权的保护、社会保障体系和创新风险保险系统的建立、维护国家和公众的利益、规范创新主体的行为等。

(四)创新基础设施的建设

国家创新体系应能为创新活动提供良好的条件,这些条件是创新活动必需的,而且不可能由单个行为主体自行解决,包括国家科技基础设施、教育基础设施、情报信息基础设施等。

三、国家创新体系的基本要素

国家创新体系有六个基本要素,即创新活动的行为主体、行为主体的内部运行机制、行为主体间的有效联系、创新政策、市场环境和国际联系。

(一)创新活动的行为主体

创新活动的行为主体主要是企业、研究机构、教育培训机构、政府部门等。企业是创新投入、产出及其收益的主干,因而在国家创新体系中起着关键作用。

(二)行为主体的内部运行机制

行为主体的内部运行机制是决定国家创新体系运行效率的重要因素。系统由构成系统的要素及各要素间的相互关系所组成,各个要素的自身优化是系统整体实力和效率的基础。只有企业、研究机构、教育培训机构和政府都具有良好的运行机制,才能保证运行效率的提高,从而保证国家创新体系整体效率的提高。

(三)行为主体间有效的联系

行为主体间有效的联系是与国家创新体系运行效率密切相关的重要因素。创新资源在行为主体间高效地流动,有助于分散创新风险、减少创新成本、加快创新速度、提高创新效益,各行为主体之间的密切联系有助于国家创新体系整体效率的提升。

(四)创新政策

创新政策指能对创新活动产生影响的法律、法规和政策。通常分为供给、需求和环境等几大方面的政策。创新政策与国家的科技政策、经济政策、产业政策、财政政策、税收政策、教育政策等有密切的关系。

(五)市场环境

市场环境是企业创新活动的基本背景,市场作为一种资源配置的方式,对企业及其他行为主体的创新活动具有重要影响。一个国家市场的发育程度、规范程度和运行效率,对国家创新活动的规模、效益、效率等都是至关重要的。

(六)国际联系

国际联系是每个国家的国家创新体系与国际大环境进行资源交流的重要环节,也是每个国家创新活动的行为主体进行国际竞争与合作的途径和方式。在当今世界经济一体化和科学技术国际化趋势日益明显的条件下,各国的国内市场日益与国际大市场接轨。因此,对各行为主体而言，国际联系更具有参与国际大市场竞争、开展国际化经营的意义。

四、我国国家创新体系的现状与完善具有中国特色的创新体系的举措

如图 24-7 所示，经过多年发展，我国国家创新体系已日趋完善，创新主体之间的互动已非常频繁，企业已经成为创新主体的核心，企业与高校和科研院所之间的“产学研”体系逐渐完善，且与政府和高校之间形成促进科技进步的三螺旋系统；同时，企业自身的合作创新网络、产业创新系统、区域创新系统也初步形成。科技金融、科技中介、基础设施等创新支撑已经初具雏形，可以有效地支持创新主体的创新活动，促进科技成果的转化。在创新环境方面，我国已经初步形成有利于创新的文化、经济、政治等环境。

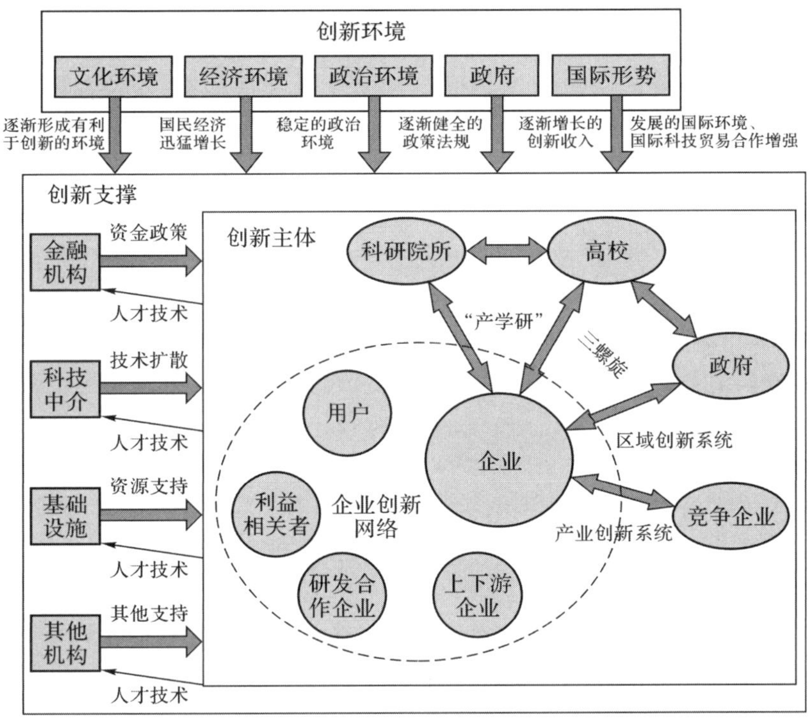

图 24-7 中国国家创新体系的现状

在国家创新体系进一步建设的过程中，还需要进一步明确企业、科研院所、高校、社会组织等各类创新主体的功能定位，构建开放高效的创新网络，建设军民融合的国防科技协同创新平台。对于企业而言，就是要增强在基础前沿和行业共性关键技术研发中的骨干引领作用，构建企业创新生态系统；完善科研院所的研发组织体系，培育核心技术；充分发挥高校的基础和生力军作用，形成一批优势学科集群和高水平创新基地；充分发挥社会组织的能动作用，构建专业化技术转移体系，促进创新成果的转化吸收。同时还要改进创新治理，进一步明确政府和市场分工，构建统筹配置创新资源的机制；完善激励创新的政策体系、保护创新的法律制度，构建鼓励创新的社会环境，激发全社会创新活力。具体来说，可以从以下五个方面完善具有中国特色的国家创新体系。

1. 强化以企业为主体的技术创新体系

积极发挥经济和科技政策的导向作用，激励和引导企业真正成为研究开发投入的主体、

技术创新活动的主体和创新成果应用的主体。调整国家科技计划实施机制,加大国家科技计划对企业技术创新的支持。建立与企业的信息沟通机制,国家有关科技计划要充分反映企业、产业发展的需求,项目评审要更多地吸纳企业同行参与。鼓励企业参与国家科技计划项目的实施,对于重大专项和科技计划中有产业化前景的重大项目,优先支持有条件的企业集团、企业联盟牵头承担,或由企业与高校、科研院所联合承担,建立以企业为主体,"产学研"结合的项目实施新机制。实施"技术创新引导工程",支持企业建立和完善各类研发机构,特别是鼓励大型企业或主要行业的龙头企业建立企业技术中心,打造企业技术创新和产业化平台,努力形成一批集研究开发、设计、制造于一体,具有国际竞争力的大型骨干企业。开展创新型企业试点,促进形成一批有特色的创新企业集群。吸引海外高层次人才回国创办高新技术企业。鼓励外资企业在我国设立研发中心,加强合作研究。鼓励企业与科研院所、高等院校联合,加强工程实验室、工程中心、企业技术中心、产业技术联盟建设,加大现有研究开发基地与企业的结合,建立企业自主创新的基础支撑平台,并着重建立面向企业的、开放和共享的有效机制,整合科技资源为企业技术创新服务。完善符合市场经济特点的技术转移体系,将技术转移作为科技计划和公共科技资源配置的重要内容,促进企业与高等院校和科研院所之间的知识流动和技术转移。创造各类企业公平竞争的制度环境,打破行业和市场垄断,重视和发挥民营科技企业在自主创新、发展高新技术产业中的生力军作用。国家有关计划要加大对科技型中小企业的支持力度,建立适应中小型企业创新需要的投融资机制,建立和完善支持中小企业技术创新的信息、技术交易和产业化服务的平台,营造扶持中小企业技术创新的良好环境。深化技术开发类科研机构企业化转制改革,鼓励和支持其在行业共性关键技术研究开发和应用推广中发挥骨干作用,推进国家工程技术创新基地建设和发展。

2.建设科学研究与高等教育有机结合的知识创新体系

深化科研体制改革,明确不同类型科研机构的职责定位。以建立开放、流动、竞争、协作的运行机制为重点,探索实行理事会制度,完善所长负责制,扩大科研院所的管理自主权,健全科研管理制度规范,建立现代科研院所制度。推进社会公益类科研机构分类改革,提高改革验收后人均事业费标准,完善管理和运行机制,形成一批稳定服务于国家目标的高水平公益科研基地。实施中科院知识创新工程三期项目,在基础研究和战略高技术的若干重要领域形成一批具有国际一流水平的研究所。深化高校科研管理体制改革,加强科技创新与人才培养的结合,建设一批高水平的研究型大学。以国家目标和产业需求为导向,进一步推动科研院所、高等学校和企业在科技创新和人才培养方面的合作,促进资源共享,提高原始创新能力和科技成果转化能力。根据国家重大需求,填补研究领域空白,建设一批高水平国家研究基地。探索建立相对稳定的对基础研究、前沿高新技术研究和社会公益类研究支持的方式。研究建立以财政支持为主的科研机构创新绩效的评价指标体系和定期评价机制,将评价结果作为调整财政资助强度的重要依据。

3.建设军民结合、寓军于民的国防科技创新体系

深化国防科研体制改革,以促进军民科技资源统筹配置、有效共享为重点,建设军民结合、寓军于民的国防科技创新体系。加大军民科技发展战略和科技政策的协调力度,以组织实施重大专项为突破口,统筹军民科技计划,加大民营企业和科研机构参与国防科技计划的力度,促进军民科技从基础研究、应用研究开发、产品设计制造到技术和产品采购各环节的

有机衔接。加强军民两用技术研发，促进军用和民用科技的双向转移以及军民两用技术的产业化。加强军民科技资源的有效集成，建立军民科技基础设施和条件平台有效配置、合理共享的机制。加快国防科研院所体制改革，推进有条件的国防科研机构的企业化转制，探索促进军民科研结合的管理模式，促进军民创新人才的有序流动和优化组合。

4. 建设各具特色和优势的区域创新体系

根据综合协调、分类指导、注重特色、发挥优势的原则，以促进中央与地方科技力量的有机结合，推动区域紧密合作与互动，促进区域内科技资源的合理配置和高效利用为重点，围绕区域和地方经济与社会发展需求，建设各具特色和优势的区域创新体系，全面提高区域科技能力。加强区域科技规划工作，发挥中央财政配置资源的引导作用，统筹区域科技资源，形成合理的区域科技发展布局。东部地区加强高新技术的研发和基地建设，大力推动我国自主创新能力和产业技术的提升与跨越，形成具有国际竞争优势的产业；中部地区充分发挥区域综合优势，重点提升农业、能源等支柱产业和新兴产业的技术水平；西部地区综合应用多种科学技术手段，保护和治理生态环境，合理开发优势资源，发展区域特色产业，形成区域创新和新经济增长极；东北地区加大高新技术改造传统产业力度，积极开拓新兴产业，振兴东北老工业基地。通过重大项目引导，促进跨区域的创新合作和创新联盟建设。发挥高等院校、科研机构和国家高新技术产业开发区在区域科技创新中的引领作用和区域知识扩散中的辐射作用；积极推进科技创新型试点市工作，强化区域中心城市对区域创新活动的带动作用和对区域科技资源的凝聚作用。要加强对地方科技工作的指导，强化地方科技管理部门的职责。集成中央和地方的科技资源，形成中央和地方联动的机制，支持有条件的地方组织实施国家重大科技项目。地方科技工作要以提升自主创新能力、加强科技成果转化和产业化为重点，加快先进适用技术推广应用，促进地方优势和特色产业发展与社会进步。深入实施科技富民强县行动计划，加强对县(市)科技信息平台等科技基础条件建设的支持力度，增强县(市)科技服务和支撑能力，健全县(市)科技机构，推动基层科技队伍的建设。

5. 建设社会化、网络化的科技中介服务体系

按照政府推动与市场调节相结合、发展与规范相结合、全面推进与分类指导相结合、专业化分工与网络化协作相结合的原则，以促进科技成果转化和加强创新服务为重点，建设社会化、网络化的科技中介服务体系。制定出台支持科技中介机构发展的税收政策，建立有利于各类科技中介机构发展的运行机制和政策法规环境。鼓励多种所有制投资主体参与科技中介服务活动，充分发挥高等院校、科研机构和各类社团在科技中介服务中的重要作用。把依靠中介机构完善管理和服务，作为转变政府职能的重要内容，对于科技中介服务能够承担的工作，积极委托有条件的科技中介机构组织实施。通过任务委托等方式，培育骨干科技中介机构，发挥其示范带动作用。大力开展培训工作，提高科技中介机构从业人员的业务水平和素质。加强行业协会建设，充分发挥行业协会在推动技术创新中的服务和协调功能。加强先进适用技术推广应用，加快农业技术推广体系改革和创新，鼓励各类农科教机构和社会力量参与多元化的农业技术推广服务。

第二十五章　促进全面创新的政策体系

由于我国基于全面创新的自主创新模式具有多样性，所以，创新政策的主要功能是建立国家范围内有效的创新生态系统，形成各创新组织之间差异互补、协同配套、共存共生、共同进化的自主创新体系。我国促进全面创新的政策体系如图 25-1 所示。

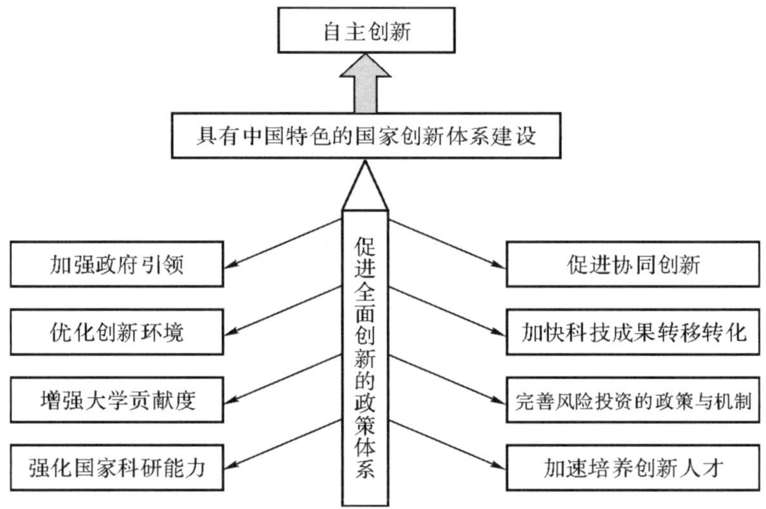

图 25-1　我国促进全面创新的政策体系

第一节　加强政府对自主创新的引领

加强政府对自主创新的引领作用，主要表现在对自主创新的思想引领、战略引领、总体部署与规划、目标管理与绩效考核等几方面。

一、加强政府对自主创新的思想引领

第一，必须坚持以邓小平理论、“三个代表”重要思想、科学发展观、新时代中国特色社会主义思想为指导，从国家全局性和长远性发展问题出发，全面实施创新驱动发展战略，以体制机制改革为保障，统筹创新能力建设布局，加强自主创新的物质技术基础和人才队伍建设，促进创新资源合理配置，增强创新主体动力和全社会创新活力，更加注重协同创新，全面提升原始创新、集成创新和引进消化吸收再创新的能力和水平，加快创新型国家建设，为经济社会发展提供有力保障。

第二，必须坚持“自主创新、重点跨越、支撑发展、引领未来”的基本指导方针，大力推进原始创新、集成创新和引进消化吸收再创新，掌握拥有自主知识产权的核心技术和关键技术。大力发展高新技术，建设高新技术研发基地和成果转化基地，在一些重要领域实现自主创新能力的跨越式发展，推动产业结构优化升级。大力推进全社会科技进步，提高全民科技素质，为加快建设资源节约型、环境友好型社会提供技术和智力支撑。大力整合集成科技资源，建设科技创新公共服务平台，完善区域创新体系，实施自主创新战略。

第三，坚持全面推进自主创新。完善鼓励自主创新的法制保障、政策体系、激励机制和市场环境，建立完善以企业为主体、市场为导向、“产学研”相结合的产业技术创新体系，推进企业成为技术创新决策、投入、研发和成果应用转化的主体。实施企业创新能力建设计划，支持骨干企业建设企业技术中心、工业设计中心、重点实验室、工程实验室、工程（技术、研究）中心等创新平台，加强重点科研院所、高等院校创新能力建设。

第四，充分发挥科技人力资源的优势，实施科技成果产业化、规模化计划，加速推进科技成果转化，大力构建成果转化服务体系，按照专业化管理、市场化运作的模式建设技术转移中心，搭建成果信息、投融资、工程化和孵化器等成果转化服务平台，建立“发现、筛选、撮合、转化”的服务体系。不断强化科技对经济发展的支撑和引领作用。

加强政府对自主创新的思想引领，必须立足科学发展，着力自主创新，通过体制机制的完善，全面促进自主创新能力的提高。因此应加强以科学发展观为指导，摒弃那些束缚自主创新能力发展的思想观念。继续转变观念，继续加大研发资金的投入，加快人才队伍的建设，集中主要力量突破事关国计民生和社会可持续发展的一批关键性技术。对此，一要改变只重视资金引进、忽视核心技术引入的思想，尤其在眼前利益与长远利益关系的处理上，必须高瞻远瞩。抛弃只注重跟踪仿制而不愿自主创新的思想，跟踪仿制国外技术虽然对于技术发展自身而言风险较低，但在技术发展的道路上却始终落在别人后面，没有在根本上掌握技术发展的主动权，同时还存在着潜在的知识产权纠纷等危险。所以，只有进行自主开发，才能真正掌握技术发展的主导权，实实在在地规避各种风险，获得更大的经济效益和持续发展的后劲。

二、加强政府对自主创新的战略引领

加强政府对自主创新的战略引领，必须做到坚持走中国特色自主创新道路，发挥创新驱动战略、建设创新型国家战略、经济结构战略性调整与发展方式的转变等战略的引领作用。

（一）加强中国特色自主创新道路的战略引领作用

改革开放40年来的科技事业发展道路充满艰辛，实践的历程波澜壮阔，获得的经验弥足珍贵。从“向科学进军”到“科学技术是第一生产力”，从“科教兴国”到“提高自主创新能力、建设创新型国家”，再到“创新驱动发展”，我们党关于科技发展的重大战略思想既一脉相承又与时俱进。走中国特色自主创新道路需要坚持发挥我国的制度优势。进一步完善社会主义市场经济条件下的新型举国体制，根据国家发展的战略需求，发挥重大工程、科技重大专项的引领和带动作用，整合资源，重点突破，实现跨越式发展。正如胡锦涛同志在2006年全国科学技术大会的讲话中所提出的：“走中国特色自主创新道路，核心就是要坚持自主创新、重点跨越、支撑发展、引领未来的指导方针。自主创新，就是从增强国家创新能力出发，加强原始创新、集成创新和引进消化吸收再创新。重点跨越，就是坚持有所为有所不为，选择具有一定基础和优势、关系国计民生和国家安全的关键领域，集中力量、重点突破，实现跨越式发展。支撑发展，就是从现实的紧迫需求出发，着力突破重大关键技术和共性技术，支撑经济社会持续协调发展。引领未来，就是着眼长远，超前部署前沿技术和基础研究，创造新的市场需求，培育新兴产业，引领未来经济社会发展。”

（二）发挥创新驱动战略的引领作用

创新驱动战略的基本框架包括以下组成部分：第一，科技创新为先导。科技创新是创新驱动发展战略的基础条件，科技创新主要包括原始创新、集成创新、引进消化吸收再创新和组织方式上的协同创新。第二，构建和完善以“产学研”合作为主的国家创新体系。以“产学研”合作为主的国家创新体系是创新驱动发展战略的核心，当前及今后一段时期，要下大力气构建以企业为主体、市场为导向、“产学研”相结合的技术创新体系；完善知识创新体系，强化基础研究、前沿技术研究、关键技术研究等；大力推进科技体制改革，积极促进科技体制机制创新，促进科技和经济的紧密结合，提高科学研究水平和成果转化能力。第三，构建和完善创新制度与政策支撑体系。创新制度与政策支撑体系是创新驱动战略的重要保障，主要包括：加快新产品、新技术、新工艺的研发与应用；完善科技创新评价标准、激励机制、转化机制；加强技术集成和商业模式创新；实施知识产权战略，加强知识产权保护等政策措施。

（三）发挥建设创新型国家战略的引领作用

发挥建设创新型国家战略的引领作用，核心就是把增强自主创新能力作为发展科学技术的战略基点，走出中国特色自主创新道路，推动科学技术的跨越式发展；就是把增强自主创新能力作为调整产业结构、转变增长方式的中心环节，建设资源节约型、环境友好型社会，推动国民经济又快又好发展；就是把增强自主创新能力作为国家战略，贯穿到现代化建设各个方面，激发全民族创新精神，培养高水平创新人才，形成有利于自主创新的体制机制，大力推进理论创新、制度创新、科技创新，不断巩固和发展中国特色社会主义伟大事业。

（四）发挥经济结构战略性调整与发展方式转变战略的引领作用

提高自主创新能力，要紧紧扣住为经济社会发展服务这一中心任务，把握科技发展的战略重点，着力解决制约经济社会发展的重大科技问题。加强创新能力建设是加快转变经济发展方式的重要基础条件。当前科技进步和创新能力的竞争已成为经济、产业竞争的焦点，特别是随着我国工业化进程的不断推进，劳动力、原材料和环境保护等生产成本持续上升，经济社会发展所面临的资源消耗、能源生产和生态环境保护的压力进一步加大，迫切需要依靠科技创新实现经济和社会的转型与发展。我国经济总量已跃居世界第二位，主要产业面临着由大到强的紧迫任务，迫切需要改变原有的发展方式，提高经济增长质量和效益，以创新驱动战略加快实现产业结构优化升级和经济发展方式的快速转变。

加快经济发展方式转变，必须把调整经济结构作为转变经济发展方式的战略重点，必须把加快经济结构战略性调整作为转变经济发展方式的主要方向，必须以优化产业结构、促进区域协调发展、推进城镇化为重点任务，尤其要着力解决制约经济可持续健康发展的重大结构性问题。第一，要继续把握好扩大内需这一战略基点，不断地扩大国内市场规模，以实体经济发展为基础，强化需求导向，推动战略性新兴产业、先进制造业的健康可持续发展。第二，要加快传统产业结构转型升级，推动服务业特别是现代服务业成长壮大。加快经济发展方式转变，要科学制定发展规划，大力促进传统产业转型升级，加快制定和落实以节能减排为导向的产业政策，加快淘汰落后产能，鼓励技术创新和新技术、新工艺的开发应用，加快产品结构升级，提高产品附加价值，大力发展绿色经济、低碳经济、循环经济，使技术进步在劳动率提高和经济增长中逐步发挥主导作用，最终促进传统产业的转型升级。第三，大力发展战略性新兴产业，重点增加研发投入，力争在较短时间内使战略性新兴产业成为国民经济发展的支柱产业和先导产业。重点培育和发展新一代信息技术、节能环保、生物、新能源、新材料、高端装备制造、新能源汽车等产业。战略性新兴产业的发展需要坚持技术创新、商业模式创新、体制机制创新并举，搭建多元化融资渠道，发挥各种创新主体的积极性，创造良好的发展环境。第四，加快经济发展方式转变，绝不能忽视现代农业的发展。加快促进工业、服务业结构调整，必须以高度重视农业发展方式的转变为基础，加快推进农业结构战略性调整，加快构建现代农业产业体系，坚持走中国特色农业现代化道路，其是加快经济发展方式转变的重要支撑条件。

三、加强政府对自主创新的总体部署与规划

政府对自主创新的引领还表现在总体部署和规划上，没有好的部署与规划，自主创新就不能实现整体最优。因此，必须做到以下几点。

（一）要把提高自主创新能力始终摆在全部科技工作的首位

争取在若干重要领域掌握一批核心技术，拥有一批自主知识产权，造就一批具有国际竞争力的企业，大幅度提高国家竞争力。

（二）加强政府对自主创新的全面部署与领导

加强政府统筹规划指导，进一步大力发挥市场机制在资源配置中的基础性作用，重点推进科学研究实验设施和各类创新基地的建设，积极引导社会创新主体广泛参与，加强科技资源的整合共享和高效利用，健全国家标准、计量、检测和认证技术体系，支撑科技跨越式发展；加快推进重点产业关键核心技术和共性技术的研发与工程化能力建设，提升重点社会领域的技术创新能力和公共服务水平，构建各具特色、综合协调发展的区域创新体系，支撑经济社会创新的发展；加强创新主体能力、人才队伍和制度等创新环境建设，深化国际交流与合作，强化知识产权创造、运用、保护和管理能力，激发全社会创新活力，提高创新效率和效益。

（三）政府必须通过政策的制定来引导自主创新的顺利实施

一方面，政府应采取优惠政策，吸引企业加大研发经费投入，着实提高企业研发能力；另一方面，要尽快转变政府的各项职能，突出服务职能，并通过制定相关的法律法规，吸引社会资金及各类创业投资基金，大力发展风险投资事业；政府也可以通过建立担保机制、支持风险投资等联合手段，努力提高企业及其他研发机构的创新效率。此外，还要合理配置有限的研发经费资源，必须尽快调整基础研究、应用研究和试验发展三部分研发活动的投入比例，尤其要加大基础研究的投入比例，着重通过重点基础研究领域的重大创新来带动我国自主创新的全面发展与进步。

四、构建以自主创新为导向的战略性目标管理与绩效考核激励体系

一个重要的观点是，创意是自发产生的，而创新，尤其是复杂的、具有知识含量的创新，

必须通过组织化的途径才能真正成熟。

改革开放40年来，我国的经济建设取得了举世瞩目的伟大成就。但是，我国的自主创新步伐仍然较缓慢，自主创新能力仍然很弱。其主要表现是：传统的粗放式经济增长方式占主导地位，可持续发展正面临严重瓶颈和重大挑战。从自主创新的组织管理视角来看，造成上述问题的主要根源之一是缺乏健全的、以自主创新为导向的战略性目标管理与绩效考核激励体系。

自主创新是一项战略性的系统工程，它的主要参与者是政府、企业、高校和科研机构。这些参与者及其一把手按照创新型省区市建设的宏观意志，坚持不懈地开展自主创新，是我国自主创新战略目标能够成功实现的坚强基石。根据战略管理理论，绩效管理是促进这些参与者及其一把手业绩持续提高并最终实现自主创新战略目标的一种管理过程，它强调通过计划、组织、指挥、协调与控制等管理手段来使这些参与者及其一把手的绩效提高，以确保自主创新战略目标的实现。绩效管理的范畴包括评价体系设计与调整，考核、激励与补偿体系设计与调整，目标管理等。然而，中国尚未在政府、企业、高校和研究机构中建立健全的、以实现自主创新战略为使命的目标管理体系、绩效考核体系和激励体系。

因此，如何根据中国实际情况构建以自主创新为导向的战略性目标管理与绩效考核激励体系，是加快推进中国自主创新所面临的首要问题。中国各级政府、企业、高校和研究机构一把手绩效考核体系应包括自主创新考核指标体系。

其中要进一步明确各级政府的创新指标体系，除了GDP之外，要把年度的区域新产品、新工艺、新服务创造的价值占GDP的比重，区域各类科技与知识转移的收入占GDP的比重，区域每百万人口发明专利数这三个关键指标，作为各类政府评价指标的重要内容，并进行定期评估与分析。

要完善中国国有和民营企业考核体系，发挥业绩考核的引导作用，在对企业负责人经营业绩的考核中，进一步完善对自主创新的考核指标体系。特别是要将骨干企业的品牌价值，主持或参与制定产业标准的数量，年度新产品、新工艺、新服务收入占企业销售收入的比重，年度发明专利的数量作为企业年度评价的重要指标，定期发布中国最具创新力企业的名单。

第二节　优化创新创业环境　提升企业自主创新能力

大力加强企业自主创新能力是创新型国家建设的基石。企业是技术创新的主体，中国企业创新的水平和能力，是中国科技创新的坚强保障。2018年，在波士顿咨询公司评选的最具创新力企业50强中，我国的华为、阿里巴巴、腾讯上榜。但与美国相比，我们入选的企业数还不多。在已经到来的大数据和互联网时代，创新的信息化条件进一步成熟，大规模群体创造成为现实，这将极大推动产业的突破性或破坏性创新，我国的城市化、传统产业升级、对健康和环境提出的高要求等因素，为中国企业的技术创新提供了强大的需求。因此，我国企业技术创新面临着巨大良机。中国企业创新的挑战如何产生更多的“改变世界”的重大技术创新，如何进一步完善企业创新的决策机制、动力机制和激励机制？大众创新、整合创新应成为中国自主创新的两大范式。

大众创新、万众创业是新时期自主创新的新范式。微创新主要是一些技术和商业化的小改进，但它可能带来巨大的变化。自主创新一般需要自主的管理模式，很关键的一点是要更多地开放，特别是产业的一些空间要向微创新开放。过去我们主要是突出了国有大型科研机构、国有企业的创新，现在要逐步转向关注民间、个人等草根组织的创新，包括鼓励来自非研发的创新。特别需要让广大人民群众参与创新过程，这既包括用户的创新，也包括劳动者的创新。创新从专家学者向劳动者转型非常重要，因为劳动人民参与创新，是实现创新型国家的基础。实现这个转变，我国的国家创新体系中应纳入个人或民间创新体系，积极鼓励全社会所有人为创新型国家的建设添砖加瓦。

整合创新、聚合发展也是新时期自主创新的重要范式。央企和大型国有企业不仅要关注新技术的发展，更要为国家工业安全、信息安全乃至国家经济安全、军事安全做出更大的贡献。增强企业的核心竞争力和控制力是企业自主创新发展的重点。为此，围绕创新能力建设，要抓创新资源整合，更要关注企业的核心能力建设，突出技术性、前沿性的研究。推动技术创新由跟踪式向自主式转变，提升原始创新能力。加大投入力度，按主题、成体系地梳理关键技术，重点布局基础性、前沿性以及边缘性、渗透性比较强的技术，保持较高的科技投入力度，明确科技投入的方向，突出系统、成体系的技术创新。整合创新、聚合发展，将形成更为体系化的创新，能够避免创新的碎片化。

第三节　增强大学对自主创新的贡献度

大学是我国培养高层次创新人才的重要基地，是我国基础研究和高技术领域原始创新的主力军之一，是解决国民经济重大科技问题、实现技术转移与成果转化的生力军。加快建设一批高水平大学，特别是一批世界知名的高水平研究型大学，是我国加速科技创新、建设国家创新体系的需要。增强大学对自主创新的贡献度，必须发挥好大学的人才培养、科学研究与社会服务三大功能（见表 25-1）。人才培养是大学的核心工作；科学研究是大学的重要职能，也是人才培养的重要载体；社会服务是人才培养和科学研究功能的延伸。

表 25-1　大学对自主创新贡献的表现形式

大学功能	对自主创新的贡献	载体与表现
人才培养	通过对创造、创新与创业人才的培养，增强对自主创新的贡献度	人才、知识
科学研究	通过基础研究、应用研究、开发等科技创新活动增强对自主创新的贡献度	知识、技术、基础设施、平台等
社会服务	通过创业和社会服务等活动增强对自主创新的贡献度	资金、中介服务、企业家等支撑条件

一、通过人才培养增强大学对自主创新的贡献度

大学的三大功能相互联系、不可分割，突出了大学的首要功能就是人才培养的基本思想。随着高等教育与社会的关系日益密切，大学的功能走向多元化，人才培养的模式也从过去的单一化走向现在的多元化，无论大学承担多少种社会角色，肩负几种社会责任，培养人

才都是大学永恒的历史使命，也是大学与其他学术组织的重要区别。大学的功能都是围绕着知识体系建构这个核心内容演化的，大学的产生不仅是人类自身求知欲望的需要，更是社会进步发展的需要。大学的社会价值，在于对社会文明发展和社会进步的贡献，这种贡献反映在对建设物质文明的推动作用上，从微观方面来说，大学的作用在于造就一个个具有高尚情操和高等文化素质的人。长期以来，我国大学教育遵循马克思主义关于人的全面发展的理论，确立了大学工作的核心是通过教育促进学生全面发展。这些都表明，大学的核心任务是人才培养，具体地讲就是为社会培养各种类型的高层次人才，而人才培养功能的强化又离不开科学研究，大学要提升科学研究水平，才能更好地为国家培养全面发展的人才。因此，要想通过人才培养增强大学对自主创新的贡献，必须在“211 工程”和“985 工程”的基础上，全面覆盖各层次大学，在学科建设、师资队伍、科学研究、基础条件等方面进行协调和改善。另外，必须创新人才培养模式，着重创造、创新与创业人才的培养。

二、通过科学研究增强大学对自主创新的贡献度

改革开放以来，我国高校的科技实力和竞争力水平也有了较大幅度提高，并呈现出有利于形成研究型大学的几个明显的发展趋势：高校迅速成为我国科技创新，特别是基础研究的主力军；正在逐步形成一批有较强科技实力和较高科技水平的高校；高校人才培养的方式趋向于多元化。

基础研究是科技进步的先导，是自主创新的源泉。大学从事科学研究的主要领域是基础研究，加强基础研究是提高我国原始性创新能力、积累智力资本的重要途径，是跻身世界科技强国的必要条件，是建设创新型国家的根本动力和源泉。基础研究成果具有超前性，基础研究的重大突破对提高人们认识世界和改造世界的能力，对高新技术产业的形成、经济发展与社会进步，乃至人们的生活方式，都将产生深刻的影响和引领作用。基础研究是高新技术的源泉，为技术进步不断开辟新的方向，促进新兴产业的形成。与此同时，技术进步对基础研究提出大量新需求，也为基础研究提供新的研究手段和新的方法技术，推动基础研究的加速发展。可见，大学，尤其是研究型大学通过科学研究对国家自主创新的贡献非常大，因此，必须着重人才培养，完善学科布局，培育和支持新兴交叉学科，在若干科学前沿领域实现重点突破，解决一批国家经济社会发展中的关键科学问题；建设一支高水平的基础研究队伍，为建设创新型国家和 2050 年我国跻身世界科技强国奠定坚实的基础。

我国已经形成了一批规模适当、学科综合和人才汇聚的高水平大学，要充分发挥其在科技创新方面的重要作用。积极支持大学在基础研究、前沿技术研究、社会公益研究等领域的原始创新。鼓励、推动大学与企业和科研院所进行全面合作，加大大学为国家、区域和行业发展服务的力度。加快大学重点学科和科技创新平台建设。培养和汇聚一批具有国际领先水平的学科带头人，建设一支学风优良、富有创新精神和国际竞争力的高校教师队伍。进一步加快大学内部管理体制的改革步伐。优化大学内部的教育结构和科技组织结构，创新运行机制和管理制度，建立科学合理的综合评价体系，建立有利于提高创新人才培养质量和创新能力，人尽其才、人才辈出的运行机制。积极探索建立具有中国特色的现代大学制度，重点做好以下几方面工作：第一，强化“211 工程”建设，以重点学科建设为核心，规划人才队伍，明确学科方向。鼓励大学面向国际科技发展前沿和国家战略需求问题，自主确定学科发展方向，加强学科间的交叉渗透和跨学科的合作与研究，重点提升科技创新水平和社会服务

能力。第二,继续实施“985 工程”,加强研究型大学基地建设。加大科学研究和学科发展的规划、组织力度,加强科技创新平台和哲学社会科学创新基地建设。以“985 工程”综合科技平台为基础,创新组织形式,加大协调力度,积极争取列入国家实验室、国家工程研究中心等基地建设序列。第三,加强研究型大学学术队伍建设。加大对“长江学者和创新团队发展计划”“新世纪优秀人才支持计划”的支持力度,推进基层学术组织改革,重视青年教师的培养和使用。继续实施“高等学校学科创新引智计划”,提升学术队伍的科技创新能力和国际影响。积极探索教师岗位分类管理的方法与途径。第四,创新“产学研”组织模式,推动技术创新。鼓励研究型大学积极与企业合作,构建产业技术创新战略联盟,加强实验研究体系和工程化开发体系的衔接,建设一批具有竞争力和影响力的科技成果转化基地和技术转移中心,在若干具有全局性、战略性的重大工程课题中突破关键技术。

三、通过社会服务增强大学对自主创新的贡献度

创业型大学是一种全新办学模式,强调大学在社会经济发展中应发挥更加重要的作用。大学不仅要生产知识、转让技术,而且要直接参与、服务于创业活动。大学不仅要传授给学生知识,而且还要培养学生的创业能力。

20 世纪后期,以麻省理工学院和斯坦福大学为代表的一些欧美大学开始直接参与到服务当地经济、促进自身大发展的伟大实践中,引发了大学社会职能又一次新的重大转变,新的创业型职能不仅包括以最高的价格向企业出售技术,而且还包括在当地创立新的以知识为基础的企业,从而催生了创业型大学的发展模式。大学由于具备极为丰富的学科并且聚集了年轻、颇具活力的研究人才,将进一步成为自主创新的主要原动力,是国家原始创新的主要源泉。由于国家对世界一流大学建设的高度重视,我国的许多大学已经发展成具有重大研发能力的研究型大学。伴随着大学功能的进一步演化,创业功能逐渐兴起,也就是大学研究功能对经济的贡献开始发生新的变化,由间接转向了直接。在这种背景下,很多高校开始由研究型大学向创业型大学转型。但是,中国大学的研究成果转化的能力还不够强,因此,需要鼓励一些研究型大学向具有创业精神的创业型大学发展。创业型大学就是要求在具备较高研究能力的基础上,通过专利和技术贸易积极地把已有的知识主动商业化。美国的麻省理工学院就是兼具研究型大学和创业型大学的典范。这个学校的教授不仅具有卓越的基础研究能力,而且将基础研究、应用研究的成果转为市场化的产品和服务的能力也特别强,后者恰恰是中国大学所欠缺的。

首先,必须通过激励制度的重新设计,重新定义学术服务的内容,构建学校科技成果的“科研价值”“商业价值”和“创新价值”三结合评价体系。其次,形成与具有创业精神的研究型大学相适应的校内管理体制,建立以跨学科研究项目为重点的研究中心和实验室。通过与社会建立广泛的外部联系网络,如各种孵化器和科技园、风险投资机构、创业培训机构,形成学校、社区与企业良性互动发展的创业教育生态系统,有效地开发和整合社会各类创业资源。再次,推进教育教学改革,扎实培养学生的创业精神。推进教育教学改革,形成具有创业精神的、符合研究型大学基本要求的课程体系,通过课堂教学培养大学生的创业意识和创业技能。因此,具有创业精神的研究型大学不是狭隘地仅仅把它自己的研究商业化,而更重要的是为经济与社会发展提供发展战略与合作计划,特别是在区域层次上,从战略的高度发展相关产业、政府等部门的潜在合作者,成为具有教学、研究和服务功能的具有创业精神的研究型大学。

第四节　进一步强化国家科研能力

当前,我国正处于进一步提升国际竞争力、加快经济增长方式转变、从科技大国向科技强国迈进的关键时期,要形成科技自身高水平持续积累的长效机制,需要科技支撑,以保障国民经济增长和社会进步重大任务的顺利实现,而这更需要国家科研能力的强化,尤其是国际前沿领域、重大科技领域的国家科研能力的提升。

所谓国家科研能力,是指国家具有的着眼于促进技术进步和增强自主创新能力,瞄准世界先进水平,以世界学科前沿问题和国家经济社会发展中的重大理论与实践问题为中心的基础研究能力、共性技术研发能力和工程技术研究能力(见图 25-2)。

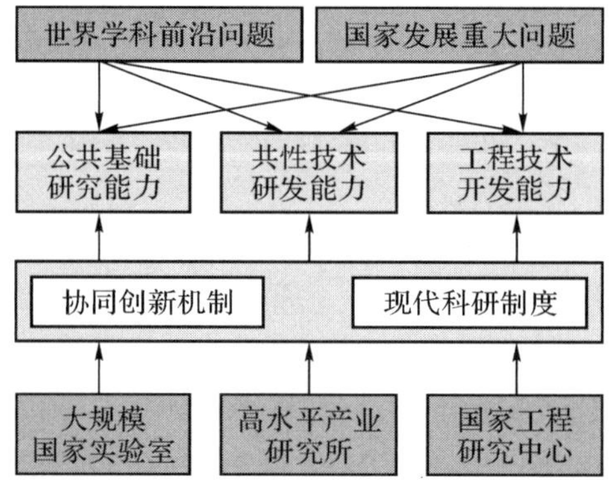

图 25-2　国家科研能力建设

在已有的科技体制改革过程中,很多国家级的或者产业领域的大型科研机构被拆分或者转制。以"稳住一头、放开一片"为内容的科技体制改革虽然减轻了科技系统的包袱,但相对削弱了国家公共科研能力。中国现有的研究机构规模小、重复建设,与企业功能趋同,不仅没有为企业提供有效的技术支持,反而无谓地耗费了珍贵的科技资源。在未来进行科技体制改革的过程中,要创建能够支撑各个产业发展的产业研究院所,为产业技术的重大攻关提供稳定的保障。

强化国家科研能力应着重做好以下几方面工作。

1. 国家层面,在科技前沿重点领域建设一批重大的基础研究实验室,着重提升国家公共基础研究能力

依托基础好、实力强、水平高的研究型大学和科研院所,在现有国家重点实验室和其他相关实验室的基础上高起点建设,集中资源在高校和科研院所中着力打造一批具有世界领先水平的大规模的国家实验室,达到类似于剑桥大学卡文迪许实验室的纯粹基础研究能力和面向需求的基础研究能力,从事基础性、长远性、前瞻性、公益性的基础研究和科技前沿工作。重大的基础研究实验室应以国家现代化建设和社会发展的重大需求为导向,开展基础研究和应用基础研究,积极承担国家重大科研任务,产生具有原始创新和自主知识产权的重大科研成果,为经济建设、社会发展和国家安全提供科技支撑,对相关行业的技术进步做出突出贡献。重大的基础研究实验应鼓励高校、研究院所、企业等以多种方式参与建设,多方

支持,共建共管。要把吸引、聚集和培养国际一流人才作为重要任务。注重科研团队的培养,努力形成一批规模大、年龄和知识结构合理、有凝聚力和活力的创新团队。

2. 产业层面,构建解决产业重大技术难题的高水平产业研究所

产业共性技术是指在很多领域内已经或未来可能被广泛采用,其研发成果可共享并会对一个产业或多个产业及企业产生深刻影响,具有巨大的经济和社会效益的一类技术。建立健全产业共性技术研发平台,促进科技资源优化配置和开放共享,为不同产业部门的持续创新提供有力的技术支持,已成为事关我国产业发展全局的重大课题。

产业共性技术的研发必须重点面向产业主体的整合与协同,可以通过重大专项、产业技术创新战略联盟、公共技术服务平台等组织模式,进一步推进产业技术创新特别是产业共性技术研发能力的提升。

我们必须明白,产业共性技术的研发组织具有极明确的技术特征和行业特征。不同行业共性技术组织模式之间差异性可能很大,在实践中呈现多样化的特征。建议依托转制行业科研院所组建一批代表国家水平的产业技术研究院所,探索建立重大产业共性技术和关键技术供给的组织保障体系;引导建立一批有助于提升产业技术水平的产业共性技术研发联盟,进一步针对关系国计民生的支柱产业、关系经济新增长点的新兴产业和关系产业结构优化升级的高技术产业,通过产业技术联盟建设,带动产业创新能力的提升和产业技术进步;加强产业共性技术研发基地建设,原则上应依托高校和科研机构,也可依托代表行业技术水平的龙头企业;鼓励建立民营共性技术研发机构,对民营共性技术研发机构的建立给予专项支持或政策优惠。

另外,可将那些已经涉入商业的研究所重新组建并恢复其产业科研功能,对于非营利组织,应强化国家的公共科技服务。突出采用公共性、开放性、基础性和多元性的以社会效益为主的运作模式,创建以应用技术的原创性研究、关键应用技术的突破为核心,集技术扩散、系统集成、公共技术服务于一体的高水平产业研究所,重点加强关键技术的突破与原创性应用技术的研发。

3. 企业层面,进一步调整和建设好工程研究中心(ERC)

工程研究中心是国家科技创新体系的重要组成部分,是根据建设创新型国家和产业结构优化升级重大战略需求,以提高自主创新能力、增强产业核心竞争能力和发展后劲为目标,组织具有较强研究开发能力和综合实力的高校、科研机构和企业等建设的研究开发实体,旨在通过建立有利于技术创新、成果转化的机制,培育、提高自主创新能力,搭建产业与科研之间的“桥梁”,促进产业技术进步和核心竞争能力的提高。在科研机构或大学的基础上与工业企业进行联合,形成整体优势,组建国家工程研究中心。

根据行业发展规划和要求,ERC 直接为工业企业服务,ERC 应该具有三方面的使命:交叉学科研究、教育、工业合作与技术转移。ERC 的主要任务是进行工程化验证,持续不断地向工业企业规模生产提供成套的工程化研究成果,产业化的任务则应由行业内企业完成。在企业内部建立企业技术中心、工程技术研究中心、工程实验室等,建设一流的工程化实验条件,促进科技产业化,形成我国科研开发、技术创新和产业化基地。工程研究中心的首要目的是通过政府的政策导向,促进大学学术研究的资源充分应用到工业产品创新上,帮助工业开发研究下一代关键性技术,解决重大工业和工程问题。此外,工程研究中心作为一种催化剂,通过大学和工业的联合,促使大学的工程教育向跨学科、宽基础的方向变化,从而促进

教育和研究的整合，培养新型的跨学科工程人才。

4. 构建和完善协同创新机制，促使创新资源优化协调

协同创新是一项更为复杂的创新组织方式，其关键是形成以大学、企业、研究机构为核心要素，以政府、金融机构、中介组织、创新平台、非营利性组织等为辅助要素的多元主体协同互动的网络创新模式，通过知识创造主体和技术创新主体间的深入合作和资源整合，产生"1＋1＋1＞3"的非线性效用。在科技经济全球化的环境下，实现开放、合作、共享的创新模式，被实践证明是有效提高创新效率的重要途径。充分调动企业、大学、科研机构等各类创新主体的积极性和创造性，跨学科、跨部门、跨行业组织实施深度合作和开放创新，对于加快不同领域、不同行业以及创新链各环节之间的技术融合与扩散，显得更为重要。因此，协同创新是企业、政府、知识生产机构（大学、研究机构）、中介机构和用户等为了实现重大科技创新而开展的大跨度整合的创新组织模式。

协同创新是通过国家意志的引导和机制的安排，促进企业、大学、研究机构发挥各自的能力优势，整合互补性资源，实现各方的优势互补，加速技术推广应用和产业化，协作开展产业技术创新和科技成果产业化活动，是当今科技创新的新范式。加强协同创新，就要强调科技与经济的协同，进一步加大科技对经济增长的贡献。积极发挥国家有效的引导、产业界的需求拉动、活跃的大学创意启发以及研究所深入的技术支撑的协同创新机制，以重大专项项目牵引，鼓励"官产学研"的开放共享和深度合作，进一步提高产业的国际竞争力。

实施协同创新，就要强调科技与教育的协同，加快建立科学研究与高等教育有机结合的联动机制。依托重大科技项目，重视项目—基地—人才的综合一体化建设水平，有计划地培养与造就一批能够突破关键科学技术难题、发展高新技术产业、带动新兴学科发展的科技领军人才。要加强科技成果的文档化、教案化和教材化，提高科学研究对知识积累、教育教学和人才培养的重要作用，进一步提高高等教育质量。

5. 建立与完善现代科研与创新制度

推动科技体制改革，最关键的就是制度创新。以"产权清晰、权责明确、政企分开、管理科学"为核心的现代企业制度曾经对中国企业的改革与发展起了决定性的作用。然而，以科技体制改革为核心的现代科研制度的建立一直未能真正实现最优化。因此，建立符合全球化发展要求的现代科研与创新制度迫在眉睫。扩大科研院所的管理自主权，健全科研管理制度规范，建立现代科研院所制度。以开放、流动、竞争、协作的运行机制为重点，深化高校科研管理体制改革，加强科技创新与人才培养的结合，建设一批高水平的研究型大学。以国家目标和产业需求为导向，进一步推动科研院所、高等学校和企业在科技创新和人才培养方面的合作，促进资源共享，提高原始创新能力和科技成果转化能力。

（1）现代科研与创新制度必须突出以人才培养为主的基本思想

建设一支稳定服务于国家目标、献身科技事业的高水平研究队伍，是发展我国科学技术事业的根本所在。尤其是从事基础研究、前沿技术研究和社会公益研究的科研人员，是我国科技创新的重要力量之一。

（2）要加快建立"职责明确、评价科学、开放有序、管理规范"的现代科研院所制度

按照科学发展的基本要求，加强科研机构建设，切实改变目前部分科研机构职责定位不清、力量分散、创新能力不强的局面，优化科技资源配置，集中力量形成优势学科领域和研究基地。对于已经形成的一批精干的科研机构，国家要给予充分的支持。充分发挥这些科研

机构的核心作用,必须以提高创新能力为目标,以健全机制为重点,进一步深化管理体制改革,加快建立现代科研院所制度。社会公益类科研机构要发挥行业技术优势,提高科技创新和服务能力,解决社会发展重大科技问题;基础科学、前沿技术科研机构要发挥学科优势,提高研究水平,取得理论创新和技术突破,解决重大科学技术问题。

(3)现代科研与创新制度必须建立稳定支持科研机构创新活动的科技投入机制

学科和队伍建设、重大创新成果是长期持续努力的结果。要求对从事基础研究、前沿技术研究和社会公益研究的科研机构,给予相对稳定的、大力度的资金支持。并根据科研机构的不同类型与专长,有针对性地给予支持,尤其要支持需要长期积累的学科建设、基础性工作和人才队伍建设。

(4)现代科研与创新制度必须建立有利于原始创新的运行机制和创新能力评价制度

科研的自主选题对提高原始创新能力、培养人才队伍至关重要,加强对科研机构开展科研选题自主性的支持,营造科学自由探索的空间与环境非常重要。另外,要进一步扩大科研院所在科技经费、人事制度等方面的决策自主权,提高科研机构内部创新活动的协调集成能力。同时要建立科研机构整体创新能力的评价制度,建立科学合理的综合评价体系,在人才队伍建设、科研成果质量、管理运行机制等方面对整体创新能力进行综合评价,促进科研机构提高管理水平和创新能力。

(5)现代科研与创新制度必须要建立科研机构开放合作的有效机制

实行固定人员与流动人员相结合的用人制度。全面实行聘用制和岗位管理,面向全社会公开招聘科研和管理人才。通过建立有效机制,促进科研院所与企业和大学之间多种形式的联合,促进知识流动、人才培养和科技资源共享。

第五节 大力促进协同创新

在增强企业、大学和科研院所各自科技创新能力的基础上加强“产学研”的深度合作及开展协同创新,设计协同创新体系,也是创新型国家建设的关键。

一、成立国家创新委员会,深化科技体制改革,强化“产学研”协同发展

美国的硅谷把创新型企业、研究型大学、研究机构、行业协会、服务型企业等紧密连在一起,衍化出扁平化和自治型的“联合创新网络”。我国的 TD-SCDMA 产业化专项的成功,也是源于官、产、学、研之间的高度协同创新。在科技经济全球化的环境下,实现开放、合作、共享的创新模式,被实践证明是有效提高创新效率的重要途径。充分调动企业、大学、科研机构等各类创新主体的积极性和创造性,跨学科、跨部门、跨行业组织实施深度合作和开放创新,对于加快不同领域、不同行业以及创新链各环节之间的技术融合与扩散,显得更为重要。因此,协同创新是企业、政府、知识生产机构(大学、研究机构)、中介机构和用户等为了实现重大科技创新而开展的大跨度整合的创新组织模式。

建立成立国家创新委员会,由国家发改委、科技部、工信部、教育部等联合组织开展国家重大科技创新项目、建设国家重大创新基地等工作。实施协同创新要注重科技创新治理体系的构建。结合国家治理能力和治理现代化的要求,未来科技体制改革的主要工作就是建

立与发展具有公共科技性质的研发机构、协同创新的开放式合作创新组织体系，而这些新型的研发与创新组织体系，包括国家公共科研机构和面向协同创新的“产学研”合作组织，建立由各大部委领导、科技专家、企业家、投资家、管理学家、经济学家等参与的决策委员会制度，强化实现科技与经济、科技与教育、科技与社会进步等的更有效的结合。

二、构建促进协同创新的市场导向机制

要建立健全鼓励原始创新、集成创新、引进消化吸收再创新的体制机制，健全技术创新市场导向机制，发挥市场对技术研发方向、路线选择、要素价格、各类创新要素配置的导向作用；要建立“产学研”协同创新机制，强化企业在技术创新中的主体地位，发挥大企业的创新骨干作用，激发中小企业创新活力；要发展技术市场，健全技术转移机制，创新商业模式，促进科技成果资本化、产业化，让市场真正成为科技创新要素流动的决定力量。必须做好以下几方面工作。

1. 进一步发挥大企业的创新骨干作用，激发中小企业创新活力

大企业是技术创新的骨干力量，具有更强的对技术、人才、资本、商业模式等创新资源的整合能力。大企业不仅要成为本行业的创新骨干，更要能牵头带领中小微企业一起干，做好领头羊，以此带动形成创新集群。同时要加强对中小微企业的创新支持。营造公平竞争的市场环境，大力支持中小微企业的创新活动，以企业需求为导向，构建公共创新服务平台，为中小微企业提供技术创新服务；要积极落实鼓励企业创新的优惠政策，进一步强化企业研发费加计扣除、高新技术企业税收优惠等政策落实，提高对企业技术创新投入的回报，引导形成公平、普惠的政策环境。

2. 积极探索激励协同创新的技术交易市场

在深化科技体制改革大环境的背景下，要积极探索在科技成果的展示对接、技术评估、技术交易、要素配置等各环节释放市场潜能，探索科技成果转化服务商业模式。

3. 健全协同创新机制，促进科技成果资本化、产业化

加快科技体制改革的步伐，完善“产学研”协同创新机制，构建有利于创新资源流动、高端人才聚集、科技成果转化的政策措施，为“产学研”协同创新提供良好的体制机制保障。

4. 建立协同创新的长效机制

一方面，进一步探索“产学研”协同创新平台的运行机制和利益分配机制，鼓励“产学研”合作以项目实体运营、共同建立公共研发平台、吸引风险投资等多种方式实现利益捆绑，真正形成风险共担、利益共享、共同发展、长效合作的新机制。另一方面，建立科技特派员创新制度，鼓励更多的科技特派员真正深入产业一线开展工作，解决产业发展中遇到的实际问题，增强科研的有效性和针对性，提高科技投入的效益，促进“产学研”合作形成长效机制。

三、完善协同创新体制机制

充分发挥市场对技术研发方向、路线选择、要素价格等各类创新要素配置的导向作用；改革科研制度，支持研究人员成立衍生公司，调动科研人员的积极性；建立公共技术服务中心，实现科技资源共享；发挥企业在创新决策、研发投入、科研组织和成果转化中的主体作用；形成“产学研”合作的长效机制，构建全社会共同促进科技成果转化的新格局。

1. 建立“产学研”协同创新的利益保障机制

促进“产学研”协同创新，关键在于建立互利共赢的有效机制。从根本上解决利益机制问题，“产学研”各方都是不同的利益主体，有着不同的组织目标与利益诉求，只有各方的利益得到了充分的保障，“产学研”之间才能真正形成协同创新。同时，利益机制与评价激励机制又是紧密联系在一起的。因此，要在充分考虑不同主体的特点与差异性的基础上，对不同类型的“产学研”协同创新进行不同的分类评价。

2. 建立协同创新的利益风险平衡机制

“产学研”协同创新中利益与风险的平衡至关重要，要及时地对“产学研”各方投入的技术、资金、人才等生产要素进行风险评估和跟踪监管，对可能产生的风险提早预测。并督促各方使用技术搜索、技术路标、技术路线等先进工具，对“产学研”协同创新的未来发展趋势进行评估与识别。重点解决协同创新中的信息披露不完全、信息分布不对称等问题，正确地评估创新所产生的技术价值与风险。

3. 构建多元化的协同创新体制

协同创新本质上是系统性的改革与创新，涉及创新要素与资源的重新组合、组织结构的变革与调整。因此，必须深化人事管理制度、科研组织模式、人才培养模式、资源配置方式、质量评价机制等方面的改革，对人才、资本、信息、技术等创新要素进行合理配置、有效组合，在充分释放“产学研”各方活力的基础上，开展联合攻关、深度合作。

4. 构建协同创新多元化的投入体系和风险投资机制

进一步加大“产学研”经费投入，按照《国家中长期科学和技术发展规划纲要(2006—2020年)》规划，到2020年，全社会研究开发投入占国内生产总值的比重提高到2.5%以上。同时，采取多种方式引导银行、保险、风险投资等金融资本积极参与“产学研”合作，构建以企业为主体、市场为导向、社会金融资本相结合的多元化协同创新投入体系，努力解决目前“产学研”协同创新中的资金瓶颈问题。另外，积极成立协同创新专项基金，构建成果转化资金与创业风险投资的联动机制，适当放宽准入条件，鼓励风险投资基金参与“产学研”协同创新的各个环节。同时，健全知识产权抵押质押登记系统，鼓励商业银行以联保联贷的方式支持“产学研”协同创新项目的开展。

四、深化协同创新体制改革、完善科技创新政策体系

围绕《国家中长期科学和技术发展规划纲要(2006—2020年)》和《中华人民共和国科学技术进步法》，组织开展部门联合专项调研，深入分析国内“产学研”结合的现状和主要问题，总结“十二五”期间“产学研”工作的成功经验，结合“十三五”科技计划的实施，进一步研究制定促进“产学研”结合的配套政策和实施细则，完善机制和政策。引导地方结合本地区经济发展的战略，开展区域“产学研”协同创新试点工作，共同完善推进“产学研”结合工作的指导性文件，完善科技创新政策体系。加快“产学研”合作立法的进程，营造推动“产学研”协同创新的外部政策环境，如知识产权分配和保护、进行“产学研”合作的相关财税扶持和推动产业发展需求的创新型人才的培养等。推动全国及区域“产学研”发展的政策体系协同，完善科技创新的法律和政策体系。

第六节　加快科技成果转移转化

科学技术是第一生产力。把科技成果直接转化为生产力，对推动社会经济发展和进步具有重要意义，对创新型国家建设也极为关键。从总体上看，我国科研院所和高校科技与经济结合问题亟待解决，成果转移转化效率不高，科研院所和高校的科研与市场的需求结合不紧密，科技成果转化渠道不畅，阻碍科技成果转化和产业化的体制和政策障碍仍然存在，推动科技成果应用的措施还不到位。在经济新常态下，应从顶层设计出发，形成新的成果转化机制和体系，使科研院所、高校科研成果更加聚焦国家需求和产业发展需求，形成产业的核心技术，为国家创新驱动发展提供有力支撑。

要加快科技成果向经济和社会领域转化，释放存留于科研院所、高校、大型国有企业中的庞大科研成果的活力和潜力。这是一项重要的供给侧结构性改革，对于增强科技创新、发挥加快转变经济发展方式的支撑引领作用具有重大意义。因此，要进一步加强科技与经济、教育结合的力度，要鼓励知识产权所有人积极关注技术转移，既要保障他们的合理权益，又要防范国有资产的不当流失。

要创新科研转移与服务机制。要改变以单一技术转移、推广为主的模式，与创新服务平台建设相结合，与国家和区域重大科研项目相结合，实现技术集成与规模化转移。要创新知识产权战略实施机制，将知识产权的取得、保护和运用，作为科研管理的重要任务和评价指标。要进一步提升科研成果转移水平，大力推进与国内外风险投资机构建立战略合作联盟，大幅度提高转化效益。同时，还要加强科技中介服务体系建设，大力发展国家大学科技园等科技成果孵化、转移转化机构，努力形成覆盖全国重点区域的社会化科技中介服务网络。

要显著提高技术转让机构和人员的专业化水平，显著提高他们的待遇，努力增加知识转移收益，增加科研人员从事科学研究的积极性，实现科研大转化带动的发展方式转变。

要积极引入金融资本参与技术转移工作，全方位提升知识、技术转移的效率，提高科技孵化、科技创业的数量与质量，形成高层次、强辐射的科技服务创新体系，为企业技术创新提供充足有利的知识源，以高效地实现开放创新。

要加强科技成果转化与教育及人才培养的协同，加快建立科学研究与高等教育有机结合的联动机制。要采取有关政策，鼓励科技能力强的教师从事教学工作，加强高校科技成果的文档化、教案化和教材化，积极鼓励高水平的高校科技机构开设高水平的课程，提高科学研究对知识积累、教育教学和人才培养的重要作用，进一步提高教育质量。更要通过校校、校所、校企、校地以及国际合作协同创新，为创新人才培养提供新的模式和平台，实现创新能力和人才培养质量的同步提升。

第七节　完善风险投资的政策与机制

风险资本作为一种创新的投资方式，能较好地弥补现行融资制度的缺陷，为那些具有一定市场前景的科研成果和技术项目提供转化的途径，并能将企业的技术创新能力转化为现实生产力和市场成果。风险投资注重的是创新项目未来的收益、企业的整体发展情况和企业家的潜力，因此可使一些具有创新性的中小企业获得资金支持。风险资本一般通过私募等方式筹集资金，孵化和培育具有创新技术和较高成长性的中小型高科技企业，并使其达到上市标准，然后将其推入小盘股市场（或二板市场）中进一步规范成长，面对公众进行再融资，以期最终发展成熟从而能够进入一般资本市场。先前投入的风险资本则经股份转让等形式退出，获得的收益再投入新的高科技企业中为推动新的技术创新服务，从而实现风险资本的投入—退出—再投入的高效循环，为高科技企业的技术创新不断提供资金融通。

风险投资（又称创业投资）是指向主要属于科技型的高成长性创业企业提供股权资本，并为其提供经营管理和咨询服务，以期在被投资企业发展成熟后，通过股权转让获取中长期资本增值收益的投资行为。建立风险投资机制要创造良好的外部环境和改革制度，培育适应社会主义市场经济规律的，有利于加速技术创新和成果转化的，能将经济部门推进技术进步与金融部门保障支持有机结合的经济运行体系。其主要内容包括投资主体、投资对象、撤出渠道、中介服务机构、监管系统等。风险投资是结合资金技术管理与创业精神，为鼓励技术创新、支持高科技产业发展而形成的新机制；是对银行贷款等传统投融资机制的重要补充。它极大地改变了整个社会原有的思维方式与生产方式。风险资本家将市场、企业家、技术、资本等要素结合起来以促进资源的优化配置，对高科技企业提供了强有力的资金支持，对社会的闲散资金流向具有积极的导向作用，因而推动了高新技术产业的创新发展，促进了产业结构的升级换代和生产力的发展，并最终促进了经济社会发展。

一、为风险投资发展营造良好的环境

为风险投资发展提供良好的制度环境是政府的职能，主要包括优惠政策的制定、科技园区的建设、法律支持等方面。

首先，政府对风险投资的优惠政策支持中税收优惠最为重要，美国资本收益税的不断调整过程对风险投资业发展的影响就是一个典型的例子。政府可以通过税收政策，引导风险投资的基金投资于早期项目，比如改变对一些组织形式给予税收优惠的政策，将已经实行的75%投资额抵扣政策扩大到所有的组织形式，而且可以按照风投机构投资阶段和持有时间的长短，实行不同的税收鼓励和优惠政策，让更多机构投资于早期项目，形成天使投资基金、创业投资基金、并购基金和 Pre-IPO（投资于企业上市之前）投资基金等分工明确、功能不同的完善体系。

其次，风险投资区域集中化的内在属性使得科技园区成为扶持高新技术风险投资的有效的社会组织安排。科技园区建设是政府扶持风险投资的重要切入点，如以美国硅谷和128 公路为代表的高新技术园区的发展离不开风险投资对其重要的推动作用。

最后，政府对风险投资的法律支持包括知识产权法、证券法、反垄断法、科学技术法以及移民政策等多个方面。

二、培养风险投资专业人才，营造有利于风险投资的文化

专业人才是风险投资的第一要素。风险投资作为一项高风险、高收益、高智能的投融资活动，对人才素质的要求非常严格。发达国家的风险投资实践证明，良好的专业人才取决于

健全的社会人才培养体系。发达国家拥有完善的风险投资专业人才培养体系，除了每年本国培养出大批受到良好教育的专业人才外，还通过各种方式吸引了其他国家，特别是发展中国家的优秀风险投资专业人才投入风险投资事业，形成了一个庞大的专业人才群体。同时，发达国家相对成熟的市场体系和商业竞争环境，为风险投资创业者营造了良好的成长环境。人才的良好环境促进了风险投资业的发展，推动技术不断创新，又呼唤着更多的人才加入，形成了风险投资带动经济增长，经济增长促进风险投资人才成长的良性循环。

要由专业人才运作风险投资，才能真正帮助企业家创业，吸引投资人出资。成熟的风险投资专业人才要有多元化的学科背景，要既懂技术又懂管理；要有企业管理经验；要熟悉资本市场运作；要有良好的沟通交流能力和谈判技巧；要有资源整合能力；要有独特的眼光，能发现好的项目，并把握好进入和退出的时机（成思危，1999）。在这些条件中，对企业综合判断的经验最为重要，所以，风险投资专业人才是无法在学校培养出来的，只有时间和实践才能培养出这个领域最为重要的专业投资能力。此外，美国风险投资业发展的经验表明，不同阶段的风险投资需要不同的专业人才。天使投资人通常是创业者，真正的风险投资人通常是首席财务官（CFO）、首席技术官（CTO）出身，风险投资人、私募股权投资人更多的是财务投资人，纯私募股权投资人对上市流程非常了解。所以中国风险投资业的发展一方面需要营造有利于风险投资的文化，鼓励创新、创业；另一方面要结合不同阶段的风险投资实践，有针对性地培养风险投资人的专业投资能力。

由于风险投资特别强调创新的思想，所以，社会对各种所谓的“违反传统的观念”应当持接纳而不是排斥的态度，必须营造与鼓励勇于创新、敢于冒险、人人负责的风险投资社会文化环境。社会文化环境还必须建立很强的守信观念，这种信用氛围取决于社会的其他配套机制的约束和长期培养。大力营造创新创业、干事成事的文化环境，营造有利于创新的文化氛围，从而激发创新创业精神，产生有凝聚力和亲和力的文化氛围，鼓励创业创新、宽容失败的文化氛围，内外一致、和谐合作的创业创新组织文化氛围，有利于创新创业、干事成事以及宽容失败的外部文化氛围。

三、建立多层次资本市场

风险资本的退出是风险资本正常运转的关键环节。我国多层次的风险资本市场应该包括：主板市场、中小企业板市场、创业板市场以及产权交易市场，以改善我国风险投资退出的市场环境（徐冠华，2009）。建立多层次资本市场，首先要积极推进创业板市场，因为主板市场和中小企业板市场对企业的上市要求高，不能有效解决中小企业的融资与退出问题。创业板的立板理念是以成长性为标准，以“技术或模式创新＋未来成长”服务于中小创新型企业，更看重企业的成长和未来。但现阶段创业板在关注拟上市企业成长性的同时提出了盈利要求，通过设定财务指标适当地提高了准入标准，使得其与中小板之间的差异不大，不利于多层次资本市场的形成。所以监管层对创业板的考量重点应该是企业自主创新的能力与未来发展的潜力，应防止只见盈利指标、不见未来成长的旧式判断路数。其次要规范和发展产权市场，将未上市的股权交易纳入产权交易或者技术产权交易所的交易范围内，对其进行规范。通过产权交易所或者产权中介公司进行产权交易，可以将产权交易市场和并购市场结合起来，完善产权交易市场的交易功能。

四、培育风险投资多元化主体

构建完善的风险投资机制必须着重培育风险投资的多元化主体，既要积极培育风险投资公司和风险投资基金，也要积极鼓励其他类型风险投资主体的成长。风险投资公司和风险投资基金是风险投资主体中的主导性机构。其主要服务对象是各种类型的大中型高新技术企业与科技型中小企业；主要功能是吸收各类投资者的创业资本，为高新技术产业化提供资本金、经营管理及其他方面的支持。风险投资公司是以风险投资为主要经营活动的非金融性企业，其主营业务是向高新技术企业及科技型中小企业进行投资，转让由投资所形成的股权，为高新技术企业提供融资咨询，参与被投资企业的经营管理等。因此，风险投资公司的培育必须坚持政企分开的原则，可以鼓励非国有企业、外商、民营机构等投资入股。风险投资公司可以采取有限责任公司、股份有限公司等形式，同时要积极探索新的运作模式。风险投资基金是专门从事风险投资以促进科技型中小企业发展的一种投资基金。风险投资基金应采取私募方式，向确定的投资者发行基金份额。其募集对象可以是个人、企业、机构投资者、境外投资者，应拓宽民间资本来源；同时，对投资者的风险承受能力应有一定要求。风险投资基金应按封闭式设立，即事先确定发行总额和存续期限，在存续期限内基金份额不得赎回。必须要建立完善的内部激励机制和约束机制，按照允许和鼓励生产要素（资本、技术等）参与收益分配的原则，保障这两种风险投资机构的顺利运行。

另外，要完善投资融资体制与机制，鼓励多渠道地开辟风险投资资金来源。根据“多方投入、风险共担、利益共享”的原则，拓宽投融资渠道，充分实现融资的市场化，这可以充分发挥国有资产存量的效用，也可以充分利用已经进行的科技发展计划项目等。建立完善的风险投资运作机制，这包括强化风险投资项目选择机制、评估机制，比如风险投资机构可以在科技界和金融界选择一批懂技术、懂金融的专门人才，并建立一套严格的项目评估、选择程序，可以建立风险投资咨询管理公司和企业财务顾问公司等专业市场媒介机构，发挥其评估投资项目的优势，将风险投资导入经过培育的有前途、有潜质的高科技企业。

五、构建完善的风险投资撤出机制

风险投资获取收益主要不是通过分享企业的经营利润，而是通过上市、被其他企业收购或在股权变现过程中获得收益，所以风险投资的退出机制就成为风险投资最关键的一个环节。风险投资的顺利退出，对补偿风险资本承担的风险、准确评价创业资产和风险投资活动的价值、吸引社会资本加入风险投资行列，具有重要意义。根据被投资企业经营状况和外部金融环境的不同，退出途径有以下几种：第一，初始公开发行 IPO。首次进入证券市场发行股票称为 IPO。这是风险投资的最佳退出途径，是风险投资家追求的目标。第二，企业购并。风险投资公司将所持股份转让给其他投资者，在这种情况下，风险企业一般达不到上市的要求，无法公开出售其股权。但如果企业具有独特的技术、良好的前景，就会有另外的企业或投资者对它感兴趣，把它接管下来。风险投资公司可以借机抽身，不但能收回全部投资，还能取得可观的收益。第三，股份回购。风险企业发展到相当阶段，资金规模、市场前景都相当好，这时风险企业创业者们可能不愿继续听命于风险投资者，也有可能不愿看到本企业股份被转让给第三者，于是就自己出钱将风险投资所持的股份购回。第四，破产清算。被投资的风险企业因经营不善等宣布破产清算是风险投资公司和风险企业最不愿意看到的结果。如果企业失去了发展可能性或者成长太慢,不能给予预期的高回报,风险投资公司就应果断地撤出风险资本,将能收回的资金用于下一投资循环。

六、建立引导风险投资快速发展的政策和法规体系

制定有利于风险投资发展的鼓励支持政策,主要包括贷款担保政策、税收优惠政策、金融审批与拓展服务政策等。为促进完善的风险投资机制的建立,政府应制定风险投资公司和风险投资基金的申请、审批、管理等具体的实施办法与细则;研究制定有利于风险投资发展的财政、金融、税收等扶持政策,着重研究制定在主板市场(上海、深圳证券交易所)设立"高新技术企业板块"的实施方案,研究制定科技型中小企业股票发行、上市、交易的有关政策和法规;研究制定科技型中小企业创业板上市以及到境外创业板市上市的相关政策;研究制定建立风险投资行业协会的审批、管理办法。同时,应建立鼓励境外创业资本进入我国风险投资市场的相关审批与运行制度。

首先,要加快风险投资立法工作,对现有的法律法规加以修改、补充、完善,在相关法律法规中增加有关风险投资对象的法律法规。高新技术企业的标准可用产业的标准或产品的标准进行定义。中小企业是指具有高新技术的中小企业,可按其实收资本或高技术产品的产值或销售额进行界定。其次,要完善与风险投资资金来源相关的法律法规。政府出资和企业出资是我国目前风险投资资金的主要来源,这极大地限制了风险资本发展,也集中了风险投资的投资风险。因此,必须拓宽风险资本的资金来源渠道,应允许保险基金、养老基金、银行基金等社会基金积极进入风险投资市场,这就要求必须对相关的法律法规进行修改和完善,主要涉及对商业银行法、保险法、社保基金条例等的相关内容进行修改和完善。

第八节 加快培养技术创新的高层次人才

建设创新型国家,关键在人才,尤其在创新型科技人才。没有一支强大的创新型科技人才队伍做支撑,要实现建设创新型国家的目标是不可能的。世界范围的综合国力竞争,归根到底是人才特别是创新型人才的竞争。谁能够培养、吸引、凝聚、用好人才特别是创新型人才,谁就抓住了在激烈的国际竞争中掌握战略主动、实现发展目标的第一资源。

创新型人才培养对于提升我国科技水平,推动我国工业化进程,促进经济社会发展,实现建设创新型国家的目标具有重大的战略意义。无论是实现我国改革开放新阶段的重大历史使命,还是应对全球化背景下的激烈国际竞争,都要求我们把创新型人才培养作为当前及今后一段时间的重大议题和优先战略选择。

创新型国家建设急需多层次、多类型的创新型人才。鉴于中国的经济发展阶段以及产业升级、增强国际竞争力的内在需求,建议优先发展与大力加强科技人力资源能力建设,源源不断地培养和造就大批高层次的具有蓬勃创新精神与创新能力的科技人才(见图 25-3)。

高层次高新技术人才就是在高新技术领域里从事研发等工作的高层次专业技术人才。我们给出的高层次高新技术人才的定义是:在高新科技领域取得了突破性的为学术界和社会认可的成就,并且领导团队在所从事领域的某一方向进行更加深入的探索和研究的有潜

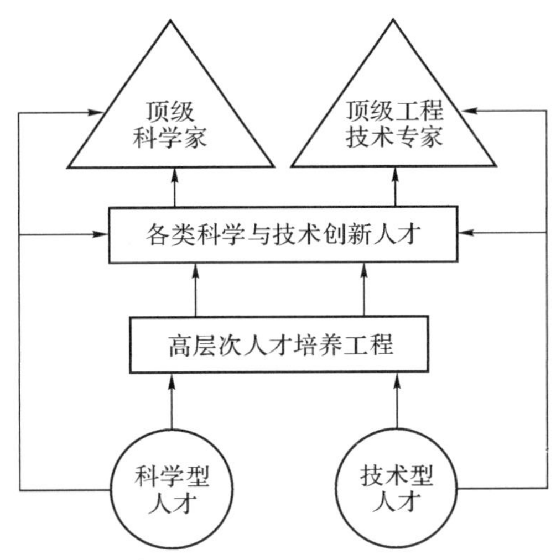

图 25-3　科技人才培养机制

力的专业技术人才，包括科学人才与工程人才。它具体可以划分为以下几个群体：①两院院士，在本领域有很深造诣，在国际上有一定影响，是有总揽全局能力的战略科学家或科技帅才；②重大科学领域的领军人物、首席科学家；③国家有突出贡献专家、国家主要科技奖励获奖者；④享受国务院政府特殊津贴专家；⑤“新世纪百千万人才工程”“863 计划”“973 计划”等重要项目的首席科学家、重大科技成果发明人、著名企业技术负责人。

高层次高新技术人才培养是我国经济社会发展的战略需求，高层次高新技术人才队伍与我国全面建设小康和谐社会、构建创新型国家、实现经济持续增长有密切的关系。高层次高新技术人才是科学知识、工程技术、实践经验、工程设计能力、创新意识与创新能力以及爱国主义和拼搏奉献精神有机结合的载体。高新技术人才的创新团队是科学技术领域进行科技研发、创新的主要组织形式。

一、坚持人才是第一资源的观念，努力实现人才强国战略

当今时代，科学技术是第一生产力，人才资源是第一资源。高层次创新型科技人才，是新知识的创造者、新技术的发明者、新学科的创建者、新产业的开拓者和重大科技项目的领导者，对一个国家的经济科技发展水平和国际竞争实力的提升发挥着关键性的作用。人才资源的快速增长是现代化建设的最直接、最重要的推动力量。这一经验及中国人才队伍的现状，要求在实施人才强国战略中，必须实行人力资源开发先导模式，大力开发人力资源，切实提高人才资源的整体素质。必须真正树立人才资源是第一资源的观念，把开发人力资源、提高人才资源的整体素质摆在各项工作的首位，高度重视，常抓不懈。要加大教育和培养的投入力度，切实提高教育经费和培训经费的使用效率。要继续改革教育和培训体制，树立大教育、大培训观念，建立学习型社会、学习型组织、学习型社区，使教育和培训系统真正做到早出人才、多出人才、出高质量人才。加快推进以高层次、高技能人才为重点的各类人才队伍建设，大力培养一批自主创新的领军人物和中青年高级专家。以创新型科技人才队伍建设为重点，大力加强高层次专业技术人才队伍建设。必须坚持人才资源是第一资源的战略思想，把培养造就创新型科技人才作为建设创新型国家的战略举措，加紧建设一支强大的创

新型科技人才队伍。

要实施人才强国战略，首先，要树立“以人为本”的人才观念。人才是唯一具有能动性和高增值性的资源，高层次人才是自主创新之根本。要提高自主创新能力，必须设法发现人才、培养人才、吸引人才和稳定人才，让优秀人才的创造性得到最大限度的发挥。为此，必须解决科技人才发展中的关键问题，必须为科技创新人才的发展创造宽松的环境与条件。其次，必须高度重视高层次人才规划工作。根据国家科技发展战略和规划的需要，按地区、行业编制高层次人才战略规划，根据我国宏观经济结构调整和产业结构优化升级的具体计划，制定高层次科技人才引进计划与优惠政策，在做好重点人才引进工作的同时，必须避免人才的流失。第三，要培养一大批具有创新精神和能力的人才。要大力提倡创新与创业教育，培养具有创新、创业精神，能灵活驾驭知识和具备较强社会适应能力的高层次人才，培养对科学和真理有执着追求、具有终身学习能力、能进行国际交往的新型人才。第四，努力营造平等开放、宽容失败的创新文化氛围。

二、实施国家级高层次人才培养工程，加快培养顶级的科学家

随着经济全球化与高科技的发展，高层次人才严重告急已成为世界各国共同存在的问题。发达国家凭借其雄厚的经济实力和优良的人才环境，成为争夺高层次人才的强大竞争对手和赢家。美国之所以能成为世界头号创新强国，靠的就是来自全球各地的高层次人才的支撑。日本、韩国、芬兰等创新型国家的崛起，也与其拥有实力不凡的高层次人才队伍密切相关。新中国成立以来，特别是改革开放以来，我们取得了一系列诸如“两弹一星”、载人飞船、杂交水稻、高性能计算机、人工合成牛胰岛素等令世人瞩目的重大科技成就，国家的科技实力有了很大程度的提高。这些成就的取得，无一不是我国高层次人才顽强拼搏的结果。但我们必须看到，我国与美、日、韩等创新型国家相比还有相当大的差距。

所谓高层次人才，一般指人才队伍中层次比较高的优秀人才，他们素质高、能力强、贡献大，处于各个领域的专业前沿，在国内外具有较大的影响。但这样的描述对于国家高层次人才培养工程中的高层次人才来讲是远远不够的。国家高层次人才培养工程中的高层次人才作为国家科技第一方阵的战略性科技资本，自主创新能力是其本质特征。因此，要把增强自主创新能力作为国家高层次人才培养工程的战略基点，从培养制度和体系上围绕自主创新能力培养高层次人才，大力提高高层次人才的原始创新能力、集成创新能力和引进消化吸收再创新能力。国家高层次人才培养工程的组织与实施必须显著增强自主创新能力，显著增强基础科学和前沿技术研究综合实力，显著增强科技促进经济社会发展和保障国家安全的能力，并必须保证能取得一批在世界上具有重大影响的科学技术成果。因此，从这些角度来看，国家高层次人才培养工程的核心是增强自主创新能力，培养目标是培养一批能代表中华民族根本利益、具有世界前沿一流水平、能够带动全国人才队伍发展的顶级科学家。

总之，我国要建成创新型国家，当务之急是培养大批高层次人才，实施国家高层次人才培养工程；增强自主创新能力，培养一批具有世界一流水平的顶级科学家。这需要进一步研究制定加强创新型科技人才队伍建设的政策措施，加快各类专业技术人才的培养和继续教育，继续抓好“新世纪百千万人才工程”“高等学校高层次创造性人才工程”“百人计划”等项目的实施工作，拓宽高层次人才开放式培养渠道，塑造一大批创新型高级专家团队，国家高层次人才培养工程要培养的不是单打独斗的独行客，而是高层次的创新型专家团队，要鼓励

合作,倡导团队精神。国家高层次人才培养工程的培养对象,不仅要有团队背景,更为重要的是要有组织协调能力、主导局面的能力和非常强的凝聚力。国家高层次人才培养工程不仅要为这样的专家团队的形成创造条件,而且还要促进高层次人才提升相关的能力、塑造优秀的人格魅力,使他们成为团队坚强的核心和带头人。建立多样化的创新培养基地,多渠道、宽领域、深层次地拓展和提升高层次人才的知识面、技术水平和创新能力。根据不同对象的实际情况,采用导师制、访问教授制以及合作开发制、派出工作制和青年骨干进修班等多种形式,强化高层次人才的培养。同时注重努力提升产出效能,高层次人才的产出效能不仅仅表现在重大创新成果上,更为重要的是这些重大成果要能尽快转化为现实的生产力。高层次人才主持的国家重点实验室、工程(技术研究)中心不仅要对全社会特别是企业开放,更要与社会特别是企业形成紧密的创新网络体系,加快知识流动和技术转移的速度,使研究成果能得到转化。

此外,实施国家高层次人才培养工程,必须以中青年高层次人才为培养主体,培养一批具有创新活力的中青年科学家,进而培养造就一批具有世界前沿一流水平的顶级科学家。

三、大力培养创新型工程科技人才

提高自主创新能力、建设创新型国家,必须努力实施人才强国的战略,这对高等工程教育改革发展提出了迫切要求。走中国特色自主创新道路,必须要求中国的高等工程教育培养一大批能够适应和支撑产业发展的工程科技人才。建设创新型国家,必须尽快培养一大批创新型工程人才,目的是提升我国工程科技队伍的创新能力。走中国特色自主创新道路,必须积极应对经济全球化的挑战,培养一大批具有国际竞争力的工程科技人才。

培养造就高素质的创新型工程科技人才,既要把握工程技术的内在特征,又要把握技术人才的成长规律。我们的研究表明:优秀工程人才成长的最佳年龄区间是 25～45 岁,峰值为 37 岁。优秀工程科技人才成才的时间要比优秀工程人才的最佳创造年龄晚 5～10 年。因此,工程人才从学校毕业后进入企业的前 10～20 年就非常关键,如何在这珍贵的 10～20 年内科学地运用多方面的激励,使他们在人生最黄金的阶段多出成果、出重要成果,是未来高层次高技术人才培养规划的重点。可以看出,创新型工程科技人才的成长不但是科学和技术知识累积的过程,也是创新能力逐步形成的过程。总之,创新型的工程科技人才的成长是知识、能力、素质共同提高的过程。工程科技人才要想始终站在工程创新的最前沿,就必须及时掌握最先进的科学知识和技术知识,并持续不断地进行工程实践领域的磨炼。工程师不等于应用科学家,单个科技领域的知识只是工程师的一种武器,创新型工程师需要选用与综合多种武器才能赢得胜利。因此,科学知识、技术知识、人文社科知识以及经验知识都是创新型工程技术人才必备的基础知识,即创新型工程科技人才的能力必须建立在广泛知识与经验的交叉综合的基础上。只有具有多方面的知识和强大的交叉综合创新能力,才能解决经济社会快速发展过程中涌现出的大量复杂性、综合性的工程问题。有时,工程的每一个局部并不一定都需要采用最先进的技术,但所集成的整体则要求是最佳的。因此,集成创新能力是工程技术创新的能力基础。

创新型工程科技人才还需要具备很高的素质。创新具有不确定性和一定的风险性,创新的资源在一定的时空条件下也是有限的。因此,从战略高度对工程科技创新进行科学管理是保证创新工作高质量、高速度、高效率的首要条件。培养创新型工程科技人才必须做好以下几方面工作：一是构建宽、专、交结合的创新型工程科技人才的培养体系。宽、专、交结合是指将宽基础知识教学、专业知识教学和交叉知识教学有序结合的教育方法。这种方法再结合其他形式的教学，如开设研讨课程、推行大学生科研训练计划、鼓励学生参与课题研究等，十分有利于培养学生的创新能力。二是建设研究与教学相结合的课程结构。将研究与教学结合起来是培养创新型人才的重要方法之一。尤其是对研究型大学来说，研究对教学也是有益的。三是探索与工程设计和集成创新密切结合的教学平台。四是探索创新型工程科技人才的产学合作培养体系。这个大系统是由相互关联的工程教育系统、工程实践系统与全球经济系统构成的。工程教育必须体现其训练工程师的本质，更加重视工程实践与工程研究，寻求与工程产业界的深度合作。五是进一步深化工程教育改革，实施“卓越工程师培养计划”，调整人才培养结构，创新人才培养模式，探索高校和科研机构联合培养研究生的新机制，加强实习实训基地建设，增强学生的创新精神和实践能力，着力培养和造就大批高素质创新型工程科技人才，积极开展工程科技人才继续教育，提升我国产业的国际竞争力。

总之，企业的自主创新需要国家有效的引导、有利于企业的创新创业环境的优化、活跃的大学创意启发，以及国家科研能力、“产学研”协同创新机制的推进、完善的科技成果转移转化机制、风险资本和高层次创新人才的支撑，如此才能进一步促进全面的自主创新。

总结与展望

本书从纵向时序(我国自主创新主导路径的演进,即二次创新—组合创新—全面创新)和横向层次(从企业、产业、区域、国家等层面)两个维度,研究我国自主创新道路。针对问题的复杂性和多学科性,综合运用创新理论、战略理论、创新系统理论、产业经济学理论(包括国际竞争力理论)等多学科知识。在研究方法论上,定量与定性结合,理论与实证结合,静态与动态分析结合,面上和典型调查结合,并综合运用文献研究、假设检验、案例分析、问卷测量(统计分析)等研究方法策略。

其主要创新点是提出二次创新—组合创新—全面创新的中国特色自主创新道路主导路径。二次创新—组合创新—全面创新是我国企业自主创新的主要路径。二次创新适合我国广大企业现阶段发展特点,相当长时间内仍为广大企业自主创新的主要模式。组合创新辩证地把各种创新要素整合起来增强协同能力,是提高创新效率与效益的主要模式。转型期制度要素优于技术,是创新动力的主要来源。全面创新在整合全要素创新的基础上依靠全员创新顺应开放式创新的态势,最大限度凭借网络优势在全球范围内整合各种创新资源与力量,达到全方位全时空领域的持续创新,确保持续创新优势,最大限度地满足市场与社会的需求。二次创新—组合创新—全面创新之所以具有强大生命力,是因为这一发展道路符合马克思主义辩证法,符合科学发展观,须着力贯彻科学发展观指引下的开放式全面创新。

在此基础上,本书的主要结论与政策建议具体表述如下。

一、关于自主创新及中国特色自主创新道路的基本理论问题

(一)廓清了自主创新的内涵

针对"通过购买获得了知识产权就是自主创新"等误区,研究认为自主创新,是以我为主,以企业为主体,以掌握核心技术和关键技术知识产权以及参与高附加值价值链活动和市场为目标,通过技术创新(原始创新、集成创新、引进消化吸收再创新)与管理创新、制度创新的有机结合,有效整合资源,全面提高创新能力。

(二)中国特色自主创新道路具有阶段性和多层次性

(1)阶段性体现在我国自主创新经历了以二次创新—组合创新—全面创新为主线的三个阶段,目前总趋势是走向全面创新;

(2)我国地域辽阔、区域发展不平衡、产业布局差异、区域文化多样性等因素使我国的自主创新能力和水平呈现多样性,因此,我国的国家自主创新体系是一个由企业创新体系、产业(集群)创新体系、区域创新体系、国家创新体系四个层面组成的立体化、网络化结构。

二、企业层面：依托全面创新建设创新型企业是中国特色自主创新道路实施的切入点和突破口

国际上创新模式动态演进的三种典型路径是：①从技术研发主导型到组合创新、全面创新型；②从集成创新到组合创新、全面创新型；③从二次创新到组合创新、全面创新型。

本书结合近几年调研国内外数十家大型企业和数百家中小企业，总结出我国几种典型的自主创新路径：①原始创新—组合创新—全面创新；②集成创新—组合创新—全面创新；③二次创新—组合创新—全面创新。三条路径中，以二次创新—组合创新—全面创新路径最为典型和常见，是我国企业自主创新的主导路径。

三、产业层面：我国制造企业自主创新的主要途径、机制与模式

(1)揭示了全球制造网络不同情境下的自主创新途径。研究将嵌入全球制造网络划分为两种情境、两个阶段：一是本土企业加入外商跨国企业主导的全球制造网络，逐步从网络中获得升级，在此情境中产生了在技术引进消化基础上的二次创新；二是本土企业开始构建以自身为核心的全球制造网络，在此情境中本土企业主要以我为主，同时整合海外研发资源，推动创新，在对此情境的研究中基于ODI提升自主创新能力的机制被提出。

从全面创新的要素角度分析，制造企业自主创新升级的路径主要有以下三个方面的内容：①技术角度，从高效利用外源技术逐步升级到充分激发内源技术，以及内外技术的充分整合；②战略角度，从参与全球价值链分工逐步升级到基于全球化战略的创新；③市场角度，从本地低成本市场的创新逐步升级到区域利基市场的创新，最后形成全球市场的创新。

(2)提出了创新学习、创新能力与创新网络的共同演进机制，并在此基础上，研究归纳了全球制造网络演进与创新能力耦合提升的路径。

(3)揭示了大企业与中小企业进行互动创新的必要性。大企业应构建自己的本地自主创新网络，带动本地中小企业共同采纳新技术、新标准，形成基于新产品、新工艺的配套分工体系，形成企业“抱团创新”的独特竞争能力。

四、区域、集群层面：提出了提升产业创新能力的体系与机制

(一)构建了多层次、多要素、开放式区域创新体系框架

“多层次”强调“企业—产业—区域—国家”创新体系的有机衔接；“多要素”强调以集群企业、创新服务企业、公共服务机构和集群治理机构为主体构成的“创新基础体系—创新协同体系—创新动力体系”的协同架构；“开放式”强调区域本地网络与超本地网络的双重嵌入。

(二)揭示了开放式区域创新体系作用于集群创新能力提升的内在机理

提出集群自主创新能力发展应建立在以下基础上：①集群、区域、国家创新政策体系的协同；②本地网络与超本地网络协同；③集群企业与创新服务体系协同，打破区域内部创新路径锁定。

(三)揭示了创新服务体系与集群自主创新的关联机制

创新服务体系包括本地和超本地创新服务体系,多层次、多要素的超本地创新服务网络是促进制造业与服务业互动、打破创新路径锁定、实现集群自主创新的最重要载体。

五、国家层面:提出了以全面创新为导向的创新道路、创新体系和创新政策

(一)从国家层面分析了基于全面创新的自主创新道路的实质

原始性创新最重要,而消化吸收再创新和集成创新是后发国家积累创新能力的两种主要手段,其主要目标是在最大程度上达成原始性创新。基于此,我们将中国特色自主创新道路定义为以全面创新管理为指引,以组合创新为平台,通过二次创新吸收国外先进的技术,以集成创新实现技术范式的突破,形成具有自主知识产权的技术发明和技术应用,为国家创造显著的经济效益和社会效益的创新过程。

(二)开展深层次的全面创新必须由完善的创新生态体系和国家创新体系来支撑

企业创新体系要从封闭的研发体系,逐步发展到能整合各种创新单位的创新生态体系,以适应全要素、全员、全时空的全面创新的要求。而在国家创新体系的进一步建设过程中,还需要进一步明确企业、科研院所、高校、社会组织等各类创新主体的功能定位,构建开放、高效的创新网络,建设军民融合的国防科技协同创新平台。特别要改进创新治理,进一步明确政府和市场分工,构建统筹配置创新资源的机制;完善激励创新的政策体系、保护创新的法律制度,构建鼓励创新的社会环境,激发全社会创新活力。

(三)为促进全面创新,我国需要完善创新政策

(1)加强政府对自主创新的引领与宏观指导;

(2)优化创新创业环境,促进企业自主创新能力的提升;

(3)增强大学和科研院所对自主创新的贡献度,特别是发挥基础研究的重要作用 ;

(4)大力促进科技成果转移转化和协同创新,努力建立深度合作、科教融合、协同共进的“产学研”合作创新体系;

(5)进一步重视金融创新,大力发展风险投资业,加大对具有自主知识产权的产业的投资力度;

(6)加速培养各种层次的创新人才。

总之,本书从理论上阐明了自主创新及自主创新道路的内涵,以及自主创新对于我国落实科学发展观、转变发展方式、建设创新型国家和增强国际竞争力的战略意义,并从国家、区域、产业、企业层面对如何实施自主创新战略,走中国特色自主创新道路展开理论探索和实践经验的提炼,具有理论上的原创性。

另外,本书通过实证研究发现了中国特色自主创新道路的关键影响因素与制约瓶颈、支撑条件等,并揭示了从企业、产业、区域到国家层次的自主创新道路的不同具体路径与模式以及相关的对策与政策建议,具有现实意义。

当然,本书还要进一步完善,以解决全面创新如何在不同区域、不同产业中应用,企业、产业、区域、国家各层次间的全面创新如何更有效协同等问题。

建议在未来的国家规划中,把全面创新的理念融入国家决策,使全面创新更加深入人

心,并成为中国特色自主创新道路新的重要突破口。

理由一:经济发展方式转变的核心与推动力在于创新的全面性。创新不仅强调知识创新和技术创新,还要强调与科学发现和技术发展相匹配的服务创新、组织创新和机制创新。过去若干年创新发展不理想的原因在于缺乏统筹兼顾、全面安排与协调,自主创新思想、理念尚未深入人心,自主创新的文化不普及,组织机制不完善,基础研究不扎实,全员创新不普及,缺乏在全国乃至世界范围内创新资源的整合。全要素、全员、全时空创新深抓抓透,我国自主创新的步伐才能加快,经济发展方式的转变方能及早实现,我国的国际科技竞争力才能进一步提升。

理由二:创新活动需进一步体现政府的主导性,发挥综合协调功能,把公共研发活动与全社会的创新组织进行有效连接。只有实现全面创新才能加速形成核心能力,我国在两弹一星、高铁上的成功经验就是证明。为此提出以下两点建议。

一是把全面创新的理念融入国家自主创新战略。进一步增强以企业为主体的全面自主创新体系建设。引导全社会要素注入企业开展全面创新,将企业技术中心进一步提升为企业创新中心,在企业中设立主要创新负责人,实施具有中国特色的管理创新、制度创新与技术创新互动的全面创新模式。

二是建立面向全面创新的自主创新目标体系。以创立国际标准和自主品牌为自主创新最重要的目标,并将其纳入自主创新最重要的考核指标,作为创新型企业最重要的发展指向。建设强化产业需求导向的产业研发体系,充分利用国内外科技资源进一步带动企业的全面创新。为加快创新型国家建设的步伐,进一步提升自主创新能力,国家应在今后一段时期内,通过科学规划和统一部署,加强建设一批具有战略性、综合性、公益性、开放性的国际一流的国家创新平台,如国家科学中心、国家工程中心。

参考文献

Aitken B J, Harrison A E, 1999. Do domestic firms benefit from direct foreign investment? Evidence from Venezuela[J]. American Economic Review,89(3):605-618.

Amsden A H,Chu W W,2003. Beyond late development:Taiwan's upgrading policies [M]. Cambridge:The MIT Press.

Amsden A,1989. Asia's next giant:Korea and late industrialization[M]. New York: Oxford University Press.

Anderson P,Tushman M L,1990. Technological discontinuities and dominant designs: a cyclical model of technological change[J]. Administrative Sciences Quarterly,35(4):604-633.

Anderson P,Tushman M L,1991. Managing through cycles of technological change [J]. Research-Technology Management,34(3):26-31.

Andersson U, Forsgren M,Holm U,2002. The strategic impact of external networks: subsidiary performance and competence development in the multinational corporation[J]. Strategic Management Journal,23(11):979-996.

Antonelli C, 1994. Localized technological change and evolution of standards as economic institutions[J]. Research Policy,6(3-4):195-216.

Archibugi D,Howells J,Michie J,1999. Innovation systems in a global economy[J]. Technology Analysis and Strategic Management,11(4).

Asheim B, 2002. Regional innovation systems: the integration of local 'sticky' and global 'Ubiquitous' Knowledge[J].Journal of Technology Transfer(27):77-86.

Autio E,Hameri A P,1995. The structure and dynamics of technological systems:a conceptual model[J]. Technology in Society(17):365-384.

Aydalot P,Keeble D,1988. High technology industry and innovative environments:the European experience[M]. London: Routledge.

Bathelt H,Malmberg A,Maskell P,2002. Clusters and Knowledge:local buzz,global pipelines and the process of knowledge creation[R]. Danish Research Unit for Industrial Dynamics (DRUID) Working Papers:2-12.

Beckmann M J,1995. Economic models of knowledge networks[M]//Batten D,Casti J,Thord R. Networks in action. Berlin:Springer:159-174.

Bell G G,Zaheer A,2007. Geography,networks,and knowledge flow[J]. Organization Science,18(6):955-972.

Bell M，Albu M，1999. Knowledge systems and technological dynamism in industrial clusters in developing countries[J]. World Development，27(9)：1715-1734.

Benner M J，Tushman M L，2003. Exploitation，exploration，and process management：the productivity dilemma revisited[J]. Academy of Management Review，28(2)：238-256.

Blind K，Jungmittag A，2005. Trade and the impact of innovations and standards：the case of Germany and the UK[J]. Applied Economics，37(12)：1385-1398.

Blind K，Thumm N，2004. Interaction between patenting and standardization strategies：empirical evidence and policy implications[J]. Research Policy(33)：1583-1598.

Blomström M，1986. Foreign investment and productive efficiency：the case of Mexico [J]. Journal of Industrial Economics，35(1)：97-110.

Blomström M，Kokko A，2001. Foreign direct investment and spillovers of technology [J]. International Journal of Technology Management，22(5/6)：435-454.

Blomström M，Persson H，1983. Foreign investment and spillover efficiency in an underdeveloped economy：evidence from the Mexican manufacturing industry[J]. World Development，11(6)：493-501.

Burt R S，1992. Structural holes：the social structure of competition[M]. Cambridge，MA：Harvard University Press.

Caloghirou Y，KastellinI，Tsakanikas A，2004. Internal capabilities and external knowledge sources：complements or substitutes for innovative performance?[J]. Technovation，24(1)：29-39.

Capello R，Faggian A，2005. Collective learning and relational capital in local innovation processes[J]. Regional Studies，39(1)：75-87.

Caves R E，1974. Multinational firms，competition，and productivity in host-country markets[J]. Economica，41(162)：176-193.

Chen C，Chang L，Zhang Y M，1995. The role of foreign direct investment in China's post-1978 economic development[J]. World Development，23(4)：691-703.

Chen E K Y，1983. Multinational corporations，technology and employment[M]. London：Macmillan.

Chen E K Y，1996. Transnational corporations and technology transfer to developing countries[M]//Dunning J H. Transnational corporations and world development. London：Thomson Business Press：181-214.

Chen J，1996. Firm innovation system[C]. HKUST：Proceedings of International Conference of Management Science.

Chesbrough H W，2003a. Open innovation：the new imperative for creating and profiting from technology[M]. Cambridge：Harvard Business School Press.

Chesbrough H W，2003b. The era of open innovation[J]. Sloan Management Review，44(3)：35-41.

Cheung K Y，Lin P，2004. Spillover effects of FDI on innovation in China：evidence from the provincial data[J]. China Economic Review(15)：25-44.

Chiesa V，1996. Managing the internationalization of R&D activities[J]. IEEE

Transactions on Engineering Management,43(1):7-23.

Chow G,1993. Capital formation and economic growth in China[J]. Quarterly Journal of Economics,108(3):809-842.

Christensen C, Raynon M E,2003. The innovator's solution:creating and sustaining successful growth[M]. Boston,MA:Harvard Business School Press.

Chung S,2002. Building a national innovation system through regional innovation systems[J]. Technovation,22(8):485-491.

Cohen M A,Fisher M,Jaikumar R,1989. International manufacturing and distribution network:a normative model framework[M]. Amsterdam:Elsevier.

Cooke P,1992. Regional innovation systems:competitive regulation in the new Europe [J]. GeoForum,23(3):365-382.

Cooke P,2001. Regional innovation systems,clusters and the knowledge economy[J]. Industrial and Corporate Change,10(4):945-974.

Cooke P,2002. Regional innovation systems:general finding and some new evidence from biotechnology clusters[J]. Journal of Technology Transfer,27(1):133-145.

Cooke P,Heidenreich M, Braczyk H J,2004. Regional innovation systems[M]. 2nd ed. London: Routledge.

Cooke P,Morgan K,1993. The network paradigm:new departures in corporate and regional development[J]. Environment and Planning D:Society and Space,11(5):543-564.

Cooke P, Tödtling F, Boekholt P, 2000. The governance of innovation in Europe: regional perspectives on global competitiveness[M]. Boston:Thomson Learning.

Cooke P, Uranga M G, Etxebarria G,1997. Regional innovation systems: institutional and organisational dimensions[J]. Research Policy,26(4-5):475-491.

Corò G,Grandinetti R,2001. Industrial district responses to the network economy: vertical integration versus pluralist global exploration[J]. Human Systems Management, 20(3):189-199.

Daft R L, 1978. A dual-core model of organizational innovation [J]. Academy of Management Journal,21(2):193-210.

Den H E,Asseldonk V T,2004. Business ecosystems:a research framework for investigating the relation between network structure, firm strategy, and the pattern of innovation diffusion [C]. Contribution to the European Chaos/Complexity in Organizations Network (ECCON) Conference.

Dooley L,O'Sullivan D,2000. Systems innovation:managing manufacturing systems redesign[J]. International Journal of Computer Integrated Manufacturing,5(13).

Dundon E, Pattakos A N, 2001. Leading the innovation revolution: will the real Spartacus stand up? [J]. The Journal for Quality and Participation,24(4):48-52.

Dundon T,2002. Employer opposition and union avoidance in the UK[J]. Industrial Relations Journal,33(3):234-245.

Dunning J H,1993. Multinational enterprises and the global economy[M]. New York:

Addison-Wesley.

Edquist C, 1997. System of innovation: technologies, institutions and organizations [M]. London: Routledge.

Edquist C, Hommen L, 1999. Systems of innovation: theory and policy for the demand side[J]. Technology in Society, 21(1): 63-79.

Eisenhardt K M, Tabrizi B N, 1995. Accelerating adaptive processes: product innovation in the global computer industry[J]. Administrative Science Quarterly, 40(1): 84-110.

Engel D, Keilbach M, 2007. Firm-level implications of early stage venture capital investment: an empirical investigation[J]. Journal of Empirical Finance, 14(2): 150-167.

Ernst D, 2002. Global production networks and the changing geography of innovation systems: implications for developing countries[J]. Research Policy, 11(6): 497-523.

Fanning B, 2007. Standard and innovation[J]. AIIM E-DOC: 58-60.

Ferdows K, 1989. Mapping international factory networks[M]. Amsterdam: Elsevier.

Findlay R, 1978. Relative backwardness, direct foreign investment and the transfer of technology: a simple dynamic model[J]. Quarterly Journal of Economics(92): 1-16.

Franko L G, 1989. Global corporate competition: who's winning, who's losing, and the R&D factor as one reason why[J]. Strategic Management Journal, 10(5): 449-474.

Freeman C, 1987a. Technical innovation, diffusion, and long cycles of economic development[M]. Berlin: Springer Berlin Heidelberg: 295-309.

Freeman C, 1987b. Technology policy and economic performance: lessons from Japan [M]. London: Pinter Publishers.

Freeman C, 1988. Japan: a new national system of innovation? [M]. London: Pinter Publishers.

Freeman C, 1995. The national system of innovation in historical perspective[J]. Cambridge Journal of Economics, 19(1): 5-24.

Gallagher S, Park S H, 2002. Innovation and competition in standard-based industries: a historical analysis of the U. S. home video game market[J]. IEEE Transactions on Engineering Management, 49(1): 67-82.

Gandal N, 1995. Competing compatibility standards and network externalities in the PC software market[J]. Review of Economics and Statistics, 77(4): 599-608.

Gandal N, Shy O, 2001. Standardization policy and international trade[J]. Journal of International Economics, 53(2): 363-383.

Gans J S, Hsu D H, Stern S, 2002. When does start-up innovation spur the gale of creative destruction? [J]. The Rand Journal of Economics, 33(4): 571-586.

Ghoshal S, Bartlett C A, 1990. The multinational corporation as an interorganizational network[J]. Academy of Management Review, 15(4): 603-625.

Gordon I, McCann P, 2005. Innovation, agglomeration, and regional development[J]. Journal of Economic Geography, 5(5): 523-543.

Grabher G, Ibert O, 2006. Bad company? The ambiguity of personal knowledge networks

[J]. Journal of Economic Geography,6(3):251.

Granovetter M S,1973. The strength of weak ties[J]. American Journal of Sociology, 78(6):1360-1380.

Granovetter M,1985. Economic action and social structure:the problem of embeddedness[J]. The American Journal of Sociology,91(3):481-510.

Griliches Z,1979. Issues in assessing the contribution of R&D to productivity growth [J]. Bell Journal of Economics(10):92-116.

Grossman G M,Helpman E,1995. Technology and trade[M]// Economics G,Grossman M, Rogoff K. Handbook of international. New York:North Holland.

Gulati R,1998. Alliances and networks[J]. Strategic Management Journal,19(4):293-317.

Gulati R, Nohria N, Zabeer A, 2000. Strategic networks[J]. Strategy Management Journal,21(3):203-215.

Gupta A K,Govindarajan V,2000. Knowledge flows within multinational corporations [J]. Strategic Management Journal,21(4):473-496.

Haddad M, Harrison A, 1993. Are there positive spillovers from direct foreign investment? Evidence from panel data for Morocco[J]. Journal of Development Economics (42):51-74.

Hansen M T,1999. The search-transfer problem:the role of weak ties in sharing knowledge across organization subunits[J]. Administrative Science Quarterly, 44(1):82-111.

Hellmann T, Puri M, 2002. Venture capital and the professionalization of start-up firms:empirical evidence[J]. The Journal of Finance,57(1):169-197.

Hobday M, 2003. Innovation in Asian industrialization[J]. Oxford Development Studies,31(31).

Howells J, 1990. The location and organisation of research and development: new horizons[J]. Research Policy,19(2):133-146.

Hu A G Z,Jefferson G H, 2002. FDI impact and spillover: evidence from China's electronic and textile industries[J]. The World Economy,25(8):1063-1076.

Huang Y S,2002. Between two coordination failures automobile industrial policy in China with a comparison to Korea[J]. Review of International Political Economy,9(3): 538-573.

Iansiti M,Levien R,2004. Strategy as ecology[J]. Harvard Business Review,82(3): 68-78,126.

Ju D H,2001. China's budding software industry[J]. IEEE Software,18(3):92-95.

Judith J,1994. Product standards,innovation and regulation[J]. Technology Analysis and Strategic Management,6(3):341-354.

Kandemir D, Yaprak A,Cavusgil S T,2006. Alliance orientation: conceptualization, measurement, and impact on market performance[J]. Journal of the Academy of Marketing Science(34):324-340.

Kano S, 1999. Objectives and progress of the standardization of the 3rd generation mobile system [C]. Proceedings of the IMT 2000 Workshop.

Kathuria V,2000. Productivity spillovers from technology transfer to Indian manufacturing industry[J]. Journal of International Development(12):343-369.

Keeble D, Wilkinson F, 2002. High-technology clusters, networking and collective learning in Europe[J]. Ashgate,42(1):192-194.

Kessler E H,Chakrabarti A K,1996. Innovation speed:a conceptual model of context, antecedents,and outcomes[J]. The Academy of Management Review,21(4):1143-1191.

Kim L,1997. Imitation to innovation:the dynamics of Korea's technological learning [M]. Boston,MA:Harvard Business School Press.

Knut B, 2004. The Economics of standards[M]. London:Edward Elgar Publishing:3392.

Kogut B,1985. Designing global strategies:comparative and competitive value-added chains[J]. Sloan Management Review,26(4):15-28.

Kokko A,1994. Technology, market characteristics, and spillovers[J]. Journal of Development Economics,43(2):279-293.

Kokko A,1996. Productivity spillovers from competition between local firms and foreign affiliates[J]. Journal of International Development(8):517-530.

Kokko A,Tansini R,Zejan M C,1996. Local technological capability and productivity spillover from FDI in the Uruguayan manufacturing sector[J]. Journal of Development Studies(32):602-611.

Krugman P,1991. The move toward free trade zones[J]. Economic Review,76(6).

Kumar V,2009. A process for practicing design innovation[J]. Journal of Business Strategy,30(2/3):91-100.

Kumaresan N, Miyazaki K, 1999. An integrated network approach to systems of innovation:the case of robotics in Japan[J]. Research Policy,28(6):563-585.

Lall S,1992. Technological capabilities and industrialisation[J]. World Development, 20(2):165-186.

Lall S, 2000. The technological structure and performance of developing country manufactured exports,1985-1998[J]. Oxford Development Studies,28(3):337-369.

Lan P, Young S, 1996. International technology transfer examined at technology component level:a case study in China[J]. Technovation,16(6):277-286.

Lee K, Lim C,2001. Technological regimes,catching-up and leapfrogging:findings from the Korean industries[J]. Research Policy,3(30):459-483.

Li X Y,Liu X M,Parker D,2001. Foreign direct investment and productivity spillovers in the Chinese manufacturing sector[J]. Economic Systems,25(4):305-321.

Liang M, Yang X X, Chen J, 2014. An empirical study on university-industry collaborative innovation from science of system perspective[C]. PICMET.

Lim L,Fong P E,1982. Vertical linkages and multinational enterprises in developing countries[J]. World Development,10(7):585-595.

Liu X L, White R S, 1997. The relative contributions of foreign technology and domestic inputs to innovation in Chinese manufacturing industries[J]. Technovation, 17(3):119-125.

Liu Z Q, 2002. Foreign direct investment and technology spillover: evidence from China[J]. Journal of Comparative Economics,30(3):579-602.

Lundvall B A, 1992. National systems of innovation: towards a theory of innovation and interactive learning[M]. London:Pinter Publishers.

Lundvall B A, 2009. Innovation as an interactive process: from user-producer interaction to the national innovation systems[J]. China Soft Science,17(1):101-106.

Lundvall B, Edquist C, 1993. Comparing the Danish and Swedish systems of innovations [M]//Nelson R R. National innovation systems: a comparative analysis. Oxford: Oxford University Press.

Malerba F, 2002. Sectoral systems of innovation and production[J]. Research Policy, 31(2):247-264.

Malerba F, Orsenigo L, 1996. Schumpeterian patterns of innovation are technology-specific[J]. Research Policy,25(3):451-478.

Markusen A, 1996. Interaction between regional and industrial policies: evidence from four countries[J]. International Regional Science Review,19(1-2):49-77.

Maskus K E, Penubarti M, 1995. How trade-related are intellectual property rights? [J]. Journal of International Economics,39(3-4):227-248.

Mathews J A, Cho D S, 2000. Tiger technology: the creation of a semiconductor industry in east Asia[M]. Cambridge:Cambridge University Press.

Matutes C, Regibeau P, 2004. A selective view of the economics of standardization: entry deterrence, technological progress and international competition [J]. European Journal of Political Economy,12(2),183-209.

Moore J F, 1993. Predators and prey: a new ecology of competition[J]. Harvard Business Review, 71(3):75-86.

Moore J F, 1996. The death of competition: leadership and strategy in the age of business ecosystems[M]. New York: Harper Business.

Mowery D, Rosenberg N, 1979. The influence of market demand upon innovation: a critical review of some recent empirical studies[J]. Research Policy,8(2):102-153.

Mu Q, Lee K, 2005. Knowledge diffusion, market segmentation and technological catch-up: the case of the telecommunication industry in China[J]. Research Policy, 34(6), 759-783.

Nelson R R, 1993. National innovation systems: a comparative analysis[M]. Oxford: Oxford University Press.

Nelson R R, Winter S G, 1977. In search of a useful theory of innovation[J]. Research Policy,22(2):108.

Niosi J, Saviotti P, Bellon B, et al. ,1993. National systems of innovation: in search of a workable concept[J]. Technology in Society,15(2):207-227.

Nohira N, Ghoshal S, 1997. The differentiated network: organizing MNCs for value creation[M]. San Francisco: Jossey Bass.

Ohmae K, 1993. The rise of the region state[J]. Foreign Affairs, 72(2): 78-87.

Padmore T, Gibson H, 1998. Modelling systems of innovation: II. a framework for industrial cluster analysis in regions[J]. Research Policy, 26(6): 625-641.

Peltoniemi M, Vuori E, 2004. Business ecosystem as the new approach to complex adaptive business environments[C]// Seppä M, Hannula M, Järvelin A M, et al. FeBR 2004-Frontiers of e-Business Research 2004. Conference Proceedings of eBRF 2004. Tampere: Tampere University of Technology and University of Tampere.

Porter M E, 1990. The competitive advantage of nations [J]. Harvard Business Review, 68(2): 73-93.

Porter M E, 1998. Clusters and the new economics of competition [J]. Harvard Business Review, 76(6): 77.

Powell W W, Koput K W, Smithdoerr L, 1996. Interorganizational collaboration and the locus of innovation: networks of learning in biotechnology[J]. Administrative science quarterly, 41(1): 116-145.

Saxenian A, 1991. A response to Richard Florida and Martin Kenney[J]. California Management Review(33): 136-142.

Saxenian A, 1994. Regional advantage: culture and competition in Silicon Valley and Route 128[M]. Cambridge: Harvard University Press.

Schumpeter J A, 1912. Economic doctrine and method publication information[M]. New York: Oxford University Press.

Shapiro C, 2001. Navigating the patent thicket: cross licenses, patent pools, and standard setting[J]. Innovation Policy and the Economy, 1(1): 119-150.

Shi Y, Gregory M, 2005. Emergence of global manufacturing virtual network and establishment of new manufacturing infrastructure for faster innovation and firm growth [J]. Production Planning and Control, 16(6): 621-631.

Sjöholm F, 1999. Technology gap, competition and spillovers from direct foreign investment: evidence from establishment data[J]. Journal of Development Studies 36(1): 53-73.

Smith B, 1981. Design management and new product development [J]. European Journal of Marketing, 15(5): 51-60.

Storper M, 1997. The regional world: territorial development in a global economy[M]. New York: Guilford Press.

Sun H, 1998. Foreign investment and economic development in China: 1979—1996[J]. Ashgate, 22(4): 604.

Teece D J, 1986. Profiting from technological innovation: implications for integration collaboration, Licensing and public policy[J]. Research Policy, 15(6): 285-305.

Tidd J, 2000. From knowledge management to strategic competence: measuring technological, market and organizational innovation[M]. London: Imperial College Press.

Tödtling F, 1994. Regional networks of high-technology firms: the case of the Greater Boston[J]. Technovation, 14(5): 323-343.

Tödtling F, Trippl M, 2005. One size fits all? Towards a differentiated regional innovation policy approach[J]. Research Policy, 34(8): 1203-1219.

Tykvová T, 2000. Venture capital in Germany and its impact on innovation[R]. Social Science Research Network Working Paper.

Utterback J M, 1975. A dynamics model of product and process innovation[J]. Omega, 3(6): 639-655.

Uzzi B, 1996. The sources and consequences of embededness for the economic performance of organizations[J]. American Sociology Review, 61(4): 674-698.

van den Ende J, Kemp R, 1999. Technological transformations in history: how the computer regime grew out of existing computing regimes[J]. Research Policy, 28(8): 833-851.

Verganti R, 2003. Design as brokering of languages: innovation strategies in Italian firms[J]. Design Management Journal, 13(3): 34-42.

Verganti R, 2008. Design, meanings, and radical innovation: a meta-model and a research agenda[J]. Journal of Product Innovation Management, 25(5): 436-456.

Verganti R, 2009. Design-driven innovation: changing the rules of competition by radically innovating what things mean[M]. Boston: Harvard Business Press.

Victor W H, Greg H, 2012. The rainforest: the secret to building the next Silicon Valley[J]. Kirkus Reviews, 80(13).

Wang J Y, Blomström M, 1992. Foreign investment and technology transfer: a simple model[J]. European Economics Review, 36(1): 137-155.

Wolter K, 2004. The rise and fall of regional agglomerations: structure internal dynamics and change[C]. Paper presented at the DRUID PhD Conference.

Zahra S A, Nambisan S, 2012. Entrepreneurship and strategic thinking in business ecosystems[J]. Business horizons, 55(3): 219-229.

Zhu G T, Tan K Y, 2000. Foreign direct investment and labor productivity: new evidence from China as the host[J]. Thunderbird International Business Review, 42(5): 507-528.

Beebe A, 丘琪诤, 等, 2006. 中国企业走向全球：实践、挑战与对策[R]. IBM 商业价值研究院研究报告.

Lo D, 2007. 全球最强的消费娱乐品牌：SONY 电子王国[M]. 上海：上海财经大学出版社.

R. R. 纳尔逊, 1992. 美国支持技术进步的制度[M]//G. 多西, C. 弗里曼, R. 纳尔逊, 等. 技术进步与经济理论. 钟学义, 沈利生, 陈平, 等译. 北京：经济科学出版社, 1992: 380-401.

阿尔弗雷德·韦伯, 1997. 工业区位论[M]. 李刚剑, 陈志人, 张英保, 译. 北京：商务印书馆.

薄一波, 1993. 若干重大决策与事件的回顾(上卷)[M]. 北京：中共中央党校出版社.

蔡莹, 2009. 中国洗衣机行业发展 30 年回顾及对“家电下乡”相关问题的思考[J]. 家用电器(3):29-33.

操龙灿,2006.企业自主创新体系及模式研究[D].合肥:合肥工业大学:12-13.

陈劲,1999.技术创新的系统观与系统框架[J].管理科学学报,2(3):66-73.

陈劲,2015.创新驱动战略"十三五"路径[J].瞭望(37):34-36.

陈劲,2015.开展迎接创新强国的技术创新研究[J].技术经济,34(1):1-4.

陈劲,2015.中国创新发展蓝皮书[M].北京:社会科学文献出版社.

陈劲,陈钰芬,2007.开放创新条件下的资源投入测度及政策含义[J].科学学研究,25(2):352-359.

陈劲,陈钰芬,王鹏飞,2009.国家创新能力的测度与比较研究[J].技术经济(8).

陈晓玲,2013.中国制造业追赶情境特殊性对产业追赶绩效的影响机制研究[D].杭州:浙江大学.

成思危,1999.积极稳妥地推进我国的风险投资事业[J].管理世界(1):2-7.

戴维·斯密克,2009.世界是弯的:全球经济潜在的危机[M].陈勇,译.北京:中信出版社.

邓小平,1993a.邓小平文选(第二卷)[M].北京:人民出版社.

邓小平,1993b.邓小平文选(第三卷)[M].北京:人民出版社.

邓洲,2010.中国企业技术标准战略研究[J].南京大学学报(哲学·人文科学·社会科学)(2):113-123.

杜群阳,程惠芳,2005.内外资融合理论及对浙江吸引外资的政策建议[J].浙江金融(6):16-17.

段培君,2007.论自主创新国家战略的主要依据、现实内涵和实施途径[J].战略与决策研究,22(3):187-193.

冯之骏,2006.企业是自主创新的主体[J].科学学与科学技术管理,27(4):5-6.

傅晓霞,吴利学,2013.技术差距、创新路径与经济赶超——基于后发国家的内生技术进步模型[J].经济研究(6):19-32.

盖文启,2002.创新网络——区域经济发展新思维[M].北京:北京大学出版社.

耿帅,2005.基于共享性资源观的集群企业竞争优势研究[D].杭州:浙江大学.

顾瑞珍,2009-11-04.让科技引领中国可持续发展[N].人民日报.

官建成,张爱军,2002.技术与组织的集成创新研究[J].中国软科学(12).

光明,2005.走出对自主创新的认识误区[J].科学咨询(21):5.

郭斌,许庆瑞,陈劲,等,1997.企业组合创新研究[J].科学学研究,15(1):12-18.

郭重庆,2004.中国制造业企业的创新与品牌之路[J].管理学报(1):1-3.

国家统计局,2004.中国统计年鉴[M].北京:中国统计出版社.

国家统计局,科学技术部,2010.中国科技统计年鉴 2010[M].北京:中国统计出版社.

国务院,2016."十三五"国家科技创新规划[M].北京:人民出版社.

国务院发展研究中心企业研究所企业技术创新课题组,2007.中国企业技术创新报告[J].经济(1):70-73.

韩汉君,曹国琪,2005.现代产业标准战略:技术基础与市场优势[J].社会科学(1):15-21.

韩敏,2008.家电标准体系与行业共成长[J].电器(9):26-27.

韩小明,周业安,蒋东生,等,2009.创新型国家与政府行为[M].北京:中国人民大学出版社.

胡斌,李旭芳,2013.复杂多变环境下企业生态系统的动态演化及运作研究[M].上海:同济大学出版社.

胡锦涛,2006.坚持走中国特色自主创新道路 为建设创新型国家而努力奋斗——胡锦涛在全国科学技术大会上的讲话[J].经济管理文摘(3):1-5.

胡艺,2003.中国企业提升技术能力的国际渠道[J].世界经济研究(2):10-13.

胡钰,2010.从“自力更生”到“自主创新”——中国科技发展的战略思考与历史经验[J].中国软科学(8):6-13.

黄一兵,2009.转折:改革开放启动实录[M].福州:福建人民出版社.

吉亚辉,祝凤文,2011.技术差距、“干中学”的国别分离与发展中国家的技术进步[J].数量经济技术经济研究(4):49-63.

江小涓,等,2004.全球化中的科技资源重组与中国产业技术竞争力提升[M].北京:中国社会科学出版社.

姜明,2003.中国技术创新近百年历程及官产学一体化趋势研究[D].长沙:湖南大学.

金麟洙,1998.从模仿到创新:韩国技术学习的动力[M].刘小梅,刘鸿基,译.北京:新华出版社.

巨荣良,王丙毅,2009.现代产业经济学[M].济南:山东人民出版社.

康长杰,陈劲,2006.排斥性创新:一种适合发展中国家的创新方法[J].管理工程学报,20(2):108-113.

柯进生,2006.提升我国科研原始创新能力的战略[J].思考研究与发展管理(4):118-124.

寇宗来,2008.通往创新国家之路:改革年代的产业创新[M].上海:格致出版社.

李宝山,刘志伟,1998.集成管理:高科技朝代的管理创新[M].北京:中国人民大学出版社.

李惠男,2009.中国布局国际标准竞争[J].经济(11):54-56.

李湛,吴寿仁,等,2008.走向自主创新:中国现代创新的路径[M].上海:上海人民出版社.

李正卫,吴晓波,2004.制造业全球化与我国制造业的二次创新战略[J].科学学研究(A1):68-72.

林毅夫,2012.解读中国经济[M].北京:北京大学出版社.

林毅夫,张鹏飞,2005.后发优势、技术引进和落后国家的经济增长[J].经济学(季刊)(4):53-74.

刘朝马,2006.国家创新系统的研究现状与展望[J].科技进步与对策(4):5-7.

刘国光,2006.中国十个五年计划研究报告[M].北京:人民出版社.

刘怡,2013.技术体制的二象性[J].自然辩证法通讯(6):66-73,127.

柳卸林,2006.基于本土资源的重大创新——汉字信息处理系统案例研究[J].中国软科学(12):44-51,57.

柳卸林,2008.全球化、追赶与创新[M].北京:科学出版社.

卢嘉锡,陆敬严,华觉明,等,2000.中国科学技术史:机械卷[M].北京:科学出版社.

陆剑,柳剑平,程时雄,2014.中国与OECD主要国家工业行业技术差距的动态测度[J].世界经济(9):25-52.

路风,2006.走向自主创新:寻求中国力量的源泉[M].桂林:广西师范大学出版社.

路风,慕玲,2003.本土创新、能力发展和竞争优势——中国激光视盘播放机工业的发展及其对政府作用的政策含义[J].管理世界(12):57-82.

路甬祥,2007.以科技创新促科学发展[J].求是(23):8-11.

吕铁,2005.论技术标准化与产业标准战略[J].中国工业经济,7(7):43-49.

吕薇,2009.中国特色创新之路:政策与机制研究[M].北京:人民出版社.

马斌,徐越倩,2006.社区性产业集群与合作性激励的生成——对温州民间商会生发机制的社会经济学考察[J].中国工业经济(7):65-72.

马建堂,杨正位,2003.中国离世界制造中心有多远(上)[J].对外经贸研究(1):11-17.

马歇尔,1964.经济学原理[M].朱志泰,译.北京:商务印书馆.

毛蕴诗,汪建成,2006.基于产品升级的自主创新路径研究[J].管理世界(5):114-120.

欧阳峣,2009."大国综合优势"的提出及研究思路[J].经济学动态(6):20-22,48.

彭纪生,2000.中国技术创新系统的历史沿革、改革历程和现状比较[J].研究与发展管理,12(4):4-8.

任理轩,2012-12-18.坚持创新发展——"五大发展理念"解读之一[N].人民日报(07).

沈能,刘凤潮,2008.从技术引进到自主创新的演进逻辑——新制度经济学视角的解释[J].科学学研究,26(6):1293-1299.

舒辉,肖敏,2009.企业技术创新战略与技术标准战略的关联性分析[J].江苏商论(5):100-102.

宋阳,王敏,2010-01-30.市场拉动机制还未形成:专访天津海水淡化与综合利用研究所总工程师[N].中国经济导报(C03).

孙从军,2005.中国近现代科技体制化的历程研究[D].长沙:湖南大学.

王聪,李军,2000.我国软件产业发展的现状、问题与对策[J].中国工业经济(8):54-57.

王俊秀,刘双桂,齐欧,2004.中国高科技标准战略研究报告(互联网实验室研究报告)[J].世界标准信息(9):9-26.

王黎萤,陈劲,杨幽红,2005.技术标准战略、知识产权战略与技术创新协同发展关系研究[J].科学学与科学技术管理(1):31-34.

王珊珊,武建龙,王宏起,2013.产业技术标准化能力的结构维度与评价指标研究[J].科学学与科学技术管理(6).

魏江,2004.创新系统演进和集群创新系统构建[J].自然辩证法通讯,26(1):58-64.

吴波,2007.基于匹配视角的集群企业网络化成长机制研究[D].杭州:浙江大学.

吴贵生,2011.自主创新战略和国际竞争力研究[M].北京:经济科学出版社.

吴敬琏,2002.发展中国高新技术产业:制度重于技术[M].北京:中国发展出版社,2002.

吴敬琏,2005.增长模式与技术进步[J].科技潮(10):4-17.

吴先明,2007.中国企业对发达国家的逆向投资:创造性资产的分析视角[J].工业经济(11):40-44.

吴晓波,1995.二次创新的周期与企业组织学习模式[J].管理世界(3):168-172.

吴晓波,黄娟,2004.外国直接投资:理论分析与浙江现状[J].浙江经济(18):32-34.

吴晓波,刘雪锋,2006.全球制造网络及其对发展中国家的意义[J].西安电子科技大学学报(社会科学版),16(2):1-6.

吴晓波,刘雪峰,2007.全球制造网络中知识转移过程及影响因素研究[J].技术经济(2).

吴晓波,许冠南,刘慧,2003.全球化下的二次创新战略——以海尔电冰箱技术演进为例[J].研究与发展管理,15(6):7-11.

吴晓波,许庆瑞,1995.二次创新竞争模型与后发优势分析[J].管理工程学报,9(1):7-15.

习近平,2016.为建设世界科技强国而奋斗——在全国科技创新大会、两院院士大会、中国科协第九次全国代表大会上的讲话[M].北京:人民出版社.

席酉民,尚玉钒,2002.和谐管理理论[M].北京:中国人民大学出版社.

徐冠华,2009.发展具有中国特色的风险投资和资本市场促进自主创新战略实施——在第八届中国风险投资论坛上的讲话[R].2009科技金融创新发展高层论坛:21-27.

许庆瑞,2007.全面创新管理:理论与实践[M].北京:科学出版社.

许庆瑞,陈劲,郭斌,1997.组合技术创新的理论模式与实证研究[J].科研管理,18(3):29-35.

许庆瑞,郭斌,王毅,2000.中国企业技术创新——基于核心能力的组合创新[J].管理工程学报,14(A):1-9.

许庆瑞,谢章,郑刚,2004.全面创新管理的制度分析[J].科研管理(3):6-12.

许庆瑞,郑刚,2001.组合创新:基于协调观的技术创新新模式[J].自然辩证法研究(增刊),17(S1):66-71.

许庆瑞,郑刚,陈劲,2006.全面创新管理:创新管理新范式初探——理论溯源与框架[J].管理学报,3(2):135-142.

许庆瑞,郑刚,喻子达,等,2003.全面创新管理:21世纪创新管理的新趋势——基于海尔集团的案例研究[J].科研管理(5):1-5.

杨帆,石金涛,2007.中国模仿创新与自主创新历程——追溯儒家伦理动因[J].科学学研究,25(6):1192-1197.

杨武,高俊光,傅家骥,2006.基于技术创新的技术标准管理与战略理论研究[J].科学学研究,24(6).

仪德刚,李海静,赵新力,2007.新中国技术引进的历程与成效分析[J].科技管理研究(4):12-14.

易先忠,2008.自主创新、技术模仿与中国技术赶超[D].长沙:湖南大学.

余辰,1999.赢在创新——评析联想集团的创新之路[J].计算机周刊(36).

袁俊,2007.技术标准专利技术与市场竞争[J].全球科技经济瞭望(8):35-37.

张柏春,姚芳,张久春,等,2004.苏联技术向中国的转移(1949—1966)[M].济南:山东教育出版社.

张景安,2003.实现由技术引进为主向自主创新为主转变的战略思考[J].中国软科学(11):1-5.

张雅娴,苏竣,2001.技术创新政策工具及其在我国软件产业中的应用[J].科研管理

(4):65-72.

张泽一,2009.产业政策对产业竞争力效应的分析[J].广西社会科学,169(4):57-61.

赵茂军,2010.国内家电行业竞争现状及趋势简析[J].市场周刊·理论研究(5):39-40.

赵晓庆,许庆瑞,2009.自主创新模式的比较研究[J].浙江大学学报(人文社会科学版),39(4):55.

赵英,龚绍岳,倪月菊,等,2008.中国制造业技术标准与国际竞争力研究[M].北京:经济管理出版社.

甄伟丽,朱欣民,2009.中国家电行业中的引进—吸收—再创新路径研究[J].科技管理研究(9):255-257.

郑刚,2004.基于TIM视角的企业技术与非技术要素全面协同机制研究[D].杭州:浙江大学.

郑刚,2006.全面协同创新:迈向创新型企业之路[M].北京:科学出版社.

郑刚,何郁冰,陈劲,等,2008."中国制造"如何通过自主创新提升国际竞争力——中集集团自主创新模式的案例研究[J].科研管理(4):95-102.

中共中央,2005-10-19.中共中央关于制定国民经济和社会发展第十一个五年规划的建议[N].人民日报.

中共中央文献研究室,1993.毛泽东文集(第7卷)[M].北京:人民出版社:42-43.

中共中央文献研究室,1994.建国以来重要文献选编(第九册)[M].北京:中央文献出版社.

中共中央文献研究室,2016.习近平关于科技创新论述摘编[M].北京:中央文献出版社.

中国标准化研究院,2008.中国标准化发展研究报告[R].北京:中国标准出版社.

中国科技发展战略研究小组,2002.中国科技发展研究报告[R].北京:经济管理出版社.

中国科学院办公厅,2007.我国资源环境问题及其控制对策与措施[J].中国科学院院刊(4).

中国企业联合会,中国企业家协会,2006.中国企业500强科技自主创新问卷调查分析报告[R].北京:自主创新与企业发展高层座谈会.

仲继银,2010.索尼:世界级企业的治理转型[J].董事会(7):94-96.

周恩来,1997.国内形势和我们的任务(一九六二年三月二十七日、二十八日)[M]//中共中央文献研究室.建国以来重要文献选编(第十五册).北京:中央文献出版社:274-275.

周密,2009.技术差距理论综述[J].经济社会体制比较(3):186-191.

朱海燕,魏江,2009.集群网络结构演化分析——基于知识密集型服务机构嵌入的视角[J].中国工业经济,259(10):58-66.